Hermann Missenharter Herzöge Bürger Könige

Hermann Missenharter

HERZÖGE BÜRGER KÖNIGE

Stuttgarts Geschichte,

wie sie nicht im Schulbuch steht

Zeichnungen
von Heinrich Klumbies

J. F. Steinkopf Verlag Stuttgart

CIP-Kurztitelaufnahme der Deutschen Bibliothek

Missenharter, Hermann:
Herzöge, Bürger, Könige : Stuttgarts Geschichte,
wie sie nicht im Schulbuch steht / Hermann Missenharter. Zeichn. von Heinrich Klumbies. – 2. Aufl. –
Stuttgart : Steinkopf, 1987.
ISBN 3-7984-0587-5

Einbandgestaltung unter Verwendung eines Fotos von Ernst Kirschner, Stuttgart
Druck und Bindung: Clausen & Bosse, Leck

Henry Bernhard

Herausgeber der Stuttgarter Nachrichten

und Initiator dieses Buches

in Freundschaft zugeeignet

BIOGRAPHIE EINER RESIDENZ

Unter den schwäbischen Städten und Städtchen ist Stuttgart, was die Gründungszeit betrifft, ein Parvenu. Von Cannstatt, Eßlingen oder Heilbronn ist schon in Urkunden des achten, von Ulm oder Waiblingen des neunten Jahrhunderts die Rede. Die früheste datierte Urkunde über »Stutgarten« aber stammt erst aus dem Jahr 1229, als Papst Gregor IX. dem Kloster Bebenhausen dessen rechtmäßig erworbenen Güterbesitz in »Stutgarten« und Tunzhofen bestätigte. Die Zisterzienser werden an den sonnigen Hängen wohl Wein gebaut haben. Aber auch die Nonnen wußten damals einen guten Tropfen offenbar zu schätzen, denn drei Jahrzehnte später, 1259, schenkte Markgraf Rudolf von Baden den Clarissinnen von Pfullingen etliche Weinberge in Stutgarten, und Ulrich von Wirtemberg und seine Gemahlin Mechthild befreiten daraufhin die zu franziskanischer Armut verpflichteten Klosterfrauen von allen Fronen und Steuern, die auf dem Besitz lagen.

Weinbau ist also das älteste Charakteristikum von Stuttgart. Was aber hatte es mit dem »Stutgarten« auf sich? Einer unserer frühesten und gründlichsten Stadtchronisten, Dr. Oswald Gabelkhover, hat um 1620 noch genau den Platz angeben zu können geglaubt, wo Kaiser Ottos I. Sohn, der Herzog Liudolf von Schwaben, den Stutenhof gegründet haben soll, nämlich: »20 Schritt ohngefährlich von der jetzigen Stiftskirche gegen Mitternacht, da Paulus Sautter, Provisor, sitzt.« Das zielt auf das Haus Stiftstraße Nr. 8, wo zuletzt, angewinkelt an das ehemals berühmte Rapp'sche Haus, die Vereinigten Eisenhandlungen von Zahn & Nopper beheimatet waren und wo jetzt ein modernes Geschäftshaus von Salamander und der Commerzbank in geziemendem Abstand von der Kirche entstanden ist.

Aber das ist unverbürgte Überlieferung. In Wahrheit wissen wir nicht genau, wo dieser Stutengarten lag, noch ob er überhaupt das war, was wir heute etwa unter einem Fohlenhof verstehen. Der Archivar Christian Friedrich Sattler, dem wir die zuverlässigste »Historische Beschreibung des Herzogtums Württemberg« aus dem Jahre 1752 verdanken – die Sattlerstraße ist nach ihm benannt –, bezweifelte diesen Sinn des Namens: »Scheinet doch ›Gard‹ ganz eine andere und bessere Ableitung des Namens Stuttgart

zu geben, weil ›Gard‹ nach der alten deutschen Sprache eine Stadt, Burg oder fester Ort geheißen, die Stadt nach heutiger deutscher Sprache Stuttenburg oder Stuttenstadt heißen dürfte. Woraus auch anzunehmen, daß diese Stadt in ältesten Zeiten mit Mauern umgeben gewesen, sonsten sie keine Gard oder Burg genennet werden können.«
Trotzdem: die springende Stute mit dem Fohlen im Wappen lassen wir uns nicht mehr nehmen. Und ein fester Ort, vermutlich mit Burg und Mauern, wird der Stutengarten ohnehin gewesen sein, denn an Herrenhöfen und Burgen hat es, als der Name »Stutgarten« zum ersten Mal auftauchte, in der Gegend von Cannstatt, an den Ufern des Neckars, im Strohgäu und auf der Filderhochfläche nirgends gefehlt. Die Bauern- und Weingärtnerorte Ober- und Untertürkheim, Wangen, Hedelfingen, Feuerbach, auch Zuffenhausen, Zazenhausen und Mühlhausen zählen zu den ältesten alemannischen Siedlungen; bald danach wurde im bewaldeten Talkessel des Nesenbachs durch Rodung Platz geschaffen für kleinere Gehöfte, Mühlen und auch Herrensitze, die vermutlich Bauernadligen gehörten. Gaisburg, das seinen Namen von einer 1291 zerstörten Burg herleitet, der Hügel bei Berg, ebenfalls mit einem Herrensitz und einer Zollstätte, Gablenberg, Heslach, Kaltental, Botnang und auch Degerloch sind schon früher beurkundet als der wohl Ende des 11. Jahrhunderts errichtete Stutgarten auf der vom Sauerwasserkalk gebildeten untersten Stufe am linken Ufer des Nesenbachs, zu dem vielleicht das jetzt endgültig geopferte, sagenhafte »Alte Steinhaus« in der hinter der Sparkasse zur Stiftsstraße sich einst hinziehenden Grabenstraße in Beziehung stand.

Eine Viertelmillion Jahre

Was aber war vordem in unserer Gegend los? Bei Steinheim an der untersten Murr, also nicht so sehr weit vom Stuttgarter Raum entfernt, hat man den bislang ältesten Menschenschädel unserer Landschaft gefunden; man schätzt sein Alter auf eine runde Viertelmillion Jahre. Sprich und schreibe: 250 000 Jahre! Wem wird es da nicht schwindlig? Dieser Urmensch – die Wissenschaft nennt ihn Homo primigenius, denn »sapiens« (weise wie wir) war er vermutlich noch nicht – soll mittelgroß gewesen sein, grobknochig, mit vorragenden Augenbrauen und stark reduziertem Kinn. Ob er unser und des nach ihm kommenden Neandertalers Ahnherr war oder einem später ausgestorbenen Seitentrieb in der menschlichen Entwicklungsbahn angehörte, wissen wir nicht, noch auch, was er trieb, wie er sich ernährte oder kleidete. Vermutlich lebte er von der Jagd und, wenn das stimmt, kam er und seine Horde gewiß auch in die Cannstatter Gegend, denn auch damals schon sprudelten hier die Sauerwasserquellen zu Tage und lockten die so etwas unfehlbar witternden Menschen und Tiere zu Bad und Trunk an.

Über die Tiere wissen wir, dank den Ablagerungen in den weltberühmten Travertinterrassen im Cannstatter Becken, ein bißchen besser Bescheid. Da gab es, je nachdem das in bizarren Rhythmen katastrophal schwankende Klima kälter oder wärmer, trockener oder feuchter war, Ur, Wisent, Höhlenlöwen, den heute nur noch im Nildelta vorkommenden Sumpfluchs, Hyänen, Wildpferde, Nashörner, Riesenhirsche und in der letzten Eiszeit in starken Rudeln das Mammut, von dem ein auf dem Seelberg bei Cannstatt (in der heutigen Ganzhornstraße) entdecktes riesiges Elfenbeinlager Zeugnis gab (es wurde leider bei einem Bombenangriff auf das Naturalienkabinett zerstört.) Am heilsten scheint unser Igel alle Klimakatastrophen der Jahrhunderttausende überstanden zu haben. Es geht eben nichts über ein dickes Fell mit wehrhaften spitzen Stacheln und ein genügsames Behagen höchstens zu Zweien.

Als unser Steinheimer Urmensch in jenen sagenhaften Zeiten sich hier herumtrieb, gab es noch keine Wälder, sondern nur so etwas wie eine Tundra, eine Steppe mit Moosen, Flechten und Krüppelkiefern, niederen Birkensträuchern und Kriechweiden, über die kalte Staubstürme dahinfegten. Dazwischen hinein gab es offenbar auch lange Perioden, während deren es so eisig kalt war, daß weder Mensch noch Tier zu existieren vermochten. Lieben Freunde, es gab häßlichere Zeiten als die unsrigen – das ist nicht zu streiten.

Camping auf dem Birkenkopf

Wenden wir uns lichteren und behaglicheren Zeiten zu! Auf einige Jahrtausende oder auch Jahrzehnttausende kommt es dabei aber vorerst noch immer nicht an. Die Wissenschaft hat zwar diese enormen Zeiträume durch allerlei seltsam klingende Namen, zumeist nach französischen Fundorten, sauber zu gliedern versucht; in Wahrheit aber irren wir trotz diesen Orientierungshilfen ziemlich ratlos in dem nur selten und dann ganz zufällig sich lichtenden Nebel einer geschichtslosen Zeit umher und sind schon froh, wenn endlich, etwa im dritten Jahrtausend vor unserer Zeitrechnung, aus der unwirtlichen Steppe unser Wald emporwächst: Mischwald mit Eiche,

Ulme, Linde, zu denen sich, als letzter der Urwaldbäume, ums Jahr 2000, noch die Buche gesellt. Noch war es freilich nicht so weit, daß von einer regelrechten Besiedlung unseres Landes gesprochen werden könnte. Vereinzelte Horden, von denen wir nicht wissen, woher sie kamen, durchstreiften die Gegend; sie verstanden bereits, den Feuerstein aus den Schottern des Neckars oder von der Alb für ihre Pfeile, Messer, Stichel, Bohrer, Kratzer und Schaber zu bearbeiten und nährten sich im übrigen wohl auch von mancherlei Beeren und Früchten des Waldes. Hirsch und Reh, Wildschwein und Bär waren die wichtigsten Jagdtiere. Auf dem Birkenkopf, der höchsten Bergkuppe über Stuttgart, die durch den Trümmerschutt aus dem zweiten Weltkrieg für uns und kommende Generationen zum Mahnmal einer heillosen Zeit geworden ist, war einst, wie Tausende von Werkzeugfunden beweisen, eine wohl lange Zeit benützte Raststätte solcher nomadisierender Jägersippen. Auch auf den anderen Stuttgarter Höhen, auf dem Frauenkopf, beim Burgholz, auf dem Bopser und jenseits des Neckars beim Kappelberg, und zwar stets auf trockenen, damals noch nicht bewaldeten Sandböden, wurden solche Campingplätze festgestellt. Es war wohl die idyllischste und stillste Zeit über unserem Tal, das damals vermutlich durch den Auenwald stark versumpft war.

Die ersten Bauern

Etwa um die Mitte des dritten Jahrtausends v. Chr. wanderten die ersten Bauern in unserer Gegend zu und siedelten sich an. Sie kamen aus dem südöstlichen Europa, aus dem mittleren und unteren Donaugebiet ums Schwarzmeer herum und wohl auch aus Vorderasien. Warum sich dieses, schon ziemlich kultivierte Bauernvolk damals auf die Wanderschaft begab, wissen wir nicht. Diese Züge nach dem Westen scheinen sich in mehreren, durch lange Zeiträume getrennten Schüben vollzogen zu haben. Im Gegensatz zu den Horden von Jägern und Fischern, die vordem durch die Gegend streunten, hatten diese ostischen Menschen den Drang, sich seßhaft zu machen. Sie verstanden sich auf die Kunst, aus Holz und Lehm rechteckige, meist zweiräumige Pfostenhäuser mit ebenerdigem Estrich aus Lehm zu bauen, Eingang und Giebelseite stets nach Südosten ausgerichtet, Hütte neben Hütte, zu größeren Dorfgemeinschaften aneinandergereiht. Auf der Stuttgarter Markung wurden solche Siedlungen aus der jüngeren Steinzeit – so genannt, weil Eisen und Metalle noch nicht bekannt waren – beim Viesenhäuser Hof in der Nähe von Mühlhausen, auf dem Seelberg bei

Cannstatt, auf dem Steinhaldenfeld, bei der Prag, am Hang von Feuerbach, zwischen Weil-im-Dorf und Bergheimer Hof und auf den Fildern bei Möhringen und zwischen Ramsbach und Weidach festgestellt.

Im Dunkel der Vorgeschichte

Grund für die Niederlassungen waren zweifellos die fruchtbaren, leicht zu bearbeitenden, steinfreien Lößböden des Neckarlandes. Weizen, Gerste, Hirse, deren Körner sie aus ihrem Ursprungsland mitgebracht hatten, wurden angepflanzt. Aber auch alle unsere übrigen Kulturpflanzen gelangten damals aus Vorderasien zu uns. Mitgebracht hatten sie auch ihre Haustiere, nämlich Rind, Schwein, Schaf, Ziege und Hund, und zwar schon in verschiedenen Rassen; sie verstanden sich auf Viehzucht. Ihre Werkzeuge, kunstvoll aus Steinen geschliffene Hämmer und Beile, durchlocht für die Anbringung von Stielen, ferner Mahl- und Reibsteine zum Mahlen des Korns wurden neben allerlei gut gebrannten Tongefäßen, halbkugligen Bechern, kürbisförmigen Flaschen, großen Vorratsbehältern mit Ösen zum Aufhängen in den Müllgruben gefunden, die zwischen den Hütten gelegen waren und zugleich wohl auch als Schweinepferche dienten; sie sind heute noch als dunkle Flecken in den sonst so hellen Lößböden jener Gegenden zu erkennen. In unmittelbarer Nähe der Hütten wurden auch die Toten, und zwar in Hockerstellung, begraben, vielleicht gefesselt, um ihre Wiederkunft zu verhindern. Daß jene aus dem Orient zugewanderten frühesten Ackerbauern und seßhaften Siedler an ein Fortleben ihrer Seelen in einem Jenseits glaubten, dürfte dadurch bewiesen sein, daß sie ihren Toten in verzierten Schüsseln eine Wegzehrung mitgaben. Die chemische Analyse einer solchen Grabspeise ergab ein Gemisch aus Ackerbohnen, gerösteten Brotstückchen, Haselnüssen und Leinsamen zusammengekocht – eine Art von »Studentenfutter«. Aber Rohköstler waren diese Naturmenschen trotzdem nicht.

Dürre und Hungersnot

Ein goldenes Zeitalter war aber auch diesen frühesten Siedlern nicht vergönnt. Schon wenige Jahrhunderte nach ihrer Landnahme wollten die Schleusen des Himmels sich nicht mehr öffnen. Nichts wuchs mehr, Äcker und Felder vertrockneten. Es gab kein Futter fürs Vieh und auch die Menschen hungerten, verhungerten. Es war so schlimm, als hätte ein teuf-

lischer Flieger einige Atom- und Wasserstoffbomben über das friedliche Land ausgestreut. Jede Zeit hat eben ihre Plagen und bösen Ängste.
Also Auszug aus dem nicht mehr gelobten Land, südwärts, dem fernen Gebirge zu, wo man Gewässer, große Seen ahnte. Zweimal wiederholte sich die noch heute rätselhafte Klimakatastrophe mit Auswanderung, Rückkehr, neuer Flucht, frischer Hoffnung im alten Land; in der zweiten Dürrezeit muß es so schlimm zugegangen sein, daß der Hunger die Menschen zu kannibalischer Verzweiflung trieb, wie ein Höhlenfund in der Ostalb mit menschlichen Knochenresten zu beweisen scheint. Damals entstanden an den Ufern der Voralpenseen in Oberschwaben, am Bodensee und in der Schweiz die sogenannten Pfahldörfer, von denen man so lange glaubte, daß sie ins Wasser hinausgebaut gewesen wären; tatsächlich waren sie während der Trockenheitsperioden längs der versandeten Ufer angelegt und dann, als der Wasserspiegel sich wieder hob, überflutet worden. Das tut indessen dem Reiz von Vischers phantasievoller Pfahlbaugeschichte (im »Auch Einer«) keinen Eintrag; was ihm dabei das Wichtigste war, nämlich zu beweisen, daß auch jene Steinzeitmenschen, die in Wahrheit freigeistige schwäbische Demokraten waren, schon als früheste Hypochonder entsetzlich unter Schnupfen litten und den grimmigen Grippo verfluchten, dürfte ernsthaft kaum zu widerlegen sein.
Völlig menschenleer ist unsere Landschaft freilich auch während dieser Klimakatastrophen nie gewesen. Sippen, Völkerschaften kamen und gingen, Nomaden von irgendwoher, viehzüchtende Hirtenstämme machten sich die verlassenen Siedlungen vorübergehend zunutze, fremde Volksstämme auf etwa gleicher Kulturhöhe rückten von Osten, wohl von Persien und Turkestan kommend, nach und vermischten sich mit den wieder zurückflutenden Altsiedlern; Indogermanen allesamt, ursprünglich einer einheitlichen Sprachgruppe angehörig, sich mählich über das ganze übrige Europa verstreuend, unter dem Namen der Kelten ins helle Licht der Geschichte eintretend, und dann frühe schon auf die vom Norden andringenden Germanen stoßend.

Unsere keltischen Ahnen

Die Keltenzeit (etwa seit 800 v. Chr.) brachte unserem Land die erste kulturelle Hochblüte. Zu Stein und Holz traten Kupfer, Bronze, später auch Eisen und nicht selten zu Schmuckzwecken, auch Gold, das man aus dem Rheinsand gewann. Jetzt zum ersten Mal gab es außer dem Grund-

besitz auch eine wertvolle bewegliche Habe, um die zu kämpfen, die zu rauben, mit der Handel zu treiben, sich lohnte. Und mit dem Gold und dem eisernen Schwert, das noch viel gefährlicher hieb als die überlieferte steinerne Axt, schieden sich auch schon die Stände. Macht kam auf, Fürsten erbauten sich auf den Hügeln feste Burgen. Davon ist zwar nichts mehr erhalten. Nur aus ihren Gräbern können wir schließen, wie stolz und prunkliebend diese keltischen Könige sich gebärdeten. Eines dieser Fürstengeschlechter residierte offenbar auf dem für eine Hofhaltung ja wie geschaffenen Hohenasperg; in einem Hügelgrab nahebei, dem sogenannten Klein-Aspergle, ließen sie sich ihre Grablege errichten. Ein anderer Großer muß bei Cannstatt Hof gehalten haben; er ließ sich auf dem Steinhaldenfeld bestatten, mit goldenem, reich gepunztem Reif um die Stirn, einem breiten goldenen Armband am rechten, einem bronzenen am linken Gelenk, in den Fäusten zwei Speere und eine Lanze, damit er seine Würde auch beim Marsch in das Land, von dem kein Wanderer wiederkehrt, verteidigen könne. Um dorthin nicht zu Fuß wie ein gemeiner keltischer Sterblicher marschieren zu müssen, hatte er sich ein vierrädriges Vehikel nebenbei ins Grab legen lassen, das mit Bronzeblech beschlagen und dessen Naben mit getriebenem Eisenblech verkleidet waren. Außerdem hatte er sich zwei Bronzebecken mit reich verzierten goldenen Trinkschalen in sein Grab legen lassen. Der keltische Fürst hatte wohl damit gerechnet, daß er, vierspännig ins Jenseits galoppierend, seiner königlichen Ehren auch als toter Mann nicht verlustig gehen könne, zumal da er den im Jenseits amtierenden Herrscher den Willkommenstrunk in goldener Schale zu entbieten gedachte. An der Einstellung der Mächtigen dieser Erde zu ihren Kollegen über den Wolken hat sich mittlerweile nicht viel geändert. Verräterische Gräber! Auch jene Kelten waren nur Menschen. Philosophen waren sie nicht. Lesen und schreiben konnten sie nicht. Darauf verstand sich – abgesehen von Homer, der etwa zur gleichen Zeit seine Ilias dichtete – der große Xenophon, der indessen nur zu vermelden wußte, daß der Volksstamm der Kelten an den Quellen der Donau und neckaraufwärts beheimatet sei. Wir haben jedenfalls keinen Grund als späte Nachfahren der Kelten im Neckar- und Nesenbachtal uns dieser Ahnen, falls sie tatsächlich unsere Ahnen sind, zu schämen.

Sie waren tüchtig, strebsam, trieben eifrig Handel, sie hatten offenbar auch eigene, sozusagen werkbundgerechte fabrikatorische Ideen und waren schlau genug, als schließlich die allmächtigen Römer mit ihren Legionen aufmarschierten, in den Untergrund zu verschwinden und als Strategen des schwarzen Markts ihren Profit aus der eisernen römischen Disziplin zu ziehen. Noch leben, wie man weiß, autochthone Kelten in Europa: in Irland, in Schottland, in Wales und in der französischen Langue d'oc, und so manche unserer schwäbischen Ortsnamen sind keltisch: so wahrscheinlich der Name unseres Neckars, und auch das scheinbar so populär zu deutende »Württemberg«, das keinen feuchtfröhlichen »Wirt am Berg« zu verraten scheint, sondern nach Peter Gösslers Vermutung aus »Virodunum-Berg« entstanden ist. »Virodunum« aber ist keltisch und heißt: Burg des Viro.

Die Römer marschieren ein

Links des Rheins und südlich der Donau dehnte sich über ganz West- und Südeuropa das römische Imperium. Östlich davon lag das, was die Römer »Germania Magna« nannten, ein ihnen unheimlich erscheinendes, noch unerforschtes grenzenloses Gebiet, von dem sie nicht viel mehr wußten, als daß es von düsteren, weglosen Wäldern durchzogen sei. Daß mit den jenseits des Rheins lebenden Völkern nicht zu spaßen war, hatten Varus und bald danach, im zweiten Jahrzehnt nach Chr., der junge Prinz Germanicus, ein schneidiger Draufgänger, erfahren, als er seine meuternden Legionen zu etlichen Blitzkriegen über den Rhein führte. Er blieb selbstverständlich, wie alle Prinzen, siegreich, aber die Opfer waren doch viel schwerer, als die Weltherrscher das bis jetzt gewohnt waren; darüber konnte auch die schöne und stolze Germanin Thusnelda, die er triumphierend den Römern vorführte, nicht hinwegtäuschen.

Nicht als Eroberer marschierten die Römer im Jahre 85 n. Chr. über den Rhein, sondern zur vorsorglichen Sicherung ihres sowieso kaum mehr übersehbaren Kolonialreichs. Der Rhein mit seinem strategisch bedenklichen Knie bei Basel, mit dem unheimlichen Schwarzwald, der »Abnoba Mons«, vor der Nase, war als Grenze nicht geheuer. Der Einmarsch vollzog sich denn auch, wie es scheint, ganz friedlich. Die Kelten waren frei von Partisanen-Ehrgeiz und wurden offenbar auch nicht weiter behelligt. Sie waren es wahrscheinlich zufrieden, daß die Römer, tüchtig und praktisch wie sie waren, sich sogleich daran machten, kerzengerade befestigte Straßen für ihre strategischen Zwecke zu bauen. Diese Straßen waren, wie man mit Recht gesagt hat, das schönste Geschenk Roms an den Erdkreis. Straßen bedeuteten Erschließung einer Landschaft, Überwindung der Wildnis, Lösung aus mißtrauischer, böser Vereinsamung und Vereinzelung, Erweckung des Gefühls, daß anderswo in allen Himmelsrichtungen auch noch Menschen leben, zu denen man gelangen kann, die unversehens zu einem kommen können und mit denen zusammen man eine Gemeinschaft bildet. Damals galt es noch wörtlich: alle Straßen führen nach Rom, und alle Straßen kommen auch von Rom.
Auf dem Sattel der Prag, im Norden der heutigen Stadt, trafen die beiden großen von Mainz und von Straßburg über Pforzheim, Leonberg, Solitude, Feuerbach kommenden Nachschubstraßen zusammen, die dann weiter nach Cannstatt und ostwärts gegen Augsburg und in den nahen Orient führten. Schönstes Muster, wie die Römer ihre Straßen bauten, ist noch immer die linealgerade Fahrstrecke Cannstatt–Fellbach–Waiblingen. Keine moderne Autobahn ist zielbewußter trassiert.

Das Kastell auf der Steig bei Cannstatt

Der wichtigste Stützpunkt der römischen Besatzung in unserem Gebiet lag begreiflicherweise nicht im Talkessel des Nesenbachs, sondern auf der strategisch beherrschenden »Steig« bei Cannstatt. Etwa seit dem Jahr 90 stand hier am Grenzwall ein mächtiges Kastell, in dem der Kommandant der ganzen Neckarlinie seinen Sitz hatte. Kaserniert waren hier keine römischen Kerntruppen, sondern Hilfsvölker, darunter auch Perser, die dem Sonnengott Mitra huldigten. Manche Funde deuten darauf hin, daß es sich um Reiterschwadronen handelte. Merkwürdigerweise wurde 1800 Jahre später an genau derselben Stelle bei der Altenburg, zwischen Römer- und Ruppstraße, die neue Dragonerkaserne erbaut: Gewisse Orte scheinen für

bestimmte Zwecke über Jahrtausende hinweg eine magische Anziehung auszuüben.
Unser Land war also damals anderthalb Jahrhunderte hindurch römische Provinz mit Besatzungstruppen aus dem vorderen Orient und einer Bevölkerung, die vorweg keltisch-gallisch war. Germanen waren noch keine da. Trotzdem versichern uns manche Kenner des formkräftigen römischen Wesens, daß noch heute aus der Art, wie ein Bauernmädel am Brunnen Wasser schöpfe und die Gölte heimkehrend auf dem Kopf balanciere, zu erraten sei, ob sie innerhalb oder außerhalb des römischen Grenzwalls ihre Heimat habe. Die Anmut der Gebärden, ein gewisser Aristokratismus der Bewegungen sei über die Jahrtausende hinweg unverkennbar geblieben.
Das mag phantastisch klingen. Und doch steckt in dem Bild vom Bauernmädchen wahrscheinlich ein tiefer Sinn. Überlieferungen leben und wirken, wenn auch unterirdisch und unbewußt, viel zäher weiter als wir ahnen. Mit den Römern kamen Maße und Gewichte zu uns, die regelmäßig überprüft wurden, Straßen wurden nicht nur gebaut, sondern auch sauber gehalten und vor streunendem barbarischem Gesindel gesichert. Statt chaotischer Willkür galt nun das Gesetz, der Staat als strenge unbeugsame Ordnungsmacht und Hort des Rechts trat auf die Bühne des ehedem dschungelhaften Lebens. So etwas verliert sich nicht mehr und kann sehr wohl die Gebärde eines Bauernmädchens auch heute noch adeln.

Der früheste Dackel

Ein Besatzungsheer hat damals wie heute einen gehörigen Troß von Funktionären, Fabrikanten, Kaufleuten, Geschäftemachern und Abenteurern hinter sich hergezogen. Sie wurden unmittelbar beim Kastell, auf dem Gelände des heutigen Steigfriedhofs und bei der Altenburg angesiedelt. Da gab es Marketendereien, Bauhandwerker, Fuhrleute, Steinmetzen, Schmiede und vor allem auch Töpfereien und Ziegelbrennereien mit Dutzenden von Brennöfen, in denen das Gebrauchsgeschirr aus dem überall in der Gegend zu findenden Ton hergestellt wurde; doch wurden auch schon feinere Tafelservices aus der braunrotglasierten Terra sigillata für die Offiziere und die auch damals schon prompt hervortretenden Besatzungsgewinnler verfertigt. Diese hatten ihre Betriebe beim Lager, ihre Villen, Höfe und sommerlichen Lusthäuser aber an den Hängen, überall an den Neckarufern und auch im Stuttgarter Tal. So sind beim Bau des neuen Stuttgarter Hauptbahnhofs, und zwar just an der Stelle, wo jetzt die große Treppe zu den

Bahnsteigen emporführt, die Mauerreste einer Villa zu Tage gekommen, die offenbar ein reicher Fabrikant und Liebhaber der Jagd in diesem stillen, waldreichen Talwinkel sich hatte erbauen lassen. Dabei wurden auch die Gebeine eines Hundes ausgegraben, den Kenner der Anatomie des Canis familiaris als einen frühen rassereinen Ahnen unseres kurz- und krummbeinigen Dackels diagnostizierten. Ob er mit der Besatzung importiert oder hier gezüchtet worden war, entzieht sich unserer Kenntnis. Er dürfte als ein Produkt unseres Landes, ja unseres Stuttgarter Tals gelten, den jagdlichen Zwecken ebenso vorzüglich angepaßt wie den klimatischen Bedingungen, und daher von unverwüstlichem, römisch-keltisch-alemannisch-schwäbischem Uradel. Auch jener römische Jagdherr wird seinen Spaß an dem drolligen und bekanntlich sehr eigensinnigen Gefährten genau so gehabt haben wie wir. Gegen Wisent und Ur, die damals noch in unseren Wäldern anzutreffen waren, und die Bären und Wölfe, die sich noch bis ins 17. Jahrhundert hielten – der letzte Wolf wurde 1847 erlegt –, wird der kleine Kläffer freilich nichts zu vermelden gehabt haben.
Nur etwas über 60 Jahre war Cannstatt römische Garnison. Im Jahre 155 wurde die Grenze auf die Linie Lorch-Osterburken vorgeschoben. Die Cannstatter Reiterei bezog eine neue Kaserne in Welzheim. Aber auch danach blieb Cannstatt, dessen römischen Namen wir leider noch immer nicht kennen, ein römisches Landstädtchen und ein Marktflecken, der für das

ganze Neckargebiet so etwas wie eine Zentrale bildete. Auch die Manufakturen blühten weiter. Im Tal des Nesenbachs wurde vermutlich die eine oder andere Mühle betrieben, und auf den Höhen beim Frauenkopf und bei der Geroksruhe wurde der den Römern wohlgefällige weiße Stubensandstein des Keupers gebrochen und von erstaunlich geschickten Steinmetzen bearbeitet. Denn der Bedarf an steinernen Bild- und Schriftwerken für die Altäre der zahlreichen Gottheiten war groß. Jupiter, der Gott des Himmels, Juno, die Göttermutter, Merkur, der Schutzgott der Landwirtschaft und Dutzende von Hilfsgöttern, die in allen brenzligen Situationen angerufen werden konnten, verlangten ihre Kultmonumente. Am hübschesten werden die bei vielen Gutshöfen errichteten hohen und schlanken, bunt bemalten Jupiter-Gigantensäulen gewirkt haben, die oben den Götterchef hoch zu Roß zeigten, wie er Blitze schleudernd über einen schlangenfüßigen Giganten hinweggaloppiert. Aber auch dem persisch-chaldäischen Mitra, dem die Römer in ihren Orientkriegen begegnet waren, wurde damals, wie Funde aus Zazenhausen und Fellbach beweisen, schon eifrig gehuldigt. Dieser Sonnengott vor allem, der in der spätrömischen Religion zuletzt dominierte, war lange Zeit das stärkste Hindernis für das jetzt langsam vordringende Christentum.

Alemannen erstürmen den Limes

Um das Jahr 260 endete die Römerherrschaft bei uns. Die Alemannen, die offenbar ausspioniert hatten, daß aus den Kastellen viele Truppen abgezogen worden waren, weil die Sassaniden an der Ostgrenze des Imperiums sich mausig machten, nützten die schon lang ersehnte Gelegenheit. Zweimal, um 213 und dann wieder 20 Jahre später, waren sie schon durch die Kaiser Caracalla und Maximinus, die sich auf ihren Ruhm als Germanenbesieger viel zugute taten, mit blutigen Köpfen heimgeschickt worden. Endlich, nach jahrzehntelangen Grenzplänkeleien, gelang ihnen der Sturm. Sie überrannten den Limes in seiner ganzen Länge, und zwar in zwei, mit strategischer Schlauheit geplanten Stößen: vom Norden her über den Kraichgau, den unteren Neckar entlang bis ins Albvorland, und im Osten vom Ries her durch das Donautal bis an den Rhein und den Bodensee.

Für die Römer waren die Alemannen, wie alle Germanen, »Barbari«. Das war ursprünglich kein verächtlicher Ausdruck, sondern bedeutete einfach: Fremdlinge. Trotzdem sollten wir, die wir die Nachkommen dieser

»Barbari« sind, uns hüten, sie in gar zu heroischem oder romantischem Licht zu sehen. Die früheste, authentische Quelle über sie ist noch immer Tacitus, der nicht ohne gelinden Schauer, aber auch staunend, wie vor etwas Unfaßlichem, von dieser »natio ferocissima«, diesen hochgewachsenen, unheimlich kräftigen, hellblonden Kriegern, die von Ackerbau und Viehzucht, von Steinbau und Töpferei nur wenig oder nichts verstanden, aber mit Todesverachtung einzeln den strengdisziplinierten und wohlausgerüsteten römischen Kohorten oft mit nacktem Oberkörper entgegenstürmten und wild mit ihrer »Spastha«, dem zweischneidigen Langschwert, um sich hieben. Es war schon so, daß diese, aus den dunklen nordischen Wäldern hervorkommenden Männer mit ihren grobknochigen, stolzen Frauen und ihren vielen, vielen Kindern den Römern erschreckend primitiv erschienen, konnten sie doch weder lesen noch schreiben, kannten überhaupt keine Buchstabenschrift und wußten auch noch nichts von Geld; sie waren also im Gegensatz zu den Griechen und Römern noch geschichtslos, hatten keine Überlieferung, keine Staatsgesinnung und verachteten den Mann, der durch Arbeit, durch ein Gewerbe etwas zu verdienen versuchte, das er sich mit Gewalt viel leichter rauben konnte. Imponierend erschien den Römern die physische Überlegenheit dieser »Barbari«, ihr Abgehärtetsein, vor allem gegen die Kälte, die den Südländern hierzulande so schwer zu schaffen machte. So dürfte die Vermutung schon stimmen, daß der entscheidende Durchbruch während der Wintermonate geschah, über die vereisten Flüsse hinweg, als die römischen Soldaten zähneklappernd sich der Wohltat ihrer Hypokausten, dieses technischen Wunders der Warmluftheizung in den Fußböden und in den Wänden ihrer Kasernen erfreuten.

Die alemannische Landnahme vollzog sich indessen nicht schlagartig. So leichthin gaben die damals ans Ruder gelangten römischen Soldatenkaiser ihre so hervorragend organisierte Neckarprovinz, in die sie auch viel Geld gesteckt hatten, nicht auf. Anderthalb Jahrhunderte hindurch wogten die Kämpfe auf und ab, und zwar nicht nur zwischen Neckar und Rhein, sondern an allen Grenzen des sich allmählich auflösenden, immer mehr aus den Fugen geratenden Imperiums, das auch unter inneren Machtkämpfen fieberte. Bald schon ging es nicht mehr darum, die verlorene Provinz zurückzuerobern, sondern den Alemannen, die hier gar nicht zu siedeln gedachten, den Weg über den Rhein hinüber nach Süden, italienwärts, zu blockieren. Ums Jahr 400 etwa hatten die Alemannen das einstige Dekumatland fest in der Hand, die Kastelle, mit denen die Eroberer nichts anzufangen wußten, um die sie vielmehr einen scheuen Bogen schlugen, lagen verlassen. Und was die Römer mit ihren Bauten aus Stein, ihren Wasserleitungen, ihren Bädern, ihren Kalkbrennereien, Ziegeleien und Töpfereien hier an großartigen kolonisatorischen Leistungen vollbracht hatten, das zerfiel oder wurde mit wahrhaft barbarischem Grimm zerstört. Geblieben sind uns von jener frühesten Baukultur nur die Fachausdrücke, die als Lehnworte in die deutsche Sprache übergingen: Mauer, Ziegel, Fenster, Estrich, Pforte ... Viele der so kunstvoll behauenen Quader wurden dann im frühen Mittelalter von den Mönchen für ihre Klöster und Kirchen wieder verwendet. Münzen, von den Alemannen nur als billiger Schmuck gewertet, wurden erst 1000 Jahre später im Land wieder geschlagen.

Unter fränkischem Joch

Mit dem Abzug der römischen Besatzung hören für unsere Gegend auch die Bodenfunde und sonstigen Urkunden auf. Analphabeten, die für ihre Behausungen nur Holz und Lehm zu verwenden verstanden und ihre Toten verbrannten, hinterlassen keine Spuren. Wir wissen nur so viel, daß es während der frühesten alemannischen Jahrhunderte durchaus nicht idyllisch zuging. Als die Römer endgültig erledigt waren, hatten die Alemannen sich mit ihrem mächtigeren Bruderstamm, den Franken, auseinanderzusetzen, die unter dem nach Weltherrschaft strebenden Merowingerfürsten Chlodwig zweimal in alemannisches Gebiet einfielen. Den Bayern und Thüringern ging es auch nicht viel besser. Vor der zweiten entscheidenden Schlacht soll Chlodwig, der mit einer Christin aus burgundischem Geschlecht verheiratet war, gelobt haben, sich römisch taufen zu lassen, wenn der Christengott, den er offenbar für den Befehlshaber nicht nur der himmlischen, sondern auch der irdischen Heerscharen hielt, ihm den Sieg verleihe. Der Sieg fiel ihm 497 auch zu; die Taufe wurde in Reims, zugleich für 3000 fränkische Edle, mit festlichem Pomp vollzogen, und nun konnten die noch immer zäh an ihrem altgermanischen Heidentum festhaltenden

Alemannen sehen, wo sie blieben. Vorerst hatten die neuen fränkischen Herren allerdings wenig Zeit, sich um ihre neue alemannische Provinz zwischen dem Main und den Alpen zu kümmern: es ist die große Völkerwanderungszeit, in der alle gegen alle losmarschierten und ein hitziges Eroberungsfieber ganz Europa durcheinanderschüttelte. Wenn die Alemannen aber hofften, man lasse sie auch weiterhin ihre alten Götter in Bäumen, Flüssen und Bergschluchten verehren, so täuschten sie sich. Nachdem die fränkischen Missionare zwei Jahrhunderte hindurch bei ihnen nichts erreicht hatten, wurden die renitenten Häuptlinge vom fränkischen König Karlman unter irgendeinem harmlosen Vorwand auf die Altenburg bei Cannstatt geladen und kurzerhand niedergemacht. Karlman soll, von Gewissensbissen getrieben, für seine Untat als Benediktinermönch in Monte-Cassino Buße getan haben. Das geschah im Jahre 746. Ob es sich dabei tatsächlich um ein Ketzergericht oder um eine Sühne für politische Unbotmäßigkeiten handelte, wissen wir nicht. Es war eine rauhe Zeit mit rauhen Sitten.

Damals also begann, nicht eben sanft, die Christianisierung der Alemannen. Für den Historiker hat das den Vorzug, daß es von jetzt an Urkunden gibt. Die älteste, die wir überhaupt kennen, wurde in eben diesem Cannstatt gefertigt, und zwar im Jahre 708; sie besagt, daß das Kloster St. Gallen, entstanden aus einer hundert Jahre zuvor von dem irischen Mönch Gallus eingerichteten Zelle, schon damals hier Besitz hatte, und zwar auf Grund einer Schenkung des Herzogs Godefrid von Schwaben. Mit den alemannischen Brandgräbern mußte nun Schluß gemacht werden; die christliche Lehre schrieb Bestattung in Reihengräbern rings um die Kirche vor. Die Martinskirche auf der Cannstatter Altenburg dürfte die früheste Kirche unserer Gegend, sozusagen die Urpfarrei, gewesen sein. Zu ihrem Sprengel gehörten alle Siedlungen links des Neckars bis hinauf nach Wangen, mit Einschluß des Stuttgarter Tals. Bald gesellte sich zu ihr östlich von Cannstatt die Uffkirche, von der aus das andere Neckarufer von Hofen bis Untertürkheim betreut wurde.

Gaisburg, Gablenberg, Kaltental – aber noch kein Stuttgart

Wie in der römischen, so war auch in der fränkischen Zeit die Gegend um Cannstatt ein Zentrum des kulturellen wie des wirtschaftlichen Lebens. Aber auch das Strohgäu und die Filderhochfläche müssen wir uns schon frühe ziemlich dicht besiedelt vorstellen. Das Stuttgarter Tal hingegen wurde offenbar zunächst von den Siedlern noch gemieden. Zwar wurde auch hier mancher Waldteil gerodet, so bei Gaisburg und Kaltental. Eine größere Bedeutung scheinen aber nur das gegen die Prag zu gelegene Tunzhofen, das seit dem 14. Jahrhundert nur noch als Flurname weiterexistiert, dann Berg, Gaisburg, Gablenberg und Immenhofen erlangt zu haben – kleine Weiler mit eigenen Markungen, die dann bald schon von dem um den »Stutgarten« herum sich entwickelnden Ort, wohl kaum ganz freiwillig, »eingemeindet« wurden.

Es bleibt trotz all den netten Anekdoten und Sagen, die wir über Stuttgarts früheste Geschichte kennen, ein unlösbares Rätsel, wie sich in dem recht unwirtlichen Talkessel des Nesenbachs eine bald schon städtische Siedlung entwickeln konnte, die frühere, viel offener und günstiger gelegene Gründungen wie Waiblingen, Eßlingen, auch Cannstatt zu überflügeln vermochte. Die Männer, die dieses allen strategischen, klimatischen, agrikulturellen und verkehrspolitischen Erfahrungen hohnsprechende Kunststück fertigbrachten, dachten und planten jedenfalls so unrömisch wie nur denkbar. Es dürfte kein zweites stadtgeschichtliches Beispiel geben, das so eklatant die spätrömische kolonisatorische Idee ad absurdum führte wie unser Stuttgart. Nirgends in Europa, außer hier im Tal des Nesenbachs, hat man sich vom genialen, imperialen Geist Roms so wenig imponieren lassen. Dieses Stuttgart wurde wider alle Vernunft zu dem, was es heute ist.

Ulrich der Stifter

Wie ungünstig die Stelle der tiefsten Talsohle für eine Siedlung war, ergibt sich schon daraus, daß sogleich das Nesenbachbett umgeleitet und ein See zwecks Entwässerung angelegt werden mußte – eine für die damalige Technik nicht gerade einfache Sache. Erst dann konnte das für den Siedlungskern ausersehene, durch die heutige König- und Eberhardstraße und Altes Schloß umgrenzte Eirund überhaupt bebaut werden. Der eigentliche Bauherr war der Graf Ulrich von »Wirtemberc«. Dessen Vorfahren, Vertreter des schwäbischen Hochadels, saßen seit dem Ende des 11. Jahrhunderts, also etwa seit der gleichen Zeit, da die Herren von Büren sich auf dem Hohenstaufen seßhaft machten und sich nun von »Staufen« nannten, als Burgherren auf dem »Wirtemberc« über dem Neckar, zwischen Ober- und Untertürkheim, hatten zerstreuten Grundbesitz da und dort im Rems- und Neckartal und verfügten über Privilegien, die ihnen hohe Zoll- und Wegegelder einbrachten.

Die Stammburg

Von der einst stattlichen, mit einem dreifachen Mauerring versehenen Stammburg »Wirtemberc«, deren früheste Bauten noch frühromanische Formen zeigten, ist so wenig übriggeblieben wie von der noch viel stattlicheren Burg auf dem Hohenstaufen. Zweimal ist sie gründlich zerstört worden: 1311 durch die Eßlinger im Reichskrieg gegen den »erlauchten« Grafen Eberhard, der sie fünf Jahre später wieder herstellte; dann 1519 durch den Schwäbischen Bund aus Rache gegen den landflüchtigen Herzog Ulrich, der wieder einmal gemäß der Tradition seiner Familie die Reichsstädter geärgert und Reutlingen mutwillig überfallen hatte. Auch Ulrich baute die Burg 15 Jahre später wieder auf. Zuletzt aber waren es nicht die bösen Reichsstädter, sondern ein »aufgeklärter« württembergischer Fürst selbst, der den ehrwürdigen Stammsitz seines Geschlechts radikal niederreißen ließ: es war unser sonst so gescheiter König Wilhelm I., der 1819 nach dem Tod seiner Frau Katharina ausgerechnet diesen für sein Haus und das ganze Land historisch so bedeutsamen Fleck Erde zur Grabstätte bestimmte und von dem Italiener Salucci, der auch das königliche Landhaus Rosenstein gebaut hat, zur Krönung des lieblichen, rebenbestockten Hügels eine hier arg deplaciert wirkende griechische Rotunde erstellen ließ, in der auch er selbst 40 Jahre später sich beisetzen ließ. Niemand hätte es offenbar wagen dürfen, den Monarchen, der bekanntlich den maurischen Stil (in der Wilhelma und im Schloß Montfort am Bodensee) für besonders repräsentativ unter schwäbischem Himmel erachtete, von einer solchen Pietätlosigkeit abzuhalten. Die Burg, die damals als nicht mehr standesgemäß zerstört wurde, war keineswegs eine Ruine, sondern ein wohlerhaltenes Bergnest mit mehreren stattlichen, giebelbedachten Häusern, zu denen man erst gelangen konnte, wenn man die terrassenartig übereinandergelagerten Mauerringe passiert hatte. Der unterste, am Weg vom Dorf Rotenberg her, war gut 30 Meter hoch und wies ein monumentales, rundbogiges, durch schwarze Eichentüren geschlossenes Tor auf, durch das Mörikes »Sicherer Mann« ungebückt hätte eintreten können. Eine stolze, wehrhafte Ahnenburg, nicht türmereich wie der Hohenzollern, aber behaglicher und wie aus der Landschaft natürlich erwachsen. Dieses Monument unserer Landesgeschichte wurde damals frevelnd ausgelöscht. Hüten wir uns, unersetzliches bauliches Erbe weiterhin zu verschleudern! Gerade das, was unnütz, was veraltet scheint, wirft für uns den Schatten, ohne den wir als unselige Schlemihle in die Zukunft wandern müssen.

Der Verrat an den Staufen

Die Herren von Württemberg, wie wir sie heute nennen dürfen, waren, wie alle anderen schwäbischen Adligen, Dienstmänner der Staufen, die seit 1079 das Herzogtum Schwaben innehatten. Durch Gunst der Staufen war den Württembergern 1130 der Remstalgau mit dem Grafenamt und dem in Cannstatt tagenden Gaugericht zugefallen. Zum Dank dafür fiel dann der Graf Ulrich von Württemberg 1246 in der Entscheidungsschlacht bei Frankfurt zwischen dem jungen Stauferkönig Konrad und dem päpstlichen Gegenkönig Heinrich Raspe seinem Landsmann in den Rücken. Es waren freilich nicht nur 30, sondern 7000 Silberlinge, die ihm der Papst dafür bezahlte, daß er mit seinen 2000 schwäbischen Rittern und Armbrustschützen mitten in der Schlacht zum Feind überlief. Außerdem hatte der Papst ihm die Aufteilung des staufischen Besitzes in Schwaben versprochen. Als 22 Jahre später Konrads Sohn, der Knabe Konradin in Neapel enthauptet wurde, war die »Staufenbrut«, wie der Papst es gewünscht hatte, restlos ausgerottet. Die Württemberger Herren hatten wacker dabei mitgeholfen.

Einer der fettesten Erben im jetzt herrenlosen Herzogtum Schwaben war dieser Graf von Württemberg. Er allein macht es auch einigermaßen verständlich, daß er für seine Residenz ausgerechnet das unwegsame Nesenbachtal aussuchte. Denn drüben im Remstal, in Beutelsbach, das ihm als Heiratsgut zugefallen war, und auf dem Württemberg saß er nicht sicher. Es gab noch genug Staufen-Freunde ringsum im Land, die dem Grafen seinen Verrat nicht verziehen. Vor allem waren sämtliche Reichsstädte, das schon fest ummauerte Eßlingen voran, den Württembergern gram und zu Überfällen jederzeit bereit. Hier aber, fernab der großen Verkehrsstraßen, war ihm nicht so leicht beizukommen. Schon ein Vorfahre dieses Ulrich, Bruno von Beutelsbach, der Abt des Klosters Hirsau war, scheint an der Stelle, wo heute das Alte Schloß steht, um 1100 eine kleine Burg erstellt zu haben, die durch ihre großen Keller berühmt war. Auch ein hölzernes Dorfkirchlein zum Heiligen Kreuz dürfte damals schon vorhanden gewesen sein.

Die Wasserburg am Nesenbach

Ulrich also baute diesen in der Talaue zwischen bewaldeten Hängen versteckten Weiler zielbewußt zu einer festen Stadt aus. Die Burg des Ahnen,

vermutlich kaum mehr als ein kunstloses Steinhaus mit dicken Mauern und schmalen Fensterschlitzen, wurde zu einer wehrhaften Wasserburg erweitert, und an Stelle des Kreuzkirchleins gleichzeitig mit dem Bau einer weiträumigen, dreischiffigen romanischen Basilika begonnen, von der noch heute Reste in den mittleren Stockwerken des südwestlichen Stiftskirchenturms erhalten geblieben sind. Nimmt man dazu noch das ein wenig mysteriöse »Alte Steinhaus«, so hat man etwa den Grundriß der ältesten gräflichen Residenz vor Augen. Offensichtlich war diese Anlage gegen Osten gerichtet, gegen das Neckartal, von wo die bösen Reichsstädter kommen mochten. Die früh abgegangene »Gaisburg«, dann die Herrensitze bei Gablenberg und beim Weiler Berg waren sozusagen die östlichen Vorhuten des gräflichen Bollwerkes, die die Wege durchs Stöckach, vom Eßlinger Berg und von der Prag herab decken mußten. Als der gräfliche Besitz dann bald schon auf die Filderhochfläche übergriff, wo die einst sehr reichen Grafen von Calw Federn lassen mußten, wurden auch gegen Westen die Sicherungen ausgebaut: die »Wizenburc« (Weißenburg) am Hang zum Steilen Bopser, weitere Burgen bei Heslach (der Name »Burgstall« erinnert noch daran) und bei Kaltental, ferner Degerloch, das um 1270 erworben wurde, waren hier die Hüter der Residenz.

Der Wein, und immer wieder der Wein

Durchblättert man die ältesten Quellen, die irgend etwas über die ersten Jahrzehnte der Stadt berichten, wie das der großartige Julius Hartmann mit echt schwäbischem Fleiß besorgt hat, so stellt man fest, daß den damaligen Bürgern nichts so wichtig war wie der Wein, der an ihren Hängen

wuchs. Wie er geraten ist, ob sauer, schlecht, mittelmäßig, ordentlich, trefflich, ausbündig, was er jeweils gekostet hat und wie das Wetter war, wissen wir seit 1236 von jedem Jahrgang, wenn auch nichts sonst vermeldet wird. Ob Weinberge verkauft werden, an wen und um welchen Preis, erregte die Bürgergemüter offenbar viel mehr als alles, was die Grafen taten oder was sonst geschah. Der Wein war der Stolz, der Reichtum und das Schicksal, auch schon der ältesten Stuttgarter. Wie traurig, wenn es 1283 heißt: »Am 13. Mai erfroren beinahe alle Reben.« Oder: 1289: »Die Reben erfrieren. Der Winter sehr mild, die Bäume behalten ihre Blätter bis Weihnachten und bekommen dann neue.« Und 1290: »Im Februar reife Erdbeeren, im April Traubenblüte. Aber am 20. Mai Schnee und Kälte. Dann wieder anhaltend warme Witterung, sodaß es trotzdem viel und guten Wein gab. Der Eimer kostete 5 Schilling.« Einige Male, recht selten allerdings, gab es einen solchen Weinsegen, daß das Geschirr nicht ausreichte. Man ließ dann den alten sauren Wein aus den Fässern fließen, um Mörtel damit anzumachen. Wer eine Maß Wein für einen Heller kaufte, bekam noch einen »roten Nestel« als Dreingabe dazu, und da auch die ausgepichtesten Zecher so viel nicht vertragen konnten wie sie für die kleinste Münze, den Heller, ausgeschenkt bekamen, mußten sie die Wirtschaft zweimal aufsuchen, um auf ihre Kosten zu kommen. Es waren, wie man sieht, ehrliche Leute, die alten Stuttgarter Beizer und Wengerter.
Als früheste Gewandnamen für besonders gute Weinbergslagen werden in den alten Chroniken genannt: der hintere und der vordere Kriegsberg, der Kornberg (ursprünglich Kuhberg), die Wengert in der Reutin, zu Stöckach und zu Lindach, dann Afftemhalden, Azenberg, Hugenloch (Hoppenlau), Hasenberg (der nichts mit Hasen, wohl aber wahrscheinlich mit Haselbüschen etwas zu tun hat), Winterhalden und Reinspurg. Die meisten dieser Namen leben noch heute.

Stadtmauer mit drei Toren

Früh schon wurde der Ort mit einer Mauer umbaut, aus deren langgestrecktem Oval drei Tore hinaus ins Gelände führten: das Tunzhofer Tor, etwa an der Stelle des heutigen »Kanzleibogens« beim Schillerplatz; von hier ging die Tunzhoferstraße aus, die droben beim Pragsattel auf die große uralte Verkehrsstraße Ulm–Speyer stieß. Das Eßlinger Tor, an der Kreuzung der späteren Markt- und Bachstraße, wo heute das Kaufhaus Breuninger steht; hier begann die Eßlinger Steige mit Abzweigungen bei

Gaisburg und Wangen, allesamt neckarwärts strebend. Ebenfalls von diesem Eßlinger Tor aus gelangte man über die Heusteige, den alten Bopserweg und die wohl jüngere Alte Weinsteige nach den Fildern. 1566 war dieses Tor an der Brücke über den Nesenbach von Herzog Christoph mit einem wuchtigen quadratischen Turm versehen worden, den ein Zeltdach mit einer Dachreiterlaterne krönte. Es wurde 1712 abgebrochen. Und als drittes das »Obere Tor« am Schnittpunkt von Schmaler und Breiter Straße. Von hier aus ging die Fahrt über die »Rote Steige« gegen den Glemswald, über die »Botnanger Steige« ins Feuerbacher Tal und über Heslach ins Obere Nesenbachtal. 1565 ließ der turmfreudige Christoph auch hier einen stattlichen viereckigen Turm erstellen, der als Gefängnis diente. Er war so etwas wie die Alt-Stuttgarter Bastille. Hundert Jahre später stürzte ein Teil des Turmes ein. Der Einfachheit halber brach man ihn gleich ganz ab. Diese beiden Tortürme waren zugleich die frühesten Stuttgarter Hochhäuser.

Der durchlauchtige Eberhard

Wie wichtig es war, die junge abseitige Stadt wehrhaft zu machen, merkte man, als Ulrichs des Stifters zweiter Sohn Eberhard die Grafenwürde erbte. Dieser Eberhard (1279 bis 1325), den eine spätere Zeit den »Durchlauchtigen« nannte, während seine Zeitgenossen ihm den besser charakterisierenden Beinamen des »Fehdelustigen« gaben, war der ewige Rebell, der keines Königs oder Kaisers Autorität über sich anerkannte: »Jedermanns Feind, nur allein Gottes Freund«, war seine verwegene Devise.
Der Grund für seine dauernden Fehden mit drei deutschen Königen und deren resolutesten Parteigängern, den Reichsstädten, war höchst realpolitisch: weitum im Land zerstreut lag herrenlos seit dem Tod Konradins der einst gewaltige Stauferbesitz, die Reste des weiland Herzogtums Schwaben. Davon raubte Eberhard soviel zusammen, wie er konnte. Das paßte weder den Reichsstädten, die selbst Ansprüche auf dieses Erbe stellten und keinen gar zu mächtigen Territorialherren in ihrer Nachbarschaft duldeten, noch den Kaisern, die in erster Linie für ihre eigene Hausmacht sorgten.
Im Jahre 1283 kam es zur ersten Strafexpedition gegen Eberhard, der sich nur dadurch retten konnte, daß er mit seinen Rittern Schutz hinter Stuttgarts Mauern suchte; alle seine sonstigen Besitzungen mußte er preisgeben.

Stuttgart wird belagert

Sechs Monate lang belagerte Kaiser Rudolf, der einst den unglückseligen Konradin nach Italien begleitet hatte, von der Wagenburg aus, die daher ihren Namen hat, die Stadt. In die Mauern wurden immer wieder Breschen geschossen, aber nicht nur die Ritter, sondern auch die Bürger, allen voran die reisigen Wengerter, verhinderten jeden Durchbruch. Schließlich mußte Rudolf einsehen, daß hier mit Gewalt nichts zu machen war – eine für einen Kaiser beschämende Situation.
Drei Jahre später kam es zu einem neuen Reichskrieg gegen Eberhard. Diesmal waren der Herzog von Teck und der Graf von Achalm, in deren Gebiet der übermütige Württemberger raubend eingefallen war, neben den Reichsstädten mit von der Partie. Jetzt ging es für Eberhard nicht so glimpflich ab. Zwar um Stuttgart machten die rachedurstigen Herrschaften einen Bogen. Um so ungenierter kühlten sie ihr Mütchen in der Nachbarschaft: damals wurden die Burgen Brie bei Cannstatt (an Stelle der späteren Neckarvorstadt) und bei Berg über dem Stöckach und was sonst an befestigten Siedlungen im Nesenbachtal anzutreffen war, restlos verwüstet. Eberhard mußte sich unterwerfen, allen unrechtmäßigen Besitz wieder herausgeben und Schadenersatz leisten. Die Festung Rems bei Waiblingen mußte als Unterpfand für die künftige Treue dem Kaiser ausgeliefert werden. Außerdem verpflichtete sich Eberhard, die Festungsmauern Stuttgarts zu schleifen. Er unterschrieb wohl oder übel, aber geschleift hat er nicht.
Beim alten Rudolf hatte Eberhard sich solche Unbotmäßigkeiten leisten können. Mit Heinrich VII. war weniger zu spaßen. Als es daher im Kerngebiet Schwabens wegen des händelsüchtigen Württembergers noch immer keine Ruhe gab, kam es 1310 zum dritten Reichskrieg, der sich mehrere Jahre hinzog. Die jetzt aufgebotene Truppenmacht, in der sich alle alten und neuen Feinde Eberhards zusammenfanden, war so beträchtlich, daß er es für ratsam hielt, sich gar nicht erst in Stuttgart zu verschanzen. Er räumte kampflos das Feld und floh zu seinem Schwager, dem Markgrafen von Baden, dem damals noch Besigheim gehörte. In einem heute noch erhaltenen Wachturm, dessen Mauern vier Meter dick sind und in dessen obere Kammern man nur über eine elf Meter hohe Leiter gelangen konnte, versteckte er sich nicht eben heldenhaft. Der Tod des Kaisers 1313, um dessen Nachfolge sich zwei Kandidaten stritten, rettete ihn vor dem Verlust seiner Grafschaft.

Eßlinger Stadtsoldaten besetzen Stuttgart

Für einige Jahre war nun Stuttgart von Reichstruppen und Eßlinger Stadtsoldaten besetzt. Die Weißenburg beim Bopser und was sonst noch wehrhaften Charakter trug, wurde zerstört und dann nie mehr aufgebaut. Die Eßlinger, die Eberhard am ärgsten gebrandschatzt hatte, rächten sich nun, indem sie seine Stammburg auf dem Württemberg zusammenschmissen und das Stift »zum Heiligen Kreuz« in Beutelsbach plünderten und verwüsteten: die Chorherren wurden verjagt, ihre Pfründhäuser samt dem ganzen Flecken niedergebrannt und die Gebeine der gräflichen Ahnen aus der Gruft geworfen. Außerdem machten sich die Reichsstädte den Spaß, die Reben in den Weingärten rings um Stuttgart abzuschneiden, wohl wissend, daß sie damit den Stuttgarter Bürgern das Schlimmste antaten.
Trotz all der Misere haben die Fehden sich für Eberhard auf die Dauer gelohnt: er hat seine Grafschaft fast um die Hälfte ihres Landbesitzes vermehrt. Seine macchiavellistische Gewaltmethode war für jene Zeit nach dem staufischen Bankrott offenbar doch die richtige.

Von Beutelsbach nach Stuttgart

Gelernt aber hat Eberhard aus der letzten gründlichsten Exekution, daß er künftighin das geistliche Fundament seiner Herrschaft, das Chorherrenstift in Beutelsbach, nicht mehr völlig ungeschützt im Remstal belassen dürfe. Daß seine Feinde nicht einmal die Gräber seiner Familie verschont hatten, scheint ihn tief gekränkt zu haben. So reiste er, als er endlich wieder Frieden hatte, selbst nach Avignon zum Papst, um die Verlegung des Stifts nach Stuttgart zu beantragen. Sie wurde gestattet. Seit Lichtmeß 1321 befindet sich das Stift mit einem Propst an der Spitze, zwölf Chorherren und zwölf Vikaren samt dem Erbbegräbnis in Stuttgart.
Damit war die Stadt in aller Form zur Residenz erhoben. Man bedenke, was das bedeutete: bisher waren die Stuttgarter Bürger, obgleich ihr ursprüngliches Dorfkirchlein sich zur stattlichen Basilika gewandelt hatte, genötigt, nach St. Martin bei Cannstatt zu wandern, wenn sie ihre Kinder taufen oder ihre Ehen einsegnen lassen wollten, denn dort war die Pfarrkirche. Fortan war es umgekehrt: die Urpfarre wurde nach Stuttgart eingebracht, ebenso das Michaeliskirchlein von Wangen und die auch schon alte Liebfrauenkirche in Berg, von der auch Gablenberg und Gaisburg betreut wurden. Selbständig aber blieb der alte Sprengel des Cannstatter

Uff-Kirchleins, nur daß als Pfarrkirche künftig die Ortskirche von St. Cosmas und Damian, die heutige evangelische Stadtkirche, die Filialen in Hofen und Untertürkheim und die Peterskirche von Obertürkheim mit versorgten.

Die ältesten Quader

Wen die geheimnisvollen Wandlungen der Baustile interessieren, der kann heute noch am Südturm unserer Stiftskirche, dem sogenannten kleinen Turm mit dem eleganten, geschweift-spitzen Helm, den baulichen und erbaulichen Werdegang studieren. Das unterste Geschoß stammt noch von der ursprünglichen Dorfkirche und dürfte ums Jahr 1175 erstellt worden sein; die dabei verwendeten Quader, Stubensandstein, vermutlich aus den schon von den Römern benützten Steinbrüchen der Geroksruhe oder des Frauenkopfs, dürften die ältesten, heute noch erhaltenen Rudimente des frühen mittelalterlichen Stuttgarts sein. Die zu diesem Turmrest gehörige Kirche scheint ungefähr da gestanden zu haben, wo der spätere gotische Chor erbaut wurde. Turm und Kirche hätten demnach nur an der Nordostecke sich berührt, sonst aber keinen organischen Zusammenhang miteinander gehabt – eine, wie Fachleute feststellten, damals einzigartige Kirchenform. Das zweite und dritte Turmgeschoß ist, wie die Rundbogenfriese zeigen, noch ein Überbleibsel der spätromanischen Basilika, die schon vorhanden war, als die Verlegung des Stifts geschah.

Der mit dem Daumen

Ein merkwürdiges Schicksal hatte das Grabmal des ehrwürdigsten aller württembergischen Ahnen, des Urvaters unserer lieben Stadt: Ulrich des Stifters. Seine in Beutelsbach 1265 beigesetzten Gebeine wurden 1311 von den Eßlingern in alle Winde zerstreut. Übriggeblieben aber waren die überlebensgroßen, wohl bald nach seinem und seiner Frau Agnes Tod gefertigten Rundfiguren, die bei der Verlegung über einer symbolischen Grabstätte in der Halle unter dem Südturm ihren Platz fanden. Zum Unglück stürzte hundert Jahre später ein Teil des Chorgewölbes ein und beschädigte Nasen und Hände des Stifterpaares. Dabei brach auch der Daumen dieses Ulrichs ab, von dem die Zeitgenossen staunend festgestellt hatten, daß er abnorm groß war, weshalb er als »Ulrich mit dem Daumen« in unsere Landesgeschichte einging. Man hat sehr viel später die beiden

Figuren restauriert und Ulrichs Hand gar zu respektvoll mit einem gewöhnlichen Daumen versehen.

Was Eberhard der Erlauchte mit den Städtern durchzumachen hatte, waren nur Vorhutplänkeleien. Die Streitereien, oder standesgemäßer ausgedrückt, die Fehden, zogen sich noch lange mit sich steigernder Wildheit hin. Die Gründe waren nicht nur ideeller Art, daß nämlich die Reichsstädte für ihre von den feudalen Grafen bedrohte Freiheit fürchteten. Es ging auch um das schon damals liebe Geld. Den Reichsstädten ging es wirtschaftlich großartig. Hall, Eßlingen, Ulm, Ravensburg trieben lukrativen Handel mit Italien und der Levante, seitdem der Paßweg über den Gotthard offen stand. Daß hier etwas zu holen war, hatte der Habsburger Albrecht, Rudolfs Sohn, den später sein Neffe Johann Parrizida ermordete, sehr wohl erkannt. Um nun möglichst fette Steuern aus den Städten herauszuquetschen, setzte er den württembergischen Grafen, dessen Verfeindung mit den Reichsstädten ihm wohl bekannt war, in das Amt eines Landvogts in Schwaben ein, dem damit die steuerliche Aufsicht über die Städte übertragen wurde. Albrecht rechnete schlau und tückisch: so würden nicht nur seine immer leeren Kassen gefüllt, sondern auch zwei Machtfaktoren, denen er mißtraute, gegenseitig gelähmt. Sein letztes Ziel war, den Restbestand des einstigen staufischen Herzogtums seiner Hausmacht allmählich einzuverleiben. Wenn in Zukunft die Fronten zwischen dem Grafen und den Städtern durch Gründung von höchst aggressiven Städtebünden sich immer mehr versteiften, so behielten sich die Könige dabei wohlweislich die schadenfrohe Rolle des Waaghansels vor (im Schwäbischen drückt man sich drastischer aus).

Rauschende und andere Bärte

Es ist nicht ganz leicht, sich unter den württembergischen Grafen, die in den nächsten zwei Jahrhunderten einander in der Regierung folgten, genau auszukennen. Die meisten heißen, wie ihre beiden Ahnen Ulrich oder Eberhard, und die Beinamen, die sie sich von ihren Hofhistoriographen zulegen ließen oder vielleicht auch vom »Volk« angehängt bekamen, klingen doch sehr nach einer von oben herab dekretierten Popularität, die zu bezweifeln wir oft genug triftigen Grund haben. Da gibt es den »Milden«, den »Vielgeliebten«, den »im Bart«. Aparter ist da schon »der Greiner«, was soviel bedeutet wie etwa »Zänker« oder »Streithammel«. Dieser »Greiner« führt aber auch noch den Beinamen »Der Rauschebart«, so daß wir also glücklich einen »Eberhard im Bart« und einen »Eberhard im Rauschebart« aufzuweisen haben. Aber auch Eberhard der Milde, der Enkel des Greiners, war ein rauschebärtiger Herr. Diese Bärte haben sogar unseren sonst so pedantisch genauen Uhland derart verwirrt, daß er in seinem wunderschönen Balladenzyklus »Graf Eberhard der Rauschebart« dem Greiner den Sieg über die drei Könige zu Heimsen zuerkennt, während doch der milde Eberhard es war, der das Schleglernest ausräucherte. Man kann es danach keinem schwäbischen Schulkind verübeln, wenn es ebenfalls die diversen Bärte verwechselt.

Krankes Blut

Jener Eberhard der Milde, über den nicht eben viel Günstiges oder Ungünstiges zu berichten ist, hatte das Unglück, mit einer ungewöhnlich schönen und reichen Frau verheiratet zu sein. Es war die Lombardin Antonia, die Tochter des Herzogs Bernabò Visconti von Mailand, für die ihr verliebter Gatte ein stattliches, allerdings nur in Fachwerk erstelltes Palais mit Erkerchen neben dem Tunzhofer Tor (an Stelle des späteren Prinzenbaus) erbaute, und der zuliebe er südlich der Burg einen herrlichen Lustgarten in italienischem Stil anlegen ließ. Dieser Antonia nun, die geschlechtskrank war, verdankte das Grafenhaus den Keim zu jenen Geisteskrankheiten, die dann zweihundert Jahre lang unsere Geschichte verdüsterten und das Alte Schloß immer wieder zur Szene tragischer Geschehnisse machten. Am meisten hat wohl ihr Enkel, der »vielgeliebte«, aber auch willensschwache Ulrich darunter gelitten, daß seine beiden erblich belasteten Söhne, Heinrich und Eberhard, so gar nicht zur Regierung taugten. Er soll im Unmut von ihnen gesagt haben, eine Waschgölte und ein Schmalzhafen wären ihm lieber, denn die könnte er wenigstens anderen ausleihen. Trotzdem mußte dann Eberhard im Bart, dessen einziger Sohn früh gestorben war, seine ganze Autorität aufwenden, um seinen vertrottelten Vetter Heinrich zu einer Heirat zu bewegen, da sonst, mangels direkter männlicher Nachkommenschaft, das endlich zur Herzogswürde gelangte Württemberg an das Reich oder vielmehr an Habsburg gefallen wäre. Jener Heinrich von Mömpelgard war angeblich als Gefangener Karls des Kühnen so grausam behandelt worden, daß er geistesgestört auf Hohen-Urach 29 Jahre lang interniert werden mußte. Durch seinen zweiten Sohn wurde er der Stammvater des späteren württembergischen Königshauses.
Der erstgeborene Sohn jenes Heinrich, der berühmte und berüchtigte Her-

zog Ulrich, hat es dann fertiggebracht, daß fast 20 Jahre lang die Österreicher in Stuttgart und im Lande herrschten. Man soll die Augen vor diesem Familienunglück nicht verschließen, hing doch in jenen fernen Zeiten das Glück und Leid des ganzen Landes und fast jedes einzelnen von der Fürsten Klugheit und Menschlichkeit und nicht zuletzt auch von ihrer Gesundheit ab.

Sankt Leonhard

Ums Jahr 1350, also unter Eberhard dem Greiner, dem ja auch der junge Schiller in einem forschen Kriegslied seine lokalpatriotische Reverenz erwiesen hat (»Ihr, ihr dort draußen in der Welt, die Nasen eingespannt ...«) hatte die gräfliche Residenz Stuttgart etwa 1000 Einwohner, darunter zehn Metzger und 21 »Becken«. Zum Vergleich sei vermerkt, daß die freie Reichsstadt Ulm im Jahre 1377, als sie sich zum Münsterbau entschloß, 12000 Einwohner zählte, Eßlingen 5000, Heilbronn 5500, Reutlingen etwa 4000. Das mittelalterliche Stuttgart war trotz seinem Residenzcharakter damals noch ein unscheinbares Landstädtchen, das es recht wohl zu spüren bekam, daß seine Herren, die Grafen, im allgemeinen höchst knikkerige Leute waren und nicht zuletzt durch Sparsamkeit ihre Grafschaft aufbauten. Das Städtchen hatte noch kein Rathaus, weil die Bürger nichts zu beraten hatten – das besorgten allein die Grafen –, und der sogenannte Markt blieb noch Jahrzehnte hindurch ungepflastert. Die vornehmsten Stuttgarter Bürger waren Ortsadlige aus der Nachbarschaft, die als Ritter dem Grafen dienten; bevor bürgerliche Namen genannt werden, sind es die Schwigger von Gundelfingen, Hans von Gültlingen, Ulrich von Stöffeln (bei Gönningen), die als Käufer und Verkäufer von Weingütern, Häusern oder Keltern in den Listen stehen.

Wenn dieses Stuttgart in den nächsten 50 Jahren, also bis 1400, seine Einwohnerzahl vervierfacht, so gewiß nicht, weil man hier angenehm leben und gut verdienen konnte, sondern weil bei den fortwährenden Fehden das Wohnen außerhalb fester Mauern ein zu großes Risiko war. So scheinen damals die Bewohner des uralten Fleckens Tunzhofen bei der Wolframshalde ihre Hütten abgebrochen zu haben und nach Stuttgart gezogen zu sein. In dem schmalen Oval der alten Siedlung war für sie aber nicht Raum genug. So gliederte sich um jene Zeit eine Vorstadt an, und zwar rings um die schon 1337 erwähnte Feldkapelle zu St. Leonhard, die bayrische Zisterziensermönche, wohl auf Veranlassung des jetzt oft in Stuttgart zu Gast weilenden Kaisers Ludwig, hier inmitten von Wiesen, Feldern und Gärten gegründet hatten. Der Heilige Leonhard ist ja der Schützer des Viehs und im besonderen auch der Pferde und wird wohl auch hier wie in Bayern dafür gesorgt haben, daß die noch halbheidnischen Bauern sich der christlichen Lehre williger öffneten.

Die ersten Juden

In der Umgegend dieser Leonhards-Kapelle hatten sich frühe schon auch Juden angesiedelt, die in der Stadt selbst nicht geduldet waren. Sie waren in unser Land schon mit den Römern gekommen und hatten auch nachher als die bestgeschulten Kenner der römischen Rechts- und Handelspraktiken sich auch den deutschen Kaisern nützlich zu machen gewußt. Sie spielten wirtschaftlich eine wichtige Rolle, waren sie doch die einzigen, die Geld gegen Zins ausliehen, was den Christen von der Kirche streng verboten war. Von dieser Möglichkeit, sich Geld zu beschaffen, haben mehr und mehr nicht nur Handwerker und Kaufleute, sondern auch die Grafen Gebrauch gemacht. Als nun gegen Mitte des 14. Jahrhunderts in ganz Oberdeutschland wegen schlechter Ernten Hungersnöte und Seuchen ausbrachen, auch Heuschreckenschwärme aus dem Morgenland die Felder und Gärten kahl fraßen und fanatische Bußprediger durch die Lande streiften, von einem Gottesgericht faselnd, wandte sich die Volkswut erstmals gegen die in ihrem kleinen Ghetto vor dem Eßlinger Tor lebenden wehrlosen Juden, bezichtigte sie der Brunnenvergifterei und steckte ihre armseligen Behausungen in Brand. Bequemer konnte man seine Schulden nicht los werden. In Eßlingen, wo die Judenschaft viel zahlreicher vertreten war, da hier viel mehr Geld umlief, versammelte sich zur gleichen Zeit die ganze Gemeinde in der Synagoge, zündete sie an und starb freiwillig in den Flam-

men aus Furcht, sich taufen lassen zu müssen. Als dann Kaiser Karl IV., dem die Juden als hochbesteuerte Sonderklasse und auch als Ratgeber nicht unwillkommen waren, das gefährdete Judengut als dem Reich verfallen erklärte, schaltete sich Eberhard der Greiner ein, anerkannte die Schuld an die Juden und stellte ihnen Schutzbriefe aus, die ihnen ungestörtes Weiterleben in der Stadt garantierten. Die Straße, die ihnen in der Leonhards-Vorstadt zugewiesen wurde, hieß bis 1894 die »Judengasse« (die spätere Brennerstraße zwischen Wagner- und Rosenstraße). Als erster Hausbesitzer jenes Ghettos ist im Jahre 1350 ein Leo Jud genannt, in dessen Nachbarschaft damals auch schon eine Judenschule bestand, lange bevor von christlichen Schulen die Rede war.

Gartenzäune statt Mauern

Es hat dann freilich noch lange gedauert, bis die Eßlinger Vorstadt fest in die Stadt einbezogen und ummauert wurde, nämlich fast 100 Jahre. »Hier war die Welt mit Brettern vernagelt«, bemerkte der Geschichtsschreiber Sattler, »nämlich mit Gartenzäunen statt mit Mauern.« Das war um so bedenklicher, als 1377, nach der blutigen Schlappe, die der Sohn des Greiners von den Reutlingern einstecken mußte, auch die Eßlinger wieder plündernd bis vor die Tore Stuttgarts drangen. Doch scheinen sich die Leonhard-Vorstädtler, unter denen sich zahlreiche Handwerker, besonders auch Schmiede, befanden, ihrer Haut und ihres Besitzes wacker gewehrt zu haben. Es war die Zeit, da die Ritter, bisher die tüchtigsten

Repräsentanten kriegerischer Macht, vor den von den Reichsstädten zuerst aufgebotenen Sölnerscharen kapitulieren mußten und der einzelne Bürger merkte, daß er sich auf sich selbst und seine Kraft verlassen könne. Die Schlacht bei Sempach (1386), in der ein weit überlegenes Ritterheer von eidgenössischen Bauern zusammengehauen wurde, war der Wendepunkt.

Der Turnieracker

Auch nordwärts begann die zu eng gewordene Stadt sich schon während des 14. Jahrhunderts zu dehnen. Dort, über dem großen Graben, war sanft ansteigendes Gelände mit einigen kleineren Seen, das vorwiegend in gräflichem Besitz war. Auf der Höhe dieses Hügels, zwischen dem späteren »Bollwerk« und der Liederhalle, lag der gräfliche Turnieracker, der besonders bei Hochzeiten im Fürstenhaus der Mittelpunkt der tagelang währenden Festivitäten war. So beispielsweise 1361, als Eberhard der Greiner seine Tochter Sofie mit dem Herzog Johann von Lothringen verheiratete, und 1434 aus Anlaß des »Beilagers« des Grafen Ludwig mit der Pfalzgräfin Mechtilde. Hier also befand sich sozusagen das Stadion Stuttgarts zur damaligen Zeit, das allerdings den Herrschaften vom Hof vorbehalten war. Daß die Fürstlichkeiten, trotz der immer wieder gerühmten altwürttembergischen Sparsamkeit, bei solchen Turnieren ausgiebig zu festen verstanden, ersieht man aus einem Bericht von 1484, als offenbar ohne besonderen Anlaß 300 Grafen und Herren in Gegenwart von 130 geschmückten Frauen und Jungfrauen versammelt waren. Beim Mahl hinterher in der Dürnitz des Schlosses waren 41 Tische für die Turniergenossen gedeckt, 5 Tische für Trompeter und andere Spielleute, im Frauenzimmer außerdem 19 Tische. Auf dem Kredenztisch neben dem Platz des Grafen Eberhard im Bart standen 192 verdeckte Geschirre, Flaschen, Kannen, auch drei köstliche Jägerhörner, 4 silberne Leuchter und anderes Silber. In der oberen Stube der Gräfin zählte der Chronist 117 Schüsseln, Becher und Schalen ohne alles andere Silbergeschirr. »Danach tanzte man den Abend mit Freuden und in Ehren, damit der Abend auch vertrieben war; des Morgens am Freitag schied jedermann ab.« Auch Leichenfeiern waren gern genützte Gelegenheiten, sich einen guten Tag zu machen. So kamen zu Ehren des »Vielgeliebten«, der in Leonberg auf der Hirschjagd gestorben war, im Jahre 1480 6000 Herren als Trauergäste zusammen. Anschließend wurden 21 300 Gesindebrote an die Armen verteilt. Insgesamt wurden 64 Eimer Wein bei der Gelegenheit getrunken.

In diesem, über der alten Talsiedlung gelegenen Gelände, das von keiner feindlichen Reichsstadt unmittelbar bedroht war, entstand dann im Verlauf des 14. und 15. Jahrhunderts die zweite Vorstadt, die man je nachdem als die Obere oder Reiche oder Liebfrauen- oder Turnieracker-Vorstadt verzeichnet findet. Im Jahre 1391 wird hier eine Liebfrauenkapelle genannt, zu der man auf langen Umwegen durch das 1393 erbaute Obere Tor (an der Kreuzung der Breiten und Schmalen Straße) gelangte. Dicht neben der Kapelle ließ dann Ulrich der Vielgeliebte 1471 eine Kirche »Unser Frauen und St. Ulrichs« erbauen. Fromm wie er war, gründete er als einziger der Grafen gleich danach auch ein Kloster und stiftete den zwölf aus Nürnberg gekommenen Dominikanern die halbfertige Kirche als Klosterkirche, die wiederum sein vielbeschäftigter Baumeister Aberlin Jörg (eigentlich Albrecht Georg), dem das Wesentlichste bei allen drei mittelalterlichen Kirchen der Stadt zu verdanken ist, ein tüchtiger, aber gewiß nicht genialer Mann, als dreischiffige Hallenkirche errichtete: »Zu Lob und Ehr, Gott dem Allmächtigen, seiner auserwählten Mutter, sonderlich St. Ulrichen zu Ehren, daß für Uns, Unsere Vorfahren und Nachkommen desto fleißiger gebetet werde, auch zur Besserung der Unsern zu Stuttgart und aller Menschen, die durch ihre Predigt und andere gute Werke zu guten Dingen unterwiesen werden.« 1493 war der Bau ohne Turm, der erst im 18. Jahrhundert erstellt wurde, unter Dach. Das Schönste in der bescheidenen Kirche war die reichornamentierte Empore, die der »Vielgeliebte« sich im nördlichen Seitenschiff hatte einbauen lassen. Unmittelbar an die Kirche schloß sich das Kloster an, dessen Hof von Kreuzgängen flankiert war. Nur 32 Jahre lang durften die Mönche in den schwarzen Mänteln über den weißen Talaren hier zum Segen der Stuttgarter wirken. Als Bezirk, wo sie betteln durften, war den Stuttgarter Dominikanern von ihrem Orden das Revier um Waiblingen und Markgröningen zugewiesen worden. Da sich aber herausstellte, daß hier auch die Barfüßer aus Schwäbisch Gmünd sammelten, wurde vereinbart, daß die Barfüßer sich mit Wein begnügen sollten, während den Dominikanern Frucht und Käse vorbehalten blieb.

Im Reformationsjahr 1536 hob der Enkel des »Vielgeliebten«, Herzog Ulrich, das Kloster auf; die Mönche mußten die Stadt verlassen, die Kirche wurde für den neuen Glauben freigemacht und das Klostergebäude der Stadt geschenkt, die hierher das alte beim Oberen Tor stehende Spital verlegte. Daher der Name »Hospitalkirche«. Als die zuletzt mitten in der Stadt liegenden Gebäude sich dafür nicht mehr eigneten, wurde das Bürgerhospital in den Neubau in der Tunzhofer Straße verlegt, und die Stadtpolizei bezog das ehemalige Kloster, in dessen Hof noch lange, von niemandem beachtet oder gar gepflegt, der Brunnen mit der Heiligen Katharina auf schmucker Renaissance-Säule traurig plätscherte. 1944 wurde die Kirche durch einen Bombenvolltreffer so gründlich zerstört, daß sie nicht mehr zu restaurieren war; sie ist teilweise abgetragen. Der Chor konnte als kleine Kapelle erhalten werden. Der fast allein stehende Turm wurde wieder aufgebaut mitsamt der Haube und der ehemaligen Turmwächterwohnung. Das ist die nicht gerade sehr erhebende Geschichte des einzigen Klosters, das je in Stuttgart ein Heim gefunden hat.

Die Reiche Vorstadt

Jene Dominikanerkirche stand nicht lange einsam außerhalb der Mauer. Zum ersten Mal hielt man es in Stuttgart nicht mehr für richtig, daß jeder da bauen durfte, wo es ihm auf seinem Acker oder in seinem Garten am besten paßte. Da man offenbar von Anfang an damit gerechnet hatte, daß hier ein Viertel für Honoratioren, eine »Reiche Vorstadt«, entstehen sollte, wurde auf dem Reißbrett das Gelände schachbrettartig aufgeteilt, um kerzengerade, rechtwinklig sich kreuzende Gassen zu schaffen. Das hatte freilich den Nachteil, daß sich diese Gassen, als dann die Mauer gezogen wurde, unfehlbar tot liefen und so ein phantasieloses System von lauter Sackgassen sich ausbreitete. Mehrere der Gassen waren nach den Bürgern genannt, die hier zuerst gebaut hatten, so Hoffmann'sche Gaß, Heugelins Gaß, Heylanden Gaß, Firnhaber'sche Gaß. Oder nach wichtigeren Gebäuden: Spital-Gaß, Gymnasii-Gaß, Kast-Kellerei-Gaß, Kantzley-Gaß, Bauhof-Gaß, Stallmeisterei-Gaß, Landhaus-Gaß. Vermutlich war auch die Rote-Gaß nach einem Geschlechtsnamen getauft. Die Garten-Gaß führte zu Recht ihren Namen, denn sie war die westlichste, die, nur auf einer Seite bebaut, auf die Gärten blickte.
Schon 1476 war es nötig, den Stuttgartern, die hier hinaus wollten, den Umweg durch das »Obere Tor« zu ersparen. So öffnete man am Ende der Schulgasse, unterhalb des jetzigen Kaufhauses Hertie, die Stadtmauer und setzte ein Torhäuslein hin, das »Schul- oder Klostertörlein« genannt, von dem aus ein Fußgängersteg über den Graben führte. Im Oberstock dieses Törleins befand sich das sogenannte »Verhörzimmer«, das mit dem danebenliegenden Gefängnisturm durch einen Gang verbunden war; hier wurden die Gefangenen »verhört«, wobei es nicht immer ganz unblutig zuging.

Man gelangte nun also schnurstracks vom Markt aus durch die steile Schulgasse in die Büchsengasse, an der linker Hand das Kloster lag.

Schützenfeste

Die Büchsengasse hat ihren Namen von der Büchsen-Schützen-Gesellschaft, die offenbar als ältester, nicht zunftmäßig interessierter Verein Stuttgarter Bürger ums Jahr 1500 gegründet wurde. Sie hatte ihren Schießplatz mit Schießmauer an dem See, der die »Reiche Vorstadt« nördlich begrenzte. Die Schützen schossen also mit ihren Armbrusten und Büchsen über das Wasser weg; am hangseitigen Ufer waren, wie aus einem alten Stich zu ersehen ist, die Scheiben aufgestellt.
Diese wehrhaften Übungen galten nicht als Privatvergnügen, sondern erfreuten sich der Gunst des Fürstenhauses. Nicht nur, daß für die Schützenfeste aus der herzoglichen Kasse hohe Geldpreise bewilligt wurden – stets hundert Gulden für den Meisterschützen –, es wurde auch genau verordnet, wie die auswärtigen Gäste zu »furieren« und »losieren« seien. Wer ein Privatquartier zur Verfügung stellte, konnte sich entscheiden, ob er auch Essen und Trinken bieten wollte: »Welcher Ihnen zu essen gibt, der soll Ihnen jedes Mal geben vier guter Essen, nämlich ein Voressen, auch Brühe und Fleisch und Hennen, ein Gemüs, auch ein Gebratenes und Hühner, am Freitag und Samstag von Eiern und zweierlei Fischen, mit samt rotem und weißem Wein, und an Fleischtagen das Mahl für fünfzehn Pfennige, an Fischtagen für sechzehn Pfennige gerechnet werden; wo aber die Gäst selbst einkaufen wollten, das soll zu ihrem Willen stehen. Hierauf haben die von Stuttgart an Herzog Ulrichen suppliziert, die gnädige Verordnung zu tun, daß ihnen aus dem Lande hin und wieder desto reichlicher zugeführet werde. Auf solches ist Befehl abgangen in sämtliche 34 Ämter, was sie von Kälbern, Gänsen, Hühnern und Tauben zu verkaufen haben, daß sie solches alles auf bestimmte Tage bei den Schützenfesten gen Stuttgart auf das Stadthaus bringen sollten.«
Woraus doch wohl zu schließen ist, daß ein Schützenfest zur damaligen Zeit ein das ganze Land bewegendes Ereignis war, das einem heutigen Fußball-Länderspiel an Popularität kaum nachstand. Die Schützen kamen mit ihren Büchsen und Armbrusten von weither hier zusammen, von Bamberg, Nürnberg, Augsburg, Regensburg, München, Landshut, Hall im Inntal, Konstanz, Zürich, Bern, Solothurn, Koblenz, Worms, Trier, Köln – wohlverstanden ohne Eisenbahn oder Auto. Ihre königliche Majestät, ferner die

Kurfürsten, der Erzbischof von Mainz, der Adel, die Reichsstädte und die Eidgenossenschaft delegierten ihre Meisterschützen als Schiedsrichter, die die Entfernung von Sitz zu Scheibe, nach »Werkschuhen« gemessen, zu kontrollieren hatten; für die Armbrüster betrug die Distanz 315, für die Büchsenschützen 660 »Werkschuhe«. Die Schießbahnen lagen in unmittelbarer Nähe des fürstlichen Turnierackers, wo seit 1515 auch das Büchsenhaus stand, etwa da, wo sich jetzt Schloß- und Büchsenstraße kreuzen. In dieser Nähe stand auch, und zwar bis 1855, das Büchsentor, das mehrere Male, immer wenn ein Herzog seine Gemahlin feierlich in die Residenz einholte, verschönert worden war. Als der Liederkranz seine Liederhalle hier erbaute, schenkte die Stadt dem Verein das Tor als Gegenleistung für die Kanalisierung der Gegend, die eigentlich die Stadt hätte bezahlen müssen. Trotz dem Protest einiger Liebhaber von Alt-Stuttgart wurde das kunstgeschichtlich nicht eben bedeutsame Tor, das nur noch ein Verkehrshindernis war, abgebrochen und die Steine für das Fundament der Liederhalle verwendet. In den Jahren, da die Liederhalle in Trümmern lag, haben die Stuttgarter Musikfreunde merken können, daß Konzertsäle wichtiger sind als versehentlich stehengebliebene feudale Triumphbögen.

Eßlinger Mädchen mit abgeschnittenen Röcken

Das Büchsentor war der nördlichste und zugleich höchstgelegene Punkt der herzoglichen Residenz. Wie bei der Stiftskirche, so hat es auch bei der Errichtung der Stadtmauer immer wieder jahrzehntelange Pausen gegeben, weil es an Geld und offenbar auch am guten Willen zum Fronen fehlte. Es war klar, daß die beiden Vorstädte so bald als möglich in den Mauergürtel einbezogen werden mußten, denn mit den Eßlingern war nach wie vor nicht zu spaßen. Besonders schlimm scheint es in den Jahren 1448 bis 1450 zugegangen zu sein. »Damals haben die von Eßlingen auf die wirtembergischen Untertanen, sonderlich aber die auf den Fildern wohnten, gestreift und ihnen mit Totschlag, Raub und Brand härtiglich zugesetzt, daß viel Inwohner sich zu Stuetgart bürgerlich niedergelassen und in der Eßlinger Vorstadt hausliche Wohnungen gebauet haben.« Aber die Stuttgarter waren auch nicht faul. Sie ließen ihren Geißhirt alle Geißen der Stadt zur Rache in die Eßlinger Weinberge treiben und dort »abweiden«. Außerdem gelang es einer eigens dafür aufgestellten Bürgerwehr im April und Mai 1450, anderthalb hundert Weiber und Mädchen von Eßlingen auf freiem Feld zu schnappen, nach Stuttgart zu treiben, zwei Wochen lang einzu-

sperren und sie schließlich »mit abgeschnittenen Röcken« wieder heimzuschicken. Der Verfasser der Stuttgarter Annalen, der das zu berichten weiß, fügt hinzu: »Wie ich vordem von einer Eßlinger Matrone vernommen, welche als Mädchen selbst unter jenen Gefangenen gewesen war.«
Ein weiterer Nachteil des Hausens außerhalb der Mauer war, daß, wenn jemand im Sterben lag, kein geistlicher Beistand geleistet werden konnte, weil auch dem Sakrament, das in der Stiftskirche verwahrt wurde, der Paß durch die nächtlicherweise verschlossenen Tore verwehrt war. Um dem Übel abzuhelfen, versah schließlich der Propst die Leonhards-Kapelle mit einer eigenen Eucharistie und mit Geräten für die Letzte Ölung und ernannte den Priester in der Kapelle zu einem Gehilfen in der Seelsorge.

Stadtmauer mit 38 Türmen

Mehr als ein Jahrhundert lang, von 1450 bis 1570, wurde an der äußeren Stadtmauer, die auch die Vorstädte umfassen sollte, gebaut; außer den Vorstädten mußte auch der immer weiter dem Neckar zu sich dehnende Bezirk des fürstlichen Lustgartens gegen die Umwelt geschützt werden. In der Gegend des späteren Charlottenplatzes war das Dreieck, wo innere und äußere Mauer aufeinanderstießen. Wendet man zur bequemeren Orientierung die heutigen Straßen- und Platzbezeichnungen an, so verlief der äußere Gürtel etwa vom Charlottenplatz aus durch Kanal- und Webergasse, deren linksseitige Häuser auf der Mauer standen, die Katharinenstraße entlang zum Wilhelmsplatz, dann im rechten Winkel nach Norden abbiegend zur Tor- und Eberhardstraße, dann wieder rechtwinklig nach Westen abbiegend durch die Tübinger Straße bis zum Paulinenbuckel und von da in weitem, flachem Bogen über Bollwerk, Büchsentor, dem Großen See ent-

lang zum Marquardt-Eck, weiter, wieder rechtwinklig abbiegend, zum Schloßgarten-Hotel, durch die Schillerstraße zum Katharinastift und wieder linksum zum Charlottenplatz zurück. Die Mauer war fast überall zehn Meter hoch und der Graben zwanzig Meter breit. Zwischen der Mauer und dem Graben lag der sieben Meter breite »Zwinger«. Der Aushub für den Graben bildete den ebenfalls beträchtlich hohen Wall, auf dem 1806 die Königstraße, seit 1811 die Eberhardstraße verläuft. Das erklärt die Hanglage der von diesen Straßen aus in die Altstadt hinabführenden Gassen, so beispielsweise die steile Schulgasse oder den Hirschbuckel.
Die ummauerte Stadt sieht sich, etwa auf einem der sauberen Merianstiche, wunderschön abgezirkelt und geordnet an. In Wirklichkeit drängten sich bald schon hart im engen Raum die Sachen. Menschen und Häuser einer lebendigen und immerzu wachsenden Stadt lassen sich auf längere Dauer nicht einsperren. So mußten bald schon immer mehr Tore und Türme erstellt werden, bis Stuttgart in der Renaissancezeit nicht weniger als 38 Mauertürme aufzuweisen hatte, von denen allerdings kein einziger baukünstlerisch hervorragend war. Es waren reine Nutzbauten, denen niemand, als sie dann als Verkehrshindernisse oder wegen völliger Überflüssigkeit abgebrochen wurden, eine sentimentale Träne nachgeweint hat. Jedes Reichsstädtlein und auch jede bescheidene duodezfürstliche Residenz – von Augsburg, Nürnberg, Rothenburg oder gar Frankfurt ganz zu schweigen – hatte reizvollere und monumentalere Wehrbauten aufzuweisen.
Trotzdem seien einige davon, die an prominenten Stellen standen und daher manche heute noch städtebaulich problematische Kreuzung verschuldeten oder stadtgeschichtlich uns über Handel und Wandel in alter Zeit etwas besagen, in das moderne Bild eingezeichnet. Bei der Einmündung der Hauptstätterstraße in den Wilhelmsplatz stand linker Hand das Hauptstätter Tor, so genannt nach der Richtstätte (Hauptstätte), in Form einer runden, erhöhten Steinplatte, des sogenannten »Käs«. Heute führt die neue Straße darüber. Am Ausgang der Webergasse stand auch, und zwar von 1451 bis 1820, das turmähnliche Wohnhaus des Scharfrichters, der zugleich Abdecker war. Beim Paulinenbuckel, zwischen Tübinger- und Marienstraße (an der Stelle des späteren evangelischen Töchterinstitutes), stand der besonders bedrohliche und plumpe quadratische Stoffelturm, so benannt nach seinem Erbauer, dem Herzog Christoph. Der Zweck dieses Turmes war, das Malefizgesindel möglichst weitab von menschlichen Behausungen den damals üblichen Folterungen auszusetzen. Ein unheimlicher Geselle war auch der zwischen Weimar- und Hohe Straße stehende Pulverturm. Gemüt-

licher war da schon das Rote-Bild-Tor an der Kreuzung von Rotebühl- und Paulinenstraße, das von einem rotbemalten Heiligenbild seinen Namen herleitete. Durch das äußere Eßlinger Tor, in der Gegend des Charlottenplatzes, floh bekanntlich in der Nacht zum 23. September 1782 Schiller mit seinem Freund Streicher über Ludwigsburg hinaus in die dunkle Freiheit. Andere, nördlicher gelegene Tore, so das Seetor (Ecke Schloß- und Friedrichstraße) oder das Siechentor (zwischen Marquardt- und Olgabau) hätten ihm die Umfahrt über die Neckarstraße erspart; aber am Eßlinger Tor war in jener Nacht sein Freund Scharffenstein auf Wache. Das einzige Überbleibsel von der alten Tor-Herrlichkeit war das einst in der Neckarstraße 182 stehende, mit seinen vier Säulen putzig ausschauende Torwarthäuschen, das zu dem immer weiter hinausgerückten Neckartor gehörte. Da, wo heute die Straßenbahnschaffner die Haltestelle »Neckartor« ausrufen, steht schon seit den Sechzigerjahren des 19. Jahrhunderts kein Tor mehr; ehemals stand es zwischen der Karls-Akademie und dem Staatsarchiv, wurde dann zur Ulrichstraße versetzt und schließlich an den Anlagen-Eingang. Das wandernde Tor – es ist, als hätte man an einem Konfirmandenanzug die Ärmel immer wieder verlängert.

Sorgen um die Reinlichkeit

Wenn in jenen Zeiten verhältnismäßig viel von Richtstätten, Foltertürmen, Gefängnistürmen und Spitälern für Arme und Sieche, die nicht an den öffentlichen Bädern teilnehmen durften, die Rede ist, so erklärt sich dabei manches aus dem 1492 aufgezeichneten »Stadtrecht« und der »Bettlerordnung« von 1501. Da wird lebhaft darüber geklagt, daß »viel Unredliches, leichtfertiges Volk aus allen Landen hierher ziehe und es deshalb mehr Bettler gebe als in irgendeiner der umliegenden Städte. Die Kinder schon seien an Lug und Trug gewöhnt, und wenn man ihnen nichts gäbe, so fluchten und lästerten sie.« Große Sorge machte den Vögten und ihren Bürgermeistern auch die Reinlichkeit der Gassen. So mußte mehrere Male angeordnet werden, daß jeder seinen Mist alle Wochen hinausführe, sonst dürfe der Spital ihn für sich holen lassen; jeder müsse auch seinen »Winkel« des Gestanks wegen alle vierzehn Tage sauber ausräumen lassen, doch nur bei Nacht; gegen die Gasse zu dürfen keine Winkel angelegt werden; wer kein eigenes »Sprechhaus« habe, müsse den Unrat jede Nacht in den Bach tragen. Den Bäckern wurde gleichzeitig verboten, in der Stadt künftig noch Säue zu mästen. Geschlachtet wurde seit dem Ende des 15. Jahrhunderts in einem

besonderen Schlachthaus, das über dem Nesenbach, zwischen der unteren Bachstraße und der Rosenstraße, wie ein Brückenhaus sich dreistockig erhob. Man hatte diese Lage gewählt, weil so die Abfälle am bequemsten in den Bach zu schaffen waren.
Eine nächtliche Beleuchtung der Straßen gab es damals, um 1500 und auch noch fast zweihundert Jahre lang nicht. Um jedoch bei Feuersbrünsten und Zusammenrottungen dem lichtscheuen Gesindel das Handwerk zu legen, wurde verordnet, daß an exponierten Häusern und allen Straßenecken eiserne Träger angebracht werden, an denen Feuerpfannen mit Harz und Pechringen aufgehängt werden können, und zwar in der Altstadt 22, in der Reichen Vorstadt 11, in der Leonhardts-Vorstadt 7. Gleichzeitig wurden auf Anregung des herzoglichen Leibarztes 13 geschickte Hebammen über die Stadt verteilt, 8 in der Altstadt, 2 in der Eßlinger und 3 in der Reichen Vorstadt; sie erhielten für ihre nächtlichen Gänge Stocklaternen.

Der letzte Graf

Der tüchtigste unter den Grafen und zugleich der letzte, der diesen Titel trug, war Eberhard im Bart (1450 bis 1496). Er hat die Unteilbarkeit des vier Jahrzehnte lang in zwei Hälften gespaltenen Landes vertraglich festgelegt und war zugleich der erste seines Hauses, der auch für geistige Dinge außerhalb seiner dynastischen Interessen aufgeschlossen war. Er hat unsere einzige Landesuniversität in Tübingen gegründet, gelehriger Sohn jener humanistisch gebildeten Mechtild von der Pfalz, die auch schon im breisgauischen Freiburg und in Heidelberg ihren weltoffenen, musischen Sinn bewährt hatte. Staatspolitisch noch wichtiger war Eberhards Bemühung, als neugebackener Herzog eine Landordnung zu schaffen, mit entscheidender Erweiterung der ständischen Rechte. Die Stände, zu denen sich die von Steuerleistungen nach wie vor befreite Ritterschaft nur halb zählte, also vorwiegend die Abgeordneten der Ämter und die Prälaten der Klöster, hatten künftig ein gewichtiges Wort nicht nur in außenpolitischen Fragen, sondern auch bei Bewilligung finanzieller Mittel mitzureden.

Ein Geisteskranker trägt den Herzogshut

Welche Bedeutung dieser verfassungsrechtlichen Bestimmung zukam, sollte sich sogleich nach Eberhards Tod zeigen, als der sogenannte Eberhard der Jüngere, der einen viel drastischeren Beinamen verdient hätte, das Erbe

1496 übernehmen sollte. Dieser degenerierte Sohn des »Vielgeliebten« hatte sich seither im Ausland herumgetrieben, mit Vorliebe in Paris, wo er sich, wie die höfischen Chronisten beschönigend sagten, »französische Sitten« angewöhnt hatte. Deutlicher gesprochen: er war ein liederlicher, verschwenderischer Lebemann, ein vornehmer Taugenichts, dem seine Gattin, die brave Elisabeth, schon gleich nach der Hochzeit voller Ekel davongelaufen war.

Jetzt kehrte er als Fünfzigjähriger, begleitet von dem sittenstrengen Bischof von Augsburg, einem Verwandten seiner Frau, als regierender Herzog nach Stuttgart zurück, und alles hoffte, er könne sich gebessert haben, denn er kam zu Fuß wie der Verlorene Sohn und tat sehr leutselig und reumütig vor dem Volk, das ihm fast bis zum Neckar entgegengekommen war. Aber er war der alte geblieben, seine Frau hielt es keine Woche bei ihm aus, er hatte die verrücktesten Einfälle, wollte die herzogliche Kanzlei und womöglich auch die Residenz wegverlegen, weil in Stuttgart zuviel für Essen und Trinken draufgehe. Gleichzeitig vergeudete er für Rüstungen gegen Bayern, die völlig sinnlos waren, riesige Summen, überfiel im Übermut die Klöster, deren Schirmherr er war, und arrangierte 1497 auf die Fasnet vor einer Menge geladener Fürsten ein Narrenspiel, dessen Held er selber war. Als er immer mehr Geld forderte, machte die Landschaft von ihrem neu erlangten Vetorecht Gebrauch und verweigerte ihm die Gelder: Die Landschaft erwies sich zum ersten Mal stärker als der Fürst von Gottes Gnaden. Kaiser Maximilian, um Hilfe angegangen, kam selbst nach Stuttgart und erklärte den Geisteskranken, der den Spruch nicht abgewartet, sondern wütend dem Land den Rücken gekehrt hatte, für abgesetzt. Es waren aufregende Wochen und Monate für das ganze Land und für die Stuttgarter im besonderen, deren Treue zum angestammten Fürstenhaus zum ersten Mal auf eine gar zu harte Probe gestellt war. Es war erst wenige Jahre her, daß Melanchthon von jenem Festmahl zu Worms nach der Verleihung des Herzogshutes an Eberhard im Bart erzählt hatte, wo die deutschen Fürsten ihren württembergischen Kollegen als den reichsten anerkannten, da er im Schoße jedes seiner Untertanen ruhig schlafen könne. Und jetzt hatte der Nachfolger dieses Eberhard aus Furcht vor der Wut seiner Untertanen bei Nacht und Nebel aus dem Lande fliehen müssen. Fünf Jahre später starb er landesflüchtig auf der Burg Lindenfels im Odenwald, vermutlich an Dementia praecox.

Aber es kam noch schlimmer. Wer sollte ihm nachfolgen? Nur einer war dazu befugt: sein minderjähriger Neffe Ulrich, dessen noch lebender Vater,

Graf Heinrich, zweiter Sohn des Vielgeliebten, ebenfalls unheilbar geisteskrank war. Es stand also damals höchst bedenklich um den Fortbestand des württembergischen Fürstenhauses und damit des selbständigen Landes Württemberg schlechthin, denn beim Aussterben des Mannesstammes oder wenn dem Nachfolger die Regierungsfähigkeit abgesprochen wurde, wäre das Land kraft ausdrücklicher Klausel im Herzogsbrief an das Reich, das aber hätte bedeutet, an das Haus Habsburg gefallen. Mit dieser Möglichkeit rechnete Kaiser Maximilian sehr wahrscheinlich, als er 1503 den erst sechzehnjährigen Ulrich für volljährig erklärte.

Die Hochzeit des jungen Ulrich

Der junge Herr begann seine Regierung mit allen Anzeichen des Größenwahns. Er legte sich einen Hofstaat bei, wie ihn die Stuttgarter noch nicht erlebt hatten. Es wurde gejagt, geritten, getanzt und jeden Tag aufs üppigste gefestet: herrliche Zeit für Schmarotzer aller Kategorien. Schon einige Monate nach der Regierungsübernahme gab es für das Herzöglein eine prächtige Gelegenheit, zu zeigen, was an ihm war: Erzherzog Philipp, der »Schöne«, Maximilians einziger Sohn, der Gatte Johannas von Kastilien, stattete auf der Rückreise von Innsbruck nach den Niederlanden dem Stuttgarter Hof einen offiziellen Besuch ab. Ulrich war ihm mit seinem ganzen Hofstaat bis Ulm entgegengeritten. Dann feierlicher Einzug in Stuttgart mit Pauken und Trompeten. Bei strengen Strafen war es jedermann verboten, Lebensmittel an die Gäste zu verkaufen, damit nur ja der Gastfreundschaft kein Eintrag geschehe. Bei den Festmählern im Schloß war in kürzester Zeit alles so arrangiert worden, daß sogar der verwöhnte Erzherzog nicht genug staunen konnte: so kostbares, allerdings noch nicht bezahltes Gerät aus Gold und Silber, verziert mit Edelsteinen und Perlen, gab es nicht einmal im reichen Burgund. An 700 Hirschgeweihen waren in der Schloßkapelle Lichter aufgesteckt, und die wohlgefüllten Fässer in den Kellern waren nicht zu zählen. Ob dem fünfundzwanzigjährigen Kaisersohn, der ein Mann von Bildung und Geschmack war, das protzige Gehaben des bejammernswert ungebildeten Herzögleins in den Flegeljahren imponiert hat, verschweigt der Chronisten Höflichkeit.
Um die Regierungsgeschäfte kümmerte sich der Herzog grundsätzlich nicht; er verstand davon nichts und wollte nichts verstehen. Was zu tun nötig war, überließ er großzügig seinen früheren Vormündern, die die günstige Gelegenheit nützten, sich selbst zu bereichern, da sie niemandem Rechnung

zu legen brauchten. Hauptsache war, daß Geld in die herzoglichen Kassen floß, denn das ewige Bankettieren und Turnieren, die Bärenhetzen, Mummenschanzereien, die oft Monate währenden Reisen ins Ausland mit einem Troß von nie weniger als 300 Helmen, mit Sängern und Pfeifern, Falknern, Zureitern und Hundedresseuren verschlangen gewaltige Summen. Den Höhepunkt erreichte die sinnlose Prasserei, als der Vierundzwanzigjährige 1511 mit der bayrischen Herzogin Sabina, der Nichte des Kaisers, sein Beilager hatte.

Ulrich war der Braut in Begleitung von tausend Hofleuten bis auf die Prag entgegengeritten, gleich ihr rotgekleidet mit rotem, breitkrempigem Hut und doppeltem Federbusch, Halbstiefeln aus Silberstoff, goldenen Sporen und edelsteinbesetztem Degen. Rennspiele der Reiter schon bei der Begegnung auf der Prag und dann beim Hirschbad, zur Belustigung der gaffenden Stuttgarter. Auf Umwegen ging es zur Stiftskirche, vor der sich die Prälaten und Geistlichen in langer Reihe aufgestellt hatten, an ihrer Spitze vor dem Hauptportal der Bischof Hugo von Konstanz, ein Mann von hohem Wuchs und voll Würde. Er steckte der Braut einen vom Herzog ihm übergebenen kostbaren Ring an die Hand und sprach über beide den Segen, die dann in der Kirche vor dem Altar kniend beteten. Von der Kirche zog das nunmehrige Ehepaar ins Schloß »zur Beschlagung der Decke« in Gegenwart etlicher Fürsten und Fürstinnen. Dann Festball die ganze Nacht hindurch in der Dürnitz des Schlosses.

7000 Gäste verzehren 136 Ochsen und 1800 Kälber

Am anderen Morgen in aller Frühe überwies Ulrich feierlich in Gegenwart von Zeugen seiner Gemahlin als Morgengabe die kostbarsten Geschmeide, die sie kniefällig entgegennahm. Um 8 Uhr wieder festlicher Zug zur Stiftskirche, wo ein prunkvolles Hochamt zelebriert wurde. Von nah und fern waren Fürsten und hohe geistliche Würdenträger herbeigeströmt, und auch Tausende von Landleuten, die das herrliche Spektakel sich nicht entgehen lassen wollten. Die Zahl der Pferde wurde auf 6000 geschätzt. Aus Bayern allein waren 350 edle Frauen und Fräulein als Begleiterinnen der jungen Herzogin erschienen. Etliche Tage wurde auf Kosten des Herzogs für nicht weniger als 7000 Gäste, zu deren Bedienung man 800 der schönsten Leute im ganzen Land ausgewählt und in rotes und gelbes Tuch gekleidet hatte, die folgende respektable Menagerie nach den Regeln einer fürstlichen Kochkunst traktiert: 136 Ochsen, 1800 Kälber, 570 Kapaunen, 1200 Hennen,

2750 Krammetvögel, 11 Tonnen Salmen, 90 Tonnen Heringe. Außerdem wurden verzehrt: 200 000 Eier, 3000 Säcke Mehl, 130 Pfund Nelken, 40 Pfund Safran und 6000 Scheffel Früchte; von den 15 000 Eimern Wein, die in roten und gelben Strahlen während der festlichen Tage gratis für jeden Stuttgarter aus den acht Röhren des Marktbrunnens flossen, ganz zu schweigen.

Einen kleinen Mißklang gab es freilich auch, als nämlich der bejahrte, in vielen Schlachten bewährte Truchsess Andreas von Waldburg wegen einer Spottrede von dem Grafen Felix von Werdenberg im Rausch erstochen wurde. Sonst aber verlief alles, wie die Chronik vermeldet, in bester Ordnung und Eintracht. »Allerdings«, so fügt der Chronist noch hinzu, »der überaus köstliche Geschmuck beim Tanz, Rennen und Stechen, Tag und Nacht, das übermäßige Gold- und Silbergeschirr, die mehr denn stattliche Traktation auch in allen Häusern der Stadt ist männiglich eine Verwunderung gewesen, also daß viele dafür gehalten, daß man mit diesen unmenschlichen Kosten ein ganzes Land sollte vertun haben.« Denn es war obendrein teure Zeit: Der Scheffel Dinkel, der 1506 noch 20 Kreuzer galt, war 1511 bis auf zwei Gulden gestiegen.

Die verfluchte Kanzlei

Aber die Stuttgarter waren ja nicht die Hauptleidtragenden. Im Gegenteil, sie hatten als Residenzler auch ihren Profit von diesem Treiben. Nie zuvor hatten so viele Besucher aus dem ganzen Land immer wieder Grund, die herzogliche Kanzlei aufzusuchen. Hier saßen die eigentlich Mächtigen des Herzogtums und ihre Kreaturen, die Schreiber aller Grade, ohne deren gnädige Bewilligung kein Ämtchen und kein Pöstchen bis herab zum Dorfbüttel und Nachtwächter besetzt werden durfte. Und für jede derartige Bewilligung war eine Sportel zu bezahlen, deren Höhe ins Belieben der Schreiber gestellt und oft genug auch für deren Kassen bestimmt war. Zwar gab es schon seit Eberhards Tagen eine Gemeindeordnung, die bestimmte, daß die Dörfer und Städte ihre Schultheißen und sonstigen Beamten selbst zu wählen hätten. Aber wer hielt sich noch an die gute alte Ordnung? Der Ämterschacher brachte Geld. Es gab ja auch eine verbriefte ständische Verfassung, die so manche bürgerliche Freiheit und ein gerechtes Regiment verbürgte. Aber der Herzog wurde rot vor Zorn, wenn er auch nur das Wort »Landschaft« hörte. Das waren in Zeiten der Not von seinen Ahnen erpreßte Beschränkungen des Gottesgnadentums. Wer von der »Ehrbarkeit« oder den Prälaten darauf zu pochen wagte, mußte morgen schon damit rechnen, verhaftet, gefoltert und wohl gar hingerichtet zu werden. Nie zuvor sind die Angesehensten der Stuttgarter Bürgerschaft mit jämmerlicheren Gefühlen durch die Gassen geschlichen als unter diesem jungen Ulrich, für den Land und Leute nur dazu da waren, daß aus ihnen herausgequetscht wurde, was immer zu des Herzogs Vergnügen dienen mochte. Immerhin: in Stuttgart war damals viel Geld zu gewinnen, wenn auch nur auf schandbaren Wegen. Die Kreaturen des Fürsten, meist keine Landeskinder, bauten sich schöne große Häuser und sorgten im übrigen dafür, daß sie ihre Kapitalien möglichst rasch ins Ausland brachten. Denn das spürten alle, sogar die am fettesten verdienenden Schmarotzer: daß diese tolle Wirtschaft eines Größenwahnsinnigen nicht gar zu lange währen könne.

Ob der Bauer auch ein Mensch sei?

Schlimmer ging's im Land zu. Der Bauer war vogelfrei. Wenn es den Herren oder irgendeinem der guten Gesellen des Herzogs paßte, mit Dutzenden von Pferden und Hunden über die Äcker und Felder und Weinberge zu jagen, so besaßen die Bauern kein anderes Recht, als sich hinterher auch noch auslachen zu lassen. Wehe dem gemeinen Mann, der auch nur aufzumucken wagte: ein herzoglicher Forstmeister, der einen fluchenden Bauern mit dem Jagdspieß zusammenstach, wurde nicht belangt. Der Bauer mochte in der Kanzlei in Stuttgart klagen; einen Richter, der ihm Recht gesprochen hätte, fand er dort nicht, denn ein solcher Richter hätte fortan für sein eigenes Leben fürchten müssen. Ehedem waren nach uraltem Recht Wald und Holz, Weide und Fischwasser Eigentum der Gemeinden. Jetzt wurde auch das an den Meistbietenden versteigert, und die Armen hatten nichteinmal mehr Anspruch auf das Abholz. Der Bauer – der durfte fronen und schwitzen, und hungern. Im übrigen war er eine Juxfigur in dem Possenspiel, das die Herren mit ihm zu treiben Lust verspürten. So ein bißchen Totschlag oder Notzucht waren durchaus standesgemäße Späße.

Elf Jahre dauerten diese Späße. Da war der Herzog bankrott. Die Kassen, Keller und Fruchtkasten waren leer. Wieder einmal wütete die Pest. Es gab Mißwachs. Die herzoglichen Schulden betrugen fast eine Million Gulden, genau berechnet: 910000 – eine für das kleine Land ungeheuerliche Summe. Die Landschaft sollte bezahlen. Die Landschaft besaß auch nichts, nicht einmal den zehnten Teil des Betrags. Aber Geld mußte her, nicht zur Schuldentilgung, sondern damit der Herzog auch weiterhin seinen Spaß haben könne. Da verfielen die um des Herzogs gute Laune ernstlich besorgten Schranzen, der Erzmarschall Thumb, der Kanzler Lamparter, der Landschreiber Lorcher auf die gloriose Idee, im ganzen Land Maß und Gewicht zu verringern, neue, leichtere Münzen zu prägen und außerdem Fleisch, Mehl und Wein noch extra zu besteuern. Das schlug endlich dem Faß den Boden aus.

Der arme Konrad

Nicht, als ob die Bauern sogleich losgeschlagen hätten. So einfach ging das nicht. Ein Aufstand wollte von langer Hand vorbereitet sein. Dabei war das Wichtigste, die Herren nichts merken zu lassen. Nicht schimpfen, nicht fluchen – nein, lachend, mit handgreiflichen Scherzen sollte gewiegelt werden. Der »arme Konrad«, der nun vom Remstal, vom selben Beutelsbach, wo einst die Grafen ihr Chorherrenstift gegründet hatten, die Märkte, die

Kirben, die Fasneten besuchte, war ein Hanswurst im weißen Drilchkittel mit einem alten Schlapphut, der ihm bis über die Ohren hing. Er hieß Peter Geiß. Am Ostersamstag des Jahres 1514, dem Tag, an dem die neuen Gewichte eingeführt werden sollten, schlug er vor, damit die Wasserprobe zu machen: steigen die Gewichte, ins Wasser geworfen, nach oben, so hat der Herzog recht; sinken sie, ist der Herrgott auf Seiten der Bauern. Die Gewichte sanken in der Rems unter. Das Gottesgericht hatte entschieden. Das ist gut schwäbische Bauern-Demagogie, schlau, witzig, hintergründig. In einem stillen, abseitigen Dorf fängt's an, ein paar Wochen später ist das ganze Tal und über das Gebirge und die Wälder hinweg der letzte Bauernhof alarmiert. Der Herzog merkte vorerst noch nichts. Er ritt selbst nach Schorndorf, wo Bauern sich zusammengerottet hatten, sprach mit ihnen, traktierte sie mit Wein und Brot und ließ sich täuschen. Auch auf der Untertürkheimer Kirbe, Ende Mai 1514, wo eine Art von Probeappell des ganzen Neckartals und der Alb gehalten wurde, ging's scheinbar nur lustig zu. Die Vögte wurden geheißen, die Leute zu beruhigen. Aber da war schon nichts mehr zu beruhigen. Sogar ein so brav württembergisches Landstädtchen wie Leonberg wagte seinen Vogt öffentlich zu verhöhnen, als dieser die im Rathaus versammelte Bürgerschaft aufforderte, in alter Treue zum geliebten Landesfürsten zu stehen: »Wer für den Herzog ist, gehe zur kleinen Tür hinaus«. Das taten aber nur die Zwölf vom Gericht und die Ratsherren, die anderen drängten alle murrend und lachend zum Hauptportal: »Ob die große Tür nicht auch eine Tür sei!«
Derartiges wiederholte sich überall, und die ihres Lebens sich nicht mehr sicher fühlenden, ehemals so hochfahrenden Vögte, von denen jeder sich ein kleiner Herzog zu sein dünkte, berichteten ängstlich an die Stuttgarter Kanzlei. Als dann noch das, vermutlich von einem Witzbold erfundene Gerücht durchs Land lief, daß künftig alle Bauernhunde mit einer »Trempel« (einer schweren Kettenkugel) zu versehen seien, damit sie das Wild beim Äsen auf den Feldern nicht mehr stören könnten, erkannte sogar der Herzog, daß die Vorgänge »ein seltsam buntschühlich Ansehn« hätten. So entschloß er sich endlich und viel zu spät, auf den 25. Juni einen Landtag nach Stuttgart einzuberufen.

Die Bauern wollen mitreden

Es muß in jenen Sommertagen 1514 in unserer sonst so ruhigen Stadt recht aufregend zugegangen sein. Schon eine Woche vor dem Termin hatten sich

24 Abgeordnete zusammengefunden. Unversehens aber waren nicht nur die politisch privilegierten Männer von den Ämtern erschienen, sondern erstmals auch gewählte Abgesandte der Dörfer, die mitzureden begehrten, da die anderen Stände ja nur für sich selbst sorgen würden, der Bauer aber zuletzt doch alles bezahlen müsse. Was sie forderten, war einfach und radikal genug: »Wald und Wild gemein!« Sie verlangten also das Recht, Holz zu schlagen und ihre Felder selbst vor Wildschaden zu bewahren. Und weiter: Die drei Hauptspezel des Herzogs, Lamparter, Thumb und Lorcher, sollen abgesetzt und vor ein Volksgericht gestellt werden. Die künftige Regierung soll aus fünf Vertretern vom Adel, vier von den Städten und vier von den Dörfern gebildet werden, die dem Landtag Rechenschaft schuldeten. In einer Zivilliste solle genau bestimmt werden, was der Herzog verbrauchen dürfe. 60 Pferde genügten für seine Repräsentation. Alle anderen Einkünfte des Kammergutes, wozu auch die alsbald aufzuhebenden Klöster und Stifte geschlagen werden sollten, seien zur Abtragung der herzoglichen Schulden zu verwenden.
Es ist unbestreitbar das revolutionärste und demokratischste Programm, das im frühen 16. Jahrhundert irgendwo in Europa aufgestellt wurde. Die Bürgerschaft stand, wie es scheint, zum größten Teil unverhohlen auf Seiten der Bauern, mit Ausnahme natürlich der »Ehrbarkeit«, die ratlos zwischen Hof und drittem Stand, dem der Bauern nämlich, eingeklemmt war. Drei Tage lang, noch vor dem angekündigten Landtagstermin, wurde verhandelt. Die Bauern wurden nicht beigezogen, sie waren dem Herzog »zu ring«. Sie blieben trotzdem in der Stadt. Zu befürchten hatten sie nichts, denn nur wenige Wegstunden entfernt, auf dem Engelberg über Leonberg und auf dem Kappelberg zwischen Untertürkheim und Fellbach standen wohlgerüstet und zu allem entschlossen starke Bauernhaufen, die jetzt nicht mehr zu spaßen gedachten.

Ulrich flieht nach Tübingen

Da wurde es dem Herzog unbehaglich. In der Nacht zum 21. Juni floh er mit seinen Rittern und Räten nach dem sichern und festen Tübingen, das sich rühmen darf, unter allen württembergischen Städten stets die loyalste gewesen zu sein. Die Städte-Abgeordneten wurden aufgefordert, dem Herzog alsbald zu folgen, was sie auch alle untertänigst taten. Um die Bauern kümmerte man sich überhaupt nicht. Sie sandten einen Boten nach Tübingen zum Herzog mit der kategorischen Forderung, persönlich mit

ihnen zu verhandeln. Der Herzog ließ den Boten nicht vor und verweigerte jede Antwort.
Die von ihrem Herzog so plötzlich verlassene Stuttgarter Bürgerschaft scheint jetzt ein exemplarisches Strafgericht befürchtet zu haben, denn man munkelte und hatte es sogar mit eigenen Augen gesehen, daß verdächtige Kuriere hin und her ritten: der Herzog wollte fremdes Kriegsvolk aus Hessen, aus der Pfalz, auch vom Kaiser gegen sein eigenes Land, gegen seine eigene Residenz zu Hilfe rufen. Die Stuttgarter waren nicht gesonnen, sich das tatenlos gefallen zu lassen. In der St.-Ulrichsnacht (4. Juli) gab's auf dem Markt und beim Schloß einen Auflauf, man zog vor's Haus des (nicht unbeliebten) Vogts Hans von Gaisberg und verlangte die Schlüssel zu den Stadttoren, um, wenn nötig, die Bauernhaufen in die Stadt einzulassen. Die Schlüssel wurden ausgehändigt, alle Wachen auf der Mauer, die Türme und Tore mit zuverlässigen Bürgern besetzt. Aber es geschah nichts.

Der berühmte »Tübinger Vertrag«

Derweilen tagte der Herzog mit den Prälaten in der Landschaft im Tübinger Schloß. Man einigte sich rasch: das Land übernahm großzügig die Millionenschuld; eine besondere Kasse sollte das Geschäft abwickeln. Dagegen verpflichtete sich der Herzog, keinen Krieg zu führen ohne Zustimmung des Landtags und sich auch sonst in allen wichtigen Angelegenheiten beraten zu lassen. Falls er sich daran nicht halte, sollte das Land vom Gehorsam gegen ihn entbunden sein. Tatsächlich war nichts erreicht, als daß der Herzog seine Schulden los war und nun freie Hand hatte, neue zu machen. Trotzdem waren der Herzog und sein Parlament so naiv, zu glauben, daß auch die Bauern gern bereit wären, auf Grund dieses Tübinger Vertrags dem Herzog von neuem aufs Alleruntertänigste zu huldigen. Denn den Bauern war zugestanden worden, daß die Fronen künftig überall gleich gehandhabt werden, daß die Armen das Almosen tatsächlich erhalten sollten, daß nicht mehr so viel Wild gehegt und nicht mehr ganz so mutwillig bei Jagden querfeldein geritten werden dürfe. Die Wengerter erhielten aber die Sondererlaubnis, schädliche Vögel im Herbst durch Rätschen zu vertreiben. Im übrigen werde man auch die Bauern künftig auf der Stuttgarter Kanzlei, wenn sie etwas vorzubringen hätten, gnädigst anhören und ihnen auch Bescheid geben. Von dem Grundgesetz, daß ohne Urteil und Gericht niemand peinlich belangt werden dürfe, daß Friedensbrecher und Aufrührer aber mit dem Tod zu bestrafen seien, wurde nur der letzte Passus ernst genommen. Und zwar sehr bald schon.

Das Schorndorfer Attentat

Für Ulrich war das alles nur eine leere, unter Zwang erpreßte Geste. Er vergab es seinem Volk nicht, daß er in einer schwachen Stunde Angst vor ihm gehabt hatte. Er brütete Rache. Vorerst noch war er des Wahns, daß schon sein bloßer Anblick, mit dem wallenden Federhelm auf dem Kopf, etwaige Mißvergnügte sogleich in Demut würde erschauern lassen. Er verlangte also, daß ihm neu gehuldigt werde.

So ritt er am 6. Juli mit imponierender Selbstsicherheit mit seinem stattlichen Troß nach Schorndorf, wo sich auf dem Wasen vor den Toren 7000 Bauern aus dem Remstal und von der Alb zur Huldigung versammelt hatten. Diese Bauern aber waren allesamt schwer bewaffnet mit Spießen, Schwertern und Feuerbüchsen. Der Herzog stieg im Rathaus ab und ließ sich Wein kredenzen, während sein Kanzler Lamparter, die bestgehaßte seiner Kreaturen, den Bauern den Tübinger Vertrag vorlas. Höhnische Zwischenrufe, Flüche, Tumult. Der Herzog, eilig alarmiert, galoppiert aus dem Tor, pflanzt sich groß vor den Bauern auf, schimpft sie »böse Buben«: Er wolle ihnen noch einmal verzeihen, wenn sie alsbald friedlich heimzögen. Die Bauern, darunter viele ehemalige Landsknechte, formieren Schlachtordnung. Thumb, der Erzmarschall, ebenfalls ein rotes Tuch für die Bauern, ruft: »Wer für den Herzog ist, trete zu mir heraus.« Kein Bauer rührt sich. Als der Herzog sein Roß wendet, fällt ihm ein Bauer in den Zaum, ein anderer sticht mit dem Spieß nach ihm, Büchsen werden hochgerissen. Herzogliche Reiter befreien ihren Herrn, der spornstreichs mit seinem Troß davongaloppiert, Stuttgart zu.

Herzogliche »Bluttage«

Der Anschlag war mißglückt. Die Bauern waren sich nicht einig darüber geworden, ob sie den Herzog sogleich totschlagen oder nur gefangensetzen sollten. Vier Wochen später hatte sich das Blatt gewendet. Der Herzog hatte sich Hilfstruppen verschafft, vom Bischof von Würzburg, vom Kurfürsten Ludwig von der Pfalz, vom Markgrafen Philipp von Baden, vom Bischof von Konstanz, vom Truchsess von Waldburg. Nachdem das Land die Schuld übernommen hatte, besaß er wieder Kredit, konnte Söldner

anwerben und Spitzel in jedes Dorf beordern. Es wurde ungemütlich im Land, eine geheime Polizei wurde organisiert, die Aktenbündel in der Stuttgarter Kanzlei schwollen mächtig an. Das waren die einzigen Aktenstücke, die den Herzog interessierten, die er glühend vor Zorn stundenlang studierte. Dann gab er seine Befehle. Das ganze Remstal als die Brutstätte dieses Bundschuhs wurde durchgekämmt, die Verschworenen gefoltert und gefangen abgeführt, ihre Häuser niedergebrannt. Dann kam am 2. August in dem verruchten Schorndorf der erste »Bluttag«. Diesmal erschien der Herzog nicht mehr wehrlos, sondern eisengepanzert vom Scheitel bis zur Sohle, auch sein Roß war geschient. Die Bauern, 1600 an der Zahl, zumeist nur mit Hemd oder Hose bekleidet, wie man sie auf den Feldern oder im Bett aufgegriffen hatte, alle gefesselt oder wie eine Hundemeute zusammengekoppelt. Plünderungen in allen Gassen mit herzoglicher Erlaubnis, wobei auch der herzogtreuen »Ehrbarkeit« nicht geschont wurde, Ausräucherung der Rebellennester, Folterungen, Hinrichtungen. Eine Woche später zwei weitere »Bluttage« und zwar in Stuttgart, das es ja auch nötig hatte, daß Exempel statuiert wurden. Gerichtstage auf offenem Markt. Der Herzog selbst verhört die Bauern und ihre Rädelsführer und gibt jeweils dem Scharfrichter mit dem Daumen das Zeichen, daß die Köpfe rollen. Es waren sechzehn an der Zahl. Die abgehauenen Köpfe wurden dann an Spießen auf zwei Türme am Hauptstätter Tor und auf dem Turm beim Spital gesteckt, zur Warnung für alle, die an ihres Fürsten Gottesgnadentum zu zweifeln wagten. Viele und hohe Geldbußen für unbotmäßige Worte, denn der Herzog brauchte noch immer Geld. Viele Landverweisungen, immer auch mit Haftung der ganzen Sippe, Kassationen von Haus und Hof. Und das alles im Zeichen des Tübinger Vertrags und obgleich den Bauern feierlich freies Geleit zugesichert worden war.

Der Mord im Schönbuch

Der jetzt wieder in Permanenz in Stuttgart tagende Landtag, der für jenen so schamlos gebrochenen Vertrag verantwortlich war, wagte kein Wort des Einspruchs. Die »Ehrbarkeit« wollte ein für allemal mit den Bauern nichts gemein haben. Und den Herzog fürchteten von jetzt an sowieso alle wie ein wildes Tier. Zu den öffentlichen Skandalen trat bald auch ein privater, der das Land noch viel gefährlicher in seinen Grundfesten erschütterte und Spott und Verachtung über alles Württembergische brachte. Die Ehe mit jener bayerischen Sabina war nicht glücklich verlaufen; sie war ja auch nicht aus Liebe, sondern aus Staatsraison, von Kaiser Max erzwungen, zustande gekommen. Zur Entschuldigung des Herzogs wird von allen Chronisten, auch solchen, die ihm nicht grün waren, zugegeben, daß die Bayerin ein keineswegs liebreizendes, vielmehr stolzes und zänkisches Frauenzimmer war, das auch den gutmütigsten Mann bis aufs Blut ärgern konnte. Und nun gar einen Ulrich! Es muß in den paar Jahren dieser Ehe nächtlicherweile in unserem Alten Schloß manchmal recht munter zugegangen sein, hat doch der Herzog später gestanden, daß er seine Gemahlin, wenn sie ein gar zu böses Maul vollführte, ganz unfürstlich verdroschen habe.
Selbstverständlich suchte Ulrich Trost bei einem sanfteren Wesen. Das fand er in dem schönen Haus vor dem Tunzhofer Tor, das er seinem vertrautesten Ratgeber, dem Erzmarschall Konrad Thumb von Neuburg geschenkt hatte (etwa an Stelle des heutigen Kleinen Schloßplatzes). In diesem Hause, in dieser Familie scheint der Herzog sich von den Strapazen seiner Festivitäten und ehelichen Kalamitäten gern erholt zu haben. Thumb hatte nämlich eine wunderhübsche Tochter Ursula, die offenbar gegen den hohen Gast ihres Vaters nicht spröde tat. Es geschah nun gewiß nicht gegen den Willen des Herzogs, daß dieses Mädchen Ursula 1514 die Gattin des jungen Ritters Hans von Hutten wurde, der seit kurzem als Stallmeister in des Herzogs Diensten stand. Ursula blieb auch als Frau von Hutten im Thumb'schen Haus wohnen, und der Herzog hatte wie ehedem seinen Gang dorthin. Das aber paßte dem jungen Ehemann nicht. Es kam zwi-

schen Herzog und Stallmeister im »Frauenzimmer« des Thumb'schen Hauses zu einer dramatischen Szene, die damit endete, daß der Herzog kniefällig den Hutten bat, die Ursula auch weiterhin liebhaben zu dürfen. Ein halbes Jahr später, am 5. Mai 1515, erstach der Herzog auf der Jagd im Böblinger Forst seinen Stallmeister, mit dem er den Abend zuvor noch zusammen getafelt hatte, hinterrücks, stieß seinen Degen zu Häupten der Leiche in den Boden und befestigte daran einen Gürtel, den er dem Toten um den Hals geschlungen hatte. Das war uralter Brauch bei der geheimen Feme zum Zeichen, daß das Opfer den Tod durch Erhängen rechtens verdient hätte. Ulrich berief sich später darauf, daß er als Femerichter gehandelt habe, denn der Stallmeister habe ihm mit Sabina Hörner aufgesetzt – eine Legende, die kein Kenner der Herzogin glaubte.

Wir sind über diesen wüsten Skandal, der das ganze Heilige Römische Reich Deutscher Nation damals in Aufregung versetzte, sehr genau und allerdings auch sehr tendenziös unterrichtet, weil der großartige Kämpfer der Feder, der Humanist Ulrich von Hutten, Hansens Vetter, nun jahrelang gewaltig Krach schlug und nicht ruhte, bis dieser »Schandfleck des schwäbischen Namens«, diese »ewige Schmach seines Volkes«, »dieses durch Frevel, Wut, Grausamkeit, Bosheit, Unmenschlichkeit für alle Jahrhunderte gezeichnete Scheusal« zur Strecke gebracht war. Ein halbes Jahr danach floh Ulrichs Gattin Sabina, die sich von ihm getrennt und im Uracher Schloß eine eigene üppige Hofhaltung unterhalten hatte, bei Nacht und Nebel zu ihrer Mutter und ihrem Bruder Ludwig, dem Herzog von Bayern, nach München unter Zurücklassung zweier Knaben, von denen der eine, Christoph, vier Tage nach dem Mord zur Welt gekommen war. Von da an vereinten sich die Bayernherzöge mit den Hutten'schen zum Rachefeldzug gegen den Württemberger.

Die Reutlinger Affäre

Aber es mußte noch etwas geschehen, um das Gericht über Ulrich hereinbrechen zu lassen. Am 19. Januar 1519 sitzt Ulrich in seinem Stuttgarter Schloß und präsidiert in Gegenwart aller seiner Prälaten und höfischen Würdenträger einer pompösen Leichenfeier für den soeben verstorbenen Kaiser Maximilian, der die Acht über ihn als Mörder verhängt hatte, ohne daß diese Geste viel Wirkung getan hätte. Da bringen berittene Boten die Nachricht, daß zwei Papiermacher in Reutlingen in einem Wirtshaus den herzoglichen Vogt der kurz zuvor erworbenen Burg auf der Achalm neben seinem Weibe erstochen und sich in die Freistätte geflüchtet hätten, ohne daß die Reutlinger Bürger, die am Feierabend auf dem Platze standen, sie festgehalten hätten. Augenblicklich ließ der Herzog in seinem Jähzorn im ganzen Land Sturm läuten, schwang sich im Küraß aufs Roß und ritt mit starker Mannschaft gegen Reutlingen und nahm die Stadt im Sturm. Reutlingen aber war Freie Reichsstadt und gehörte dem Schwäbischen Bund an. Alsbald begann ein Kesseltreiben gegen den allseits verhaßten, vom Kaiser zweimal als vogelfrei erklärten Herzog, der dieser Übermacht nur ein Häuflein unzuverlässiger Söldner gegenüber zu stellen hatte.
Eine nette Episode: Der Herzog ist vor dem Heer des Schwäbischen Bundes in sein festes Stuttgarter Schloß ausgewichen und sitzt nun da wie die Maus in der Falle. Am Eßlinger Tor melden sich zehn schmucke Knappen, von drei Trompetern begleitet, und verlangen, zum Herzog geführt zu werden; sie überbringen den Feindesbrief von Ulrichs Schwager, dem Herzog Wilhelm von Bayern, der mit 3000 Reitern schon bei Staufeneck mit Marschrichtung auf Stuttgart steht. Ulrich weiß, was sich gehört. Er steckt einen seiner Knappen in einen gelbseidenen Wappenrock, der vorn und hinten mit den drei schwarzen Hirschhörnern geschmückt ist, und entsendet ihn mit einem ebenso energischen und höflichen Feindesbrief samt einem Trompeter nach Staufeneck. »Wechselseitig wurden diese Knappen wohlgehalten und mit Goldgulden reichlich beschenkt«, versichert uns ein Chronist. Letztes Aufflackern von Ritterlichkeit in einer immer roher werdenden Zeit, unmittelbar nach dem Tod Maximilians, des »letzten Ritters«.

Landflüchtig

In Stuttgart, dessen Bürgerschaft sich als nicht hundertprozentig herzogstreu erwiesen hatte, fühlte sich Ulrich nicht mehr sicher. Verzweifelt verschanzte er sich in dem festen Hohentübingen. Als auch hier die Bündischen das Schloß zernierten, rettete er sich Leben und Freiheit durch die Flucht; seine zwei Knaben ließ er zurück, wie das ja auch die Mutter für gut befunden hatte. Der Herzog hatte sein Spiel vorerst verloren.
Ihren bösen Fürsten waren die Württemberger zwar zunächst los. Aber was sollte nun aus dem Land werden? Eine Regentschaft, wie Maximilian sie dem Herzog früher vorgeschlagen hatte, unter der Voraussetzung, daß Ulrich freiwillig für sechs Jahre zur Sühne außer Land ginge, war nicht eingesetzt, da Ulrich sich geweigert hatte. So gehörte das Land jetzt dem, der die militärische Macht hatte, und das war der Schwäbische Bund, an dem auch das Reich beteiligt war. Bundestruppen, darunter auch »Stradioten«, das waren leichte albanische Reiter, zogen auf Stuttgart zu und plänkelten auf dem Wasen; dabei wurden sechzehn Knechte der Stuttgarter Besatzung erstochen. Mit den Truppen war also nicht zu spaßen. Zwar lagen in der Stadt 8000 Mann und auch viel bewaffnetes Landvolk; aber wer sollte sie befehligen und für wen sollten sie überhaupt kämpfen?

Stuttgart kapituliert

Die Stadt war herrenlos. Hohentübingen, wohin der Herzog zunächst geflohen war, hatte sich ergeben, der vierjährige Christoph, von Vater und Mutter im Stich gelassen, war in den Händen des Bundes und hinter dem Bund stand das Haus Habsburg. Die Stadträte taten das einzig Gescheite: sie parlamentierten mit den Führern der Bundestruppen. Die verlangten Abzug der Landsknechte. Anderntags, am 7. April, kapitulierte die Stadt. Eine Besatzung von 30000 Mann Fußtruppen und 4000 Reitern machen sich's auf den Plätzen und in den Gassen bequem; das ist etwa das Sechsfache der Einwohnerzahl.
Mit den Truppen war auch Ulrich von Hutten und sein Freund Sickingen erschienen, die in Eßlingen auf die Kapitulation gewartet hatten. Sie logierten sich bei ihrem alten Lehrer, dem Humanisten Johannes Reuchlin, ein, der einstmals als Freund und Ratgeber Eberhards im Bart, seit 1498 das angeblich älteste Haus Stuttgarts, unmittelbar neben der Stiftskirche (zuletzt Zahn & Noppersche Eisenwarenhandlung), besaß. Der ängstliche

Gelehrte, eine Erasmus-Natur, soll die Freunde als »Geißeln Gottes« begrüßt haben, da sie Krieg mit sich brächten. Und Krieg – das wußte Reuchlin – ist nicht zuträglich für einen Gelehrten, dem die so leicht brennbaren Bücher und die Stille der Studierstube wichtigstes Lebenselement sind.

Johannes Reuchlin

Es war ein nicht ungefährlicher Besuch, den Reuchlin an jenem Maitag 1519 in seinem Haus in der Stiftsgasse, direkt an der Stadtmauer, erhielt. Herzog Ulrich hatte zwar das Weite gesucht, aber er konnte zurückkommen. Und wer mittlerweile mit einem Hutten gastfreundlich verkehrte, der konnte gewiß sein, daß die leidenschaftliche Rache eines triumphierend heimkehrenden Ulrich ihn an Leben und Gut treffen würde. Außerdem waren, wie bald zu erkennen war, noch genug Anhänger Ulrichs in der Stadt, die genau beobachteten, wer mit wem verkehrte. Als daher Ulrich im August durch einen kecken Handstreich sich der Stadt wieder versicherte, floh Reuchlin eiligst mit den Freunden nach Eßlingen, von wo aus die Bündischen das Land regierten. Die ulrichtreuen Stuttgarter sangen derweilen ihrem Herzog zu Ehren mit Inbrunst das Osterlied: »Christ ist erstanden!« und verdroschen ihren Bürgermeister Hans Stickel, der das Sendschreiben Ulrichs in die Stadt gar zu diensteifrig den Bündischen ausgehändigt hatte, auf dem Rathaus den Leib. Als wildester Ulricaner betätigte sich der reiche Wirt und Harnischmacher Ramey, der den von Eßlingen heranrückenden Bündischen die Tore versperrte. Gottlob scheint dieser Waffenschmied, der später im Bauernkrieg als Hauptmann nochmals eine Rolle spielte, sich um die Humaniora, die Reuchlin allein bewegten, nicht weiter gekümmert zu haben; das Gelehrtenheim mit der reichen Bibliothek blieb während der Emigration des Besitzers verschont. Als nach dem nur vier Wochen dauernden Zwischenspiel Ulrich zum zweiten Mal fliehen mußte, diesmal auf viele Jahre, und auch Reuchlin aus seinem Eßlinger Refugium heimkehrte, war es die Bündische Soldateska, die den armen Reuchlin gründlich brandschatzte, bis endlich der Bayernherzog Wilhelm persönlich ihn unter seinen Schutz nahm. Aber Reuchlin hatte nun genug von diesem gefährlichen Leben. Im November floh er »vor Pest und Schwert« nach Ingolstadt, von wo ihn ebenfalls die Angst vor der Pest anderthalb Jahre später nach Stuttgart zurücktrieb. Noch ein friedliches Jahr war ihm in Tübingen vergönnt; 1522 starb er in Bad Liebenzell an der Gelbsucht.

Dieser Johannes Reuchlin, gebürtig aus Pforzheim, war für lange Zeit vorher und nachher Stuttgarts berühmtester Bürger, der dem Namen seiner Wahlheimatstadt im ganzen Abendland hellen, für manche auch schrillen Klang verschafft hat. Von Hutten stammt das schöne Wort, daß Deutschland damals zwei Augen hatte: das eine, einem glitzernden, strahlenwerfenden Stern vergleichbar, war Erasmus von Rotterdam, das andere, freundlich und gütig wie klarspiegelnder See, Reuchlin. Er war der erste Deutsche, der nicht nur klassisches Latein und Griechisch beherrschte, sondern sich auch die Mühe gemacht hatte, hebräisch zu lernen, und zwar im Umgang mit einem gelehrten Rabbiner, den er zwei Jahre lang zu diesem Zweck bei sich in Stuttgart zu Gast hatte und mit dem er das Alte Testament hebräisch lesen lernte. Die Frucht dieses Verkehrs war die erste hebräische Grammatik, an deren Schluß Reuchlin, seines wissenschaftlichen Verdienstes wohl bewußt, das Horaz-Wort setzen durfte: »Exegi monumentum aere perennius« – »dieses mein Werk ist dauernder als Erz«. »Das dreisprachige Wunder«, nannten ihn seine humanistischen Freunde.

Die erste Wirkung der Grammatik war fatal. Im Jahr 1509 erhielt Reuchlin den Besuch eines getauften Judens namens Johannes Pfefferkorn, der von seinen Glaubensgenossen wegen ehrenrühriger Handlungen aus der Gemeinschaft ausgeschlossen worden war und sich in wildem Renegatenhaß an ihnen rächen wollte. Er hatte sich Kaiser Maximilians Vollmacht verschafft, überall in Deutschland die heiligen Bücher der Juden zu beschlagnahmen und zu verbrennen. Reuchlin sollte ihm dabei helfen. Reuchlin weigerte sich. In einer Schmähschrift »Der Handspiegel« wirft Pfefferkorn ihm vor, er sei von den Juden bestochen. Reuchlin antwortet mit einer nicht weniger schimpfwörter-freudigen Gegenschrift »Der Augenspiegel«. Der Kaiser forderte von Reuchlin und vom Kölner Dominikanerprior Hochstraten, dem Obersten der Inquisition, Gutachten darüber, ob es göttlich und löblich sei, die Judenbücher zu verbrennen. Hochstraten bejaht, Reuchlin verneint und weist darauf hin, daß das Hebräisch des Talmud und der Kabbala die Sprache sei, in der der Herr zum ersten Mal mit den Menschen gesprochen habe. Reuchlin wird vom Ketzermeister nach Mainz vorgeladen, um sich auf seine Rechtgläubigkeit prüfen zu lassen. Reuchlin appelliert an den Kaiser, an den Papst. Die Gutachten aller scholastischen Universitäten, mit Ausnahme Heidelbergs, wo Reuchlin kurze Zeit gelehrt hatte, verdammen Reuchlin. Der Bischof von Speyer, der Beauftragte des Papsts, tritt für Reuchlin ein, ebenso 53 schwäbische Städte, darunter auch Stuttgart. Reuchlin rechtfertigt sich durch Veröffentlichung der »Epistolae clarorum virorum«, der »Briefe berühmter Männer«, die sich ausnahmslos, mit Erasmus, Pirkheimer, Peutinger an der Spitze, für Reuchlin einsetzten. Der Kaiser befiehlt beiden Parteien Schweigen. Aber der Papst, in Furcht vor dem allmächtigen Predigerorden, zögert jahrelang mit einem Urteil.

Briefe von Dunkelmännern

Da erscheinen, für Reuchlin überraschend, von anonymen Verfassern die »Epistolae obscurorum virorum«, die Dunkelmännerbriefe, worin die Dominikaner und ihr Prior mit satirischer Bosheit dem Gelächter preisgegeben werden.

Den ersten, witzigeren und geistreicheren Teil soll ein junger Magister mit seinen Kommilitonen verfaßt haben, beim zweiten, derberen und aggressiveren, führte Ulrich von Hutten vor allem die Feder. Erasmus soll darüber so gelacht haben, daß ein lebensgefährliches Geschwür platzte und er gesundete. Auch die Kurie soll sich höchlich amüsiert haben, bevor sie das gefährliche Buch verbrennen ließ. Hutten stellte schließlich fest, daß ein großer Kampf um die Freiheit des Geistes gewonnen sei. Wissenschaftliche Gewissenhaftigkeit und Unparteilichkeit hatten banausisches Zelotentum besiegt. Und der Sieger, der diesen Lärm und Krach freilich haßte, saß in Stuttgart, im Schatten der Stiftskirche, oder wenn Friede war, auf seinem kleinen Landgut vor dem Büchsentor, wo ihn der Anblick seiner weißen Pfauen tröstete.

Für seine Stuttgarter Mitbürger freilich war Reuchlin weniger der gelehrte Humanist als der kundige Jurist: »Jeden Tag kommen Leute zu mir, die nicht etwa über klassische Fragen, sondern über Holz- und Wegerechte, Abtritte, Pfützen und andere Händel alltäglichster Art Auskunft verlangen und denen ich in echtem Schwäbisch Bescheid zu erteilen habe«, klagt er im Vorwort zu seiner hebräischen Grammatik.

Der Kampf gegen die Dunkelmänner, gegen die Obskuranten – in Stuttgart und von Stuttgart aus wurde er geführt. So etwas bleibt dem genius loci einer Stadt unverloren.

Unter österreichischer Herrschaft

Es war eine ungemütliche Zeit, nicht nur für Stuttgarts prominentesten Bürger Reuchlin. Es war ja nicht nur so, daß jeder einzelne sich zu entscheiden hatte, ob er seinem Landesfürsten die Treue halten oder für Österreich optieren solle. Dahinter verbarg sich die noch schwerere Gewissensfrage, wie er es mit der Religion zu halten habe. Schlimm hatte es in Stuttgart gewirkt, als Ulrich in seiner Sünden Maienblüte seinen Günstling Dietrich Späth zum Propst des Stifts ernannt hatte, einen jungen Lebemann, der sich um sein hohes Amt überhaupt nicht kümmerte, ein liederliches Leben führte, Schulden machte und trotz den priesterlichen Weihen eine Frau nahm. Die Österreicher haben dem Skandal sofort ein Ende bereitet. Aber auch über die anderen Stiftsherren wurden heftige Klagen geführt: Zechen, Bankettieren, Jagen seien ihre Hauptbeschäftigungen, die gottesdienstlichen Pflichten überließen sie ihren Vikaren und Kaplanen, die ebenfalls nichts taugten. Mit Abscheu wird von manchem Chronisten über die Dominikaner berichtet, die ja ins Land gerufen worden waren, um durch ihr frommes Beispiel die Stuttgarter noch frömmer zu machen: es seien durchweg Leute niederen Standes, ungelehrt, die mit den Stiftsherren fortwährend Krach hätten und zu jeder unschicklichen Zeit in den Wirtshäusern bei Karten- und Würfelspiel anzutreffen seien. Adligen Damen gewährten sie gegen hohes Entgeld Zutritt zum Kloster, angeblich um es besichtigen zu lassen und ihnen dann Absolution zu erteilen. Kein Wunder, daß die Terminierer, das heißt die auf Bettel ausgesandten Mönche, nirgends offene

Hände fanden und die Almosen nicht einmal für Nahrung und Kleidung ausreichten. So kam denn auch der Bau des Klosters nur langsam voran; 1505 war erst der Westteil unter Dach, fertig wurde es überhaupt nie. Auch die zwei Beginenhäuser unter der Mauer beim Oberen Tor und im Turnieracker erfreuten sich keineswegs eines makellosen Rufs.
So wurde der Boden für die Reformation nur zu wohl bereitet, und es half wenig, daß die Österreicher den einzigen Buchdrucker, Johann von Erfurt, der im Verdacht stand, ketzerische Schriften zu drucken, aus der Stadt verwiesen (Stuttgart war dann 70 Jahre ohne Buchdruckerei) und den Prediger Johann Mantel von der Leonhards-Kirche, einen Augustinermönch, der wegen seiner offenen Worte großen Zulauf aus der ganzen Stadt fand, 1522 verhafteten und in schwere Haft nach Hohen-Nagold brachten, wo er erst durch den Bauernkrieg befreit wurde. Damals war es auch, daß Reuchlin, der sich in die Bruderschaft der Dominikaner hatte aufnehmen und im Klostergarten schon sein Epitaph hatte anbringen lassen, die Leonhards-Kirche als seine Begräbnisstätte bestimmte; er ist auch dort tatsächlich mit seiner Frau, einer Ditzingerin, die ihm vorangegangen war, bestattet worden, was eine Tafel an der alten Kanzel bestätigte.

Stockender Kirchenbau

Die Stimmung in Stuttgart während jener kritischen Jahre war also zweifellos antiklerikal, nicht zuletzt deshalb, weil eine, damals wie heute brave und fleißige Bürgerschaft vor Leuten, die sie für Nichtstuer oder gar für lasterhaft halten mußte, keinen Respekt aufbrachte. Hier ist wohl auch der Grund dafür zu suchen, daß der Stiftskirchenbau in jenen Jahren völlig ins Stocken geriet, obgleich der Papst immer wieder Absolution bei vermehrten Frondiensten in Aussicht stellte. Zwischen 1490 und 1522 war der Westturm bis zum obersten Umgang über dem Achteck gediehen und der

Turmwächter, der bisher auf dem kleinen Turm stationiert war, in sein neues »Losament« im obersten Stock übergesiedelt. Aber schon 1527 wird in einem Bericht geklagt, daß der Turm, für den ein spitzer Helm geplant war, wegen Geldmangels nicht einmal mit einem Notdach versehen werden könne, daß daher der Glockenstuhl verfault und das Dachwerk überall an Schiff und Chor baufällig sei. Überdies seien zwei fürstliche Glocken, die die Stadt habe gießen lassen, noch nicht bezahlt. Zwar sollte gemäß einem Landschaftsbeschluß vor der Investitur jeder Kanoniker 20, jeder Vikar 15 und jeder Kaplan 10 Gulden Steuerbeitrag zum Kirchenbau bezahlen, aber bisher sei noch kein einziger Gulden eingegangen, so daß eine Schuldenlast von 700 Gulden entstanden sei. Erreicht wurde durch diesen Klageschrei offenbar nur, daß der Westturm über dem obersten Umgang mit dem durchbrochenen Steingeländer das flache Zeltnotdach mit dem goldenen Turmhahn darüber erhielt, aus dem dann ein Definitivum geworden ist, zur Freude aller, die gerade in diesem, für Stuttgart symbolhaften Torso das Charakterliche und Charakteristische erkennen. So kann auch aus Verdrossenheit, aus Renitenz etwas Schönes sich gestalten.

Der Geächtete überrumpelt die Stadt

Wie völlig verworren die Machtverhältnisse nach Ulrichs Flucht zunächst waren, ersieht man aus dem phantastischen Versuch Ulrichs, durch einen Handstreich sein Land wieder in Besitz zu bekommen. Lodernde Feuer auf Stuttgarts Höhen in jener Augustnacht 1519 sollten die Bündischen über die Stärke seiner Truppenmacht täuschen. Der Schwindel gelang; die gar nicht so kleine Besatzung floh zu den Toren hinaus, und herein ritt der Herzog, begleitet von ein paar Dutzend Bauern auf schweren, ungesattelten Ackergäulen und von allen denen, »die seinetwillen früher das Land verlassen hatten«. Rache an denen zu nehmen, die zu seiner Vertreibung beigetragen hatten, war sein erstes Geschäft. Den 32 Honoratioren, die bei seiner Ankunft nach Eßlingen geflohen waren, wurden die Weiber und Kinder hinterdreingeschickt, ihr Hab und Gut weggenommen und dann selbstverständlich der »erpreßte Tübinger Vertrag« feierlich als »tot für ewig« zum Fetzen Papier degradiert.
Im Eßlinger Hauptquartier der Bündischen war man offenbar ratlos; man wagte nichts zu unternehmen. Erst als Ulrich mit einem lächerlich kleinen Häuflein Getreuer, darunter viel Gesindel, auszog, um sein Land zurückzuerobern, wachte man auf und setzte einige Fähnlein Landsknechte gegen

ihn in Marsch. Bei Untertürkheim kam es zum Gefecht. Es war wohl kaum viel mehr als eine Hauerei und Stecherei. Ulrich zog sich in seine Residenz zurück »mit viel zusammengelaufenem Volk und Stuttgarter Pöbel«, wie ein Chronist vermeldet. Dann wiederum Flucht (3. Oktober 1519). Anderntags marschiert Herzog Wilhelm von Bayern mit vier Fähnlein Landsknechten in Stuttgart ein, mit ihm die Emigranten, die von der Stadt entschädigt werden müssen. Wer zu Ulrich gehalten hatte, wurde bestraft. Herrliche Zeit für Neidhämmel und Denunzianten.

Das Herzogtum wird verschachert

Inzwischen war immer noch nicht klar, wem das Land eigentlich gehörte. Es wurde jetzt regelrecht verschachert, und zwar für 200 000 Gulden, die der Schwäbische Bund vom Reich als Beitrag für die Kriegskosten forderte. Kaiser Karl V. zahlte mit Vergnügen, vorausgesetzt freilich, daß das ganze Herzogtum dann ihm persönlich gehöre.
Es war ein glatter Bruch des Reichsrechts. Denn wenn Ulrich schon für regierungsunfähig erklärt wurde, war sein Halbbruder Gerhard von Mömpelgard oder der kleine Christoph, sein Sohn, erbberechtigt. Aber über solche juristische Fäden sind die Habsburger nie gestolpert, wenn etwas zu erben war. So ließ sich Karl V. also am 28. März 1520 in absentia auf dem ein Jahr zuvor frisch gepflasterten Marktplatz feierlich huldigen und übertrug gleichzeitig den Schutz des Landes dem Schwäbischen Bund, also den Rittern, Prälaten und Reichsstädten. Man war offenbar auf neue Überrumplungen durch den zu allem fähigen Ulrich noch immer gefaßt. Es wird denn auch nirgends berichtet, daß die Stuttgarter so etwas wie Begeisterung bei diesem Staatsakt an den Tag gelegt hätten. Auch ihnen stak der Schrecken vor diesem unberechenbaren Ulrich noch in den Knochen.

Ferdinand läßt sich huldigen

Das war zwei Jahre später ganz anders. Vom Herzog wußte man in Stuttgart damals nur so viel, daß er sich in der Schweiz herumtreibe und in Solothurn und Luzern in den Straßen gebettelt habe. Das war zwar ein wenig übertrieben, aber so viel stand doch fest, daß zunächst von ihm keine Gefahr mehr drohte. Als daher im März 1522 der Erzherzog Ferdinand von Österreich, dem sein Bruder Karl alle vorderösterreichischen Lande zum Lehen für alle Zeiten gegeben hatte, persönlich in Stuttgart erschien,

um sich von seinen neuen Landeskindern huldigen zu lassen, da ließen sich die Stuttgarter nicht lumpen. Erhebend ist es ja nicht zu lesen, was der Hofhistoriograph darüber zu berichten weiß. Eine Stunde weit war der Statthalter Wilhelm von Waldburg mit den Regenten und 50 rotgelb herausstaffierten Reitern dem Erzherzog entgegengeritten. Absteigen, Kniebeugen, lateinische Devotionalrede. Eine halbe Stunde näher zur Stadt stehen 600 bewaffnete Bürger und die vermöglichsten Einwohner »in seidenen Wämsern, zerschlitzten, mit Seide unterfütterten Hosen und mit seidenen Fähnlein in der Hand, die die Wappen Österreichs und Württembergs zeigen«. Wiederum Absteigen, Kniebeugen, immer die Fähnlein in der Hand. Diesmal eine schwülstige Rede in deutscher Sprache, gehalten mit vorschriftsmäßig gebogenem Knie von dem Vogt Fürderer, der kein Latein verstand: »Alleruntertänigster Dank für die allergnädigste Heimsuchung und treugehorsamste Bitte, das Land nie mehr zu verlassen.« Dann vor dem Tor: 800 Knäblein, mit Kränzen im Haar und ebenfalls mit Fähnlein in der Hand, und hinter dem Tor 700 Jungfrauen, ebenfalls Kränzlein im Haar, in den Händen aber keine Fähnlein, sondern Rosenkränze. Wieder Kniebeugen und gebührende Reverenz. Spalier bildeten in den Straßen zur Stiftskirche und zum Schloß die Priesterschaft, die Predigermönche, die Stiftsherren im Ornat, die Pröpste der sieben Stifte im Land, die Prälaten der Klöster. Am nächsten Tag, bei einem von der Landschaft im Rathaus gegebenen Nachtmahl, »hielt der Erzherzog noch einen schönen Tanz mit Frauen und Jungfrauen und war ganz fröhlich«.

Mit schwäbischen Männern in solch drolliger Situation – seidene Fähnlein, seidene Wämser und gebeugte Knie – ist auf die Dauer nicht zu spaßen. Schwaben taugen nicht für unfreiwillige Komik. Dann lieber noch Ulrich!

Zwei Jahre später, als der Erzherzog wiederum Stuttgart mit seiner Heimsuchung huldvollst beehrte, gab es keine gebeugten Knie, keine Fähnlein und keine Jungfrauen mit Rosenkränzen mehr. Sang- und klanglos zog der

Landesherr ein, an seiner Seite der Kardinal Lorenzo Campeggi, eifrigster diplomatischer Organisator der Gegenreformation und Initiator des Regensburger Fürstenbundes. Die den Gästen zu Ehren an der Stiftskirche angebrachten Wappen des Papstes und des Kardinals wurden in der Nacht mit Kot beschmiert. Daneben hing ein Pasquill. Der Täter wurde nicht ermittelt. Inzwischen hatten auch die Stuttgarter offenbar gemerkt, wer dieser Ferdinand war: ein spanisch-niederländischer Aristokrat, der alles Deutsche verachtete, und geschworener Feind jeder Volksfreiheit. Ein unschwäbischerer Herr hat über Schwaben nie geherrscht.

Im Bund mit Franz von Frankreich

Inzwischen blieb Ulrich nicht untätig. Er brauchte vor allem Geld. Das glaubte er, wie auch früher schon, am ehesten von Frankreich, dem Erzfeind der Habsburger, zu bekommen. Er schickte daher seinen »Kanzler« Fuchs von Fuchsstein, einen geheimnisvollen Pfälzer, der Fürsten und Bauern mit der gleichen Gerissenheit zu übertölpeln verstand, zu König Franz, der vor Pavia im Feld stand, und erbat sich 15 000 Kronen. Sie wurden ihm für den Fall eines französischen Sieges zugesagt. Dann verpfändete Ulrich wieder einmal etliches von seinem überrheinischen Besitz Mömpelgard und erhielt dafür beträchtliche Summen in Basel und Solothurn ausbezahlt. Damit warb er Truppen an, einige tausend Schweizer Reisläufer aus dem Thurgau und dem Aargau und kaufte Geschütze: 3 große Karthaunen, 3 Schlangen und 4 Falkonetlein.

Ulrichs kriegerische Fasnet

Am meisten aber spekulierte er auf den neuen Bundschuh, der überall im Breisgau und am Bodensee, im Allgäu und im Ries aufgestanden war. Es war schon ein toller Witz: der Mann, gegen dessen übermütige Tyrannei vor zehn Jahren der Arme Konrad revoltiert hatte, versuchte nun selbst als »der ärmste der armen Konzen«, in die Bruderschaft aufgenommen zu werden und legte einen heiligen Schwur ab, daß er, wieder in sein Recht eingesetzt, Leibeigenschaft und Dienstbarkeit abschaffen und das Evangelium beschirmen werde. Einige liefen ihm daraufhin zu, die meisten mißtrauten ihm, der schon so oft sein Wort gebrochen hatte. Immerhin, Stuttgart wäre ihm, wie schon vor sechs Jahren, wiederum zugefallen, wenn er bei seiner »kriegerischen Fasnet« im Februar und März 1525 nicht gar zu lange im Sindelfinger Kloster bei dem guten Mönchswein mit seinen Landsknechten »verlegen« wäre. Er hatte nach Stuttgart Botschaft gesandt, daß er wieder da sei, man möge ihm im Schloß ein »schönes Bett« bereiten. Das Bett wurde gerichtet, aber der in der Nacht darin schlief, war nicht Ulrich, sondern der Graf Ludwig von Helfenstein, Hauptmann des Schwäbischen Bundes, der mit 1600 Fußknechten, 600 Pferden und viel Geschütz sich auf die Nachricht von Ulrichs Anmarsch in die Stadt geworfen hatte, wohl wissend, daß, wer Stuttgart besitzt, auch das ganze Land beherrscht. Als Ulrich durch einen Trompeter die Stadt zur Übergabe aufforderte und der Helfensteiner die auf dem Markt versammelten Bürger nach ihrer Meinung fragte, bekannten sich nur 20 für Österreich; die überwältigende Mehrheit war noch immer »gut herzogisch« gesinnt.

Es war also nicht so ganz hoffnungslos, daß Ulrich sich daranmachte, die Stadt zu belagern. Aber da traf gleichzeitig die Hiobspost aus Italien ein, daß die Österreicher vor Pavia gesiegt und den König Franz gefangengenommen hatten. Mit den so heiß ersehnten 15000 Kronen war es also Essig. Gleichzeitig erschienen Boten von der eidgenössischen Tagsatzung in Luzern, die die Schweizer Landsknechte unter Androhung der Landesverweisung zurückpfiffen. Sie marschierten, angeblich von den Österreichern schon zuvor bestochen, in der Nacht schon ab. Und dem so schmählich im Stich gelassenen Ulrich blieb nichts anderes übrig, als hinter ihnen drein sich ebenfalls eiligst aus dem Staub zu machen. In der Nacht des 17. März wurde beobachtet, wie er mit wenigen Getreuen am »Roten Bild« vorbei, jenem bald danach verschwundenen Heiligenbild, das dem Rote-Bild-Tor und unserer Rotebühlstraße den Namen gab, in scharfem Trab hohentwielwärts davonritt. Ihm folgten einige von Österreichern gedungene Häscher, die ihn dingfest machen sollten. Sie stöberten ihn in einem Kloster bei Rottweil auf, wo er übernachtete. Durch einen geheimen Ausgang entkam er »in ein Gehölz«. Es war ihm hinterher so elend zu Mute, daß »er zu sterben begehrte«.

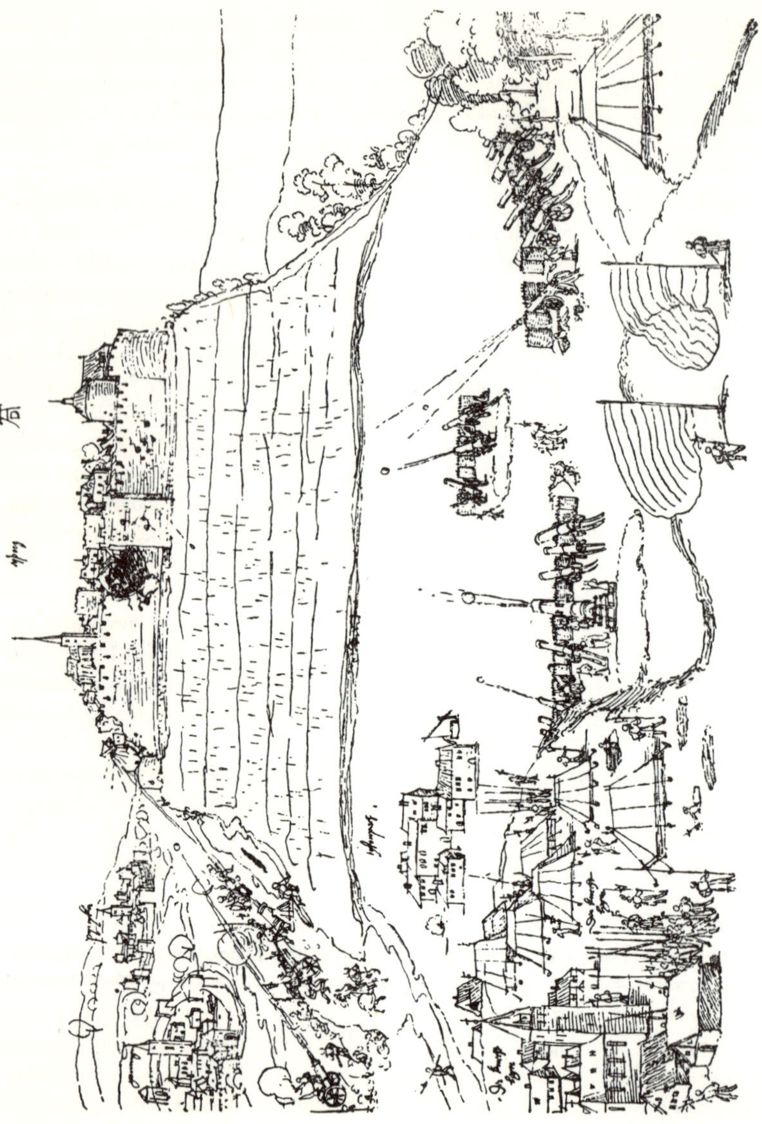
1512

Zwei Monate danach lagert ein 6000 Mann starkes Bauernheer, das sich »der helle, christliche Haufen« nennt, bei Bietigheim. Überall im Land und auch jenseits der Grenzen war ein neuer Bundschuh aufgerichtet. Die ersten Kämpfe hatten sich im Bayrischen, bei Leipheim und Günzburg, und in Oberschwaben bei Wurzach abgespielt, wo der Oberst des Bundesheeres, Georg Truchsess von Waldburg, der berühmte Bauernjörg, 7000 Bauern niedergemetzelt haben soll. Am gleichen Tag, dem 16. April 1525, es war der Ostersonntag, hatten die Unterländer Bauern, unter Führung des rabiaten Böckinger Weinwirts Jäcklein Rohrbach, in Weinsberg jenen Bundeshauptmann Grafen Ludwig von Helfenstein, Schwiegersohn Kaiser Maximilians, mitsamt 16 Edelleuten und 60 Knechten durch die Spieße gejagt und niedergestochen.

Dieser bis jetzt durch wenig christliche Taten ausgezeichnete Haufen sandte am 22. April Boten nach Stuttgart mit der Aufforderung, sich mit ihnen zu »verbrüdern«. Die letzten Mitglieder der österreichischen Regierung und etliche Ratsherren flohen daraufhin eiligst nach dem sicheren Hohentübingen, die Hauptstadt ihrem Schicksal überlassend. Soviel war gewiß: Wie sich die Stadt auch entscheiden würde, verdarb sie es mit der einen oder anderen Partei oder mit allen beiden. Noch vor wenigen Wochen war jener Graf von Helfenstein, den die Böckinger in Weinsberg wie einen Hund geschlachtet hatten, ihr Stadtkommandant gewesen: Würde der Kaiser es ihnen je verzeihen, wenn sie mit den Mördern seines Schwiegersohnes sich verbrüderten? Aber, war nicht auch der zu jeder Gewalttat fähige und offenbar entschlossene »Bauernzorn« zu fürchten, wenn sie die Stadttore verschlossen? Denn auch noch andere Haufen, aus dem Bottwartal, aus dem Remstal, von der Balinger Alb, zogen Stuttgart zu. Und wie stand es mit Herzog Ulrich, der noch viele Freunde in der Stadt hatte und jetzt schon wieder in Rottweil gesehen worden war, wo er mit den Bauern handelseinig zu werden versuchte?

Auf dem Stuttgarter Rathaus herrschte völlige Verwirrung. Da die Obrigkeit geflohen war, wählte man zwei Amtsverweser: Paul Wenzelhäuser und Lorenz Ackermann, zwei eben nicht charakterfeste Bürger, die nach keiner Seite hin belastet waren, erklärten sich ungern genug bereit, die Geschäfte zu führen. Dann wurde ein siebenundzwanzigköpfiger Ausschuß gebildet und in drei Rotten eingeteilt, die auf dem Markt, bei St. Leonhard und beim Spital für Ruhe und Ordnung sorgen sollten. Um die Antwort an die Bauern war man verlegen. Man wollte Zeit gewinnen, ohne sich festzulegen. Man versprach also den Bauern, alles zu liefern, dessen sie bedürften, unter der Bedingung, daß sie sich nicht in der Stadt einquartierten, sondern auf den Wiesen am Neckar ein Lager bezögen. Zum Sprecher gab sich nach langem Zögern Thäus (Matthäus) Gerber her, ein alter Ulrichanhänger, dem die Stadt feierlich geloben mußte, daß sie, falls ihm etwas zustoße, für sein Weib und seine neun unmündigen Kinder getreulich sorgen werde.

Jerg Ratgeb

Und jetzt taucht in den Berichten erstmals der Name Jerg (Georg) Ratgeb auf, von dem der Rat der Stadt später behauptete, er habe als Verräter gehandelt, da er die Bauern insgeheim zum Einmarsch aufgehetzt habe. Man weiß heute aus den Prozeßakten, daß das eine feige Lüge war, um die eigene Wankelmütigkeit und Doppelzüngigkeit zu beschönigen. Tatsache ist, daß Ratgeb, ein gebürtiger Gmünder, in den siebenköpfigen Kriegsrat und zum Vorsteher von dessen Kanzlei berufen worden war. Von Ratgeb war offenbar bekannt, daß er mit der Sache der Bauern sympathisiere und daß die Bauern ihm trauten. Wenn die Stadt in dieser heillosen Zeit verhältnismäßig glimpflich davongekommen ist, so war das auch gewiß Ratgebs Verdienst, den alle Zeugen im späteren hochnotpeinlichen Prozeß als einen friedlichen Biedermann bezeichneten, »der seinem Nachbarn kein Huhn erschreckt hätte«. Trotzdem wurde Ratgeb bei der nach der Böblinger Schlacht anhebenden Hetzjagd auf bäurische Kriegsverbrecher »um des Bauernkriegs und Herzogs Ulrich halber« für schuldig befunden und 1526 in Pforzheim nach der humanen Methode jener Zeit gevierteilt, das heißt, Hände und Füße des Delinquenten wurden an Pferde gefesselt, die nach den vier Himmelsrichtungen auseinandergetrieben wurden. Wir wissen auch sehr genau, wie die Denunzianten, Richter und Henker ausgeschaut haben, die ihm das antaten. Der Maler hatte sie in einer grauenhaften Vision schon sieben Jahre zuvor abkonterfeit, und zwar in der Geißelung seines Herrenberger Altars, der heute zum stolzesten und erschütterndsten Besitz des Stuttgarter Landesmuseums gehört: hämisch verzerrte Grimassen, voll sadistischer Lust; einer mit einer Vogelvisage speit dem Heiland ins Gesicht, ein anderer, mit fettem Wanst, peitscht ihn mit der Rute, ein dritter, mit federgeschmückter Stirnhaube, haut ihm die Dornen seiner Krone mit der Feldflasche ins Hirn. Der Name des bös verleumdeten Jerg Ratgeb bezeichnet eine der beschämendsten Episoden in der Geschichte unserer Stadt; man soll daran denken, wenn man vor seinem Altarwerk steht.

Der Helle Haufen in der Stadt

Aber ob nun Ratgeb hinterrücks mit den Bauern konspiriert hat oder nicht: jedenfalls war es nicht seine Schuld, daß die Bauern in die Stadt kamen. Sie lagerten zunächst, wie verabredet worden war, am Fuße des Kriegsberges. Da brach in der Nacht zum 5. April ein gewaltiges Gewitter mit Wolkenbruch los. Die völlig durchnäßten Bauern verlangten trockene Quartiere. Ein Bürger namens Wolf König, der dazu nicht berechtigt war, aber offenbar ein gutes Herz hatte, öffnete ihnen das Siechentor (das etwa da zu suchen ist, wo heute das Hotel Marquardt steht), und herein fluteten die 6000 patschnassen Freiheitsstreiter. Unter ihnen, auf dem hohen Roß des Helfensteiners, Andreas Remy von Dürrenzimmern, der sich auch den Gugelhut des Grafen mit der wallenden Feder auf den Kopf gesetzt hatte, und Jäcklein Rohrbach, der des Grafen damastene Schaube sich über die Schulter gelegt hatte – also die beiden wildesten Schreckensmänner von Weinsberg. Auch Ramey, der Harnischmacher, war wieder da, der reiche Wirt, der vor sechs Jahren am heftigsten für Ulrich agitiert hatte, dann mit ihm geflohen und mittlerweile als dessen Geheimagent zum Bauernhauptmann avanciert war.

Der neugewählte Führer des Haufens, Matern Feuerbacher, Wirt von Groß-Bottwar, ein gemäßigter, frommer, bis zuletzt gut katholischer Mann, vor

dem auch die regelmäßig in seiner Wirtschaft verkehrenden Vögte und Ritter hohen Respekt hatten, forderte, daß die Stadt eine wohlgerüstete Mannschaft mit einem Hauptmann zum Bauernheer stellen solle; dagegen verpflichte er sich, daß die Stadt von Plünderung verschont bleibe; plündern sei nicht evangelisch und nicht göttlich. Feuerbachers Ansehen war so groß, obgleich er erst nach der Weinsberger Affäre sich gezwungen den Bauern zur Verfügung gestellt hatte, daß selbst die Weinsberger Blutkerle vor ihm kuschten. Nur der Bebenhäuser Hof, zwischen der Hirschgasse und dem Stadtgraben, wo das reiche Kloster gewaltige Vorräte aufgestapelt hatte, konnte er nicht schützen: die durstigen Bauern durchstachen mit ihren Spießen sieben Fässer, daß der Wein wie aus Röhrenbrunnen ihnen entgegensprudelte. Entsprechend rasch mußte er auch getrunken werden. Die 162 Eimer, also rund 50000 Liter, die hier in zwei Tagen vertilgt und vergossen wurden, wobei auf den einzelnen Bauern immerhin 8 Liter kommen, machten auch die Wildesten zu weiteren Untaten fähig. Dann ging man daran, auch die sonstigen Vorräte ordnungsgemäß zu verteilen; es waren 220 Scheffel Dinkel und 800 Scheffel Haber. Der Gesamtverlust des Klosters, der ihm später von der Stadt ersetzt werden mußte, betrug 1790 Gulden. Es ist anzunehmen, daß die Stuttgarter Bürger, die durch diesen Klosterwein und seine Wirkungen vor Schaden im eigenen Haus bewahrt blieben, gegen eine solche Wiedergutmachung nichts einzuwenden hatten.
Es geschah gewiß auf Matern Feuerbachers Befehl, daß sogleich ein Trüpplein wehrhafter Bauern nach Nagold beordert wurde, um den auf der dortigen Burg von den Österreichern festgesetzten Pfarrer von St. Leonhard, Dr. Johannes Mantel, zu befreien. Sie trafen ihn an »fast blöd von der großen, schweren Gefängnus«. Nach dem Zusammenbruch der Bauernsache, als die Österreicher wieder ans Ruder kamen, floh er rechtzeitig nach der Schweiz, wo er noch viele Jahre als lutherischer Prediger gewirkt hat.

Theus Gerber und das Stuttgarter Fähnlein

Die Stuttgarter taten, was man von ihnen verlangt hatte: sie stellten ein starkes Fähnlein junger, wohlbewaffneter Bürger auf, zu dessen Führer Theus Gerber bestimmt wurde. Dieser Gerber, ein nur wenig begüterter Wengerter, scheint mit Matern Feuerbacher ausgezeichnet harmoniert zu haben. Alles, was man weiterhin von ihm hört, beweist, daß er im Gegensatz zu seinen Ratsherren ein ganzer Kerl war. Er machte notgedrungen den planlosen Marsch mit seinem Haufen mit, beteiligte sich aber nirgends an der Erstürmung und Zerstörung der Burgen, und als er schließlich mit seinen Stuttgartern, die gar keine Bauern waren, in das Schlamassel der Böblinger Schlacht verwickelt wurde, zeigte er, was an ihm war. Die Stuttgarter Ratsherren, denen der Schreck vor dem Bauernjörg mittlerweile in die Glieder gefahren war, sandten eilige Boten nach Sindelfingen zu ihrem Hauptmann Gerber mit der Aufforderung, er solle unverzüglich mit seinen Mannen nach Stuttgart zurückkehren und sich jeder kriegerischen Betätigung enthalten, weil sonst die Stadt in schwerste Bedrängnis gerate. Der Befehl erreichte den Gerber unmittelbar nach Beginn der Schlacht. Gerber ließ seine Leute antreten: ob sie Hundsfötter seien und die Sache, für die sie sich im feierlichen Auftrag der Stadt unfreiwillig genug bis jetzt eingesetzt hätten, im Augenblick der höchsten Not schmählich verlassen wollten? Ob sie nur für Kirchweihen tauglich seien und Reißaus nehmen, wenn es für ihre Brüder blutiger Ernst werde?

Kein einziger seiner Mannschaft ergriff das Hasenpanier. Die Stuttgarter kämpften brav auf ihrem verlorenen Posten bis zum bitteren Ende. 85 fielen ehrenvoll. Und dann gelang es dem taktisch offenbar geschickten Theus Gerber, mit seinem restlichen Fähnlein sich durch die Wälder durchzuschlagen, die in jener bösen Mainacht von den Bündischen Reitern »durchgekämmt« wurden. Über die Weinsteige zogen sie, wenn auch stark gelichtet, in guter Ordnung in ihre Vaterstadt ein. Gerber aber hatte allen Grund, sich vor den Ratsherren, die sich durch die befohlene Fahnenflucht im letzten Augenblick ein Alibi hatten verschaffen wollen, nicht blicken zu lassen. Er floh nach Eßlingen, das so etwas wie eine neutrale Stadt war, denn das Reichsregiment, das in dieser gut bündischen Reichsstadt residiert hatte, war beim Anmarsch der Bauern nach Geislingen ausgerückt. Theus Gerber, dessen Besitz die Stuttgarter wegen Gehorsamsverweigerung alsbald konfisziert hatten, hat dann jahrelang gegen die Stadt prozessiert und zuletzt Recht bekommen. Dieser schlichte Mann hat die Ehre seiner Vaterstadt in schwerer Zeit gerettet.

Nach der Böblinger Katastrophe, die nicht zuletzt durch den tückischen Verrat des Böblinger Vogts Leonhard von Breitschwerdt verursacht wurde, kam schlimme Zeit. Rache! Rache! gellte es durch das ganze Land. Einst hieß es: die Bauern wollen Menschen sein! Dann: die Bauern wollen Herren sein! Jetzt: die Bauern sollen Hunde sein. Sie waren Freiwild und wurden, wenn sie sich auf den Bäumen versteckten, »wie Störche aus dem Nest« herabgeschossen. Für die Hauptschuldigen, vor allem für die Weinsberger »Ursächer«, hatte der Truchsess persönlich sich etwas besonders

Apartes ausgedacht: er röstete sie, durch kurze eiserne Ketten an Bäume gefesselt, langsam zwischen den ringsum geschürten Feuern. Diesen Totentänzen im Feuerkreis, bei Trommelklang und Pfeifenschall, zuzuschauen, war ihm und seinen Kumpanen, dem Friedrich von Fürstenberg, Ulrich von Helfenstein, Frowen von Hutten, Dietrich Späth, ein Höllenspaß. Wer ihm einen derartigen Braten lieferte, erhielt klingenden Lohn. Die Stuttgarter lieferten, wie wir leider wissen, Jerg Ratgeb, den Maler. Er war ja bloß ein Maler und überdies nicht aus Stuttgart, sondern aus der Reichsstadt Schwäbisch Gmünd gebürtig. In den Nächten wanderten Tausende, die sich tagsüber in den Wäldern versteckt hatten, den Grenzen, der Freiheit, dem Elend zu. Viel räuberisches Gesindel. Aber so mancher unserer Besten war auch darunter.

Der Bauernjörg in der Stadt

Am 17. Mai 1525, fünf Tage nach der Schlacht, saßen die Bündischen Kriegsräte und Obersten im Stuttgarter Schloß beim Nachtmahl, beim Siegesmahl. Auch der Truchsess selbst kam zu später Stunde aus Plieningen, wo er Hinrichtungen befehligt hatte. Vor dem Schloß drängten sich die Abgesandten vieler Städte, die um Gnade flehten.

Auch für Stuttgart war die Lage höchst kritisch. Die Stadt hatte den Bauern Quartiere und Verpflegung geboten und ein Fähnlein zum Hellen Haufen entsandt. Schwere Vergeltungsmaßnahmen waren zu befürchten. Damals wohl wurde im Kreis der Ratsherren das feine Plänchen ausgeheckt, wie

man die ganze Schuld auf den Maler Ratgeb schieben könne, der Verrat begangen habe. Der Truchsess ordnete an, daß ein Landtag einberufen werde, der über Schuld und Sühne entscheiden solle. Dieser Landtag ist nie zusammengetreten. Stuttgart hatte also vorerst wenig zu befürchten.
Des Truchsessen Aufgabe war im übrigen noch nicht ganz erfüllt. Im Fränkischen sammelte sich ein noch ungeschlagenes Bauernheer von 5000 Mann. Dort waren frische Lorbeeren zu pflücken. Als der Truchsess von Stuttgart aus seinen Zug nordwärts begann, wurde ihm beim Vorbeimarsch am Hohenasperg ein mit besonderem Dank quittiertes Geschenk gemacht: Jäcklein Rohrbach, der Bluthund von Weinsberg, war dort auf der Flucht geschnappt worden. Der Truchsess ließ ihn in scharfer Hut gefesselt mitführen. Es sollte gegebenen Orts ein Exempel statuiert werden.
Was weiterhin geschah, ging die nach dem Besuch des Gewaltigen aufatmenden Stuttgarter nicht unmittelbar mehr an: Das Autodafé Weinsbergs am Sonntag vor Himmelfahrt, zu dessen Zelebrierung der österreichische Herzog persönlich erschienen war mit der Weisung, daß »die Brandstätte auf ewige Zeiten wüste liegen solle«, dann die Exekution an Jäcklein, der in Neckargartach geröstet wurde, der Verrat des Berlichingers an den Bauern und schließlich das Kesseltreiben bei Königshofen.

Galgen für Prediger

Nächst den Bauern, von denen sich die verwegensten im Schwarzwald, in den Gmünder Wäldern und in hohenlohischen Burgruinen zusammentaten, waren die evangelischen Prediger, die zu den Bauern gehalten hatten, für die Österreicher das begehrteste Wild. Um die unter der Decke noch immer gefährlich glostende Ketzerei zu ersticken, wurden damals auf Befehl der österreichischen Regierung, die nach der Böblinger Schlacht sich aus ihren sicheren Verstecken wieder hervorgewagt hatte, entlang der Chaussee zwischen Cannstatt und Stuttgart weithin sichtbare Galgen errichtet mit aufgehängten Predigern.
Die Reaktion auf diese terroristische Unterdrückung jeder Glaubensfreiheit war religiöse Schwärmerei, die von einem nahe bevorstehenden Gottesreich und, noch mystischer, vom Ende aller Zeiten träumte. Auch Luther hat, wie man weiß, in verzweifelten Stunden in solchen weltflüchtigen Gedanken Trost gesucht, die sein einstiger Freund Staupitz dann zu realisieren unternahm. Damals war es, daß die Sekte der Wiedertäufer gleichzeitig in der Schweiz, in Tirol, in Schwaben und zuletzt mit seltsamer

Ekstase im Münsterischen die verängstigten Gemüter erfaßte. Als sich freilich zeigte, daß es sich dabei nicht in erster Linie um die Frage der Erwachsenentaufen handelte, daß vielmehr auch Gütergemeinschaft und sogar Vielweiberei im Programm standen, brach der Kampf gegen die Sekte von allen Seiten los, von den Evangelischen, denen das Eigentumsrecht als etwas Göttliches galt, nicht weniger leidenschaftlich als von den Katholiken geführt, die hier vor allem eine gefährliche anarchistische Auflehnung gegen jede Art von Obrigkeit erkannten.

König Augustin Bader

Mit gutem oder bösem Beispiel – je nachdem – ging in der Schweiz Ulrich Zwingli voran, der in Zürich den ihm eng befreundeten Wiedertäufer Felix Manz 1527 ertränken ließ. Während in Görz und Tirol Tausende hingerichtet wurden, scheinen die Propheten eines »tausendjährigen Reichs« in Schwaben nicht viel Zulauf gefunden zu haben. Immerhin griffen die Österreicher wenigstens einen dieser Ketzer in Stuttgart auf: es war Augustin Bader aus Augsburg, der sich von seinen Anhängern »König« titulieren ließ, von Beruf aber ein Kürschner war und für sein halbjähriges Söhnlein schon die ganze Königsausstattung mit Krone, Zepter und Schwert mit sich führte. Er wurde im Sommer 1530 auf einem Ochsenkarren, mit einer Papierkrone geschmückt, durch die Stuttgarter Gassen geführt, auf dem Marktplatz mit glühenden Zangen gezwickt und dann mit seinem eigenen Königsschwert enthauptet. Wie viele seiner Anhänger gleichzeitig erledigt wurden, ist nicht bekannt. Die Leichen wurden auf der »Hauptstatt« beim heutigen Wilhelmsplatz verbrannt.

Eine »Hexe«

Es gehört zum Geist jener wilden und rohen Zeit, daß Folterungen zwecks Erpressung von Aussagen mehr und mehr in Schwung kamen. Nicht nur gegen politisch Mißliebige, sondern vor allem auch gegen die sogenannten »Unholdinnen«, die man dann später Hexen zu nennen beliebte. Auch Stuttgart durfte unter der österreichischen Herrschaft sich auf diesem Gebiet nicht lumpen lassen. So wurde im Juli 1527 die Witwe Margarete Lösin, von der das Gerücht ging, sie sei einmal auf einer Ofengabel über ihren Gartenzaun geritten und habe mit dem Teufel intime Beziehungen unterhalten, auf eine Anzeige hin bei der Rückkehr vom Eßlinger Markt unter dem Tor verhaftet, ihres Haars beraubt und alsbald im Malefizturm heimlich befragt. Dabei wurden ihre Glieder mit Winden gespannt und mit Ruten gepeitscht, die Schienbeine mit brennenden, pechgetränkten Lumpen bearbeitet, der Kopf durch ein Seil immer enger eingeschnürt, die Füße in Schweinsschuhe gezwängt und über einem Kohlenbecken geröstet. Zuletzt überschüttete man die auf einen Schemel Gebundene mit glühenden Kohlen. Sie muß eine ebenso robuste Konstitution wie ein gutes Gewissen gehabt haben, denn sie gestand nicht. Schließlich sperrte man sie auf drei Jahre in einen Turm auf dem Reichenberg, der kein Dach hatte. Sie hat auch das bei offenbar guter Gesundheit überstanden und ist dann des Landes verwiesen worden. Das klingt so wunderbar, daß man fast annehmen möchte, die Stuttgarter Folterknechte hätten bei Befolgung der österreichischen Befehle nur so getan als ob. Ihr Rapport klang um so bluttriefender.

Die Pest

Es war aber nicht nur eine politisch aufregende Zeit. Es ging auch sonst alles drunter und drüber. Der Wein war mehrere Jahrgänge hintereinander sauer, weil die Sonne nicht mehr richtig schien, und schließlich brachen in der unglücklichen Stadt 1529 und 1530 auch noch gefährliche Seuchen aus. Welcher Art diese waren, ist ein wenig rätselhaft. In manchen Chroniken ist von der aus England importierten »Schweißsucht« die Rede, bei der die Patienten in einen todähnlichen Schlaf versanken, aus dem sie nicht mehr erwachten, wenn man sie nicht durch heiße Steine acht Stunden lang schwitzen ließ; ließ man sie aber zu lange schwitzen, so starben sie ebenfalls. Bald ist dann einfach von der Pest die Rede, der im Jahre 1530 im ganzen Land Tausende, in Stuttgart allein eintausendfünfhundert Menschen, zum Opfer fielen. Wieder geschah, was unter den Österreichern üblich geworden war: Regenten und Räte flohen nach Hohentübingen und ließen die arme Stadt, ohne sich um Hilfsmaßnahmen zu kümmern, feig im Stich. Auch der tapfere Bauernjörg, der zum Lohn für seine Schlachtensiege zum Erbtruchsess und zum Statthalter über das Herzogtum ernannt worden war, nahm Reißaus. Es hat ihm wenig genützt: ein Jahr später mußte er doch sterben; er war erst 43 Jahre alt.

Ulrich wieder im Land

Je unbeliebter sich die Österreicher machten, desto günstiger wurde die Stimmung für Ulrich. Hatte er sich auch schlimm aufgeführt, so hatte er doch sozusagen zur Familie gehört. Jene aber waren Fremdlinge, Reingeschmeckte, die hier nichts verloren hatten. Man haßte sie und begann, sich der speichelleckerischen Unterwürfigkeit dem arroganten Ferdinand gegenüber zu schämen. Auch sagte man sich, daß Ulrich in den fünfzehn Jahren seines Exils, das ihm so manche Demütigung eingetragen hatte, sich die Hörner wohl nachgerade abgelaufen habe. Und wenn nicht, dann war ja noch sein mittlerweile 20jähriger Sohn Christoph da, der an des Vaters Stelle treten konnte. Die Stuttgarter bekamen Sehnsucht nach dem »Geächteten«.

Er war schon bald nach der Böblinger Schlacht, die seine vagen Hoffnungen auf ein Comeback mit Hilfe der Bauern zunichte gemacht hatte, von seinem Vetter, dem Landgrafen Philipp von Hessen, aus echtem Mitleid aufgenommen worden. Dieser Philipp – nicht zu verwechseln mit dem Pfalzgrafen gleichen Namens, der als Nachfolger des Bauernjörg in Stuttgart als Statthalter residierte – war ein ganzer Mann und einer der klarsten Köpfe in diesem verworrenen Zeitlauf. Er hatte sich frühe schon für die evangelische Lehre entschieden und sich auch durch Drohungen des Kaisers nicht irre machen lassen. »So wäre Gott zu erbarmen, daß einer seinem nächsten Christenmenschen und Freund nicht solle das Brot teilen«, hatte Philipp dem Kaiser geantwortet, der ihm wegen Beherbergung des Geächteten Vorwürfe machte.

Aber dieser Landgraf war nicht nur ein charaktervoller Christ, sondern auch ein verteufelt kluger Politiker, der den Habsburgern nach etlichen genialen Zügen Schachmatt bot. Er rüstete planmäßig zum Krieg, denn er hatte Geld, schloß Bündnisse mit einer Reihe norddeutscher Fürsten und verstand auch, den König von Frankreich und Heinrich VIII. von England für das Geschick seines Vetters zu interessieren. Ja, ihm gelang sogar das Unmögliche, Ulrich mit seinen bayrischen Schwägern auszusöhnen. Sein Lockmittel war vielleicht sittlich nicht ganz einwandfrei: er versprach sowohl König Franz wie dem Bayernherzog die deutsche Königswürde, wenn Karl V. eine Niederlage erleide. Habsburg war für beide ein wirksames rotes Tuch, und Philipp ließ es vor ihnen wie ein geübter Matador flattern. Für sich selbst hatte er auf alle Fälle die Erbaussicht auf das Herzogtum gesichert, falls der Mannesstamm aussterben sollte.

Nach dem Ausscheiden der bayrischen Herzöge bröckelte der Schwäbische Bund mehr und mehr ab. Die mächtigsten Reichsstädte, Ulm, Nürnberg, Augsburg schlossen sich, der gegenreformatorischen Bevormundung müde, zu einem Konkurrenzbund zusammen, um ihre Glaubensfreiheit zu verteidigen. Außerdem hatte man nachgerade das Gefühl, daß dieser Ferdinand, den sein Bruder auf dem Augsburger Reichstag »endgültig« mit Württemberg belehnt hatte, bankrott sei, denn noch immer hatte er die alten Schulden für Niederwerfung des Bauernaufstandes nicht bezahlt. Zuletzt hatte Philipp noch dafür gesorgt, daß der württembergische Erbprinz Christoph, den der Kaiser seit der Ächtung seines Vaters in einer Art Ehrenhaft hielt, zu seinen Onkeln nach Bayern entfloh und ein gedrucktes Sendschreiben an den Bund richtete, worin er Rückerstattung seines Erbes forderte. Christoph war damals noch katholisch, und Ferdinand, der das schwäbische Fell schon davonschwimmen sah, soll nicht abgeneigt gewesen sein, den katholischen Sohn gegen den protestantischen Vater auszuspielen, wenn das Land dadurch für den alten Glauben erhalten bliebe.
Am 23. April 1534 war es endlich so weit: Kriegserklärung Philipps und Marsch auf Stuttgart. Philipp hatte 20000 Fußsoldaten und 5000 Reiter unter seinem Kommando. Der andere Philipp hatte ihm knapp die Hälfte entgegenzustellen, darunter nur wenige Württemberger. Bei Lauffen trafen sie sich am 14. Mai. Bevor es zu einer Schlacht kam, schon nach den ersten Scharmützeln in der Gegend von Nordheim, rannten die österreichischen Söldner davon, immer dem Neckar entlang bis Cannstatt, wo sie entlassen wurden.

Die jubelnde Stadt

Von Feuerbach aus, wo er nach dem Lauffener Treffen sein Lager aufgeschlagen hatte, sandten Philipp und Ulrich durch Boten die Aufforderung zur Übergabe nach Stuttgart. Schon zuvor, während der Nacht, hatten sich die letzten Repräsentanten der Ferdinandschen Regierung mit schlechtem Gewissen auf und davon gemacht; auch das Fähnlein Knechte, das die Besatzung markiert hatte, marschierte in aller Stille ab. Pfalzgraf Philipp, der Statthalter, hatte es nach der Lauffener Blamage vorgezogen, sich in Stuttgart überhaupt nicht mehr blicken zu lassen.
Die Stuttgarter, jetzt wieder unter sich, gingen stramm demokratisch vor. Sogleich nach Eintreffen der Botschaft wurde die Bürgerschaft am frühen Morgen auf dem Marktplatz zusammengetrommelt und das fürstliche

Schreiben verlesen. Dann Abstimmung: Wer für Ulrich ist, Hand hoch! In der Begeisterung streckten die meisten nicht nur eine, sondern gleich beide Hände hoch, und die Jungen riefen im Chor:

Bide, bide bomb,
der Herzog Ulrich kommt;
er liegt net weit im Feld
und bringt en Seckel Geld.

Daraufhin wurde eine Abordnung gewählt, mit dem Stiftsdechanten Johannes Scheurer von Ofterdingen als Sprecher, die dem Herzog die Huldigung von Geistlichkeit und Bürgerschaft überbringen sollte, freilich nicht, ohne ihm deutlich zu sagen, daß die Stadt die Bestätigung ihrer Freiheiten und des Tübinger Vertrages erwarte. Man hatte immerhin in dieser Hinsicht etliche böse Erfahrungen hinter sich. Vorsichtshalber wurde auch bemerkt, daß die Stadt nie zu hoffen aufgehört habe, ihr Herzog werde zurückkehren; allerdings, so setzte man schlau hinzu, »mit Willen des Kaisers«, wodurch man die noch nicht gar so lang geschehene Huldigung für den Österreicher wohl für entschuldigt hielt. Als Beweis für die trotzdem unwandelbare Treue der Stadt zum angestammten Fürstenhaus wurde besonders erwähnt, daß man seiner fürstlichen Gnaden Titel und Namen in eid- und ehehaftem Buch »ungekonzeliert« gelassen habe, daß sie ihn also nicht schon zu Lebzeiten für tot erklärt hätten. Im übrigen bitte man um Verzeihung und Schutz für alle. Der Herzog seinerseits hat es nicht für nötig befunden, die Stadt wegen der prekären Situation, in die er sie

gebracht hatte, ebenfalls um Verzeihung zu bitten. Und die Stuttgarter haben das gewiß auch nicht erwartet.
Halbwegs zwischen Stuttgart und Feuerbach, beim sogenannten Hirschbad im Stöckach, also in der Gegend des heutigen Neckartors, leistete die Bürgerschaft, die ihrem plötzlich so sehr geliebten Ulrich entgegengezogen war, erneut den Eid der Untertanentreue. Daraufhin ritten die Fürsten, Ulrich zwischen Philipp von Hessen und dem Grafen Wilhelm von Fürstenberg, in die Stadt ein. Ein Augenzeuge berichtet, daß »ein solch großes Freudengeschrei von Jungen, Alten, Weib und Mann noch nie gehört« worden sei.

Protektor der neuen Lehre

Manchen war es freilich unbehaglich zu Mut: den Klerikern und den Mönchen. Aber deren Zahl war nicht groß. Schon am ersten Sonntag nach dem Einzug ließ der Herzog zwei evangelische Predigten halten, durch Matthäus Alber aus Reutlingen im Lager vor der Stadt, und durch Konrad Ötinger in der Stiftskirche. Ansonsten war es auffallend und für die Stuttgarter erfreulich, wie rücksichtsvoll und besonnen der einstmals so jähe Fürst sich als Protektor der neuen Lehre aufspielte. Das Dominikanerkloster, das Wallfahrtskirchlein in Heslach und die Beginenhäuser wurden zwar aufgehoben, doch kam es zu keiner gewaltsamen Vertreibung der Mönche und Nonnen. Man ließ ihnen Zeit; erst sechs Jahre später (1540) verlassen die letzten Dominikaner die Stadt. Ihr Kloster hatte Ulrich der Stadt geschenkt, die hier ihr neues Spital einrichtete; im großen Klostergarten, zwischen Hospital-, Gymnasium- und Hohe Straße wurden ein städtisches Bindhaus, Viehställe und später ein Wagen- und Werkhaus erbaut. Den Beghinen, die ja keine eigentlichen Nonnen waren, wurde sogar Wohnrecht in ihren früheren Häusern in der Schulgasse, Geißstraße und Gymnasiumstraße bis zu ihrem Tod zugebilligt; sie gaben Mädchen Unterricht oder leisteten caritative Dienste.
Die letzte Messe wurde in der Stiftskirche am 2. Februar 1535 gehalten; zwei Wochen später, am Sonntag Invocavit, wurde hier erstmals das Abendmahl in beiderlei Gestalt ausgeteilt, nachdem sich die beiden von Ulrich berufenen Theologen, der Zwinglianer Ambrosius Blarer, ein Patriziersohn aus Konstanz, und der Lutheraner Erhard Schnepf von Heilbronn im Beisein des Herzogs im Stuttgarter Schloß auf eine versöhnliche Formel geeinigt hatten. Die Geistlichen erschienen künftig bei den Abendmahlsfeiern ohne Meßgewand, die Erhebung des Kelchs mit der Hostie

unterblieb, und deutsche Gesänge wechselten mit lateinischen ab. Leider wurden dann auch sogleich die Bilder aus den Kirchen entfernt, am gründlichsten aus der Schloßkapelle. Den anderen Kirchen gestattete der Herzog wenigstens die Belassung der »unärgerlichen Bilder«. Was damals an Kunstwerken verloren gegangen ist, konnte später nicht mehr festgestellt werden.

Der selbstbewußte Bürger

Es besteht kein Zweifel darüber, daß Ulrich mit diesen Reformen genau das tat, was die Stuttgarter von ihm erwarteten, nachdem sich die Österreicher so schlicht verabschiedet hatten. Die Österreicher, und namentlich dieser Ferdinand: das war die starre, auch vor blutigen Mitteln nicht zurückscheuende Gewalt, die dem neuerwachten Selbstbewußtsein des Bürgers das Recht absprach, in den persönlichsten Fragen selbst zu entscheiden, ja, die ihm sogar verbieten wollte, die Heilige Schrift deutsch zu lesen. Man darf nicht übersehen, daß die Bischöfe der vier Bistümer, unter die das Herzogtum aufgeteilt war – Konstanz, Augsburg, Würzburg, Speyer – ursprünglich den Reformbestrebungen durchaus günstig gesinnt waren, bis ihnen solche Toleranz vom päpstlichen Stuhl energisch untersagt wurde. Es war ja auch nichts Revolutionäres, was der gemeine Mann, Bürger wie Bauer, und nicht zuletzt auch die lautersten unter den Klerikern ersehnten: ein gereinigter Glaube, eine kultisch einfache Gottesdienstordnung und Abschaffung der Mißbräuche im Fasten- und Beichtwesen.

Die schwäbischen Reichsstädte, die allerdings in das Dilemma geraten waren, daß sie sich als Mitglieder des Bundes vor Habsburgs Wagen hatten spannen lassen, waren den Stuttgartern im Kampf um die eigene Gewissensentscheidung längst vorangegangen: der alte demokratische Geist duldete eine so rigorose Bevormundung in Fragen des Glaubens nicht mehr. Man hatte selbstverständlich auch in Stuttgart davon gehört, wie es dem Matthäus Alber, den jetzt Ulrich mitgebracht hatte, in Eßlingen ergangen war: er war wegen angeblicher ketzerischer Predigten, die er in seiner Vaterstadt Reutlingen unter gewaltigem Zulauf gehalten hatte, vom Reichskammergericht in Eßlingen vorgeladen worden. Der Reutlinger Stadtrat gab ihm eine Leibgarde von 50 wohlbewaffneten Reitern mit auf den Weg, die den Auftrag hatten, ihn auf jeden Fall wohlbehalten nach Reutlingen zurückzubringen. Drei Tage dauerte das Verhör. Dann wurde er freigesprochen, und seine Denunzianten, denen Ferdinand die Hälfte des Alberschen Vermögens als Lohn versprochen hatte, zweifelten vermutlich an der erzherzoglichen Allmacht. Man kann sich denken, daß ein solcher Mann auf einer Stuttgarter Kanzel Wunder wirken konnte für den neuen Glauben und für den Fürsten, der ihn berufen hatte.

Das Kirchengut

Selbstverständlich war Herzog Ulrich, der ja in das Geschäft der Rückeroberung seines Landes sehr viel von überall her gepumptes Geld gesteckt hatte – Franz I. hatte 113 000 Gulden, Heinrich VIII. 50 000 Kronen hoch verzinslich geliehen – als Schirmherr der Protestanten nicht ganz uneigennützig. Die Schulden wollten bezahlt sein. Dazu mußte das beschlagnahmte Kirchengut herhalten, also vor allem die reichen Klosterhöfe. Der bayerische Kanzler Eck, ein Reaktionär mit bösem Mundwerk, hat gewiß nicht ohne guten Grund Ulrich vorgeworfen, ihm liege doch wohl mehr am Kirchengut als am Glauben, obwohl doch nach den Evangelien es nicht der Reichtum sei, der zur Seligkeit führe. Immerhin wurden beträchtliche Kapitalien und Einkünfte aus den Pfründgütern auch dem neugeschaffenen »Armenkasten« zugewiesen. Als Berater für die Neuordnung des Kirchenwesens hatte der Herzog den Heilbronner Erhard Schnepf aus Marburg, wo er Professor war, und Ambrosius Blarer aus Konstanz berufen, welch letzterer aber als strenger Zwinglianer bald schon das ganze Feld dem »Lutheraner der milderen Tonart« überließ.

Der Stifter des Stifts

Diese mildere Tonart, die fernerhin für den schwäbischen Protestantismus charakteristisch blieb, war aber recht eigentlich getragen vom Geist Philipp Melanchthons, den Ulrich gar zu gern von Wittenberg weg nach Tübingen zurückgeholt hätte. In Melanchthons Sinn handelte Ulrich, als er 1536 verfügte, daß »armer frommer Leut Kinder, ains vleissigen, christlichen und gotzfürchtigen Wesens« auf Staatskosten und im Internat in den ersten Semestern die Humaniora und in den späteren die Gottesgelehrsamkeit sollten studieren dürfen. Es war die Gründung des Tübinger Stifts, das zehn Jahre später in dem alten, am Neckar gelegenen Augustinerkloster seine Heimstätte fand. Was Württemberg an bedeutenden Köpfen im Reich des Geistes im Verlauf der Jahrhunderte hervorgebracht hat, von Kepler über Schelling, Hegel, Hölderlin und Mörike bis zu Robert Mayer, ist an dieser Quelle genährt worden.

»Deo et musis« – für Gott und zugleich für die Musen, für Christentum und Humanismus – das Wort, das Ulrich über das Tor des Stifts setzen ließ, ehrt auch ihn, den Stifter des Stifts, in jeder Generation, die hoffnungsvoll hier im Herbst alljährlich in die alten »Stuben« einzieht.
Es war ein Glück für Ulrich und das ganze Land, daß die ersten zehn Jahre seiner zweiten Regierungsperiode völlig unbehelligt von äußeren Einmischungen verliefen. Es war die Zeit nach dem Nürnberger Abkommen, in dem der außenpolitisch schwer bedrängte Karl V., unwillig genug, die Protestanten mehr oder weniger sich selber überlassen mußte. Und da Ulrich aus Angst vor der »Ehrbarkeit«, die im Verdacht stand, noch immer dem alten Glauben anzuhängen, wohlweislich auch den Landtag nicht einberief, so konnte er nach eigenem Gutdünken frei schalten und walten. So ließ er am Pfingstmontag 1536 öffentlich auf dem Stuttgarter Marktplatz ausrufen, daß niemand weiterhin die evangelische Predigt verunglimpfen noch die Prediger verfolgen oder verachten dürfe; »daß ferner jedermann an Sonn- und Feiertagen die Predigt besuchen, auch seine Kinder und das Gesinde aufs wenigste ein Mal darein schicken solle, gegen Geld- oder Turmstraf; daß künftig niemand mehr aus der Stadt auslaufen dürfe in andere Ort, um dort die Mess zu hören«. Den Altgläubigen aber wurden in Stuttgart nur noch häusliche Andachten gestattet.

Alba in Stuttgart – Ulrich auf dem Hohentwiel

Aber dem Frieden war nicht zu trauen. Zwar fühlte sich der Schmalkaldische Bund, dem seit 1531 die wichtigsten schwäbischen Reichsstädte und seit 1536 auch Ulrich angehörten, als ein starkes Bollwerk zum Schutz des neuen Glaubens. Aber wehe diesem Bund, wenn Karl wieder die Hände frei hatte! So weit war es 1546. Wohl versuchte Ulrich mit Hilfe seines Feldhauptmanns, des tapferen Schertlin von Burtenbach, dem Kaiser den Weg von Italien nach Süddeutschland bei Giengen an der Brenz zu sperren. Aber sie kamen zu spät. Und als der getreue Landgraf Philipp, Ulrichs Freund und Retter, den Süden um des bedrängten Kursachsens willen im Stich lassen mußte, war das wehrlose württemberger Land unversehens von martialischen spanischen und italienischen Truppen überflutet. Dem Herzog, der nicht nur wieder einmal um sein Land, sondern auch um sein Leben bangen mußte, entfloh »mit etlich viel verdeckten Wagen« in sein altes, auch für einen Alba uneinnehmbares Felsennest, den Hohentwiel. Wiederum, und zwar zum vierten Mal, ein Herzog ohne Land.

Immer neue Huldigungen

Und wieder einmal hatten die geplagten Stuttgarter einem neuen Herrn, den sie nicht kannten, den sie fürchteten, mit gebogenen Knien alleruntertänigst zu huldigen. Das geschah an Silvester 1546. Von Markgröningen aus hatte Alba, damals erst im Beginn seiner blutigen Karriere, die Stadt durch einen Herold auffordern lassen, sich gegen die kaiserlichen Truppen friedlich zu verhalten. Als das zugesagt war, marschierte der Kommissär Obrist Duarte mit 200 Pferden und 200 Hakenschützen in Stuttgart ein und ließ die herzoglichen Räte sowie die Vertreter der Stadt im Schloß den Eid auf den Kaiser schwören. Ins Schloß wurde eine Besatzung gelegt, die nicht eben säuberlich mit den dort vorhandenen Dingen verfuhr. Auf »Ketzer« Jagd zu machen, lohnte sich nicht, denn die »Prädikanten« waren beim Herannahen kaiserlicher Truppen eiligst entflohen. Nur ein einziger hatte den Mut, auf seinem Posten auszuharren: das war der neunzehnjährige Diakon Jakob Andreae, ein gebürtiger Waiblinger, dem es in seiner Schlauheit sogar gelang, den kaiserlichen Herold bei einem Taufakt, bei dem er zu Gevatter stand, hinters Licht zu führen, indem er ihm bewies, daß zwischen protestantischem und katholischem Ritus kein Unterschied bestehe. Der Spanier war darob so begeistert, daß er dem jungen Mann sechs Halbbätzner schenkte und ihn zum Mittagessen ins Rathaus einlud. Der Kommandant, dem das berichtet wurde, stellte dann hinterher freilich fest, daß Andreae kein geweihtes Öl verwandt habe und daher eben doch ein Ketzer sei. Immerhin scheint das Benehmen des humorvollen Diakons die der Stadt zunächst nicht günstige Stimmung aufs erfreulichste entgiftet zu haben. Dieser Andreae hat später als Herzog Christophs gewandtester Diplomat noch ganz andere Proben seiner außerordentlichen Kunst der Menschenbehandlung abgelegt.

Ulrich kniet vor dem Kaiser

Nach zweieinhalb Wochen zog die spanische Besatzung von Stuttgart ab. Obrist Duarte, der mit leeren Händen eingeritten war, mußte viele Wagen requirieren, um seine Kriegsbeute wegzuführen. Er hatte das Schloß von unten bis oben ausgeplündert. Der Grund für den plötzlichen Abmarsch war der in Heilbronn zustande gekommene Vertrag, der dem Abbitte leistenden Herzog gegen die horrende Summe von 300 000 Gulden sein Land zurückerstattete. Zuvor hatte Ulrich vor dem persönlich anwesenden Kaiser einen Kniefall tun müssen, über den freilich die verschiedenen Quellen verschieden berichten. Nach der einen Lesart sei Ulrich auf einem dressierten Pferd vor der Majestät erschienen, das statt seiner mit den Vorderbeinen niederkniete – vermutlich eine zugunsten Ulrichs erfundene Legende. Wahrscheinlicher ist die Version, daß der Sechzigjährige, der seit langer Zeit schwer gichtkrank und deshalb auch nicht ins Feld gezogen war, sich in einer Sänfte vor den Kaiser tragen ließ, der ihm, als er depreziert hatte, zum Zeichen der Versöhnung die Hand »über die Schulter«, also offenbar nicht eben höflich, gereicht haben soll. Legaten des Herzogs, die die vom Kaiser unterzeichnete Begnadigungsurkunde vorwiesen, bewirkten dann, daß der Obrist die Stuttgarter »Burger und Untertanen« noch geschwind von ihrem dem Kaiser geschworenen Eid feierlich entband. Sie haben damals ein bißchen oft schwören müssen, die braven Stuttgarter. Ihren Nachbarn ging es weniger gut: in den Orten ringsum blieben die Spanier noch ganze fünf Jahre und preßten aus Land und Leuten das Letzte heraus.

Vetterleswirtschaft auf dem Rathaus

Einen Tag danach, am 18. Januar 1547, war Ulrich wieder in seinem ausgeplünderten Stadtschloß und ließ sich erneut huldigen. Der Magistrat stellte fest, daß in diesen wenigen spanischen Tagen fünfzig Bürger ums Leben gekommen und dreißig Häuser in Schutt und Asche gelegt worden seien. Auch klagt er dem Herzog, daß in Rat und Gericht, die nicht gewählt, sondern von der Regierung ernannt wurden, eine schlimme Vetterleswirtschaft herrsche (»lauter Brüder, Schwäger, Schwestermänner und andere Verwandte«) und daß gewöhnliche Bürger bei diesen »Gewaltigen« in keinem Fall Recht erhielten. Der Herzog setzte daraufhin die beiden Bürgermeister Scherding und Kantengießer »wegen trotzgen Wesens und Eigennutzes« kurzerhand ab. Daß auf dem Rathaus Ordnung herrschte und die Lasten gerecht auf alle Bürger mit oder ohne hochmögende Vettern verteilt wurden, war um so notwendiger, als in den nächsten Monaten die Stadt die kaiserliche Auflage erhielt, für das auf den Fildern einquartierte neapolitanische Kriegsvolk Wein, Lebensmittel und Fütterung in rauhen Mengen zu liefern. Auch neue Einquartierung drohte. Im Mai 1548 erschien der kaiserliche Kommissionär Bergama und erklärte nach oberflächlicher Besichtigung der Stadt, daß die in Neuenstadt am Kocher und in Möckmühl stationierten Spanier künftig in Stuttgart logieren sollten, was

Ulrich aber dann durch Bestechung eines Obersten und auf Fürbitte eines seiner bayrischen Schwäger verhüten konnte.
Ein wenig seltsam mutet in diesem Zusammenhang mit den Plünderungen, Zwangsrequisitionen und Brandschatzungen die Nachricht an, daß Herzog Ulrich trotz seinem Podagra sich im gleichen Jahr ein Riesenfaß aus seinem Schloßkeller »binden« ließ (Binder hießen die Küfer); es faßte 286 Eimer, also etwa 85 000 Liter, lag in 14 Felgen, war 24 Schuh lang und 14 Schuh hoch. Meister Simon von Bietigheim, der den Auftrag ausführte, erhielt dafür 150 Gulden nebst einem Hofkleid. Das erforderliche Holz war ihm aus den herzoglichen Wäldern geliefert worden. Im selben Jahr gab es zwar viel, aber nur sauren Wein, im Jahr darauf ebenfalls mittelmäßigen und nur wenig Wein.

Das Interim

Ein neuer, schwerer Schlag gegen den Herzog und die neue Lehre war das im Jahr darauf vom Kaiser verkündete »Interim«, dem der Herzog sich wohl oder übel beugen mußte, wenn er nicht wiederum der Acht verfallen wollte. »Man muß dem Teufel seinen Willen lassen«, soll er zu seiner Entschuldigung gesagt haben. Es war der dilettantische Versuch, die Glaubensspaltung durch Zugeständnisse an beide Parteien zu reparieren: den Protestanten wurden zwar Priesterehe und Abendmahl zugebilligt, aber andererseits die Messe, die Sakramente, die Prozessionen samt Unterordnung unter bischöfliche Gewalt aufgezwungen. Prediger, die sich nicht fügten, waren fortan Freiwild der Spanier. Die Wirkung war eine Massenflucht der Prädikanten, die jetzt auch in den Reichsstädten ihres Lebens nicht mehr sicher waren. Damals soll einer rührenden Legende zufolge der Haller Reformator Brenz, der nach Basel geflohen war, heimlich nach Stuttgart gekommen sein, wo seine Kinder nach dem Tod der Frau unversorgt waren. Da er sich

aber in der Stadt nicht blicken lassen durfte, verbarg er sich auf dem Dachboden des sogenannten Landhauses (Ecke Lange- und Bergstraße), wo er sich 14 Tage lang von Eiern ernährte, die eine Henne regelmäßig in seinem Versteck legte. Schließlich befreite ihn der Herzog und brachte ihn auf Schloß Hornberg in Sicherheit.

Nicht weniger als 400 evangelische Prediger tauchten damals unter und sahen sich gleich den Bauernführern nach der Böblinger Schlacht zu einem Paria-Dasein verdammt. Nur zwei im ganzen Land erklärten sich bereit, wieder die Messe zu lesen. Der Herzog benahm sich anständig und sehr mutig: er schaffte möglichst vielen unter ihnen Pöstchen im Schul- oder Hofdienst und wagte sogar, sie zu streng geheimen Predigtgottesdiensten zu ermuntern: ja, er war so kühn, jetzt endlich auch einen evangelischen Stiftsprediger zu ernennen, nachdem bis jetzt die einstigen Stiftsherren sich geweigert hatten, auf ihre Pfründen zu verzichten; seine Wahl fiel auf den Reutlinger Reformator Matthäus Alber, der ja schon früher in Stuttgart gepredigt hatte.

Inmitten dieser Wirren, das Land noch immer teilweise von einer übermütigen und fanatischen Soldateska besetzt, außerdem von Ferdinand, jetzt deutschem König, in einen Felonieprozeß verwickelt (vorsätzlicher Bruch der Lehenstreue), starb Ulrich, ein frühgealterter, schwerkranker Mann, am 6. November 1550 in Tübingen, wo er auch begraben liegt. Sein Sohn Christoph, seit einigen Jahren Statthalter in Mömpelgard, hatte sich auf die Kunde vom nahen Ende in den Schwarzwald begeben, um bei der Hand zu sein, wenn sein Vater ihn noch zu sprechen wünschte. Aber Ulrich hatte abgewinkt. Er wollte seinen Sohn, dem er nie Vater gewesen war, nicht mehr sehen.

Christoph übernimmt sein Erbe

Zwei Tage später wird in Stuttgart schon wieder gehuldigt. Man nennt es jetzt »Erbhuldigung«. Hatten die Bürger vor einem Vierteljahrhundert auf Kommando: »Hie Österreichs Grund und Boden!« gerufen, so jetzt mit mehr Begeisterung: »Hie gut Württemberg in Ewigkeit!«. Von größeren Festivitäten und auch von einer Landestrauer ist nichts berichtet. Man wußte ja noch gar nicht, wessen man sich bei diesem fünfunddreißigjährigen Christoph zu versehen hatte. Er war landfremd. Als Säugling war er, von Vater und Mutter lieblos im Stich gelassen, in die Obhut des Mannes geraten, der seines Vaters Herzogtum zu stehlen sich bemühte. Seit seinem 15. Jahr zog er, ein kleiner Statist des kaiserlichen Hofstaats, im Gefolge Karls V. in Europa herum, in Spanien, Italien, Frankreich, den Niederlanden, selbstverständlich streng habsburgisch, also katholisch erzogen. Dann Flucht auf Geheiß des Vaters, der ihn aber auch jetzt nicht in seiner Nähe duldete (die Mutter, die bayerische Sabina, scheint sich seit der Geburt um ihn überhaupt nicht gekümmert zu haben). Auch als Ulrich wieder in seinem Land regierte, hatte er für den Buben, der inzwischen ein Mann geworden war, nichts übrig. Der mußte im französischen Hofdienst sein Brot verdienen. Dann endlich Statthalter in dem verpfändeten Mömpelgard. Aber keine Rückkehr in die Heimat! Ein düsteres Familienrätsel, das zu allerlei Kombinationen verleitete.

Die erste Überraschung: Das Gerücht, daß Christoph Protestant geworden sei, bewahrheitet sich. Es gibt keinen Frontwechsel und keine Wachablösung. Was der Vater begonnen, wird vom Sohn in dessen Geist konsequent weitergeführt, und zwar in streng lutherischem Sinn. Die Vertrauensleute und Ratgeber des Alten bleiben auch an der Seite des Jungen. Noch kann es ja vorerst keine Stetigkeit geben, denn noch gilt das unglückselige »Interim« und noch sind die spanischen Ketzerschnüffler im Land. Noch müssen in den Kirchen Messen gelesen, und noch dürfen in denselben Kirchen Predigten gehalten werden, was der Frömmigkeit der Bürger und vor allem der Zucht der Jugend nicht eben dienlich ist. Christoph hat kaum die Zügel gepackt, da werden bedenkliche Klagen vor ihn gebracht: die Meßpriester stören bübisch den Gottesdienst, wenn ihnen die Predigt zu lang dauert; und die Lateinschüler verhöhnen die Priester, wenn sie die Messe singen. Auch die Obrigkeit, die Hof- und Stadtbeamten seien in Betreff des Gottesworts »ohnfleissig«. Der Lateinschulmeister und seine drei Kollaboratoren werden, wie der Magistrat jammert, mit den Buben nicht mehr fertig; außerdem habe ein gewisser Stürmle, der eine Privatschule eröffnet habe, einen großen Zulauf, da er keinen Katechismus lehre und mit seinen Schülern nicht in die Kirche gehe. Viele Eltern, die selbst »ohne Lust zu Gottes Wort« seien, bevorzugten daher den wilden Schulmeister.

Aber auch außerhalb der Kirchen und Schulhäuser hatten in der turbulenten Ulrichzeit die Banden der bürgerlichen Ordnung sich gelockert. Oft wiederholte Klage: Es wird zuviel gezecht, auch an Werktagen, besonders an den »guten Montagen«. Ein übles Prasserleben mit kostspieligen Gastereien bringe mehr und mehr einst wohlhabende Bürger an den Bettelstab, und zwar gelte das für Mann und Weib, für jung und alt. Die Schlimmsten von allen seien freilich die Handwerksgesellen, die sogleich gewalttätig würden; sie führten sich fast so liederlich wie die Spanier und die Neapolitaner auf.

Für den geistlichen Nachwuchs

Herzog Christoph war nicht der Mann, der von Strafen und Drohungen sich eine Besserung versprach. Er packte das Übel an der Wurzel: wenn die Leute das Wort Gottes nicht achten, dann liegt's an denen, die es ihnen verkünden. Daher sein großartiger, auf lange Sicht berechneter Plan, für die Vorbildung des geistlichen Nachwuchses durch Einrichtung der unentgeltlich für alle begabten Bürgersöhne, auch die ärmsten, offenstehenden Klosterschulen zu sorgen – eine Nutzung des säkularisierten Kirchentums, wie es ersprießlicher nirgends geschah. Voraussetzung dafür war die Zusammenfassung des Kirchenguts unter selbständiger Verwaltung und straffe Zentralisation des Kirchenregiments. Das war die saubere Verwirklichung der lutherischen Lehre vom Staatskirchentum, wobei der Landesfürst an Stelle der früheren Bischöfe das oberste Hirtenamt und den Schutz der Gläubigen übernahm. Das ist in keinem protestantischen Land systematischer durchgeführt worden als durch Herzog Christoph in Württemberg. Alt-Württembergs hoher geistesgeschichtlicher Rang beruht auf diesen Christoph'schen Reformen des Kirchen- und Schulwesens, deren Inspirator Johannes Brenz war, seit 1553, nach dem Tod des letzten katholischen Propstes, erster evangelischer Propst der Stiftskirche und damit Leiter des gesamten württembergischen Kirchenwesens.

Johannes Brenz predigt

In der Zeit der Gegenreformation bezeichnete ein Jesuit nicht ohne Respekt Württemberg als das »protestantische Spanien«. Das riecht nach Inquisition und Scheiterhaufen. In Wahrheit war das Christoph'sche Württemberg alles andere als bigott. Als Brenz einmal einen hohen österreichischen Kleriker in Stuttgart zu Besuch hatte, wollte der ihn auch predigen hören, denn Brenzens Kanzelruhm war auch in katholischen Ländern weit verbreitet. Brenz nahm ihn in die Stiftskirche zu einem Wochengottesdienst mit. Die Predigt machte auf den Gast starken Eindruck, aber er war enttäuscht, weil sie vor fast leeren Bänken gehalten worden war. Brenz deutete beim Heimweg auf einen Brunnen: er fließt, ob jemand trinkt oder nicht. So muß es auch beim Verkündigen von Gottes Wort sein. Ich predige, ob viele oder wenige mir zuhören.

Toleranz, humanistische Geisteshaltung, die über äußere Formen und Formalitäten hinwegsieht, war auch schon in den Kampfzeiten gut schwäbische und gut protestantische Tradition. Eine reizende Episode, die diesen Geist illustriert: als wieder einmal Maximilian, Ferdinands Sohn, mit dem den Herzog Christoph von seiner österreichischen Jugend her eine treue Freundschaft verband, in Stuttgart zu Gast war – es waren die glanzvollsten Staatsfeste, die Christoph sich leistete –, sollte er Taufpate bei dem eben geborenen Prinzen sein. Ein katholischer Fürst bei einer protestantischen Taufe? Christoph wußte Rat: im Rittersaal des Schlosses, wo die Feier stattfand, wurden viele Kerzen angezündet. Der Hofprediger, der die Taufe vollzog, wurde in einen noch erhaltenen Chorrock gesteckt. Die Feier wirkte katholisch. Und war doch gut schwäbisch protestantisch. Maximilian, der ja freilich in den Augen seines fanatischen Vaters in Religionsdingen als ein unsicherer Kantonist galt, soll das wunderschön gefunden haben.

In Stuttgart wird wieder gebaut

Für die Stadt Stuttgart begann mit diesem Christoph eine neue Epoche. Unter Ulrich und den Österreichern hatte die Entwicklung stagniert. Gebaut wurde so gut wie nichts. Der junge Ulrich brauchte sein Geld für andere Dinge, und der alte hat es seiner Residenz nie verziehen, daß hier Leute saßen, die zu seiner Ächtung und Flucht beigetragen hatten. Er liebte die Stadt nicht und tat auch nichts für sie. Und die Österreicher? Jener Ferdinand? Er hat ernstlich wohl nie geglaubt, daß dieses Land und diese Stadt ihm je gehören werden. Er tat daher auch nichts. Christoph aber, der so lange keine Heimat gehabt hatte, spürte, daß er hier endlich daheim war. Er liebte Land und Leute. Er hatte viel Schönes und Prächtiges auf seinen Reisen mit Kaiser Karl gesehen. Dieses, sein Stuttgart, sollte ebenso schön werden. So begann er, schon in den ersten Jahren, gewaltig zu bauen, mit dem grandiosen Schwung eines typisch renaissancistischen Fürsten.

Das Schloß wird modernisiert

Das Schloß – es war doch kaum mehr als ein plumper, düsterer mittelalterlicher Kasten mit einer schweren Dachhaube, hinter dessen dicken Mauern und winzigen Fenstern sich Menschen mit schlechtem Gewissen geborgen fühlen mochten. Die ganze Trutzburg abreißen? Nein, dafür war er zu pietätvoll und auch zu sparsam. Man konnte ja etwas ganz Neues und Modernes daneben setzen.

Sein Baumeister war der in der Kunstgeschichte so gut wie unbekannte Auberlin Tretsch, von dem man weder weiß, wann und wo er geboren, noch wann und wo er gestorben ist. Er scheint ein Schwabe, vielleicht ein Stuttgarter gewesen zu sein, und zwar Sohn eines Stadtknechts, der im Vogelsang einen Wengert besaß. Er selbst nennt sich einmal »armer Untertan und leibeigener Mann« und rühmt sich, »seine Kunst in weitem Land geholt und gesucht zu haben.« Zuerst soll er, offenbar noch unter Ulrich, sich auf dem Hohentwiel als Bauleiter betätigt haben, wo allerdings keine künstlerische Lorbeeren zu ernten waren. Von dort holte ihn sich Herzog Christoph als seinen Generalbaudirektor, wie man heute sagen würde. Er hat für all die vielen Schloßbauten Herzog Christophs die Entwürfe geliefert und zumeist auch die Bauleitung selbst besorgt. Er war also ein geplagter Mann, der im Alter konstatierte, daß er es zu nichts gebracht als zu »ain dollen Kopf, böse, blinde Augen, lahme Schenkel und ain schwachen kranken Leib«. Einer unserer besten baukünstlerischen Experten, der seinen Spuren im Schloß höchst kritisch gefolgt ist, faßte sein

Urteil in dem vermutlich richtigen Satz zusammen, daß er gewiß kein Akademiker, sondern ein Handwerker gewesen sei. Und wenn Georg Dehio die von Tretsch so urwüchsig, so unakademisch gehandhabten frührenaissancistischen Formen »sehr deutsch« nannte, wobei er deutsch in Anführungszeichen setzte, so hätte er vielleicht richtiger gesagt, daß sie untrüglich schwäbisch oder eigentlich stuttgarterisch seien.

Innenhof mit dreistöckigen Arkaden

Der Plan war einfach; wahrscheinlich hat Christoph aus Italien die Idee mitgebracht: Anbau dreier weiterer Flügel an den alten Kasten gegen Süden, Westen und Norden, und damit Schaffung eines Innenhofes mit dreistöckigen Arkadengängen und zierlichen Rundtürmen in den beiden westlichen Ecken, in welche die Wendeltreppen zu den oberen Geschossen eingebaut sind. An die Innenfront des alten Baus sollte ein weiteres Treppenhaus angebaut werden, das zwei Reitern nebeneinander den Ritt bis in den obersten Stock ermöglicht: die sogenannte Reitschnecke. Für den Südflügel war eine Hofkapelle vorgesehen.
Daß Herzog Christoph sehr genau wußte, was er wollte, und den Plan für den Gesamtbau und die wichtigsten Details von Anfang an klar im Kopf hatte, ergibt sich aus vielen schriftlich erteilten »Bevelchen« an seine Baumeister, die er nach Zweibrücken, Heidelberg, Schwetzingen, Dillingen entsandte, wo sie die Vorbilder beispielsweise für die Reitschnecke, die Hofküche mit den Kaminen und für die Kapelle genau studieren und kopieren mußten. Ein bequemer Bauherr war er nicht: er tribulierte seine Leute oft schon des Morgens um fünf, kümmerte sich um jede Kleinigkeit und sah besonders den Steinmetzen scharf auf die Finger. Neben Tretsch waren es vor allem die aus Leonberg gebürtigen Brüder Blasius und Martin Berwart, die für die Steinmetzarbeiten der so überaus festlichen Arkaden und für die kunstvollen Wendeltreppen verantwortlich waren; besonders Blasius scheint ein genialer Werkmeister gewesen zu sein, der sich als Spezialist für Treppen, später auch am Deutschordens-Schloß in Mergentheim und am Preußenschloß in Königsberg, rühmlich betätigte.
Was den Stuttgartern seit je an ihrem Alten Schloß, das Goethe bekanntlich nicht einmal als Theaterdekoration gelten lassen wollte, am meisten imponierte, war, daß Christoph sparsam genug war, die einstige, auf dem Grundriß eines versetzten Vierecks errichtete Wasserburg mitzuverwenden. Jeder spätere Herzog hätte diesen gewiß nicht schönen Zweckbau, den

Zeugen einer finsteren und gewaltsamen Zeit, einreißen lassen. Christoph scheint diesen Gedanken überhaupt nicht erwogen zu haben. Er modernisierte den alten Kasten, um den Kontrast zum Neuen nicht gar zu kraß hervortreten zu lassen. Die östliche Breitfront gegen den Karlsplatz, der ursprünglich ein Wehrgang vorgelegt war, wurde mit drei, durch alle Stockwerke reichenden Erkern versehen, das Dach des Wehrgangs entfernt, die über der Dürnitz liegenden, bisher in Fachwerk ausgeführten Stockwerke wurden durch steinerne ersetzt, die Fenster vergrößert und vervielfacht und ein Terrassenbau für das Archiv angegliedert.

Die Flügel mit ihren reizenden Zwerchhäusern sind unvergleichlich anmutig gestaltet, nicht mehr festungsartig und trutzig, sondern urban und gemütlich, der Innenhof mit den Arkaden wahrhaft festlich. Schlimm war es freilich, daß Tretsch den Rauchfang für die Hofküche an der Front gegen den Lustgarten mit 28 Meter hohen Zwillingskaminen ausgestattet hat, die erst Anfang des 19. Jahrhunderts entfernt wurden. Umso hübscher war es, wie er beim gegenüberliegenden Flügel, gegen die Markthalle, das fünfeckige Chörlein der Schloßkirche aus der Mauerwand hervorspringen ließ. Im Innern war diese Kapelle, mit dem Altar im Chor, der Kanzel über dem Eck daneben und dreiseitiger Empore der erste für protestantischen Gottesdienst eingerichtete Kirchenraum des Landes und hat überall Schule gemacht.

Wir können uns freilich heute nicht mehr so recht vorstellen, wie das Schloß zu Christophs Zeiten ausgeschaut hat. Denn damals gab es noch nicht diese herrlichen, bombastisch hingelagerten Ecktürme, die im ursprünglichen Plan überhaupt nicht vorgesehen waren. Sie sind nichts anderes als nachträglich vorgesetzte Widerlager, da die Wände zu rutschen begannen. Diese prachtvoll behäbigen Rundtürme mit ihren Kegeldächern, die eine Fehlkonstruktion grandios kaschieren, sind das Schönste und Gediegenste, was die Herzogszeit uns hinterlassen hat. Sie sind in ihren Fundamenten auch durch die Bomben des zweiten Weltkrieges nicht erschüttert worden und dürfen uns, rasch wieder aufgemauert und bedacht, als ein Symbol gelten für jenes »ewige« Württemberg, auf das die Stuttgarter bei Christophs Regierungsantritt so zuversichtlich schworen.

Die Alte Kanzlei

Im Schloßhof, der jetzt von den neuen Renaissanceflügeln umgrenzt ist, standen vorher allerlei noch aus gotischer Zeit stammende Nebengebäude, unansehnliche Fachwerkhäuser, die niedergerissen wurden. Auch der »Vorburghof«, der jetzige Schillerplatz, der durch einen tiefen, breiten Wassergraben vom Schloß getrennt war, scheint bis zum innern Tunzhofer Tor (an Stelle des heutigen Kanzleibogens) bebaut gewesen zu sein. Schon Herzog Ulrich kaufte die Häuser und erstellte, dem alten Stadtgraben entlang, seine Kanzlei, wofür die Steine der abgerissenen Heslacher Marienkirche verwertet wurden; das prächtig geschmückte rechte Portal mit dem schönen Wappen bezeichnet den Ulrichsbau. Herzog Christoph nun verband sein neues Schloß mit dieser Kanzlei durch einen gedeckten, gemauerten Gang, neben dem eine ebenfalls mit einem bombastischen Portal geschmückte Brücke – Indianer waren darauf abgebildet – über den Schloßgraben führte. Gleichzeitig wurde die Kanzlei der Länge nach verdoppelt und ein zweiter Wendeltreppenturm mit je einem weiteren Portal angebaut. Entlang dem Schloßgraben durften Handwerker in barackenartigen Behelfsbauten Läden einrichten.

Diese Alte Kanzlei, die jetzt pietätvoll wieder aufgebaut worden ist, war jahrhundertelang der Schicksalsbau für die württembergischen Untertanen. Bis zum Ende des 18. Jahrhunderts genügten die Räume dieses burgartigen Doppelbaues mit dem wunderschönen, durch die beiden Turmkegeldächer und den gestaffelten Trenngiebel geschmückten Dach, um alle herzoglichen Regierungsbehörden zu beherbergen. Hierher wurden alle Württemberger vorgeladen, die glaubten, daß sie bei ihrem Amtsvogt ihr gutes Recht nicht erlangten. Hier war die höchste und letzte Beschwerdestelle in allen Verwaltungssachen, hier herrschten die »Schreiber«, deretwegen unser »Ländle« seit je berühmt und auch berüchtigt war.

Der Lustgarten

Selbstverständlich mußte mit der Schloßerweiterung auch die Umgebung freundlicher gestaltet werden. Schon früher hatte Ulrich den Graben am heutigen Karlsplatz trocken gelegt und darin Bären und Löwen gehalten; er sagte sich wohl, daß sie mindestens ein ebenso sicherer Schutz wie das Nesenbachwasser seien. Diesen »Tiergarten« ließ Christoph auf der Planieseite erweitern; auch er liebte Bären, die es damals in unseren Wäldern nicht mehr gab, und besonders auch Damhirsche. Die Bären mußten zum Vergnügen der Betrachter aufrecht laufen, da ihre Vorderbeine auf dem Rücken gefesselt waren – eine Tierquälerei, über die sich damals niemand Gedanken gemacht hat.

Wichtiger aber war die Anlage eines Lustgartens, wozu das weitgedehnte Viereck zwischen der heutigen Akademie, dem Katharinenstift, dem Schloßgarten-Hotel und dem Olgabau ausersehen war. Da gab es, dem spielerisch-repräsentativen Zeitgeschmack entsprechend, einen Irrgarten mit bizarr verschlungenen und verwachsenen Pfaden, Vogelhäuser, Wasserspiele, eine Rennbahn, allerlei Pavillons und – zum ersten Mal in Deutschland – eine Orangerie mit Pomeranzen, Zitronen, Limonen, Oliven, Lorbeerbäumen und mitten drin ein reizendes Lusthaus mit erkerartigen Ecktürmchen und einem den Bau überragenden, sechseckigen Treppenturm, alle mit welschen Hauben und vergoldeten Knöpfen oben drauf.

Der Herzog als Gärtner

Doch scheint dieser Lustgarten, gemäß dem überaus praktischen Sinn Christophs auch ein großzügig angelegter Nutzgarten gewesen zu sein, der für den württembergischen Obst- und Gemüsebau die erste experimentelle Grundlage schuf. In einem Verzeichnis von 1565 werden folgende, bis dahin im Land kaum bekannte Arten und Sorten aufgeführt: Artischoken, Endivien, Spargeln, Sauerampfer, Flaschenkürbisse, Narrenkappen, Palmachristi, langobardische und lothringische Veilchen, St. Johannis-Pfirsiche, Aprikosen, Mandeln, Paradies-Äpfel, welche Früchte ohne Blüten brachten, braune, gelbe und weiße Pflaumen, Herrgottspflaumen, eine neue Birnensorte »Süße gute Christen« und an Äpfeln: Züricher, Haslinger, St.-Jakob-Äpfel, Weinäpfel, Rotäpfel, Carpentu-Äpfel. Der Herzog beaufsichtigte persönlich die gärtnerischen Arbeiten und erteilte, auch wenn er auswärts war, brieflich seine Anweisungen für die richtigen Temperaturen in den Gewächshäusern, für das Zurückschneiden der Rosen und die Samenzucht. Der ganze, nur für Hofleute zugängliche Park war mit einer festen hohen Mauer umgeben, an deren Ecken und an deren Toren runde Ecktürmchen sich erhoben.

Der »Stock«

Weitere Bauten des Herzogs Christoph: ein neuer Marstall, an Stelle des alten »Klepperstalls« dem Schloß gegenüber, etwa an der Stelle, wo die heutige Markthalle an den einstigen »König von England« stieß; das war ein langgestrecktes, ungewöhnlich reizloses, zweistockiges Gebäude am Dorotheenplatz mit einem Brunnen davor, das bis 1806, das heißt bis zur Versetzung des »Langen Stalls« von der Solitude in die Königstraße, seinen Dienst tat, dann als städtische Fruchthalle und Waaghaus und zuletzt, bis 1881, als Polizei- und Stadtdirektionsgebäude benutzt wurde. Auch das heute noch in der Königstraße stehende, sogenannte Stockgebäude (zwischen Büchsen- und Kienestraße) geht, wenigstens dem Namen nach, auf Herzog Christoph zurück. Zuerst wollte an dieser Stelle des »Turnierackers« Ambrosius Vollant, Ulrichs übelbeleumundeter Kanzler, der so manchen Justizmord auf dem Gewissen hatte, sich einen Ruhesitz erbauen. Er starb aber, als der Bau nur bis zum ersten Stock gediehen war. Herzog Christoph kaufte das steckengebliebene Bauwerk, verlegte dahin das einstige Brunnenhaus des Alten Schlosses und bestimmte es 1560 als Wohnung für den Prinzen, »damit auch Unser nächstkünftiger Sohn ein eigen Haus in Stuttgart habe«. Aber ausgebaut hat auch Christoph es nicht, so daß sein Nachfolger es dann schließlich aufstockte. Das schlichte Gebäude mit dem Säulenportal, das heute an dieser Stelle steht, wurde 1833 bis 1838 erbaut und beherbergte jahrzehntelang die Ministerialabteilung für die höheren Schulen. Da aber Behörden auf dem teuren Königstraßenpflaster keine Daseinsberechtigung mehr haben, wurden hier in der Nachkriegszeit folgerichtig Läden eingebaut. Aber der Name blieb gottlob erhalten.

Submisseste Klage des Magistrats

Was es damals bedeutete, herzoglicher Beamter zu sein, ersieht man aus dem Streit, der 1565, also zur Zeit, als die Kanzlei durch Christoph erweitert

wurde, zwischen dem Magistrat der Stadt Stuttgart und dem Vogt Stephan Grüninger, der die Stadt im Namen des Herzogs regierte, entstanden war. Die Stadt klagte submissest dem Herzog, daß der Vogt sie, die Ratsherren, »ärger denn Schneidersknechte« halte. Er habe erklärt, die Stuttgarter seien alle Narren und die Herren vom Rat »nur ein Dreck«, denn sie hätten nicht einmal Macht, einen Kuh- oder Schweinehirten ohne seine Erlaubnis anzustellen. Der Vogt habe ferner von Urteilen des Stadtgerichts nach Willkür das Siegel abgerissen und erklärt: Hier in Stuttgart sei er Herr im Herzogtum. Und was erreichten die in ihrer Würde so tief gekränkten Stadtväter? Der Vogt wurde vom Herzog gerügt, »da der Magistrat doch nicht dem Pöbel gleich zu achten sei«. Aber geschehen ist dem Vogt weiter nichts. Er blieb im Amt, und es ist zu hoffen, daß die Ratsherren vor ihm künftig mehr galten als »nur ein Dreck«.

Der Reichsadler auf der Stange

Auch auf sportlichem Gebiet war jetzt in Stuttgart wieder allerhand los. Volkssport war noch immer das Armbrust- und Büchsenschießen, das von Christoph tatkräftig gefördert wurde. So veranstaltete er im September 1560 ein »Stahl- und Armbrustschießen mit allen fürstlichen Zierden und Ehren«. Turnierplatz war jetzt der Lustgarten beim neuerbauten Armbrusthaus. »Dabei waren viel Fürsten, mit welchen Christoph zugleich geheime kirchliche Besprechungen hatte, Grafen und Herren samt vielen anderen Schützen aus vielen Reichs-, Frei-, Fürsten- und der Eidgenossen-

schaft-Städten«, zusammen 505. Zielscheibe war ein großer hölzerner Reichsadler auf einer Stange, der die höchsten Bäume überragte. »Das beste Hauptgewinnet war 100 Dukaten, welches Herzog Christoph samt dem nächsten nach dem besten zuvor gegeben, welches gewesen ist ein Ochs mit einer seidenen Decken. Und hat das Beste gewonnen Wendel Stettner von Nürnberg, das nächst Michel Straub von Donzdorf. Der Gewinneter sind im Hauptschießen zusammen gewesen 90. Das Leggeld (Einsatz) war ein Goldgulden. Das Nachschießen war am 5. Oktober, da das Beste wiederum war ein gemästeter Ochs mit vergulderten Hörnern und einer köstlichen seidenen Decken, den gewann Peter Spiess von der Neuen Stadt an der Hardt. Herzog Christoph hat nit allein die geladenen Kur- und Fürsten, Grafen, Herren und vom Adel fürstlich und herrlich traktieren, sondern auch alle fremden Schützen etlich Mal gen Hof laden und stattlich abspeisen lassen, dessen sie Ihren fürstlichen Gnaden Lob, Ehr und Dank nachsagten.« Es ging also hoch her, und das schönste dabei: Hoch und niedrig, Fürsten Adlige und Bürgersleut beisammen in frohem Verein. Ob auch die Fürsten sich um die Dukaten und die gemästeten Ochsen bewarben oder sich außer Konkurrenz beteiligten, ist aus den Berichten nicht zu ersehen. Unter den Siegern waren sie jedenfalls nicht. Für die Stuttgarter Bürger wie für die Eidgenossen war das Schießen freilich nicht nur Sport. Da Herzog Christoph, der Mann des Friedens, kein Militär unterhielt und doch in seiner Residenz im Notfall nicht so ganz wehrlos dastehen wollte, hatte er verordnet, daß eine Bürgermiliz von drei Kompagnien (insgesamt 916 Mann) gebildet werde, an der jeder Bürger sich zu beteiligen verpflichtet war. Es gab also regelrechte Musterungen. Für die Ausrüstung – Uniformen gab es offenbar nicht – hatte jeder selbst zu sorgen. Und da die Büchsen und was sonst dazugehörte, nicht eben billig waren, wurden Schützengesellschaften von Obrigkeits wegen gegründet, die für die Finanzierung zu sorgen hatten. Von Zeit zu Zeit wurden die Schützen in ihren Wohnungen kontrolliert, ob sie Waffen und Munition auch gehörig in Ordnung hielten. Für die Übungen stand das der Stadt gehörige Armbrusterhaus auf dem Kleinen Graben, in der heutigen Eberhardstraße, zur Verfügung, die spätere »Krähenschule«, außerdem das 1569 neuerbaute steinerne Schützenhaus beim Schützentor, mit dem von Herzog Christoph geschenkten »Schießrain«, einer Böschung an dem kleineren der dort befindlichen Seen.

Herzog Christoph starb, wie er gelebt hat, mannhaft und gottesfürchtig, in den Weihnachtstagen 1568, 53 Jahre alt. Er war kaum je krank gewesen und klagte nur zuletzt über sein »beschwerliches Dickwerden«. Sein Freund, Herzog Albrecht von Bayern, sandte ihm seinen Leibarzt, aber Christoph meinte, solch Flickwerk an einem alten Haus tauge nicht viel. »Ein kühl Erdreich wird mein Doktor sein.« Sein letzter Wunsch: »Wenn das erwartet Stündlein kommt, so singet alle miteinander: mit Fried und Freud fahr ich dahin.« Am Heiligen Abend ließ er sich in das Gemach neben der Hofkapelle tragen, um die Predigt zu hören. Am Christfest empfing er, aufrechtstehend, das Abendmahl. Am 28. Dezember abends acht Uhr starb er. Er ist in der Tübinger Gruft beigesetzt.

Christophs mißratener Sohn

Von seinen vier Söhnen – er hatte insgesamt zwölf Kinder – hat ihn nur einer überlebt, und der war noch ein Kind: der vierzehnjährige Ludwig.

Er hatte wenige Tage nach dem Tod seines Vaters eine prächtige Chance, sich populär zu machen: er stiftete nach einem Zimmerbrand im Schloß den Bürgern, die beim Löschen geholfen hatten, acht Eimer = 2400 Liter Wein und für 15 Gulden Brot. Diese nicht zu knapp bemessene Weinspende, die die Hilfsaktion in eine solenne Sauferei ausklingen ließ, ist für dieses Herzöglein charakteristisch geblieben. Er huldigte, wie man sich damals ausdrückte, schon von Jugend an der »Völlerei«. Er war ein früh verdorbener, unheilbarer Alkoholiker. »Neigung zu scharfen Zechgelagen«, sagten beschönigend die Hofhistoriographen.
Es war vielleicht schade um ihn. Er soll begabt gewesen sein, für Musisches interessiert und theologisch merkwürdig beschlagen. Er kannte sich in der Bibel wie ein Zünftiger aus und war um einen passenden oder unpassenden Bibelspruch nie verlegen. Die Tübinger Professoren, die ihn nur bei Disputationen beobachteten, nannten ihn ein wenig übertrieben: Ludwig den Frommen.
Sein kluger Vater hatte ihm offenbar nicht getraut; im Testament war bestimmt, daß er vor seinem 24. Jahr nicht regieren dürfe. Aber am Regieren lag dem jungen Herrn gar nichts. Er hat, obgleich schon seit drei Jahren verheiratet, den Termin des Regierungsantritts freiwillig noch ein ganzes Jahr hinausgeschoben. Entschlüsse zu fassen, war nicht seine Sache. Außerdem gab er selber zu, daß er von den meisten Fragen, mit denen er sich bald zu beschäftigen hatte, überhaupt nichts verstehe und auch nichts verstehen wolle. Er ließ seine Räte, vor allem den tüchtigen Melchior Jäger, machen, und da das im allgemeinen brave Männer waren, die sich getreu an den Christoph'schen Regierungsplan hielten, so sind nicht gar zu schlimme Malheurs unter ihm passiert.

Die Vormünderin wird entmündigt

Die Hauptschuld an seiner trunksüchtigen Labilität hatte offenbar seine Mama, die ihn verhätschelte und es reizend fand, wenn er sich betrank. Es kam so weit, daß die regierenden Räte die Herzogin-Witwe, die die Hauptvormünderin war, wegen zunehmender »Blödsinnigkeit« schließlich selbst entmündigten, obgleich sie immerhin Christophs Witwe war.
Verheiratet war Ludwig zweimal, und jedesmal erlebte Stuttgart bei der Heimholung der Braut wiederum die Errichtung von Triumphpforten und die üblichen Festivitäten. Bei der ersten Hochzeit mit der Markgräfin Ursula von Baden – der Bräutigam war 22 – ging es so wild zu, daß beim

Ritterspiel auf der Rennbahn am Lustgarten Albrecht Graf zu Hohenlohe vom Fürsten Joachim von Anhalt versehentlich mit der Lanze totgestochen wurde. Der Chronist weiß zu vermelden, daß das Eingeweide des Getöteten in der Spitalkirche, sein Körper in der Stiftskirche beigesetzt wurde. Offenbar damit keine Kirche zu kurz komme. Sem Schlör, der Haller Bildhauer, der damals die Grafenstandbilder für die Stiftskirche verfertigte, mußte auch ihn in einem schönen Grabmal verewigen. Da liegt er, spitzbärtig, in voller Rüstung, die Hände zum Gebet gefaltet, mit dem Turnierhelm neben sich.

Nicodemus Frischlin

Bei der zweiten Hochzeit ging es sanfter zu. Kein Wunder: die Braut, die Pfalzgräfin Ursula bei Rhein, war erst 13 Jahre alt. Bei beiden Hochzeiten und auch sonst noch oft ließ sich Ludwig lateinische Komödien des Nicodemus Frischlin vorspielen, der unbestreitbar der witzigste, geistreichste, allerdings auch boshafteste Humanistenpoet im damaligen Deutschland war – ein trinkfester Kraft- und Saftkerl, ganz nach dem Herzen Ludwigs, der ihn immer an den Hof zog. Dabei gab es freilich immer wieder Krach, denn die junkerlichen Schmarotzer und Saufbrüder des Herzogs haßten diesen bürgerlichen Günstling, der sie wegen ihrer Arroganz und Verrohtheit in Dutzenden von Schmähschriften verhöhnt hatte. Sie weigerten sich schließlich, bei den Festmahlen im Schloß im gleichen Raum mit ihm zu speisen; Ludwig zog ihn an die eigene Tafel. Aber eines Abends, in der Gaststube »Zum Bären« (da, wo heute etwa das Textilhaus Werner & Müller hinter der Markthalle steht), fielen die Junker über den Frischlin her. Er verbarrikadierte sich und mußte die ganze Nacht bangen, »er finde hier seinen Friedhof«. Am frühen Morgen konnte er freilich entwischen. Er wurde zuletzt des Landes verwiesen, trieb sich als vagabundierender Bänkelsänger am Rhein herum und attackierte jetzt auch den Herzog, der ihn dann wegen »Schändung der Fürstenehre« in Mainz verhaften und in einem Felsenkeller auf Hohenurach festsetzen ließ. Man darf glauben, daß Ludwig, der nicht rachsüchtig war, ihn nur eine Zeitlang demütigen wollte. Aber Frischlin hielt es nicht aus. In der Verzweiflung riskierte er in einer novemberlichen Vollmondnacht die Flucht, das primitive Seil, aus zerfetzten Hemden gefertigt, riß: Sturz über zackige Felsen in die Tiefe. Herzog Ludwig war Manns genug, ihm gegen den Willen der Prälaten wenigstens ein ehrliches Begräbnis zu verschaffen.

Am Komödienspiel hatte Ludwig einen Riesenspaß. Und zwar nicht nur für sich und seine Hofleute im Schloß und im Lustgarten, auch die Stuttgarter sollten etwas zu gaffen und zu lachen haben. So sorgte er dafür, daß die schönsten biblischen Historien und die derbsten Possen, wie Schäfer und Studenten und andere Laien sie damals gerne spielten, in deutscher Sprache auch auf dem Marktplatz agiert wurden. Da passierte einmal eine »erschröckliche Kalamität«: Als eine Waiblinger Gruppe, die der Herzog aus dem besonders theaterfreudigen Waiblingen nach Stuttgart hatte kommen lassen, unter Leitung von Jakob Frischlin, dem Bruder des Nicodemus, auf dem Marktplatz das Mysterienspiel vom »Jüngsten Gericht« aufführte, fing das drei Stockwerk hohe Brettergerüst Feuer. Die ersten, die fliehend davonrannten, waren die roten Teufel, die sich in diesem Element eigentlich hätten wohlfühlen sollen. Am ärgsten fluchte aber hoch oben Gottvater, der eilig seinen himmlischen Thron verließ. Passiert ist weiter nichts; das Feuer wurde rasch gelöscht. Die Stuttgarter wußten nun, was Theater heißt.

Das neue Lusthaus

Das Schönste, was unter Herzog Ludwig geschaffen wurde, das neue Lusthaus des Georg Beer, existiert nicht mehr. Nicht Kriege, Feuer oder Bomben haben es zerstört, sondern das Unverständnis derer, die es als kostbarstes bauliches Erbe hätten pflegen sollen. Die späteren Herzöge, zuletzt noch zwei Könige und ihre allerdings unverantwortlichen Baumeister, haben es systematisch verschandelt, so daß zuletzt nur noch einige bildhauerische Torsi, die der Herzog von Urach auf sein Schlößchen Lichtenstein rettete, und eine Freitreppe, die nach dem Hoftheaterbrand von 1902 durch die Flammen freigelegt worden war, übriggeblieben sind.

Es ist ein schwacher Trost, daß wir genau wissen, wie das Haus ausgeschaut hat, weil der Architekt Beisbarth, bevor es durch eine letzte Überbauung 1845 radikal zerstört wurde, auf 268 zentimetergenauen Rissen alle Details festgehalten hat. Es war ein längliches Rechteck, 77 zu 31 Meter, aus weißen Quadern, mit vorgelegten Rundtürmen an den Ecken und prächtig konturierten Ziergiebeln an den Schmalseiten, auf deren Auskragungen sitzende Hirsche postiert waren; über den Firsten schwebten »Wetterhexen« oder vielmehr Posaunenengel mit dem herzoglichen Wappen, drei Meter hoch und vergoldet, deren einer sehr viel später auf einem der alten Schloßtürme seinen Platz fand. In der Mitte der Längsseiten doppelbahnige Freitreppen, die auf Säulen kleine Zwerchhäuser trugen: darin waren die Räume für die Musikkapellen, den Festgästen unsichtbar, untergebracht. Um das Erdgeschoß zogen sich auf allen vier Seiten kreuzgewölbte Säulengänge, dahinter lag eine einzige Halle, deren Netzgewölbe auf 27 stämmigen, kräftig kannelierten Säulen ruhten. Die herrliche Zwecklosigkeit dieses reinen Lustraumes wurde dadurch betont, daß in den Fußboden drei quadratische Wasserbecken eingelassen waren, in die das Wasser aus den Säulen in schönen Bögen plätscherte. Daß man hier eigentlich wunderschön hätte baden und schwimmen können, daran dachte niemand, denn von Reinlichkeit hielt man in diesem und den beiden nächsten wasserscheuen Jahrhunderten nicht gar viel, und ob auch nur ein einziger Stuttgarter damals schwimmen konnte, erscheint zweifelhaft. Man war zufrieden, daß die Wasserspiele an heißen Sommertagen den Lustwandelnden Kühlung und eine hübsche Augenweide boten.

Der obere Saal, zu dem man über die Freitreppen gelangte, hatte ein reich bemaltes, kunstvoll aufgehängtes Tonnengewölbe, war also von Säulen frei. Sein Hauptschmuck bestand aus zahllosen Gemälden und bemalten Büsten, darunter selbstverständlich den Portraits des herzoglichen Bauherrn, seiner beiden Gemahlinnen und seiner 62 erlauchten Ahnen, deren hohe Zahl sich vermutlich nach der Zahl der vorhandenen Konsolen richtete. Hoch oben unter dem Gesims, nur durch Fernrohre erkennbar, waren in ovalen Rahmen auch Bildnisse bewährter fürstlicher Räte angebracht.

Die erste Oper in Stuttgart

In diesem pompösen Saal fanden also die Hoffestlichkeiten statt, zu denen vorerst bürgerliche Menschen noch keinen Zutritt hatten. Auf einem alten Stich, der den Saal zeigt, stehen über den ganzen Raum verteilt Gruppen von Männern beisammen, breitkrempige Hüte auf dem Kopf, in langherabwallende Schauben gehüllt, mit Stoßdegen oder auch mit Spießen bewaffnet, manche von Hunden begleitet, diskutierend, Bilder betrachtend und sich, wie es scheint, kolossal langweilend. Auf die Bänke entlang den Wänden und in den Fensternischen wagte sich keiner zu setzen. Tische sind nicht vorhanden. Es gibt weder etwas zum Essen noch zum Trinken. Frauenzimmer fehlen; es wird also auch nicht getanzt. Es muß manchmal sehr unlustig zugegangen sein in diesem Stuttgarter Lusthaus.

Aber bald schon vollzog sich ein bedeutsamer Wandel, und das Lusthaus erhielt seine wahre Bestimmung: aus Paris wurden die ersten Ballette importiert, vorwiegend mythologisch-pantomimische Darbietungen mit immer größerem Dekorationspomp, die auch immer stärkere Orchesterbesetzung verlangten. Vorerst spielte man noch ohne Bühne, ohne Trennung zwischen Proszenium und Zuschauern. Um die Künstler auftreten zu lassen, erfand man spaßige Überraschungen: ein plastisches Gebirge mit rotglühenden Grotten wurde in den Saal geschoben, der Berg spaltete sich und heraus sprangen die Sänger, Tänzer und Musiker. Oder: vier gigantische Menschenköpfe bewegten sich von den Ecken aus nach der Saalmitte, und daraus entsprangen, wie Athena aus dem Haupt des Zeus, die Künstler. Dabei war es üblich, daß auch die allerhöchsten Herrschaften, der Herzog selbst nicht ausgenommen, sich tänzerisch betätigten. Singende Frauen waren dagegen in jener sonst gewiß nicht prüden Zeit verpönt. Die weiblichen Gesangspartien versahen die Kastraten oder, fachmännisch gesagt, die Diskantisten. Die Hofkapelle, die allerdings auch für die Kirchenmusik zu sorgen hatte, und aus dem »Kirchenkasten« besoldet wurde – was immer wieder zu bösen Streitereien Anlaß gab – war manchmal bis zu 50 Mann stark: Harfenisten, Lautenisten, Streicher, Trompeter, Pauker, Hautboisten.

Als die erste im Stuttgarter Lusthaus aufgeführte Oper ist das »Singballett« »Fürstliche Frühlingsluft« vom Jahre 1660 anzusprechen, wobei es sich um die Verwandlung der Daphne drehte. Andere bezeichnende Titel: »Der Raub der Proserpina«, »In der Fremde erworbene Lavinia«, »Endymion«, »Le Rendezvous des plaisirs«. Bei der Beschaffung dieser Opern war man dann ziemlich lange autark: die Texte verfaßten auftragsgemäß zumeist frühere Stiftler, brave in ihrem Vergil beschlagene Magister der Gottesgelahrtheit, und die Musik lieferten die herzoglichen Kapellmeister Capricornus (Boxhorn) und der überaus fruchtbare Ulmer Theodor Schwarzkopf. 1687 enthielt die Hofbibliothek schon 39 gedruckte oder geschriebene Opernpartituren. Später hatte Stuttgart auch das Glück, den aus Preßburg stammenden Johann Siegmund Cousseur als Kapellmeister zu besitzen, der als einer der genialsten Dirigenten und Komponisten damals europäischen Ruf genoß. Unter ihm durften sich auch Sängerinnen hören lassen. Auch scheint er es durchgesetzt zu haben, daß die bisher nur aus besonderen höfischen Anlässen arrangierten Opernabende zu einer ständigen Einrichtung an drei Wochentagen wurden, wobei schließlich auch die Hofbeamtenfamilien Zutritt erhielten. Der Brauch, daß zur Tafel regelmäßig Musik gemacht werden mußte, bürgerte sich ebenfalls im 17. Jahrhundert ein. Dazu wurden besondere Tafel- und Kammermusiken zusammengestellt, deren Mitglieder von der seriöseren Hofkapelle, aber als Musikanten minderen Ranges eingeschätzt wurden.

Ein neues Komödienhaus

Um 1674 scheint man eingesehen zu haben, daß der Lusthaussaal, so schön und so groß er war, auf die Dauer für theatralische Zwecke nicht taugte. Noch dachte niemand daran, den edlen Bau in seiner Form anzutasten. Man schaute sich nach einem Ersatz um und verfiel auf das alte Armbrust-Schießhaus am Rand des Lustgartens, das nun zu einem Komödienhaus umgebaut wurde; es erhielt eine Säulenvorhalle, im Innern eine richtige Bühne und die damals neuesten maschinellen Einrichtungen. Viel wissen wir nicht darüber; es gibt, außer der schematischen Andeutung auf einem herzoglichen Zinnsarg, auch kein Bild davon. Hier wurden nicht nur Komödien gespielt – Molière, Corneille, Racine, später auch Voltaire waren im Repertoire –, sondern auch Opern. 1746 wurde das mehrmals renovierte und frisch ausgemalte Haus sang- und klanglos abgebrochen: es behinderte den Bau des Neuen Schlosses.

Die Tragödie des Lusthauses

Derselbe Herzog, der dieses Komödienhaus abservieren ließ, hat auch als erster Hand an das nicht mehr seinem Geschmack und Bedürfnis entsprechende renaissancistische Lusthaus gelegt. Es war Herzog Karl. Zunächst wurde nur das Innere im Eiltempo unter Einsatz von 600 Arbeitern binnen zweier Monate umgestaltet: man baute drei Galerien ein und gab der neuen Bühne eine Tiefe von 18 Kulissen. Gleichzeitig ließ man 58 verschiedene Szenerien und sieben Vorhänge verfertigen. Nicht weniger als 5000 Zuschauer sollen in dem neuen Raum Platz gefunden haben, von denen allerdings nur 1100 sitzen konnten. Aber das genügte schon wenige Jahre später nicht mehr, denn mittlerweile war der große Niccolo Jomelli engagiert worden, von dem die Sage ging, daß er nicht nur der genialste Opern- und Ballettkomponist, sondern auch mit Abstand der dickste Mann Europas sei; jedenfalls war er im Herzogtum Württemberg der fettest verdienende Mann am Hof. Sein jährliches Einkommen wurde bei freien Stationen in Stuttgart und Ludwigsburg auf 6100 Gulden (40 000 Goldmark) berechnet, was ihn freilich nicht hinderte, großzügig Schulden zu machen und seine Schneider und Schuster aufsitzen zu lassen. Für diesen Jomelli also wurde das Lusttheater nochmals von Grund auf umgebaut. Bühne und Logen wurden herausgerissen, statt drei wurden vier Galerien eingezogen, alles so üppig dekoriert wie nur möglich und schließlich ein neuer Gebäudeteil vorgelegt, der die Ecktürme und die wunderschönen Arkaden verdeckte. Allerlei Nebengebäude an den Längsseiten überwucherten die ursprüngliche Form. Der Spaß kostete 35 000 Gulden.

Aber damit nicht genug. Als Herzog und Kurfürst Friedrich König geworden war, brauchte er selbstverständlich auch ein prunkvolleres Theater im napoleonischen Stil. Sein Hofbaumeister Thouret, der Empirespezialist, welcher Renaissancistisches nicht goutierte, gab sich dazu her, das Lusthaus vollends zu verschandeln. Von der alten Außenarchitektur blieben nur die drei obersten Stufen des Stirngiebels übrig, die wie das Heck eines gestrandeten Schiffs über dem langweiligen neuen Walmdach hinausragten, und eine der seitlichen Freitreppen hinter dem Theaterbogen, der wie eine magere Kulisse zum Neuen Schloß hinüberleitete. Keine Rundtürme mehr, keine Säulen, keine Arkaden. Alle diese Herrlichkeiten phantasielos in den neuen Kasten eingemauert. Dieser herostratische Ruhm ließ Friedrichs Sohn, den König Wilhelm I. selbstverständlich nicht ruhen. Er ließ 1846 nochmals umbauen, jetzt verschwand auch das letzte putzige Giebelstückchen und was sonst noch an Rudimenten der Türme und Treppen erhalten geblieben war. Was zuletzt dastand, war, kunstgeschichtlich gesehen, nichts anderes, als der geschmacklos zurechtgemauerte plumpe Sarg für Stuttgarts einst schönstes, anmutigstes, stilistisch vollkommenstes Bauwerk. Daß dieses Hoftheater in der Januarnacht 1902 bis auf die Grundmauern niederbrannte, war gewiß ein großes Unglück. Aber es war auch eine verdiente Strafe.

Kurz vor dem ersten Weltkrieg wurde die durch den Theaterbrand entstandene prominente Lücke am Schloßplatz durch Theodor Fischers Kunstgebäude in fast zu bescheidenem Maßstab ausgefüllt: eine Kuppel über sehr fein proportioniertem Arkadengang, der an das alte Lusthaus erinnerte. Paul Bonatz, der mit dem Wiederaufbau beauftragt war, hat es in die Wege geleitet, daß an dieser Prangerstelle unserer Pietätlosigkeit nicht noch einmal gesündigt wurde.

Herzog Friedrich und die Goldmacher

Herzog Ludwig starb, obgleich zweimal verheiratet, kinderlos. Mit ihm erlosch der Stamm Ulrichs. So kam die Reihe an den in Mömpelgard residierenden Grafen Friedrich, den Sohn eines Halbbruders von Ulrich, der als erster württembergischer Prinz drei Jahre lang in Tübingen studiert hatte und dort sogar zum Rektor magnificentissimus »gewählt« worden war. Er hat freilich von dem, was er dort gelernt hat, einen merkwürdigen Gebrauch gemacht. Seine Lieblingswissenschaft war Chemie. Darunter verstand er die Kunst, aus schlechten Metallen Gold zu machen. Er hat sich den Spaß etwas kosten lassen und ist trotz vielen Blamagen mit Scharlatanen bis zuletzt unbelehrbar geblieben. Als sein erster Nekromant Honauer, offenbar ein Schwabe, für den er viele Tonnen Eisen aus Mömpelgard bezogen hatte, nach monatelangem Schmarotzen mit einer vollen Kasse aus dem Land geflüchtet war, ließ er ihn wieder einfangen; aus dem Eisen wurde ein 35 Fuß hoher Galgen mit darüber angebrachtem Schnappgalgen und Käfig geschmiedet und in der Wolframshalde bei der Prag auf steinernem Sockel aufgerichtet. Der erste, der an diesem rot angestrichenen Gerüst baumelte, war der mit Goldschaum bekleidete herzogliche Goldmacher. Der Galgen schreckte indessen die damals durch alle Länder vagierenden Alchimisten nicht ab: noch drei weitere dieser Gauner, die das Rezept für den Stein der Weisen zu besitzen behaupteten, wurden hier im Laufe der nächsten Jahre den Raben zum Fraß und den Winden zum Spiel aufgehängt: ein Italiener, ein Schweizer und ein Elsässer. Anderen gelang die Flucht. Im alten kleinen Lusthaus war die »chymische Küch« für sie installiert. Der rote Friedrichsgalgen, der auf einem mittlerweile abgetragenen Buckel bei der Kreuzung der Ludwigsburger- und der Pragstraße stand, war fast zweihundert Jahre lang das Wahrzeichen Stuttgarts für jeden, der von Ludwigsburg her kam oder dorthin fahren wollte. Erst 1782 ließ Herzog Karl ihn entfernen, als man ihm vorhielt, daß das barbarische Schaugerüst für seine Residenz keine Empfehlung sei.

Ritter des Blauen Hosenbandes

Man darf jedoch aus dieser Galgenhistorie keine falschen Schlüsse ziehen. Friedrich war weder ein der Magie verschriebener Mann, noch ein Terrorist. Mit den Goldmachern ließ er sich nur ein, weil er, der ein gewaltiger Schuldenmacher war, sich ein gutes Geschäft davon versprach, und hängen ließ er nur Leute, die geglaubt hatten, sie könnten mit ihm, dem seit kurzem »durchlauchtigen« Fürsten, Schindluder treiben. Er war eitel und liebte die Macht. Schon als mömpelgardisches Gräflein war er unter abenteuerlichen Umständen zur großen Elisabeth nach England gefahren, nicht so sehr, weil sie die Protektorin des Protestantismus war, vielmehr, weil durch ihre Gunst der Hosenbandorden zu erlangen war. Elisabeth hat ihn nicht erhört. Aber ihr Nachfolger Jakob, der Sohn der Maria Stuart, hat sich schließlich, nachdem immer mehr neue württembergische Gesandtschaften mit prächtigen Geschenken in London petitioniert hatten, erweichen lassen.

So traf denn eines Tages im Stuttgarter Schloß eine feierliche Abordnung, mit Lord Spencer an der Spitze, ein. Zwei Monate dauerten die Vorbereitungen. Dann stieg endgültig die Zeremonie. Die Bekleidung mit dem Ordensgewand fand im Schloß, die Überreichung des Ordensbandes und der goldenen Kette in der Stiftskirche statt. Als der Herzog mit seinen englischen Gästen und seinem eigenen Hofstaat den kurzen Weg vom Hauptportal der Stiftskirche über den Schillerplatz zur Schloßbrücke in feierlicher Prozession zurücklegte, ließ er unter die staunende Menge für 300 Gulden silberne und vergoldete Schaupfennige werfen, die extra für diesen Festtag geprägt worden waren. Der Fürst soll einen prächtigen Anblick geboten haben: roter Rock mit weißem Futter, blausamtener, goldverbrämter Mantel, schwarzes Barett mit weißer Feder. Und die Hauptsache: das dunkelblaue Samtband mit goldener Schnalle unter dem linken Knie, worauf zu lesen war: »Honi soit qui mal y pense.« Die Stuttgarter dachten vermutlich nicht schlecht darüber, sie lachten höchstens über ihren Herzog, der wie ein Pfau vor ihnen ein Rad schlug.

Was hinterher im Schloß geschah, bekamen die Stuttgarter leider nicht zu sehen. Da gab es ein »Festtraktament«, bei dem auf eine Tafel 90, auf eine andere 75 und auf eine dritte 60 verschiedene Speisen kamen. Für den König von England, der durch Abwesenheit glänzte, war eine eigene Tafel aufgestellt, an welcher fortlaufend, nicht nur symbolisch, serviert und abserviert wurde, wobei noch besonders vorgeschrieben war, daß der »Käss stattlich, der Parmesan gehobelt und gezuckert« aufzuwarten sei. Auch der Herzog speiste allein an einer Tafel, da kein anderer Georgsritter in der Nähe war. Das Blaue Hosenband verpflichtete zu Distanz. Das war der schönste Tag im Leben Friedrichs. Er hat von da an jedes Jahr den Georgstag mit den gleichen Zeremonien festlich begangen. Auch noch zwei andere hohe Orden hat er zu ergattern verstanden: Von Heinrich IV. von Frankreich den Michaelsorden und vom dänischen König den Elefantenorden,

dessen goldene Halskette aus weißemaillierten Elefanten und roten Warttürmen zusammengesetzt war. Erst sein Namensvetter und später Enkel Friedrich, unser erster König, hat so viel Glanz auf seine Heldenbrust, wenn auch leider nicht auf seine Waden, zu versammeln gewußt; dieser König Friedrich hat denn auch bemerkt, daß jener Herzog besser als andere Ahnen sich auf das Metier des Herrschers verstanden habe. Die beiden waren unsere absolutistischsten Landesväter.

Durstiges Stuttgart

Es versteht sich von selbst, daß ein so ordensgeschmückter Mann mit dem bescheidenen Hofstaat seines Vorgängers Ludwig nicht zufrieden sein konnte. Die alten sparsamen Räte, auch der Hofprediger Osiander, wurden ihrer Ämter enthoben, und neue schmiegsamere Schranzen, darunter viele Franzosen aus Mömpelgard, nach Stuttgart berufen. Bald schon speisten nicht weniger als 513 Personen täglich im Schloß, für deren leibliches Wohl ein Haus- und ein Landküchenmeister, sieben Mund- und drei Ritterköche, ein Salzkoch, acht Gesindeköche, dreizehn Küchenjungen, zwei Küchenschreiber, fünf Bäcker und drei Silberboten zu sorgen hatten. Zum »niederen Personal« gehörten neben drei Eselstreibern, vier Hundewärtern, einem Fuchsjäger und 21 Stallknechten auch ein Kapellmeister, ein Organist und 39 Musikanten. Immerhin bekam auch jeder dieser Lakaien zu jedem Essen zwei bis drei Schoppen Wein, ein Edeljunge freilich eine volle Maß, nämlich ein Liter. Wie durstig die Stuttgarter damals allesamt waren, ergibt sich aus der Bemerkung eines Chronisten, daß ein Kelterbrand am Jahrmarktstag 1599 das Schlimmste habe befürchten lassen, »da männiglich trunken« und niemand zum Löschen wäre imstand gewesen; ein gnädiger Regenguß rettete die Stadt. Als 1602 ein miserabler Wein wuchs, petitionierten die Pfarrer beim Herzog, daß man ihnen als Seelsorgern, »welche gute Magenweine vonnöten hätten«, einen besseren Tropfen zum Deputatwein verabreichen solle. Friedrich schrieb an den Rand: »mit gesündigt, mit gebüßt!«

Daß er nicht Soldäterles spielen durfte und kein stehendes Heer zur Verfügung hatte, wurmte den auf Pomp und Repräsentation so sehr erpichten Fürsten ungemein, der übrigens wegen Mehrung seines Reichs auch ganz gern ein bißchen Krieg geführt hätte. Das war einer der vielen Gründe, weshalb er von Anfang an gegen den Tübinger Vertrag gewettert hat, der ihm kriegerische Handlungen ohne ausdrückliche Genehmigung der Landstände verbot. Er hat denn auch durch eine »Deklaration«, die die eingeschüchterten Landstände in zweiter Lesung sogar billigten, den Vertrag, wie schon Ulrich, für null und nichtig erklärt. Dann ging er munter an die Schaffung eines Berufsheers und trommelte zunächst einmal am 25. August 1597 die Stuttgarter Bürger zu einer Musterung auf der Feuerbacher Heide zusammen. Es muß dabei recht lustig zugegangen sein, denn einige Tage später erging die Verordnung an die Polizei, daß jeder, der künftig »mit blosser Wehr betrunken angetroffen werde, zu verhaften sei«. Sechs Jahre später wurde für alle Bürger des ganzen Fürstentums eine Musterung für den gleichen Tag befohlen, »damit nit Einer vom Andern könnt seine Wehr entlehnen«. In Stuttgart benutzte Friedrich diese Probemobilisierung zu einer regelrechten Manöverschlacht, an der auch die Cannstatter und Waiblinger teilnehmen mußten. »Ihre Fürstlichen Gnaden waren«, wie der Chronist uns versichert, »dermaßen belustigt, daß der viele Wein, den sie spendete, zum Teil ohnausgetrunken übrig geblieben sei.«

»Das große Sterbet«

Ein schwarzer Schatten fällt auf Sommer und Winter 1594/95. Die Pest wütete in der Stadt. Nicht weniger als 2000 Menschen starben in einem halben Jahr, im Oktober täglich im Durchschnitt 15. Zuerst floh die Her-

zogin mit den Kindern nach Böblingen, dann wurde die Kanzlei nach Backnang verlegt. Herzog Friedrich selbst, der am längsten ausgehalten hatte, zog sich im November ins Kirchheimer Schloß zurück, der Kronprinz Johann nach Kloster Hirsau. Im April endlich war die Stadt wieder seuchenfrei.

Man nannte diese Katastrophenzeit »das grosse Sterbet« und ahnte nicht, daß ein knappes Halbjahrhundert später ein noch größeres »Sterbet« die Stadt heimsuchen werde, und zwar zu einer Zeit, da infolge des großen Kriegs sowieso alles drunter und drüber ging und allenthalben bitterste Not herrschte. In jenen schlimmen Jahren 1636 bis 1639 starben in Stuttgart oft 60 Menschen täglich. Ein Jesuit – denn nach der Nördlinger Schlacht war auch in Stuttgart vorübergehend die Gegenreformation durchgeführt worden – höhnte damals von der Kanzel der Stiftskirche herab, daß die Pest eine speziell gegen die Protestanten geschwungene Geißel Gottes sei, was sich zahlenmäßig erweisen lasse. Einige Tage später war auch der Jesuit tot. Die Stuttgarter, berichtet der Chronist, »bezeugten darüber große Freude«.

Viel gebaut hat der umtriebige Herzog Friedrich in Stuttgart merkwürdigerweise nicht, obgleich ein so genialer Kerl wie Heinrich Schickhardt sein Hofbaumeister war. Immerhin, die sogenannte »Dorische Säule«, an der Südostecke des Kanzleigebäudes, durch deren Pumpwerk das Schloß mit Wasser versorgt wurde, verdanken wir ihm (ohne den goldenen Merkur, der erst 1862 als lustige Krönung hinaufgesetzt wurde). Er ließ außerdem auf dem alten Schloßplatz, etwa an der Stelle, wo jetzt das Schillerdenkmal steht, durch Schickhardt einen prächtigen »Lust- und Springbrunnen« errichten, den Herzog Karl 1761 aus dem Wege schaffte, und auch der sogenannte Prinzenbau an diesem alten Schloßplatz ging auf seine Initiative zurück; aber mehr als die riesigen Keller kamen zu seinen Lebzeiten nicht zustande.

Ein römischer Palazzo für Stuttgart

Sein stolzestes Bauwerk, durch das er sich zu verewigen gedachte, war jedoch der »Neue Bau« neben dem Alten Schloß, da, wo jetzt die Markthalle steht. Auf einer Italienreise, an der auch Schickhardt teilnahm, hatte der Herzog sich in Rom für einen Palazzo begeistert und seinen Baumeister angewiesen, die Fassade mit den vielen Balkonen und Erkern, den prunkvollen Portalen und den kecken Ziertürmchen auf den Ecken genau abzuzeichnen. Just solchen Palast wollte er in Stuttgart auch haben. Daß dieser

aristokratisch feudale Bau sich nicht gerade als Marstall und Rüstkammer eignen möchte, war ihm gleich. Schickhardt gehorchte. Dabei passierte dann freilich das Unglück, daß bei einem Erdbeben 1603 der eben fertige Rohbau – man hatte schon fünf Jahre daran gebaut – fast ganz eingestürzt ist. Man fing also wieder von vorne an. Später wohnten allerlei Prinzen und illustre Gäste, einige Zeit auch die berüchtigte Grävenitz darin. Herzog Karl wollte 1757 im unteren Saal, dem eigentlichen »Klepperstall«, durch eine französische Gruppe Schauspiele aufführen lassen. Es wurde also eine Bühne eingebaut und das übliche feuergefährliche Drum und Dran eines Theaterbetriebes hier installiert. Zwei Wochen nach der Premiere – man gab Regnards beliebte Sittenkomödie »Le Joueur« – brannte das Gebäude aus. Die Ruine blieb noch etliche Jahre stehen. Dann brach man sie ab.
Lusthaus und Neuer Bau: Die Meisterwerke Beers und Schickhardts, unserer größten Baumeister – das war, neben dem Hof des Alten Schlosses, die Renaissance für Stuttgart. Es ist uns nichts davon erhalten geblieben. Darum sind die Männer nicht hoch genug zu preisen, die in schlimmster Notzeit sich daranmachten, wenigstens den alten Schloßhof zu retten und mit Hilfe tüchtiger Steinmetzen, die es kaum mehr gab, die wunderschönen Arkaden wieder instandzusetzen.

Die Heiligkeit des Vertrags

Am 26. Februar 1608 wurde Herzog Friedrich, der knapp 50 Jahre alt geworden ist, »mit viel Solennität königlich in Stuttgart begraben«. Sein ältester Sohn Johann Friedrich, der sechs Jahre in Tübingen studiert und dann Reisen durch halb Europa und zu allen Fürstenhöfen gemacht hatte, besaß wenig vom energischen, hochfahrenden Geist seines Vaters. Er war, ein Jüngling mit kokettem Spitzbart, von sanftem Gemüt, friedliebend, aber schwach und unentschlossen und ohne jeden politischen Instinkt. Die Landstände hatten gegen ihn ein leichtes Spiel. Er war sogleich damit einverstanden, daß der Tübinger Vertrag in seinem alten Grundgehalt wieder hergestellt werde und daß der Kanzler Enzio, Friedrichs geschmeidige Kreatur, wegen Mithilfe beim Verfassungsbruch zu »ewigem Gefängnis« auf der Feste Urach und, da er weiterhin zu intrigieren versuchte, zum Tod durch das Schwert verurteilt werde. Johann Friedrich hatte dabei nur einen Wunsch, man möge das Andenken seines Vaters in Ehren halten. Man verzichtete daher auf die sonst übliche Exekution beim Malefizhaus auf dem Stuttgarter Markt und erledigte den Fall ohne Schaugepräge im stillen

Urach. Daß mit dem Kanzler auch über Friedrich der Stab gebrochen war, versteht sich von selbst; denn jener hatte ja nur als spitzfindiger Jurist durchgesetzt, was dieser befohlen hatte.
Immerhin: die Landschaft hatte ein blutiges Exempel statuiert zur Heiligkeit des Vertrags, der den Württembergern als einzigen Deutschen ihre Grundrechte garantierte. Es ist leider bei diesem einen Exempel geblieben. Man muß freilich bezweifeln, ob die Männer von der Landschaft gerade in diesem geschichtlichen Augenblick das rechte taten. Friedrich war vor seinem Tod eben dabei gewesen, befreit von den Fesseln des Vertrags, sich eine gewisse militärische Machtfülle zu schaffen. Er hatte erkannt, daß es über kurz oder lang zwischen den beiden konfessionellen Lagern zum Krieg kommen müsse. Und dann wehe dem Land, das sich nicht zu wehren vermochte!

119 Millionen Gulden

Daß man schon mitten im »kalten Krieg« stand, davon ahnten weder der junge Herzog noch die Landstände etwas. Aber bald sah sich auch der milde Jüngling auf dem Stuttgarter Thrönlein gezwungen, sich eine Truppe zu schaffen, die wenigstens notdürftig die Grenzen gegen das von überall her eindringende, marodierende Soldatengesindel schützen konnte. Und bis die immer mißtrauische Landschaft die nötigen Gelder bewilligte, war es zu spät. Man knauserte mit den Hunderttausendern, man wiegte sich in dem Wahn, durch unbewaffnete Neutralität am sparsamsten die wilde Zeit überstehen zu können, bis die Schlußbilanz ergab, daß das offen daliegende Land durch Quartiere, Durchmärsche, Kontributionen, Plünderungen und Mordbrennereien einen Gesamtschaden von nicht weniger als 118 692 864 Gulden erlitten hatte.

Die Goldtruhe im Schloß

Wie rührend wirkt, im Vergleich mit dieser ungeheuerlichen Summe, hinter der soviel Kummer und Elend stehen, die Tatsache, daß die Landstände bei Kriegsausbruch 1618 nach kläglichem Feilschen fast um jeden Kreuzer dem Herzog zwei Tonnen Gold als Kriegsfond zur Verfügung stellten, die in einer Truhe im Keller des Alten Schlosses verwahrt wurden. Zu dieser Truhe aber hatte nicht nur der Herzog, sondern auch die Landschaft einen Schlüssel; sie konnte also ebenfalls hier Gelder abheben, wenn sie fürchtete,

der Herzog gebe zuviel für seine Soldaten aus. Schließlich fiel die noch ziemlich wohlgefüllte Truhe, der Sparhafen des Ländchens, den Österreichern in die Hände, die sich über die netten, sparsamen Schwaben nicht wenig gefreut haben werden.
Zunächst freilich dachte Johann Friedrich nicht an Krieg noch an Sparsamkeit. An Prachtliebe stand der Sprößling seinem Papa nicht nach. Als er ein Jahr nach der Übernahme der Regierung die Barbara Sophia von Brandenburg heiratete, gab es das übliche üppige Fest: 40 Trabanten mit gelben Atlaswämsern und schwarzen Samthosen, vergoldeten Hellebarden und Degen bildeten seine Leibwache, auf der Feuerbacher Heide war eine Schanze errichtet, wo 17 Stück schwerstes Geschütz, bewacht von 2400 Mann, Salven abschossen, sobald die Besatzung auf Hohenasperg und auf dem Roten Berg ebenfalls durch Kanonenschüsse das Nahen des fürstlichen Paares ankündigten; vom Büchsentor bis zum Marktplatz bildeten 2000 junge, festlich eingekleidete Stuttgarter Bürgersöhne Spalier, und vom Marktplatz bis zum Schloß sorgten 200 extra dafür engagierte Landsknechte »in gelben Kasacks und fliegenden Ärmeln« für freie Bahn. Und wie die Hochzeit, so wurden auch die fast alljährlich fälligen Kindstaufen als freudige Ereignisse, die jedes Stuttgarters Herz höher schlagen lassen mußten, jeweils aufs prunkvollste zelebriert.

Georg Rudolf Weckhrlin

Hofpoet und Hofhistoriograph war seit 1616 der aus Stuttgart gebürtige Georg Rudolf Weckhrlin, Sohn eines herzoglichen Kammerrats, den der Kaiser geadelt hatte. Um seines frischen Adels willen war der junge Weckhrlin in die Tübinger Fürstenschule, das Collegium Illustre, aufgenommen worden, wo er sich mit Johann Friedrich angefreundet hatte. Ob in diplomatischer Mission oder als Begleiter eines Fürsten – man weiß das nicht genau – kam er frühe schon nach England, wo er zu Elisabeth, der Tochter Jakobs I. und späteren Gattin des »Winterkönigs«, in Beziehungen trat. 1615 wieder in Stuttgart, wurde er Privatsekretär des Herzogs und der Gnade gewürdigt, die Hoffeste, Prinzentaufen und Hochzeiten durch seine Feder in bombastischem Renaissance-Deutsch, prosaisch und poetisch, zu verherrlichen. Auf die Dauer aber war dem ehrgeizigen Kavalier, der auch maniriert schwülstige Oden, Gesänge und geistige Lieder dichtete, der württembergische Hof zu eng. Er ging wieder nach England, heiratete eine reiche Dame der feinsten Gesellschaft, wurde Unterstaatssekretär »for foreign tongues« (Chef der diplomatischen Korrespondenz), war Zeuge der Hinrichtung Karls I. und zuletzt noch, während der Cromwell'schen Republik, Gehilfe des erblindeten John Milton im Staatssekretariat. Leider hat der gewandte Mann – eine der interessantesten schwäbischen Figuren auf dem internationalen Parkett – statt seiner längst schon ungenießbaren Poesien keine Memoiren geschrieben. Er starb 1653 in London.

Ein herzoglicher Rummelplatz

Zunächst war des jungen Ehemannes wichtigstes Anliegen, in seinem Lustgarten, der nicht mehr up to-date war, Lustgrotten zu errichten, für die ein Architekt aus Paris und zwei Dessignateure aus den Niederlanden engagiert wurden. Diese Grotten müssen phantastische Kitschgebilde von enormen Ausmaßen gewesen sein, ornamentale Orgien fürstlichen Vergnügens, die keinen anderen Zweck hatten, als Schabernack zu stiften: bessere Rummelplatz-Sensationen, Zauberbudeneffekte, Wasserkünste, Wundermechaniken. Da gab es ruhende Löwen, die dem Näherkommenden Wasser ins Gesicht spritzten, einen Neptun, der in seinem Wasserbecken herumplantschte, einen Wasserfall, unter dem man hindurchgehen konnte ohne naß zu werden (weil man nur sein Spiegelbild sah), singende künstliche Vögel, blasende Trompeter und Waldhornbläser, eine an den Felsen gekettete Andromeda, die sich gegen die Vergewaltigung durch das Meerungeheuer zur Wehr setzte und dabei ihre Reize enthüllte und einen Tiroler, der auf Adler schoß. Barocke Späßchen zum Ergötzen kindlicher, fürstlicher Gemüter. Das alles, mit zwei Pavillons vor der Front, auf deren Altanen Springbrunnen plätscherten, hatte rund 100 000 Gulden gekostet. Die Bürgerschaft, die es bezahlen durfte, erfuhr davon nur vom Hören-Sagen und vielleicht aus einem Prachtwerk mit Stahlstichen von Merian.
Diese Lustgrotte stand fast anderthalb Jahrhunderte etwa in der Gegend hinter dem späteren Kunstgebäude. Herzog Karl ließ auch sie entfernen.

Selbstverständlich paßte auch das Ölberg genannte, noch aus Christophs Zeiten stammende Lusthäuschen mit Darstellungen vom Leiden Christi nicht mehr in die lustige Zeit. Johann Friedrich ließ es abreißen und baute statt dessen einen freundlichen Pavillon für sommerliche Schmausereien. In seltsamem Kontrast zu diesen kostspieligen, feudalen Spielereien stehen die gerade damals immer wieder vorgebrachten Klagen des Magistrats über das Bettlerunwesen: »Allerlei unverbürgerte Leut, Schelmengesind, Huren, Näherinnen, Reiter mit Weib und Kind, allerlei Bossler und Lunger, Stümmler, Landfahrer und Bettelbuben, aber auch ledige Töchter, hübsch aufgeputzt«, zögen Tag und Nacht bettelnd in den Gassen umher. Der Herzog gab gnädigst die Erlaubnis, das ganze Gesindel aus der Stadt zu verweisen. Aus dem gleichen Jahr vermeldet ein Chronist, daß aus Paris die ersten Perücken und aus Venedig die ersten Masken in Stuttgart eingetroffen seien.

Johann Friedrich rückt ins Feld

Im Jahr 1620 machte der Herzog die große Dummheit seines Lebens: er zog unter Berufung auf die Reichssturmfahne, die ihn zu heroischen Taten verpflichte, an der Spitze einer kleinen regulären Truppe, unter die rasch gedrillte Leute aus dem Landesaufgebot gemischt waren, ins Feld, und zwar, um seinem Bundesgenossen in der protestantischen Union, dem unglückseligen Kurfürsten Friedrich von der Pfalz, dem »Winterkönig« von Böhmen, zu Hilfe zu eilen. Die Landstände hatten dringend abgeraten, aber Johann Friedrich lechzte nach kriegerischem Ruhm, obgleich er, wie er selbst zugab, vom soldatischen Handwerk nicht das geringste verstand. Nachdem er in der Pfalz gemerkt hatte, daß mit einem General wie dem Bayern Tilly nicht zu spaßen war, machte er schleunigst kehrt, bevor noch eine Kugel abgeschossen war, und zog sich in seine behaglichere Stuttgarter Lustgrotte zurück.

Wallenstein spekuliert auf das Herzogtum

Die Folgen dieser operettenhaften Eskapade waren schlimm genug fürs ganze Land: die katholische Liga und die Österreicher verziehen dem württembergischen Herzöglein, dessen Brüder ebenfalls im Unionsheer kämpften, diese törichte Demonstration nicht. Wohl bemühte sich Johann Friedrich hinterher aufs unterwürfigste bei Kaiser Ferdinand um Verzeihung, indem er eifrig die Auflösung der Union betrieb und sich schließlich für neutral erklärte. Aber in Wien und in München nahm man ihn überhaupt nicht mehr ernst, und die Generale wußten von nun an, daß das Herzogtum für sie Freiland war. Die Heere des Kaisers wie der Ligue überschwemmten fortan das Land, brandschatzten und vergewaltigten nach Belieben. Kläglich zu lesen, wie Johann Friedrich immer wieder in Wien bei Ferdinand petitionierte, man möge seinen Untertanen das Schlimmste ersparen, da er doch jetzt neutral sei. Es nützte alles nichts. Schließlich kam Wallenstein mit 16000 Mann ins Land, dem die Stralsunder soeben bewiesen hatten, daß auch er nicht unbesiegbar sei. In Württemberg brauchte er nirgends Stralsundschen Geist zu befürchten.

Wir alle kennen ja Schillers Vorspiel »Wallensteins Lager«. In Wahrheit ging es bei dieser aus allen möglichen »Völkern« zusammengetrommelten Soldateska, für die keine »Confessio«, sondern nur die »Fortuna« heilig war, nicht so manierlich zu, wie der Dichter das beschönigend uns zeigte. Das Heer ernährte sich bekanntlich selbst aus Vorräten des Landes, vor allem der Bauern, die rücksichtslos ausgeplündert wurden, wobei es auf ein paar Totschläge und Brandlegungen nicht ankam. Und der Sold? Auch den bezahlten die Städte und Dörfer und außerdem noch die »Extra Ordinari-Gratifikationen« für die höheren und niederen Offiziere, von denen jeder einzelne unter schwersten Drohungen Kontributionen eintrieb.

Man weiß, daß der große Abenteurer sich damals ernsthaft mit dem Gedanken trug, das ganze wehrlose Herzogtum in seine private Tasche zu stecken, sobald die geringste feindselige Handlung geschehe, und daß gleichzeitig auch Herzog Maximilian von Bayern, der Führer der Ligue, die günstige Gelegenheit zu ergreifen gedachte, sich von dem württembergischen Land ein kräftiges Stück abzuschneiden. In seiner Not reiste Johann Friedrich persönlich ins Wallensteinsche Lager bei Neckargartach, um des Generalissimus Herz zu erweichen. Der behandelte ihn von oben herab wie einen dummen Jungen und ließ ihn dann einfach stehen. Das geschah am 15. Juli 1628. Drei Tage später starb Johann Friedrich in seinem Stuttgarter Schloß. Ob an gebrochenem Herzen oder aus gekränktem Stolz, ist nicht überliefert.

Jesuiten wieder in der Stiftskirche

Da Johann Friedrichs ältester Sohn Eberhard erst vierzehn Jahre alt war, wurden sein ältester Onkel, Herzog Ludwig Friedrich, und nach dessen frühem Tod Herzog Julius Friedrich Vormünder und Administratoren.

Der erste war tüchtig und klug, der zweite streitsüchtig und ausgesprochen dumm. Viel hatten beide sowieso nicht zu bestellen, denn von einer Souveränität des Herzogstums war nicht mehr die Rede. Das Land war zum Spielball der beiden großen Mächtegruppierungen geworden. Zunächst waren die Kaiserlichen die Herren im Land. Und das jetzt in Kraft gesetzte Restitutionsedikt, auf Grund dessen alle württembergischen Klöster und Kirchengüter an die ehemaligen katholischen Besitzer zurückzuerstatten waren, brachte es mit sich, daß auch in Stuttgart wieder Mönche und Nonnen einzogen, und daß die Jesuiten, diese Stoßtruppe der Gegenreformation, in der Stiftskirche predigten, wobei sie allerdings »toleramusweise« auch den protestantischen Predigern noch für bestimmte Stunden die Kanzel einräumten.

Aber das Kriegsglück war wendig. Als daher 1632 die Schweden an den Grenzen des Landes auftauchten, hatten die Stuttgarter das Vergnügen, zuzuschauen, wie die Mönche und Nonnen im Schutze der kaiserlichen und bayrischen Regimenter plötzlich Reißaus nahmen und die Schweden sich breitmachten, die freilich mit ihren württembergischen Glaubensbrüdern auch nicht glimpflicher umsprangen als jene. Ob Ferdinand, ob Gustav Adolf – für den einfachen Mann waren es Feinde, die ihm die Scheuern leerten und das Hemd vom Leibe rissen.

Das erste Bier

Ein kleines Kulturkuriosum sei aus jener »großen«, das heißt blutigen Zeit indessen auch vermerkt: Anno 1630 wurde in Stuttgart das erste Bier gebraut. Ob das den damals hierzulande einquartierten Bayern oder den aus Nürnberg zurückgeführten Mönchen zu verdanken war, ist nicht mehr festzustellen. Unseren Wengertern behagte diese Konkurrenz gar nicht; sie setzten aber erst 1663 ein Verbot des Brauens und Bierausschenkens durch. Kurz danach glaubten die Herren in der Kanzlei, daß damit vielleicht ein Geschäft zu machen sei und gründeten zwei herrschaftliche Brauereien, denen ein Monopol erteilt wurde. Sie hatten damit aber wenig Glück; die eine wurde bald schon stillgelegt, die andere schließlich unter Aufhebung des Monopols verpachtet. Erst gegen Ende des 18. Jahrhunderts ist dann von drei Privatbrauereien die Rede, doch vermerkte der Chronist dazu, daß nur Soldaten und Handwerksgesellen einen Gusto für Bier gehabt hätten, während »ehrbare Bürger« es verächtlich mieden. In England war das ja ähnlich; wenn dortzulande das Bier heute noch »Porter« genannt wird, so deshalb, weil ursprünglich nur »Porters«, das heißt Lastträger, ihren Durst damit stillten. Am aristokratischen Charakter des Weins hat eine so rebenreiche Stadt wie Stuttgart also lange zäh festgehalten. Bier wird gebraut, der Wein aber wächst und ist eine Gottesgabe.

Panik nach der Nördlinger Schlacht

Die schwedische Ära dauerte für Württemberg nicht lange: zwar hat Eberhard III., der 1633 als Achtzehnjähriger die Regierung übernahm, sich zunächst, »dem ruhmreichen Vorbild seiner tapferen Ahnen getreu«, mit Elan an die Spitze seiner Landmiliz und etlicher Söldner ins Kriegsgetümmel gestürzt; er war dabei, als General Horn vergeblich die Städte Villingen und Rottweil belagerte, und er hat schließlich sogar einen Sieg erfochten, indem er die Burg Hohenzollern, die nur einige Invaliden als Besatzung hatte, mit stürmender Hand nahm. Aber gleich danach liefen ihm seine Krieger davon, die schon lange keinen Sold mehr bekommen hatten. Er kehrte nach Stuttgart zurück, wo ihn die trostreiche Nachricht erreichte, daß gerade in jenen Tagen der Mann, der seinen Vater so schwer gekränkt hatte, daß Wallenstein, der selbst gern württembergischer Herzog geworden wäre, in Eger ermordet worden sei.
Aber auf die gute Post folgte bald schon die schreckliche Kunde von der Nördlinger Schlacht, wo von 6000 Mann württembergischer Landwehr, die als Uniform weiße Zwilchkittel trugen, 4000 gefallen waren. In Stuttgart brach eine Panik aus. Noch in der gleichen Nacht floh das plötzlich gar nicht mehr heldenhafte, zwanzigjährige Herzöglein Hals über Kopf mit seiner ganzen stattlichen Familie, seinen Räten und Schranzen aus seiner Residenz und aus seinem Land; viele von der »Ehrbarkeit« wurden ebenfalls von der allgemeinen Panik ergriffen. Straßburg, damals den mit den Schweden verbündeten Franzosen gehörig, war das Ziel. Es war eine wilde Jagd: die leichten Reiter des Johann von Werth, der von Beruf ein kleiner Schneider aus Bayern war, waren den Flüchtlingen auf den Fersen und erbeuteten tatsächlich auch bei Neuenbürg, wo der Obristleutnant von Gültlingen mit einer kleinen Truppe den Rückzug decken sollte, einen Teil des herzoglichen Gepäcks. Als der Treck dann an den Rhein kam, stand der schnelle Bayerngeneral schon zum Empfang bereit da. Hätte nicht der Rheingraf in einem blutigen Gefecht den Übergang freigekämpft, so wäre bei Kehl der Herzog mitsamt seinem Hofstaat geschnappt worden.

Im Straßburger Exil

Es war kein reines Vergnügen, dieses Straßburger Exil, das vier Jahre dauern sollte. Anfangs hatten die Herrschaften noch Kredit und lebten auf Pump nicht schlecht. Dann aber brach die Not herein; die Gesandtschaften, die immer wieder beim Kaiser in Wien Verzeihung erwirken sollten, kosteten viel Geld, so daß sogar die geretteten Stammkleinodien verpfändet werden mußten. Die aus 20 Köpfen bestehende Herzogsfamilie wußte oft nicht, wie sie sich satt essen sollte. Des Herzogs Mutter starb aus Kummer, und auch sein Onkel Julius Friedrich segnete das Zeitliche, vermutlich weniger aus Kummer denn aus Wut, weil sein lebenslustiger und leichtsinniger Neffe eine Heirat betrieb, die diesem Onkel nicht paßte. Und doch hat wahrscheinlich die Mitgift, die die Tochter des Wild- und Rheingrafen dem Eberhard zubrachte, die endgültige Pleite verhindert.
Wenn die Kinderzahl als ein Gradmesser für das Glück einer Ehe genommen werden darf, so war Eberhard ein sehr glücklicher Ehemann; er hat es mit dieser Gattin, mit der er zwanzig Jahre verheiratet war, und dann noch mit einer zweiten, einer Gräfin von Öttingen, immerhin auf 25 Kinder gebracht, von denen ihn sechs Söhne und sechs Töchter überlebten. Er hält damit in weitem Abstand den Rekord im Kinderzeugen unter sämtlichen württembergischen Fürsten.

Kaiser Ferdinand visitiert Stuttgart

Den verwaisten Stuttgartern ging es mittlerweile auch nicht sonderlich gut. Nun waren also wieder die Österreicher die Herren im Land und Okkupanten der Residenz. Drei Tage nach der Nördlinger Schlacht zog Kaiser Ferdinand II. mit seinem ganzen Hofstaat in Stuttgart ein, allerdings ganz unfeierlich und ohne daß die Bürger, wie bei jenem ersten Ferdinand, seidene Fähnchen geschwenkt und die Festjungfrauen mit Rosenkränzen gewinkt hätten. Immerhin gab es in den Gassen allerhand zu gaffen, denn illustrere Gäste in prächtigeren Uniformen und pompöseren Ordensmänteln waren hier noch nie zusammengewesen. Der Kardinal-Infant Großherzog von Toscana, der Deutschmeister Fürst von Hohenzollern, spanische und italienische Botschafter, viele andere Fürsten, Grafen und Generäle mit riesiger Bagage. Zweck der Visitation: Einsetzung einer Statthalterschaft. Aber Seine apostolische Majestät hatte nicht viel Zeit. Nach zwei Tagen zog der erlauchte Schwarm schon wieder ab, zurück blieben die

Jesuiten, die jetzt scheinbar endgültig vom Chorherrenstift, von der Stiftskirche und den Stiftsgeldern Besitz ergriffen, und das Regiment Tiefenbach mit 1000 Fußsoldaten und 1500 Reitern. Diese vielen hungrigen Mäuler, die mit Gaisburger Märschen und Dampfnudeln nicht zufrieden waren, wollten gestopft sein. Die Lebensmittel wurden knapp und immer teurer, und die Kontributionen wollten überdies auch noch bezahlt sein.

Die Bürgerschaft wird gerügt

Mitte Oktober erschien der Kaiser wiederum, und diesmal blieb er vier Wochen, um die gesamte Landesverwaltung neu zu organisieren. Mit den Stuttgartern war der hohe Herr ganz und gar nicht zufrieden; sie waren gegen seine Soldaten nicht freundlich genug, und außerdem war ihm berichtet worden, daß noch viele in geheimer Korrespondenz mit dem Feind, das heißt mit Ketzern, standen. Der Kaiser geruhte daher, die Bürgerschaft zu »rügen«. Als der Mann von Gottesgnaden mit dem schönen Spitzbart und den dämonischen Beichtvätern dann wieder verschwunden war und erst zwei Jahre später, sorgenvoller und früh gealtert, wiederum auf eine Woche in Stuttgart residierte, ein unversöhnlicher Hasser des landesflüchtigen Eberhard, da mag sich mancher gut wüttembergisch denkende Stuttgarter gewünscht haben, dieser Ferdinand möge öfter kommen und länger bleiben. Denn solange er in der Nähe war, herrschte immerhin relative Zucht und Ordnung, ja es geschah sogar das Wunder, daß ein hoher Besatzungsoffizier wie der Obrist Johann Gordon, der bei Wallensteins Ermordung maßgebend beteiligt gewesen und daher, sollte man meinen, am Wiener Hof persona gratissima war, gegen eine so verdächtige und ketzerische Stadt wie Stuttgart nicht recht behielt. Dieser Gordon hatte mit der Großzügigkeit eines einstigen Wallenstein'schen Offiziers von Stuttgart 40 000 Gulden Verpflegungsgelder verlangt. Die Stuttgarter versuchten zu handeln und boten als äußerste Summe 30 000, wovon sie 10 000 Gulden sogleich anzahlten. Da wandten sich die Stuttgarter mit einem Bittgesuch an den Kaiser, der nicht nur die 40 000 für wucherisch erklärte, sondern auch durchsetzte, daß der edle Schotte die 10 000 alsogleich zurückzahlte. Vielleicht aber war das weniger ein Gnadenakt für die Stuttgarter als der berüchtigte Dank vom Hause Österreich für eine Mordtat, von der man offiziell nichts wissen wollte.

Die erste Inflation

Es ist schwer, sich unter den Summen, die damals als Kontributionen erpreßt wurden, etwas Konkretes vorzustellen. Die 40 000 Gulden des Obristen Gordon scheinen für eine Stadt, die damals etwa 9000 Einwohner zählte, enorm. Tatsächlich aber war diese verarmte Stadt, mit der der Kaiser sogar Mitleid gehabt zu haben scheint, imstande, allein in den ersten zwei Jahren der österreichischen Herrschaft 1 300 000 Gulden an Besatzungskosten aufzubringen, ohne Konkurs zu machen. Es dürfte sich dabei um die ominösen »Hirschgulden« gehandelt haben, die Eberhards Vater noch kurz vor seinem Tod hatte ausmünzen lassen und die so minderwertig waren, daß kein Württemberger dafür mit seiner Ware herausrückte. Württemberg erlebte damals schon so etwas wie eine erste Inflation und wehrte sich dagegen durch dieselbe Methode wie 300 Jahre später, nämlich durch Übergang zum Tauschhandel, um sich nicht von den »Kippern und Wippern« kahl scheren zu lassen. Damals war es, nach Johann Friedrichs Tod, fast zur Revolution gekommen, von der dann plötzlich nicht mehr die Rede war, als Landfremde, erst die Söldner und dann die Österreicher und die Schweden, dieses ungedeckte Schwindelgeld gutgläubig hinnahmen.

Greuel im ganzen Land

Es wäre falsch, wollte man so tun, als hätte Stuttgart im großen Krieg besonders schwer zu leiden gehabt. Es florierte damals gewiß nicht, aber es erging der Residenz doch besser als den Menschen in den Dörfern und den kleinen Städten, um die sich kein Kaiser kümmerte und die auch nicht mit Hirschgulden operieren konnten, sondern mit Sachwerten aufzuwarten hatten. Stuttgart erhielt bald nach der österreichischen »Machtübernahme«, ebenso wie Tübingen, einen kaiserlichen Schutzbrief ausgestellt, den zwar die diversen Besatzungsgeneräle, die Gallas, Brunner und Genossen nicht übermäßig ernst nahmen, der aber die Stadt vor dem Schlimmsten, vor Plünderung und Einäscherung, bewahrte. Man vergesse nicht: damals sind acht württembergische Amtsstädte, darunter Calw, Waiblingen, Nürtingen, Herrenberg, Weinsberg und Urach, radikal ausgeplündert oder bis auf die Grundmauern eingeäschert worden. 45 Dörfer verschwanden von der Landkarte. Und was dieser Verödung der Dörfer vorausgegangen war, das wagt auch eine durch zwei moderne Weltkriege abgehärtete Phantasie sich im einzelnen kaum auszumalen. Es genügt, nachzuschreiben, was ein kleiner Stadtschreiber als die damals auf dem flachen Land üblichsten Requisitionsmethoden sachlich vermerkt hat: Glieder abhauen, Augen ausstechen, siedendes Blei in Nasen, Mund und Ohren gießen, Pferdegalopp mit Bauern, die an den Schweif gebunden sind, Bauern an Bäume gefesselt als Zielscheibe. Viele flüchteten sich, wenn des Kaisers Soldaten, zumeist betrunken, sich nahten, in die Wälder, in Klüfte, in Höhlen, auch wenn sie dort Hungers starben. Manche entkamen auch nach der Schweiz.

Schwedisches Intermezzo

Solche Greuel blieben den Stuttgartern erspart, in deren Mauern sich denn auch viele aus den näheren und weiteren Ämtern flüchteten. Wieder einmal galt der Ruf: Stadtluft macht frei!

So sehr frei fühlten sich freilich die Stuttgarter auch nicht, aber ihre Frauen wurden wenigstens nicht auf offener Straße vergewaltigt. Ja, die Stuttgarter erlebten sogar die spaßige Episode, daß an einem späten Märztag 1638 unversehens 1500 Reiter des Herzogs von Weimar vor dem Eßlinger Tor aufkreuzten, die Schlagbäume niederlegten und durch die Leonhardsvorstadt auf den Markt sprengten, während gleichzeitig die kaiserlichen Räte und Statthalter und das Regiment Tiefenbach zum Siechentor hinaus, Heilbronn zu, sich eiligst davon machten. Tupadel hieß der schwedische General, der sich diesen Scherz geleistet hatte. Es war nicht mehr als billig, daß er für sein vierzehntägiges Gastspiel 2400 Gulden als Gage kassierte. Als dann kaiserlicher Sukkurs vor den Toren stand, retirierte sich der lustige Tupadel durch ein noch unbesetztes Tor. Die an dieser Posse ganz unschuldigen Stuttgarter mußten hinterher, schwer verdächtigt, sie hätten die Schweden herbeigerufen, eine Tonne Gold den Österreichern aushändigen. Der Stuttgarter Chronist aus jenem Jahr versichert uns mit schmerzlichem Zungenschlag, daß so mancher Bürger fünf und mehr Reichstaler täglich zu bezahlen hatte. Wir Späten stellen mit Verwunderung fest, daß sie diese Reichstaler trotz allem immer noch besaßen.

Wolff Friedrich Lindenspür

Es gab trotz allem auch in dieser Zeit noch wohlhabende Leute, die sozial dachten und ihre Stadt liebten. Da war Wolff Friedrich Lindenspür, ein gebürtiger Mainfranke, der siebzehnjährig an den Stuttgarter Hof als »Trommeter« (Kammermusiker) kam, 1605 das Bürgerrecht erwarb und 1632 in den Rat der Stadt gewählt wurde. Ein Jahr danach wurde er, was nur mit der Gunst des Herzogs möglich war, Gerichtsmitglied und 1636 Bürgermeister – wohlverstanden unter österreichischer Herrschaft. Im gleichen Jahr machte er seine erste Stiftung: von den Zinsen sollte alljährlich an seinem Geburtstag (2. März) ein »christliches und ehrliches Mahl« zugerichtet werden, zu dem die gesamte herzogliche und städtische Beamtenschaft Stuttgarts, weltliche wie geistliche, geladen war. Lindenspür sagte sich wohl: bei einem leckeren Bissen und einem guten Tropfen kommen sich Männer, die sonst nur dienstlich miteinander zu tun haben, auch menschlich nahe, was eine für das Gemeinwohl ersprießliche Atmosphäre schafft. Eine zweite Stiftung war für »verbürgerte hausarme Leut« bestimmt. Auch sie sollten an seinem Geburtstag »Fleisch, Brot, Wein, Salz und Schmalz« für ein Essen im Rathaus erhalten. Er hat es also redlich verdient, der brave Lindenspür, daß die Stadt eine, wenn auch nicht repräsentative Straße nach ihm benannt hat.

200 Jahre lang wurden diese Gedächtnismähler regelmäßig abgehalten. Dann wurden die Kapitalien der öffentlichen Wohltätigkeit zugewiesen. Denkt man daran, daß es so lange möglich war, sämtliche staatlichen und städtischen Beamten Stuttgarts bei einem gemeinsamen Mahl zu bewirten, dann mag man wohl ein wenig sentimental werden beim Blick auf jene gute alte Zeit, die so wenige Schreiber benötigte.

Eine dritte Stiftung Lindenspürs galt dem Tübinger Stift, als dessen Zöglinge zwei seiner Söhne studiert hatten. Das Stift war damals in bitterster Not, da die für den Unterhalt bestimmten Gelder von den Jesuiten beschlagnahmt waren. Dank Lindenspür konnten sich die Stiftler in den kritischen Jahren wenigstens wieder einigermaßen sattessen. Wie schlimm sich gleichzeitig das Restitutionsedikt auch auf das Stuttgarter Pädagogium auswirkte, dessen Fonds ebenfalls gesperrt waren, ergibt sich aus dem chronikalischen Vermerk, daß 1636 die Räte der Stadt von Haus zu Haus sammeln gingen, um den seit Monaten unbezahlten Präzeptoren und Professoren wenigstens ein Existenzminimum zu sichern.

Das Malefizhaus

Man fragt sich, wie es möglich war, daß ein offenbar tüchtiger Musiker wie dieser Lindenspür achtzehn Jahre lang in Stuttgart Mitglied des Stadtgerichts sein konnte. Jene Zeit – sie währte übrigens bis in den Anfang des 19. Jahrhunderts – kannte keine Trennung zwischen Justiz und Verwaltungsdienst. Sie wußte überhaupt nichts von Fachleuten. Mitglied des Magistrats und des Gerichtes konnte jeder Bürger werden, der einen guten Ruf hatte und dem Herzog genehm war. Es ist in den alten Dokumenten zwar immer davon die Rede, daß dieser oder jener zum Stadtrichter oder zum Bürgermeister »gewählt« worden sei. Aber das war keine Wahl, wie wir sie verstehen. Wohl hatte der Magistrat das Recht, einige Namen vorzuschlagen, aber nur nach vorheriger Genehmigung durch den Herzog, der seinerseits berechtigt war, einen Kandidaten zu benennen, den der Magistrat dann aber zu »wählen« verpflichtet war. Die allermeisten Ratsmitglieder, ebenso wie die Bürgermeister, waren denn auch all die Jahrhunderte hindurch durch die Herzöge ernannt und durch den Magistrat nur pro forma gewählt. Als eigentliches Stadtoberhaupt mit absoluten Vollmachten fungierte der vom Herzog ernannte Vogt, dessen Untergebene

auch die Bürgermeister waren. Von einer Selbstverwaltung also keine Spur! So ists auch nicht verwunderlich, daß städtische Beamte, und zwar nicht nur in Stuttgart, sondern in allen württembergischen Amtsstädten, zugleich die staatliche Justizbehörde repräsentierten. Dieses städtische Laienrichterwesen geht auf den viel berufenen Tübinger Vertrag zurück, der bestimmte, daß niemand ohne Urteil und Recht und ohne Verteidigung an Leib und Ehre und Leben gestraft werden dürfe – ein wunderschönes Grundgesetz, das freilich die vielen nicht getröstet haben wird, die, wie J. J. Moser, Schubart, Rieger ohne jedes Verhör von der Straße weg verhaftet und jahrelang in ein dunkles Festungsloch geworfen wurden, ohne daß die Landschaft es hätte wagen können, auf jenen Vertrag zu pochen.
Beim Stuttgarter Stadtgericht gab es drei Strafkammern: das aus vier Mitgliedern, darunter den Bürgermeistern zusammengesetzte »kleine Gericht«, das Straf- und Zivilsachen im Streitwert unter $7^1/_2$ Gulden behandelte; das aus zwölf Mitgliedern bestehende »große Gericht«, bei höheren Streitwerten, und das »peinliche Gericht« über Leib und Leben. Diese höchste Instanz, unseren Schwurgerichten entsprechend, tagte im »Herrenhaus«, dem sogenannten »Malefizhaus«, das gegenüber dem heutigen Neubau von Breuninger-Markt bei der Ecke der Münzstraße mit Front gegen die Schulstraße stand. Ulrich der Vielgeliebte hatte es 1455 erbaut. Es war ein breiter, dreistockiger Kasten mit hohem, quergestelltem Satteldach, über dem ein Glockenstuhl mit dem Malefizglöckchen aufragte. Im ersten Stock, wo der Gerichtssaal lag, hatte es einen weit vorgekragten fünfeckigen Erker mit Zeltdach; daneben war die Statue des Erbauers mit der Reichssturmfahne angebracht. Im Erdgeschoß waren die »Lauben« (Verkaufsstände) der Bäcker und Metzger und die Ausstellungsräume der Tuchhändler, Kürschner und Gerber. Außerdem war hier das »Narrenhäuschen« vorgebaut, in das leichtfertige Mädel und Gesellen und Radaubrüder, für jedermann sichtbar, für kurze Zeit gesperrt wurden (dafür waren nicht die Gerichte, sondern die Büttel zuständig). Daneben, an der Ecke gegen das Rathaus, stand auf einer acht Fuß hohen Tribüne der Pranger mit drei an der Hausmauer befestigten Halseisen und einem Schnappgalgen für unzüchtige Dirnen und Marktdiebe.

Das peinliche Gericht

Wenn das peinliche Gericht tagte, was nur mit ausdrücklicher Genehmigung des Vogts gestattet war, erklang eine Stunde vor Beginn das Malefizglöcklein. Das war das Zeichen für die Richter, aufzustehen, sich anzukleiden, zu frühstücken und, bis zur Reformation, die Messe zu hören (die Stadträte wohnten allesamt in den benachbarten Gassen). Unmittelbar vor Beginn bimmelte das Glöcklein zum zweiten Mal. Wenn dann eine auf dem Gerichtstisch stehende Standuhr zum vierten Mal abgelaufen war, verfiel jeder noch nicht an seinem Platz sitzende Richter einer empfindlichen Ordnungsstrafe; rennen oder laufen, wenn er verschlafen war, durfte er nicht, vielmehr war vorgeschrieben, daß die Gerichtsherren in feierlicher Kleidung, den Degen an der Seite, mit schwarzen Ratsmänteln zum Gericht schritten, der Vorsitzer mit dem langen Gerichtsstab in der Hand. Auf den Gerichtstisch wurde bei Eröffnung der Sitzung ein bloßes Schwert gelegt. Da diese Laienrichter vom Gesetzbuch im allgemeinen nicht sehr viel verstanden, waren sie verpflichtet, bei schwierigen Prozessen vor Fällung des Urteils ein »Konsilium« der Tübinger Juristenfakultät einzuholen.

Die Verhandlungen waren öffentlich. Man kann sich denken, daß bei der naiven Schaulust unserer Ahnen, für die öffentliche Hinrichtungen richtige Volksfeste waren, der Andrang bei interessanten Fällen groß war. An »Kriminalstudenten« hat es damals so wenig wie heute gefehlt. Tadelnd stellte einmal ein reisender Sittenschilderer fest, daß im Stuttgarter Malefizhaus auf den Zuschauerbänken stets »ein Tross von Soldaten, Handwerksburschen und Lakaien« anzutreffen sei, und daß bedauerlicherweise »auch Mädchen vom Stande« bei der Verhandlung gegen eine Kindsmörderin die Bänke bestiegen, um ihre gefallene Schwester zu sehen, daß sie laut lachten, wo sie hätten erröten sollen und sich das eine Mal sehr albern, das andere Mal außerordentlich frech betrügen.

Die weiteren Schicksale des Malefizhauses: 1746 wurde es renoviert, wobei der hübsche Erker und die Ulrichsfigur entfernt wurden; dabei soll die Reichssturmfahne auf mysteriöse Weise abhanden gekommen sein. 1775 wurde nach Abbau des Prangers die von Herzog Karl in Ludwigsburg gegründete Bibliothek, der Grundstock unserer späteren Landesbibliothek, hierher verlegt und mit der Konsistorialbibliothek aus dem »Stock« und der Regierungsbibliothek aus dem Prinzenbau vereinigt; auch die Kunst- und Altertümersammlung fand jetzt hier ihren Platz: das erste kulturelle Zentrum unsrer Stadt. Das Malefizglöcklein, das nicht mehr dazu paßte, wurde auf den Folterturm verpflanzt. 1820 wurde das Gebäude abgebrochen, um den zu engen Markt zu erweitern. Die Bibliothek kam dann in das Invalidenhaus in der Konrad-Adenauer-Straße, das ungefähr da stand, wo heute die neue Landesbibliothek erstellt wurde.

Eberhard wieder im Land

Im Jahre 1637 starb Kaiser Ferdinand II., der sich bis zuletzt geweigert hatte, das Herzogtum dem ketzerischen Eberhard wieder auszuhändigen. Mit seinem Sohn und Nachfolger Ferdinand III., der zwar auch alles andere als ein Protestantenfreund war, konnte man eher verhandeln. Er gestattete schon im nächsten Jahr großmütig, daß Eberhard in sein Land zurückkehre. Er kam wahrlich nicht als Sieger; es gab keine feierlichen Empfänge und keine neuen Huldigungen. Das Alte Schloß war nach Abzug des österreichischen Statthalters in einem so erbärmlichen Zustand, daß nicht ein einziger Raum bewohnbar war. Alles war restlos gestohlen, sogar die gewirkten Tapisserien hatten die Herrschaften mitgenommen. So mußte Eberhard im Landschaftsgebäude (in der späteren Kronprinzstraße) Quartier beziehen, wo zu allem Unglück hin bald nach seinem Einzug ein großer Brand ausbrach. Die Verhältnisse waren für einen Mann, der immerhin regierender Herzog war, so beschämend, daß sogar den Kaiser in Wien ein kollegiales Rühren ankam und ein Schutzbrief die Stadt ausdrücklich von Quartierlasten und Kontributionen freistellte, weil alle verfügbaren Gelder für die Etablierung Eberhards vonnöten seien. Auch die Landschaft war schließlich bereit, 1500 Gulden springen zu lassen, damit die noch in Straßburg sitzende Witwe Julius Friedrichs »ausgelöst« werden konnte, und die Stadt verpflichtete sich, zum Unterhalt des Herzogs und seiner Familie wöchentlich 300 Gulden beizusteuern. Der Herzog als Kostgänger seiner Residenz! Aber wenn Eberhard jetzt auch wieder Herzog war: das Restitutionsedikt blieb nach wie vor in Kraft. Das Kirchengut, von dem in der Hauptsache die protestantischen Prediger und die Stiftler lebten, stand ihm nicht zur Verfügung, die Klöster und Stifte, 22 an der Zahl, und ein Drittel des ganzen Herzogtums gehörten wieder den geistlichen Orden, und sämtliche Festungen, mit der Ausnahme des Hohentwiels, waren von kaiserlichen Truppen besetzt: Zwingburgen überall im Land, für deren enorme Spesen das Land selbst aufzukommen hatte. Damit kein Zweifel über die wahren Absichten auch dieses Ferdinands aufkommen konnte, stellte er gleichzeitig mit einem Schutzbrief für Stuttgart auch einen Schutzbrief für die Jesuiten aus, die seine Erzieher gewesen waren: sie sollten in Stuttgart, Backnang, Tübingen, Herrenberg und Göppingen, den Bastionen der gegenreformatorischen Bemühungen, völlige Steuerfreiheit genießen und von allen Behörden großzügig unterstützt werden, auf daß sie den Weinberg des Herrn bebauen und die Jugend unterrichten könnten. Im Besitz aller Kapitalien der früheren Stifte, im Genuß der Zehnten und sonstiger »Gefälle« waren sie damals wahrscheinlich die reichsten Leute im Herzogtum. Die Ärmsten aber waren zweifellos die protestantischen Prediger, die von milden Gaben leben mußten. 300 Pfarreien waren damals verwaist.

Die enttäuschten Jesuiten

Man möchte annehmen, daß der krasse Gegensatz zwischen den reichen und mächtigen Jesuiten und den bettelarmen, protestantischen Predigern die Württemberger nicht geneigter gemacht hat, zum alten Glauben zurückzukehren. Dazu kam, daß ein Konvertit namens Dr. Besold, ein Phantast, vor dem in Stuttgart niemand Respekt hatte, liebedienerisch für den Plan agitierte, die Propstei und alle anderen der Stiftskirche gegenüberliegenden Häuser niederzureißen, um Platz für ein prächtiges Jesuitenkollegium zu schaffen. Da in Stuttgart offenbar niemand außer diesem Dr. Besold die Jesuitenherrschaft für tausendjährig hielt, reagierten die Bürger sauer auf solche Pläne. Bald schon mußten die Jesuiten in Wien darüber Klage führen, daß sie in Stuttgart nicht ernst genommen, daß die für den katholischen Gottesdienst in der Stiftskirche verordneten Stunden verkürzt würden, daß das Ave-Maria-Geläute teils geändert, teils ganz abgestellt und daß einem Kuraten nicht verstattet worden sei, einem katholischen Soldaten, der gehängt werden sollte, das letzte Geleit zu geben; ja sogar katholische Ehehändel würden vor dem rein protestantischen Konsistorium verhandelt. Der Kaiser erließ daraufhin von Regensburg aus ein scharfes Mandat. Es hat nichts genützt. Landfremde Eroberer taugen eben schlecht zur Mission.

Johann Valentin Andreae

Daß die Jesuiten in Stuttgart nichts erreichten, dafür bürgte schon ein einzelner Mann, der im protestantischen Deutschland damals die höchste Autorität darstellte: Johann Valentin Andreae, der Enkel jenes Jakob Andreae, des »württembergischen Luthers und Schöpfers der Concordienformel«, der Herzog Christophs tüchtigster Rat und Gesandter gewesen war. Valentin Andreae, ein gebürtiger Herrenberger, war unbestreitbar einer der genialsten schwäbischen Geister nicht nur des 17. Jahrhunderts. Mörike im »Alten Turmhahn« nennt unter »den goldenen Namen der frommen Schwabenväter« den seinigen an erster Stelle. Aber er war nicht nur fromm und ein praktischer Christ, sondern ein wahrhaft faustischer Mensch, der die geistige wie die sinnliche Welt mit einer geradezu dämonischen Wißbegier durchstürmte, Mystiker und Vater der »Rosenkreutzer«, Idealist, Skeptiker, Rationalist, daneben hervorragender Mathematiker und Naturwissenschaftler, Kunsthistoriker, »Voltigierer« (wir würden heute sagen: Turner und Sportsmann) und nicht zuletzt auch Dichter: er schrieb unser erstes Faustdrama »Turbo«. Seine verehrten Brüder im Geist: Rabelais, Montaigne, Galilei, Machiavell, Kepler, mit dem er, wie mit allen Europäern von Rang, in freundschaftlichem Briefwechsel stand.

Dieser echt barocke Mann wurde 1639, also im Jahr nach Eberhards Restitution, nach Stuttgart als Hofprediger und Konsistorialrat berufen. Er war zuvor Diakon in Calw gewesen, wo bei der Einäscherung der halben Stadt auch seine ganze Habe, seine Sammlungen, die 3000 Bücher und die Gemälde, darunter Originale Dürers, Holbeins und Cranachs, verbrannt waren. Er hatte es gelassen hingenommen: »es ist unnütz, der Sache nachzugrübeln, aber sie beherzigen und neuen Nutzen daraus zu ziehen ist Pflicht«. Dann hatte er den Wiederaufbau der Stadt großartig organisiert und eine Hilfsaktion ins Leben gerufen, die in wenigen Jahren 40 000 verzweifelten Menschen der näheren und weiteren Umgebung wieder Brot und Arbeit beschaffte.

So einer war der neue Stuttgarter Hofprediger, der bald schon mit dem vom Herzog eingesetzten Vizeregenten Ferdinand Geizkofler, einem leicht größenwahnsinnigen Tiroler, Krach bekam: »Seine erste Tat war, daß er die Räte, die Geistlichen und die alten treuen Diener von der herzoglichen Tafel ausschloß unter dem Vorwand von Ersparnissen, in Wahrheit aber, damit man ohne Zeugen desto ausgelassener tafeln konnte. Denn Schwelgerei und Schmäuse waren von der Zeit an grenzenlos. Mir, der ich Leckerbissen nicht achte, war es sehr erwünscht, an meinem eigenen Tische zu sitzen und von Aufwartungen bei Hofe frei zu sein. Denn die Zeit, die mir der Hof raubte, konnte ich zu ernsten und der Kirche nützlichen Arbeiten verwenden.«

Valentin scheint sich dann bald schon mit dem Gedanken getragen zu haben, den Hofdienst zu verlassen, da er mit seinen hochgemuten volkserzieherischen Plänen, die vieles von Pestalozzi vorwegnahmen, und seinen geradezu revolutionären, sozialen Reformen in der kleinlichen Umgebung nicht durchdrang. Immerhin hatte er 1643 als erster den Pflichtschulbesuch für alle Kinder durchgesetzt. Er kaufte dann zwei aneinanderstoßende Häuser um 1126 Gulden und bald danach noch »eine etwas weitläufigere

Herberge« um 1000 Gulden, die ihm sein Gönner, der Herzog von Braunschweig-Lüneburg, geschenkt hatte. Wo diese Häuser standen, ist nicht bekannt. Er blieb dann aber doch im Amt und hat in den Jahren bis 1650 vor dem Hofe, das aber heißt vor tauben Ohren, über tausend Predigten gehalten. Gewohnt hat er wohl in der alten Hofkaplanei in der Schulstraße, beim Haus »unter der Mauer«. Dann ließ er sich, müde und alt geworden, als Abt nach dem stillen Bebenhausen versetzen, von wo er nach vierzehn Jahren noch einmal nach Stuttgart übersiedelte, und zwar als Abt von Adelberg, mit dem Amtssitz Stuttgart. Hier starb er am 24. Juni 1654: nächst Reuchlin zweifellos der geistig prominenteste Bürger, den Stuttgart bis dahin beherbergt hat.
Herder hat ihn nach seinem Tod als den mutigsten Wahrheitssager seines streitenden, verketzernden Jahrhunderts gerühmt, Goethe hat ihm in den »Geheimnissen« ein nur einem Eingeweihten verständliches Denkmal gesetzt und Gottfried Keller hat diesem geschworenen Feind der »Eitelkeitskrämer, Schwätzer, Bauchpfaffen, pseudoevangelischen Feueranbläser, Böcke und Schweine« im »Sinngedicht« die »Freiheit des Geistes, der Zunge, des Urteils« bestätigt.

Der Westfälische Friede

Wir kennen leider die Predigt nicht, die Andreae am 2. November 1648 in der Stuttgarter Schloßkirche gehalten hat. Und da auch seine Selbstbiographie, die lateinisch geschriebene »Vita« schon vorher abgeschlossen war, wissen wir auch nicht, wie er über Segen und Unsegen dieses Friedens gedacht hat. Grund zum Feiern gab es für den sowieso stets festfreudigen Hof Eberhards III. auf jeden Fall, denn Freiherr von Varnbüler, Württembergs Vertreter bei den Verhandlungen in Osnabrück, hatte mit Unterstützung Schwedens und Frankreichs »die vollkommene und unbedingte Wiederherstellung« des Herzogtums durchgesetzt. So wurde im Stuttgarter Schloß getafelt und getanzt, Tübinger Studenten musizierten, Böllerschüsse krachten über das Tal hin, und abends gabs Feuerwerk.

Drei Tage danach erteilte Eberhard den Jesuiten den Befehl, das Stift zu räumen und das Land schleunigst zu verlassen, denn durch den Friedensvertrag war die Gleichberechtigung des lutherischen, katholischen und reformierten Bekenntnisses gesetzlich festgelegt und das Kirchengut dem zugesprochen worden, der es 1624 erweislich besessen hatte. Aber den Jesuiten eilte es nicht. Erst als man ihnen ihre riesigen Weinvorräte beschlagnahmt hatte, zogen sie – es war der 6. Januar 1649 – sang- und klanglos ab.

Zwei Zahlen zeigen, was der lange Krieg für die Stadt bedeutete: im Jahr 1621 zählte man in Stuttgart 9773 Seelen, 1648 waren es noch 4500. Seit 1634 bis zum Frieden, also in den letzten vierzehn Jahren, waren in der Stadt 5370 Menschen gestorben. Gleichzeitig wurde festgestellt, daß 1086 Morgen Weinberge unbebaut waren und 4062 Morgen Äcker brach lagen. Im ganzen Land war es noch schlimmer; da hatten von 450 000 Einwohnern des Jahres 1623 nur 100 000 die Greuel und Seuchen überlebt. Und

von diesen muß leider gesagt werden, daß sie nicht mehr das waren, was man als »Württemberger vom alten Schlag« bezeichnet hat. Die vielen fremdländischen Truppen, die jahrzehntelang das Herzogtum durchzogen, die hier kampiert und sich als Herren mit absoluten Herrenrechten aufgespielt hatten: Wallonen, Kroaten, Magyaren, italienische und spanische Hilfsvölker – sie haben uns auch volksmäßig kein gutes Erbe hinterlassen. Die Demoralisation aller Stände in den kommenden Jahrzehnten hat hier ihren Grund. Aber rascher und mit strengerer Selbstzucht als anderswo haben die Schwaben zur eigenen Art zurückgefunden.
Um Städte und Dörfer wieder aufzufüllen, wurde allen abgedankten Soldaten, Österreichern, Schweden, Schweizern, die Ansiedlung gestattet. Auch der Ahnherr von Theodor Heuß, der mit Gustaf Adolf aus Schweden nach Deutschland gekommen war, ließ sich damals am unteren Neckar als Fischer und Schiffer nieder. Nach Stuttgart kamen besonders viele protestantische Österreicher, denen im Friedensvertrag ausdrücklich Gleichstellung und Rechtsschutz versagt worden war. Darunter so manche, deren Nachkommen dem schwäbischen Ansehen hohen Ruhm eingebracht haben: die Hauff, Hegel, Moser, Flattich, Hochstetter fanden damals bei uns eine neue Heimat.

Konrad Wiederhold

Er hat zwar mit der Geschichte Stuttgarts unmittelbar nicht viel zu schaffen. Aber da die Stadt eine Straße nach ihm benannt hat und sein Name in jenen Zeitläuften wie kein anderer populär war, darf von ihm auch in unserer Stadtgeschichte die Rede sein. Er hat gezeigt, was ein einzelner verwegener Mann mit Humor auch in einer kriegerischen Arena, in der Massenheere operierten, zu leisten vermag. Als alles drunter und drüber ging, als Begriffe wie Ehre und Treue stündlich für etliche Silberlinge verschachert wurden und Fürsten, Länder und Städte fatalistisch und devot vor dem Sieger des Tages kapitulierten, ist es ein Vergnügen, von einem Kerl zu berichten, der niemals kapituliert hat.
Wiederhold war ein Hesse aus Ziegenhain, der als junger Landsknecht zwei Jahre der Republik Venedig Dienste geleistet hatte. 1619 kam er als »Drillmeister«, das heißt als Unteroffizier zu Herzog Johann Friedrich, brachte es in der Landmiliz bis zum Obristleutnant und wurde 1634, kurz vor der Nördlinger Schlacht, von Eberhard zum Festungskommandanten vom Hohentwiel ernannt, mit dem kategorischen Befehl, die Festung niemals

zu übergeben, selbst dann nicht, wenn der Herzog selbst es fordere, denn dann sei die Forderung erpreßt. Daß Eberhard bald danach nicht auf den Hohentwiel, wie so manchmal sein Ahnherr Ulrich, sondern nach Straßburg echappierte, hat seinen Grund wohl darin, daß für den Hof mit den vielen verwöhnten Damen und Kavalieren die einsame Festung kein genügend komfortables Refugium bot.

Wie ernst Wiederhold seine Aufgabe nahm, bewies schon seine erste Aktion: Er zerstörte kurzerhand die Nachbarburgen auf dem Hohenkrähen, Hohenstoffeln und Mägdeberg, um allerseits den Rücken frei zu haben. Dann verschaffte er sich Geld, denn von seinem Herzog im Exil war nichts mehr zu erwarten. Ein Überfall auf den Bischof von Konstanz bei einer Jagdpartie brachte außer dem bischöflichen Leibroß auch das bischöfliche Tafelsilber ein. Dann kam die Reichsstadt Überlingen dran; 350 der Stadtsoldaten wurden getötet, 200 gefangen, das gesamte grobe Geschütz erbeutet; die Gefangenen gingen geschlossen zu ihm über. Überlingen hat ihm dann noch einige Male Tribut zahlen müssen. So hat er dort am hellen Tag auch die Orgel im Kloster abmontiert und für seine neuerbaute Festungskirche requiriert. Den Nachbarstädten, die die Überlinger verspotteten, verging bald das Lachen, denn in ganz Oberschwaben, bis nach Memmingen hinüber, und am Bodensee gab es schließlich keine Stadt und kein Kloster mehr, die ihm nicht regelmäßig Kontributionen zahlen mußten: Reitertrupps kassierten die Gelder.

Sechs Belagerungen hatte er auszuhalten. Viermal gingen ihm geradezu verzweifelte Befehle Eberhards zu, die Festung zu übergeben, da er sonst in sein Land nicht zurückkehren dürfe. Wiederhold übergab nicht. Der Kaiser bot ihm Riesensummen und versprach ihm den Generalsrang, wenn er kapituliere. Er kapitulierte nicht. Er schlug sich statt dessen mit 30 Reitern und 100 Fußsoldaten bei Nacht durch die Belagerer durch und schnappte in Balingen eine Kriegskasse von 20000 Reichstalern, von der er Wind bekommen hatte. Dabei war er um lustige Tricks nie verlegen: die Balinger Stadtwache täuschte er durch einige Soldaten, die als Bauern verkleidet waren und sich wärmen zu dürfen baten, denn es war Januar und bitter kalt. Einer hatte einen Sack mit Nüssen auf dem Rücken, von denen er den Wachsoldaten etliche abgeben wollte. Der Sack platzte versehentlich auf, die Soldaten balgten sich um die Nüsse, und schon knallten Handgranaten, die Wache wurde überwältigt, das Tor gesprengt, die Stadt erobert. Während der Heimfahrt nahm sich Wiederhold die Zeit, bei einem Freund in Tuttlingen den Kindspaten zu machen.

Oder der Angeltrick: während der Belagerungen wurden an den Berghängen einzelne Leute auf Bäumen und erhöhten Böschungen versteckt, die die auf den Wegen darunter rekognoszierenden feindlichen Reiter mit schweren eisernen Angeln von den Pferden heraufhakten. Das waren die »Angelreiter«, die schließlich eine kleine Elitetruppe bildeten. Auch die Verminung von Rüben- und Erbsenäckern durch Granaten war eine Wiederhold'sche Spezialität; er ließ, um den Feind anzulocken, überall, wo Granaten im Boden staken, breitkrempige Hüte mit bunten Bändern wie Vogelscheuchen auf Stangen setzen. Österreicher, Spanier, Bayern, einzeln oder vereint, unter Führung der renommiertesten Generäle haben die Feste zwingen oder aushungern wollen. Einmal waren es 7000, von denen nach drei Monaten noch 700 blamiert abzogen. Ein andermal wurden unter Führung des Kurfürsten von Bayern 5600 Schüsse gegen die Festungswerke gefeuert; damals allerdings mußte Entsatz aus dem Breisgau herangeholt werden. Auch das gelang. In die Zange genommen, floh der Kurfürst unter Hinterlassung allen Belagerungszeugs. Als Wiederhold dann 1650 doch übergab, geschah es auf Befehl der Franzosen, unter deren Oberbefehl er als ehemaliger Verbündeter Bernhards von Weimar stand. In den neu angelegten Felsenkellern lagerten noch Vorräte für Jahre. Außerdem hatte er eine Kirche, ein Zeughaus, ein Wirtshaus und eine Windmühle gebaut und eine neue Straße angelegt, die ihm beträchtliche Zolleinkünfte sicherte.
Die Karriere Wiederholds endete mit einem fast unwahrscheinlichen happy end: Herzog Eberhard hat seinen Kommandanten, von dessen fast schon legendärem Ruhm auch auf ihn ein Strählchen abfiel, fürstlich belohnt; er erhielt Rittergüter, das Ehrenamt eines Obervogts von Kirchheim und sogar den Grafentitel. Auf diesen aber verzichtete der Mann, der die »Jungfräulichkeit« seiner Festung so tapfer behütet hatte.

Ein gewonnener Krieg?

Es wäre falsch, wollte man das Los eines Fürsten wie Eberhards III., dem der lange Krieg so viele Untertanen geraubt und so viele Ruinen und Ödflächen hinterlassen hat, für beklagenswert halten. In Wahrheit hat er, ebenso wie seine zahllosen Kollegen – es gab in Deutschland nach 1648 rund 1800 Souveräne – den Krieg gewonnen; verloren hatte ihn das Reich, der Kaiser, der bei den künftigen Dingen kaum mehr mitzureden hatte.
Eine direkte Folge des Friedens war an allen Höfen, auch den putzigsten, das Erwachen des Absolutismus. Von jetzt an durfte jedes Fürstlein Ver-

träge und Bündnisse mit dem Ausland nach eigenem Ermessen schließen, ohne sich um Kaiser und Reich zu kümmern. Jetzt fühlte sich jeder dieser Duodezpotentaten als ein kleiner Gott und sammelte Kreaturen um sich, die ihn zu vergöttern bereit waren. Wo es an solchen im eigenen Lande fehlte, wie bezeichnenderweise in Württemberg, da bezog man sie vom Ausland. Bald wimmelte es am Stuttgarter Hof von französischen Kavalieren, die selbstverständlich nicht deutsch, sondern die Sprache Ludwigs XIV. sprachen und auch französische Manieren und französische Moden mitbrachten; es war der Zeitpunkt, da das, was man Mode, Weltmode heißt, erstmals in Erscheinung trat. Und merkwürdig: für die protestantischen Länder gab das im Krieg mit den Schweden verbündete Frankreich den modischen Ton an, während das katholische Österreich und auch Bayern an der spanischen Tracht zunächst noch festhielten.

Der Hofküchenmeister berichtet

Wie rasch für den Herzog, der noch vor wenigen Jahren in Stuttgart kein Dach über dem Kopf und kein einziges Bett im Schloß hatte – denn die letzte österreichische Statthaltersgattin hatte auch alles Bettzeug gestohlen –, die Dinge sich wendeten, ersieht man daraus, daß er schon zwei Jahre nach Friedensschluß mit einem Gefolge von 150 Adeligen, Räten und Lakaien zum Regensburger Reichstag fuhr, wo ihm Kaiser Leopold gnädigst das Prädikat »Durchlauchtig« verlieh und den »Damen«, des Herzogs Töchtern, den Titel »Prinzessin« zuerkannte (viel mehr als Adelstitel hatte der Kaiser nicht mehr zu verschenken). Aus einem Bericht des »Hofküchenmeisters« ist zu ersehen, daß wenige Jahre nach dem Friedensschluß im Stuttgarter Schloß allwöchentlich nicht weniger als 3 500 Personen gespeist wurden, und zwar gab es da zu versorgen: die fürstliche Tafel, das fürstliche Fräuleingemach, das Prinzengemach; im Losament: den fürstlichen Kindtisch, wobei eine Kindhofmeisterin und zwei Präzeptores; ein Tisch im Frauenzimmer, wobei ein Haushofmeister und Herr Vorsteher; ein Kindsstubentisch, woran drei Kammerdiener, eine Kindsfrau, zwölf Kindsmägde, ein fürstlicher Kinderknecht, zwei Waschmägde; dann ein Jägertisch, woran auch zwei Falkenjungen; ein Dienertisch, ein Tisch mit acht Schneidergesellen, ein Tisch mit acht Stallknechten, ein Tisch mit siebzehn Dienstmägden. Extra ordinarie gespeist wurden außerdem 493 Personen. Im gleichen Jahr 1661 erhielten die Weingärtner einen Pokal, den heute noch erhaltenen Urbansbecher.

Völlerei auch in Bürgerhäusern

Gespeist wurde gut und üppig. Nach den Hungerjahren begann, nicht nur in den Schlössern, sondern auch in den Privathäusern, ein Schlemmerleben, das für uns unvorstellbar ist. Es war die Rede, daß auch Stuttgarter Privatleute, wenn sie Gäste einluden, von 10 Uhr vormittags bis abends 6 Uhr an der Tafel saßen und ohne Unterbrechung – man kann nicht sagen aßen, sondern richtig fraßen. Es gab da oft sechs Gänge, jeder Gang mit neun verschiedenen Speisen. Was aß man? Kein modernes Hotel hat reichhaltigere Menüs als was man sich damals auch in Bürgerhäusern an leckeren Dingen leistete. Hier eine Auswahl aus schwäbischen Menükarten jener Zeit: Weinsuppe, Rehrücken, gebratene Vögel, Hirsch, Wildbret, Artischocken, Rindfleisch mit Klösen, gefüllte Lammsbrust, Wildschweinschinken, Welschhuhn, junge Hühner, Spanferkel, Kalbskaldaunen, Kartauschen, Pasteten, Braunkohl, Feigentorte, Spritzkuchen, Dessert. Alles das war stark gewürzt, damit man Durst bekam.

Als Eßwerkzeuge gab es vorerst nur Löffel, mit denen jeder sich aus der gemeinsamen Schüssel bediente. Gabeln dienten nur zum Vorlegen. Auf mehrere Gäste kam ein Messer. Fleisch und Salat aß man mit den Fingern.

»Die schönen Räusche«

Das Trinken war fast noch wichtiger als das Essen. Ein Mann, der nicht trinkfest war, konnte bei Hof keine Rolle spielen und auch in der Kanzlei kein Amt bekommen. Dabei war es keine Schande, einen Rausch zu bekommen. Räusche hielt man für gesundheitsfördernd, mindestens zwei im Monat hielten die Ärzte für ratsam. Kein größeres Lob für genossene Gastfreundschaft, als daß man acht oder auch vierzehn Tage keine Stunde nüchtern gewesen sei. »Dank auch für die schönen Räusche«, war eine beliebte Abschiedsfloskel. Die Herzogin Sophie von Hannover berichtet von ihrem Besuch am Stuttgarter Hof, der ebenfalls anwesende Herzog von Holstein habe auf ihr Wohl einen so enorm großen Pokal mit Wein geleert, daß er den ganzen Inhalt auf der Stelle wieder von sich geben mußte. Er habe aber als ein Kavalier nicht eher geruht, als bis er ihn auf ihr Wohl nochmals geleert und bei sich behalten hatte. Von einem Trinkgelage im Heidelberger Schloß wird berichtet, der Pfalzgraf Friedrich und der Markgraf von Baden seien so fidel geworden, daß sie den ebenfalls betrunkenen Gästen höchsteigenhändig die damals modischen Voll- und Spitzbärte abschnitten, was »sonderlich an den alten geheimen Räten ein großer Übelstand gewesen, denn man sie kaum noch kennte«. Derselbe Pfalzgraf, dessen Land unter dem Krieg so sehr gelitten hatte, daß nach Friedensschluß nur

noch 200 Bauern vorhanden waren, erschien am späten Abend des 30. Oktober 1664 unangemeldet, durch den Tiergarten galoppierend, mit seinem ganzen Hofstaat von 200 Pferden im Stuttgarter Schloß: »In vier Tagen seines Hierseins sollen 73 Eimer, 14 Imi Wein aufgegangen sein.« Das sind beiläufig rund 22 000 Liter.

Die ersten Buchhandlungen

Eine erfreulichere Notiz des Chronisten: im Jahr 1650 läßt sich der erste Buchhändler in Stuttgart nieder. Er hieß Johann Gottfried Zubrod und stammte aus der Pfalz. Nach ihm kam August Metzler, der 1678 bis 1681 in Zwickau das Buchbinderhandwerk gelernt und daneben einen Handel mit Büchern betrieben hatte. Die noch heute bestehende J. B. Metzler'sche Verlagsbuchhandlung, die später Lessing und die Anthologie des Regimentsmedikus Schiller verlegte, dürfte wohl die einzige Stuttgarter Firma sein, die sich so lange erhalten hat, denn der Cotta-Verlag, der 1659 gegründet wurde, war in seinem ersten Jahrhundert, bis 1810, bekanntlich in Tübingen beheimatet. Anno 1707 wollte noch ein zweiter Buchhändler, Georgi aus Leipzig, nach Stuttgart übersiedeln. Sein Gesuch wurde aber auf Metzlers Protest hin abschlägig beschieden. 1717 erhielt Metzlers Sohn Johann Benedikt die Erlaubnis, den von seinem Vater ererbten Buchhandel mit seinem Schwager, dem Hofbuchdrucker Rösslin zehn Jahre gemeinschaftlich fortzuführen; er übernahm das Geschäft aber schon im nächsten Jahr allein und erhielt dann ein ausschließliches Privileg auf 20 Jahre. Um die Mitte des 18. Jahrhunderts tauchten dann zwei weitere berühmte Namen auf: Hallberger und Steinkopf. Beide ursprünglich Antiquare, die »Handel mit gebundenen Büchern« betrieben und bald schon auch eigene Verlagswerke herausgaben.

Das Tabaktrinken

Mit den Soldaten des großen Krieges war auch der Tabak nach Württemberg gekommen. Und zwar erfährt man aus den Stuttgarter Urkunden zum ersten Mal darüber, als im August 1656 ein Haus niederbrannte und als Ursache »Tabaktrinken«, wie man damals sagte, festgestellt wurde. Die Folge war, daß den Krämern und Kaufleuten bei strengen Strafen der Verkauf von Tabak verboten und befohlen wurde, ihre Tabakvorräte innerhalb von 14 Tagen fortzuschaffen. Aber schon 1667 findet sich in den

Bürgerlisten wieder ein »Beisitzer und Tabakshändler«. Da man einsah, daß dieses neumodische Laster nicht schlechtweg zu verbieten sei, wurde 1683 verordnet, daß »in Stuben, Kammern, Scheuern, Stallungen und anderen Orten, wo leichtentzündbare Gegenstände sich befinden, nicht geraucht werden dürfe«. Noch 1675 wurde das Tabakrauchen in Berlin, das übrigens 1648 nur noch 300 Bürger zählte, mit Gefängnis und Pranger bestraft. 1670 hatte die württembergische Regierung bereits erkannt, daß mit diesem Kraut, wenn man es gehörig versteuert, ein Geschäft zu machen sei; sie empfahl daher eifrig den Tabakanbau. Die Steuer traf besonders die kleinen Leute, denn Tabakrauchen galt noch lange als unfein; die besseren Leute schnupften, auch die Damen, wie aus dem Stoßseufzer der Liselotte von der Pfalz zu ersehen ist: »es ärgert mich sehr, wenn ich hier in Paris alle Weibsleut mit schmutzigen Nasen sehe«.

Württembergs Wehrhoheit

Weder Eberhard III. noch sein Nachfolger Wilhelm Ludwig, der allerdings nur drei Jahre regierte, sind den Württembergern in lebendiger Erinnerung geblieben. Daß damals der dicke runde Ostturm an das Schloß angebaut wurde, und daß wieder einmal Künstler aus den Niederlanden kamen, die die Schloßräume mit lebensgroßen, gewirkten Bildern tapezierten, ist nicht weiter aufregend. Interessanter ist es schon, zu erfahren, daß beim feierlichen Einzug des Herzogs Wilhelm Ludwig mit seiner hessischen Gattin Magdalena Sibylla auf der Feuerbacher Heide wieder einmal eine Parade stattfand, an der immerhin 7200 Mann angeworbenes Kriegsvolk und Landwehr mit 20 Geschützen teilnahmen. Es gab also wieder Soldaten. Bei einer Musterung wurde festgestellt, daß im Herzogtum jederzeit 44 000 waffenfähige Männer aufgeboten werden könnten. Der gesamte Landsturm wurde auf 60 000 geschätzt. Noch war die alte Landesordnung in Kraft, die vorschrieb, daß jedermann verpflichtet sei, »Wehr und Harnisch zu haben, und solche sauber zu halten, um damit gerüstet jederzeit, so der Mann erfordert würde, auszuziehen«. Kein junger Mann durfte heiraten, der nicht wenigstens seinen Spieß am Nagel hatte.

Der Herzog saniert sich durch Soldatenhandel

Das Ergebnis jener Musterung machte sich der Herzog-Administrator Friedrich Karl zunutze, der 1677 nach Wilhelm Ludwigs Tod für den erst neun Monate alten Erbprinzen Eberhard Ludwig die vormundschaftliche Regierung übernahm. Er hatte Schulden. Da die Landschaft sich nicht erweichen ließ, ihm mit einem größeren Betrag unter die Arme zu greifen, drohte er, wie früher in kaiserliche Kriegsdienste zu treten, wo er sich sanieren könne. Statt ihn ziehen zu lassen, rückte die Landschaft mit der Summe von 50 000 Gulden heraus. Damit gedachte der Herzog zu wuchern. Wie es im Dreißigjährigen Krieg kein fetteres Geschäft gegeben hatte, als eine Truppe anzuwerben und sie an den Höchstbietenden zu verkaufen, so gedachte auch Friedrich Karl seine landesherrlichen Vollmachten für seine Privatkasse zu nutzen. Damals stand die Republik Venedig im Krieg mit den Türken; Griechenland war der Schauplatz. Venedig hatte viel Geld, aber keine Soldaten. Der erste, der hier ein Geschäft witterte, scheint der Herzog Ernst August von Braunschweig-Lüneburg gewesen zu sein, der sich mit dem Herzog von Württemberg zusammentat, um zunächst einmal eine Infanteriekompagnie von 150 Mann für die Venezianer auf die Beine zu stellen. Das war aber zunächst nur eine Probelieferung, mit der man am Lido so zufrieden war, daß kurz hintereinander zwei weitere, diesmal beträchtlichere Lieferungen in direkten Verhandlungen bei Friedrich Karl bestellt wurden: zunächst 1000 Mann, die zwei Grenadier- und acht Musketierkompagnien bildeten; Dienstzeit zwei Jahre. Das war im Februar 1687. Schon Anfang Juni wurde das Regiment durch Tirol nach Venedig in Marsch gesetzt. Patras, Korinth, Athen waren in den nächsten Wochen die Kampforte. Die Württemberger hatten die Ehre, gegen die von Türken besetzte Akropolis einige Kernschüsse loszufeuern.

Prima Soldatenware

Die Qualität der württembergischen Soldaten imponierte dem venezianischen Dogen Francesco Morosini so sehr, daß er am 20. November 1687 einen neuen Vertrag mit Friedrich Karl auf Lieferung von weiteren 3000 Mann abschloß, dessen Wortlaut erhalten geblieben ist: danach durften nur »gute tüchtige wehrhafte Leute, nicht unter zwanzig und nicht über fünfzig Jahre alt, völlig montiert und ausgerüstet«, offeriert werden, wogegen die Republik sich verpflichtete, pro Kopf 50 Taler (100 Gulden) Aufstellungskosten und ebensoviel für die Unkosten des Marschs nach Italien an den Herzog zu bezahlen; »die eine Hälfte dieser stipulierten Summe wird gleich nach Auswechslung der Ratifikation, die andere Hälfte nach der Musterung und Übernahme der Truppe bezahlt«. Folgen genaue Bestimmungen über den Sold, einen dreimonatigen Soldvorschuß und die Rationen an Zwieback, die Offizieren und Mannschaften allmonatlich zustehen, ferner, daß nach zwei Jahren die Truppe, bzw. was noch davon übrig ist, wieder an den Lido zurückgeführt wird, wo sie mit einem zweimonatigen Entlassungssold einem herzoglichen Kommissar übergeben wird.

Marodierende Franzosen

Was aber hat die Verschacherung von Landeskindern mit der Geschichte Stuttgarts zu tun? Sehr viel. Denn während die zweifellos kriegstüchtigsten Männer Württembergs, die sich freiwillig hatten anwerben lassen, nach Süden über die Alpen marschierten, plänkelten schon französische Truppen an den Grenzen des Herzogtums, und als dann am 6. Oktober 1688 die Franzosen überraschend, ohne Kriegserklärung, die Neckarbrücke bei Lauffen und fünf Tage später Heilbronn besetzten, war Württemberg von Truppen völlig entblößt. Die 6000 Mann des Kreiskontingents kämpften in Ungarn und des Herzogs Privatsoldaten im griechischen Archipel gegen die Türken. Und mittlerweile überfiel Seine Allerchristlichste Majestät, Ludwig XIV., auf die unchristlichste Weise die Pfalz, den Breisgau und das Württemberger Land, nachdem das mächtige und reiche Straßburg, dieser »Schlüssel zum Reich«, schon vorher am hellen Tag geraubt und auch Freiburg abgetreten worden war, ohne daß der lammfromme Kaiser Leopold auch nur protestiert hätte. Daß Friedrich Karl, vollbeschäftigt mit der Organisierung seiner Subsidientruppen, von den schon lange das ganze Land alarmierenden Nachrichten über die marodierenden Franzosen nichts gehört haben soll, ist unwahrscheinlich, wenn man ihn nicht gerade für einen Dummkopf halten will; daß er kein Held und nicht einmal ein »Administrator« war, bewies er durch sein Verhalten nach dem Überfall.

Der Herzog-Administrator läßt die Residenz im Stich

Als von Lauffen aus die französischen Brandbriefe in das Land flatterten und die reitenden Trompeter die wahnwitzigen Forderungen an Requisitionen und Kontributionen in den Städten überreichten, machte sich der Herzog-Administrator als erster aus dem Staub; er wollte angeblich sein Mündel Eberhard Ludwig nach Regensburg in Sicherheit bringen und im übrigen »Sukkurs« aus Bayern herbeiholen. Er kam nicht zurück, bevor der letzte Franzose die Gegend verlassen hatte. Als dann hinterher die Stuttgarter murrten und Flugblätter nicht eben respektvoll von diesem so tapfer sich retirierenden Landesvater redeten, ließ er eine »gründliche Relation« herausgegeben, worin in abominabelstem Kanzleideutsch zu lesen stand: »des Herrn Administrators hochfürstliche Durchlaucht sei nicht deshalb nach Regensburg gegangen, um Ihre hohe Person vor der Franzosen harten Drohungen zu salvieren, wurde vielmehr dieselbe aus beiwohnender weltberühmter Generosität und Liebe gegen dero vormundschaftliche Land und Leute, wann damals denenselben darmit in ihrem Notstand hätte können ausgeholfen werden, willigst hazardiert haben«. In einem Reskript tat der Administrator denen, die geschimpft und gehöhnt hatten, kund und

zu wissen, daß er genügsame Ursache hätte, »dergleichen Frevler empfindlich abzustrafen, wolle jedoch solches dermalen in fürstlicher Milde und Gnade nachsehen, männiglich aber hiermit allen Ernstes verwarnt haben, sich ferner dergleichen nimmer gelüsten zu lassen«.

Die Schwaben müßten damals keine Schwaben gewesen sein, wenn sie diesen Hanswurst von einem Herzog mit seiner »beiwohnenden weltberühmten Generosität« nicht einfach ausgelacht hätten. Hinterher erfuhren sie dann, warum dieser Friedrich Karl, der vielleicht nicht einmal so sehr feige war, so eilig seine lieben Untertanen in der Not im Stich gelassen hatte: nach der ersten Kontributionsforderung von 300 000 Gulden war sogleich durch den Sieur de Juvigny, den französischen Gesandten in Stuttgart, eine Nachforderung von nochmals 300 000 Gulden erhoben worden »in Anbetracht der von besagtem Lande dem Prinzen von Oranien, dem Waffenstillstand zuwider, geleisteten Hilfe«. Der geschäftstüchtige Administrator hatte nämlich, ermuntert durch seine venezianischen Profite, sich auch der Republik der Vereinigten Niederlande gegenüber zur Lieferung von 900 Reitern verpflichtet. Pro Kopf mit Montur und Waffen, aber ohne Pferd, »60 Rixtaler«. Der Preis war inzwischen also gestiegen.

Das aber empfand der Sonnenkönig als schlimmsten Affront, denn vor den Niederlanden, die nach Besiegung der spanischen und englischen Flotten auf dem Weg zur beherrschenden europäischen Macht waren, hatte er eine gewaltige Angst. Die Landschaft und das Geheimratskollegium hatten den Administrator denn auch beschworen, die sechs Schwadronen, die er schon zusammenhatte, im Land zu belassen. Sie blieben auch da, in irgendeinem sicheren Versteck verborgen. Um sie gegen die Franzosen für seine bedrängten Württemberger einzusetzen, dazu waren ihm diese so hoch im Kurs stehenden Soldaten offenbar zu schade.

Stuttgart soll eingeäschert werden

Was aber geschah während der Abwesenheit des Administrators? Am 12. Oktober war ein französischer Trompeter mit feierlich schwarzer Allongeperücke in Stuttgart eingeritten und hatte den »Envoyé« Juvigny durch ein Schreiben unterrichtet, daß Stuttgart und Cannstatt eingeäschert würden, falls die Festung Hohenasperg nicht alsbald kapituliere. Aufgeregte Beratung im Schloß. Da der Administrator durch Abwesenheit glänzte und auch etliche Räte verschwunden waren, lag die Entscheidung bei der allein zurückgebliebenen Herzogswitwe Magdalena Sibylla, die sich dafür ent-

schied, daß die Festung, von der man ihr versichert hatte, daß sie sowieso nicht zu halten sei, geopfert werden müsse. Aber der Kommandant weigerte sich unter Berufung auf einen früher erteilten strikten Befehl des Administrators, unter keinen Umständen zu kapitulieren: Wiederhold machte Schule. Aber da war kein Wiederhold, und der gemütliche Asperg kein Hohentwiel. Auffallend war, daß die Franzosen nicht den geringsten Versuch machten, die Burgfeste zusammenzuschießen; einige Wochen später wußte man den Grund: sie hatten keine Geschütze. Sie waren nicht besser ausgerüstet als marodierendes Raubgesindel, das sie auch in Wahrheit waren. Sie hätten auch Heilbronn nicht nehmen können, wenn die Stadtväter dort, entgegen dem Willen der Bürger, sich auf ihre starken Festungsanlagen verlassen hätten. Wohl aber hatten die Franzosen eine Spezialtruppe bei sich, die auf Mordbrennerei trainiert war. Ihr Führer war Melac. Aber auch diese Terroristenbande hatte keine eigene Bagage, sondern mußte Bauernfuhrwerke requirieren, um ihr Brandmaterial zu befördern, was bald schon für Stuttgart die Rettung bedeutete.
Als sich die Übergabe von Hohenasperg immer wieder verzögerte, machten die Franzosen Ernst, das heißt, sie brannten und plünderten wehrlose Orte. Schrecken zu verbreiten und durch Requisitionspatrouillen, die überall auf dem flachen Land herumstreunten und sich als Vorhuten großer Heere ausgaben, über ihre wahre Stärke bzw. Schwäche zu bluffen, war ihre Taktik; Marbach wurde radikal ausgeplündert, dann alles, was auf dem Weg nach Cannstatt und um Cannstatt herumlag. Stuttgart ließen sie auf der Seite liegen. Jetzt war Eßlingen an der Reihe. Die Reichsstädter, gelähmt vor Schrecken, sandten ihren geschicktesten Diplomaten Ferber zum Kriegsrat nach Stuttgart, dem mangels kriegserfahrener Männer auch ein protestantischer Geistlicher angehörte. Der Bescheid: die Eßlinger müßten selber wissen, was sie verantworten könnten, von Württemberg sei jedenfalls keine Hilfe zu erwarten. Dann Audienz Ferbers beim Gesandten Juvigny, zu dem man durch drei Antichambres, vorbei an sieben Bedienten, einem Sekretär, einem Hofmeister, einem Beichtvater, etlichen Pagen und Lakaien gelangte. (Er wohnte im Eckhaus der Hauptstätter Straße und des Torgäßleins, wo jetzt allerdings Straßen darüberführen.)

Melac in Eßlingen

Juvigny schien bestürzt, als der schlaue Ferber eine Andeutung machte, die stark befestigte Stadt könne sich ja vielleicht wehren. Auf diese Drohung hin ritt Juvigny höchst persönlich mit Ferber im Galopp nach der Neckarstadt, wo sie die Melac-Bande noch vor dem Tor trafen. Einstündige Geheimkonferenz Melacs mit Juvigny. Angeblich hat Juvigny den Melac um Gnade für die Stadt gebeten. Ferber hat aber in seiner Relation später seufzend bemerkt, »der Gesandte habe die arme Stadt offenbar mehr disals rekommandiert, welches der Effekt gegeben«. Der Haupteffekt war jedenfalls, daß die Stadt auf die Zusicherung hin, man wolle nur durchmarschieren, nicht verteidigt worden ist. Der »Durchmarsch« dauerte 24 Tage, 24 höllische Tage und Nächte, während deren die Bürgerschaft bis aufs Hemd ausgeplündert wurde und tagtäglich neue Kontributionen und Repressalien durch barbarische Drohungen erpreßt wurden. 1500 Reiter und 2800 Fußsoldaten lagen im Quartier, die von nicht weniger als 565 Offizieren kommandiert wurden. Von diesen Offizieren hat jeder jeden Tag für seine eigene Tasche runde Guldensummen zu kassieren verstanden. Die Franzosen nannten das »leben à Discrétion«. Wie »erlesen« diese Besatzung war, ersieht man daraus, daß sie nicht weniger als 13 verschiedenen Regimentern angehörte. Eine »Elitetruppe«.

Ein »Oger«

Was war dieser Ezechiel Melac für ein Mensch? War er überhaupt ein Mensch? Der Eßlinger Stadtschreiber Johann Philipp Datt sprach von ihm als einem »Oger«, einem menschenfressenden Dämon, für den es im übrigen keinen Unterschied gab zwischen Deutschen und Franzosen. Er hat seine eigenen Soldaten und Offiziere so unmenschlich behandelt wie die Eßlinger Bürger. Seine Liebe gehörte seinen Hunden, die einer inzwischen offenbar ausgestorbenen Riesenrasse zugehörten. Diese Bestien, die seine Soldaten für teufelsbesessen hielten, weshalb sie das Kreuz vor ihnen schlugen, hatten das Recht, über jeden herzufallen, der ihnen nicht gefiel, und schliefen nachts in Federbetten. Als eine Hündin während der Eßlinger Tage starb, mußten bei ihrer Bestattung die Kirchenglocken geläutet werden. Ihr Herr konnte so wenig den Blick eines Menschen ertragen, daß er einem Schreiberlein, das ihm in der Kanzlei zuschaute, wie er Requisitionsscheine unterschrieb, im Zorn die Feder in die Backe stieß. Bei seinen häufigen Wutanfällen biß er nicht wie ein anderer Wüterich in Teppiche, sondern in harte Äpfel, die er zu diesem Zweck stets in der Tasche hatte.
Fünf Tage nach der Besetzung Eßlingens wurde die Festung Hohenasperg, ohne daß ein Schuß gefallen wäre, den Franzosen übergeben. Den Eßlin-

gern nützte das nichts mehr. Sie erlangten dadurch weder Erleichterungen noch Abzug der Räuber. Ja, sie mußten erst jetzt erleben, daß ihr ganzer Stolz, die Festungsmauern, die so oft schon für Kaiser und Könige unüberwindlich gewesen waren, zum Teil geschleift wurden, wobei sie selbst mithelfen mußten. Dabei geschah das Unglück, daß ein Zimmerer, der nichts Böses dachte, die Franzosen auf das Zeughaus aufmerksam machte, wo allerlei brauchbare Werkzeuge für die Demolierung lagerten. Dieses Zeughaus hatten die Franzosen trotz ihren Spürhunden noch gar nicht entdeckt. Und was sie dann dort an Geschützen fanden, leichten, schweren und allerschwersten und an sonstigem Kriegsmaterial und an Munition, das hat sie dann doch erbleichen lassen bei dem Gedanken, die Eßlinger hätten davon gegen sie Gebrauch machen können. Sie führten selbstverständlich zuletzt alles schadenfroh mit sich fort. Eßlinger Geschütz war dann dabei, als Melac in der Pfalz, in Heidelberg und auch in Hirsau sich so schandbar austobte.

Kriegsrat im »Goldenen Adler«

Am 4. Dezember hielten die Messieurs, die den unchristlichen Willen des allerchristlichsten Königs in Süddeutschland zu vollstrecken hatten, in Eßlingen im »Goldenen Adler« einen Kriegsrat ab. Noch fehlte das feste Schorndorf, von wo aus Ulm und der erste Paß der Donau beherrscht wurden, zum vollen Besitz der Nordhälfte des Kreises, nachdem auch Tübingen sich ohne Widerstand ergeben hatte. Melac hatte eine neue, reizvolle Aufgabe. Gleichzeitig aber wurde offenbar auch beschlossen, weiterhin einen großen Bogen zu schlagen und Stuttgart vom Süden her anzugehen und zu brandschatzen. Wohl war der Stadt Stuttgart und der Regierung nach der Kapitulation des Hohenaspergs durch ein Handschreiben des Generals Montclar, datiert aus Cannstatt, 3. November, hoch und heilig versprochen worden, daß sie von allen Lasten und Einquartierungen künftig verschont bleiben solle. Aber Wortbrüche, auch wenn »Sa Majesté très Chrétienne« persönlich dabei tangiert wurde, galten den Franzosen als durchaus legitimes Kriegsmittel. Und die verängsteten Herren Kriegsräte und Bürgermeister sind prompt stets von neuem darauf hineingefallen. Der gemeine Mann aber, der so langsam gemerkt hatte, was für Trauerwedel über sein Geschick entschieden, der fiel jetzt nicht mehr darauf herein.

Schorndorf brachte die Wendung. Als Melac am 7. Dezember, von Geislingen her durch den Schurwald kommend, mit 40 Reitern – 300 weitere warteten beim Kloster Adelberg – die Stadt zur Übergabe aufforderte, ließ der Kommandant Oberst Krummhaar die Burg schließen. Weiter geschah nichts. Melac brannte in der Wut eine Mühle vor dem Tor nieder und ritt nach Eßlingen zurück. So etwas waren die Herren Franzosen nicht gewohnt. Zum allerersten Mal hatte der Terror versagt. Würden sie die Stadt jetzt belagern und berennen? Dabei konnte man sich eventuell blutige Köpfe holen. Und das entsprach mitnichten ihrem Geschmack. Sie griffen also zu ihrem schon so oft bewährten Mittel und setzten die Stuttgarter Regierung oder wie man diesen Klüngel schwachmütiger Geheimräte, von denen einer Dr. Dämon und ein anderer Heiland hieß, sonst nennen mag, unter gehörigen Druck. Ein gewisser Marquis de Biville trommelte im Rittersaal des Schlosses die Herren zusammen und gab ihnen »mit harten Expressionen« zu verstehen, daß sie und die Stadt es zu büßen hätten, wenn Schorndorf nicht alsbald kapituliere.

Die Weiber von Schorndorf

Die Herzogin-Witwe Magdalena Sibylla, der man es nicht verübeln darf, daß sie vom kriegerischen Handwerk nichts verstand, schickte in ihrer Not einen Sekretär »per Posta« nach Regensburg zum Administrator, auf dessen Befehl der Kommandant Krummhaar bei seiner Weigerung sich berufen hatte. Die Antwort des Regensburger Emigranten: der Kommandant solle nicht sogleich übergeben, doch auf die Extrema es auch nicht ankommen lassen, im Notfalle also doch kapitulieren. Daraufhin wurden zwei Kommissäre nach Schorndorf entsandt. Ihr Erscheinen war das Signal für die Revolution der Schorndorfer Frauen, die als einzige im damaligen Herzogtum die Hosen anhatten. Man weiß ja, was geschah: Einsperrung der Männer mitsamt den Kommissären im Rathaus, zwei Tage und drei Nächte hindurch ohne Vesper und unter Todesdrohungen, wenn noch ein Wort von Übergabe geredet werde. Ofen-, Heu- und Mistgabeln, Bratspieße, Hackmesser, Besenstile, Kunkeln, alte Partisanen und Hellebarden waren ihre Waffen. Anführerin war Frau Künkelin, die Bürgermeistersgattin, ihre Adjutantin Frau Katzenstein, die Hirschwirtin. Sie haben nicht nur Schorndorf gerettet, sie haben dem ganzen Land wieder Mut verschafft und helles Gelächter geweckt über die »geheimrätlichen Knierutscher und Hofjunker im Stuttgarter Schloß«. »Haben also die Weiber, weilen den Männern verboten gewesen, wider Frankreich sich zu wehren, den ersten Anfang und Aufstand gemacht, und sind also die stolzen französischen Kriegswellen durch Weibercourage, zu ihrem ewigen Ruhm-Gedächtnis, der hochmütigen Reuter aber ewigem Spott niedergelegt worden.« So zu lesen im »Geschüchterten Hahn«, einer zeitgenössischen Flugschrift, die ein bald danach strafversetzter Göppinger Schulmeister zu verfassen die schwäbische Keckheit besaß. In den nächsten Monaten hat kein Vertreter der vormundschaftlichen Regierung es gewagt, sich in Schorndorf blicken zu lassen. Er wäre mit Besenstielen und Ofengabeln von zarten Händen zu Tod geprügelt worden.

In Stuttgart wird Sturm geläutet

Nach dem ebenso lustigen wie tief traurigen Schorndorfer Intermezzo war das Land in hellem Aufruhr. Die Städte hatten es satt, als Sündenböcke für die Residenz von einem »liederlichen Trüpplein Franzosen« – Ausdruck der Frau Künkelin – sich fürderhin drangsalieren zu lassen. Sollten die Stuttgarter sehen, wo sie blieben: ihnen zuliebe würde kein Schlüssel zu einem Stadttor mehr ausgehändigt.

Die Repressalien gegen Stuttgart ließen nicht lange auf sich warten. Am Donnerstag, den 20. Dezember 1688 – es war am Morgen der erste Schnee dieses Winters gefallen – tauchten plötzlich vor dem Hauptstätter Tor 200 französische Reiter unter Führung des Comte de Vienne auf und begehrten Einlaß. Ratlose Bestürzung im Schloß: Magdalena Sibylla befahl nach einem Konsilium mit ihren noch anwesenden Geheimräten – die meisten hatten sich schon zuvor aus der Stadt »salviert« – das Tor zu öffnen und den Comte, aber nur ihn, einzulassen. Der Kavalier ritt mit einer Eskorte von 20 Dragonern dann durch die Hauptstätter Straße zum Schloß, freilich »nicht ohne große Lebensgefahr«, denn mittlerweile hatte die Bürgerschaft, empört darüber, daß man den Franzosen überhaupt hereingelassen hatte, sich auf dem Marktplatz zusammengerottet, die Sturmglocke geläutet, »in wilder Furi« das Rathaus gestürmt und zu den Waffen gegriffen, die hier seit alters aufbewahrt wurden.

Die also bewaffneten Bürger zogen zum Hauptstätter Tor. Derweilen verhandelte de Vienne im Schloß und verlangte unter Versicherung seines tiefsten Bedauerns und seines höchsten Respekts für die durchlauchtigte Witwe, daß 1000 Reiter und 500 Fußsoldaten in der Stadt Quartiere beziehen dürfen. Der energische Hinweis der Herzogin, daß das der flagrante Bruch eines schriftlich gegebenen Versprechens sei, soll den Grafen sichtlich »konfundiert« haben; aber er berief sich auf einen direkten Befehl seines Königs.

Konferenz bei Juvigny

Die Audienz war noch nicht zu Ende, als im Schloß Alarm geschlagen wurde: die Franzosen seien bereits auf Leitern über die Mauern geklettert. De Vienne galoppiert zum Tor: Der Alarm war falsch, noch ist kein Franzose über die Mauer gestiegen, aber was er um sich herum sah und hörte, ließ es ihm ratsam erscheinen, nicht mehr allein zum Schloß zurückzureiten. Er retirierte sich in das beim Tor gelegene Haus des Gesandten Juvigny, wo auf Befehl der Herzogin zwei Trabanten in Livrey vor der Haustüre postiert waren, denn hier wohnte seit gestern auch der französische Botschafter de Crécy, dem der Kaiser endlich wegen Friedensbruchs seines Königs und weil er sich selbst in Regensburg als »Reichsstörenfried« betätigt hatte, die Pässe zugestellt und schleunigste Abreise anbefohlen hatte. Es ist immerhin interessant, zu vernehmen, daß der Herzog-Administrator dem davongejagten Reichsstörenfried ein »lebendiges Geleit« in »fürstlicher Livrey« von Regenburg bis Stuttgart mitgegeben hatte, damit ihm unterwegs nur ja nichts passieren konnte, und daß er außerdem Ordres erteilt hatte, dem hohen Gast »ein kommodes Quartier zu assignieren«; dieser hatte es aber vorgezogen, bei Juvigny zu wohnen.

In Juvignys Haus und in Anwesenheit Crécys wurde nun mit zwei Geheimräten weiter konferiert. Angeblich sollen die Franzosen sich bereit erklärt haben, die Truppen vor dem Tor, zu denen inzwischen noch weitere 2 500 Mann auf der Herrenberger Straße gestoßen waren, abzuziehen und in die umliegenden Dörfer zu legen, bis weitere Befehle Montclars einträfen. So behaupteten wenigstens hinterher die Regierungsräte.

Kampf ums Hauptstätter Tor

Aber da begann plötzlich beim Tor eine wilde Schießerei. Wer zuerst geschossen hat, ist, wie immer in solchen Fällen, umstritten. Mehrere Stuttgarter Bürger, die dabei verwundet wurden, sagten später unter Eid aus, daß die ersten Schüsse aus dem Hinterhalt abgefeuert worden seien und zwar aus Juvignys Haus, aus dem Erkerzimmer des ersten Stocks, von wo aus der Envoyé persönlich harte Salven abgegeben habe. Die Franzosen vor den Toren waren selbstverständlich auch nicht faul. Es begann ein erbitterter Kampf ums Tor, das die an Zahl weit überlegenen Franzosen nach zwei Stunden aufbrachen. Aber auch dann wurden sie noch

einige Male zurückgetrieben. Schließlich gelang es ihnen, sich bis zum Marktplatz durchzukämpfen und »die Gassen zu fegen«, das heißt, wer sich auf der Straße blicken ließ, wurde erschossen.
Der Anführer Peysonel meldete sich sogleich bei der Herzogin im Schloß, die jetzt nicht mehr über die wortbrüchigen Franzosen entrüstet war, sondern über den »wütenden Pöbel« der Residenz, der an allem Jammer Schuld trage. Man darf das der sonst so tapferen und klugen Frau, die als einzige von der großherzoglichen Familie nicht geflüchtet war, nicht nachtragen; sie hatte, nur von verdatterten Geheimräten und heuchlerisch höflichen französischen Kavalieren umgeben, vermutlich keine Ahnung von der wahren Volksstimmung. Sie ließ sich auch jetzt wieder betören und glaubte der Versicherung Peysonels, daß seine 2500 Dragoner, die während der Nacht auf dem Markt kampierten, tadellose Zucht halten würden und daß er nur aus »profond respect« für ihre Durchlaucht davon absehen wolle, die Stadt, um die Aufrührer zu bestrafen, an allen vier Ecken anzuzünden. Angezündet hat er nichts, aber was sich in der Nacht ereignete, unterschied sich in keiner Weise von der ersten, fürchterlichen Melac-Nacht der Eßlinger.

Eine Schreckensnacht

Der Geschichtsschreiber Sattler vermeldet: »Die Soldateska hat gleichbalden zu exorbitieren angefangen, sich in die Häuser hin und wieder gemacht, mit Gewalt Kisten und Kästen eröffnet, solche geplündert, und wo sie kein Geld angetroffen, daselbe den Leuten unter Bedrohung des Mordes, Henkens, Erschießens, Sengens und Brennens, auch mit wirklicher Umwerfung der Stricke umb etlicher Hälse und deren Zusammenziehung, bis sie schwarz worden und ihnen der Schaum vor dem Mund gestanden, in ohnbeglaubter Summa abgenötigt, da mancher darüber umb all sein Armütlein gekommen und zu einem formalen Bettler auf all sein Leben lang geworden.« Die beiden Hofprediger, zu welchen man viele Habe vom Lande geflüchtet hatte, erlitten nebst den beiden Diakonen besonders großen Schaden.

Anderntags in aller Frühe sitzen Montclar, Melac, Peysonel mit Juvigny in dessen Wohnung zusammen und brüten Rache für die 200 von den Stuttgarter Bürgern im Kampf getöteten Franzosen. Die Stadtmauer soll auf eine Länge von 800 Schuh niedergerissen und die Stadt eingeäschert werden. Es eilt, denn die Franzosen haben Kunde, daß von Ulm her Sukkurs im Anmarsch ist. Vielleicht wissen es auch schon einzelne Stuttgarter Bürger, denn Bauern aus der Herrenberger Gegend, die vor den Franzosen geflohen sind, haben allerlei Gerüchte verbreitet.

Im Schloß weiß man, wie immer, nichts. Man hat zwar einen Kommissär nach Ulm entsandt, der dieserhalb recherchieren sollte, aber dieses Jünkerlein hat sich unterwegs in Göppingen, wo eine Stimmung wie in Schorndorf herrschte, derart frech aufgeführt, daß die Göppinger Frauen, die sich vor seinem Wirtshaus mit Steinen in den Schürzen versammelt hatten, ihn nicht passieren ließen. Hatte sich doch der Bursche, der sich mit »Ihro Gnaden« anreden ließ, zu dem Ausruf verstiegen: »Was geht es euch Kanaillen an, wenngleich die Herrschaft und Regierung das ganze Land den Franzosen übergebe, was haben die Kanaillen da zu reden. Item! Ich hätte Lust, wenn ich nur in der Nähe ein paar hundert Franzosen haben könnte, solche herein und die Göppinger Kanaillen ausplündern zu lassen!«, weiß der »geschüchterte Hahn« zu vermelden.

Ein Bauer rettet die Residenz

Aufregende Stunden! Die Franzosen marschieren von Eßlingen ab und stehen mit Hunderten von Beutewagen bei Cannstatt. Ein Detachement Melacs, 500 Mann in Brandhemden, anzuschauen wie Weiber, warten auf den Befehl, Stuttgart niederzubrennen. Warum zögern sie? Ein Bauer, der auf seinem Leiterwagen das ganze Brandzeug geladen hatte, war in einem unbeobachteten Augenblick nächtlicherweile in einen »Abweg« hinter dem Cannstatter Armenhaus gefahren, hatte dort abgeladen und war über Feldwege mit seinen Gäulen in aller Seelenruhe heimwärts gefahren. In wie viele harte Äpfel Melac sich in jener Nacht verbissen hat, ist unbekannt.

Französischer Abschied

An der sich immer toller steigernden Aufgeregtheit der Franzosen merken die Stuttgarter, daß der Sukkurs offenbar nicht mehr fern ist. 200 Leiterwagen mit Pferden werden requiriert. Die Beute soll also weggeführt werden? Wahrhaftig, am frühen Morgen des 23. Dezember ziehen die Peysonelschen Dragoner eiligst ab, mit ihnen auch der feine Sieur de Juvigny mit seinem ganzen Hofstaat und einem hochbepackten Beutewagen; die vielen Schulden, die er bei seinem Hausbesitzer und bei zahlreichen Handwerkern hatte, vergaß er in der Eile zu bezahlen. In letzter Stunde noch hatten die Franzosen versucht, 30 000 Gulden Schmerzensgeld für die getöteten Dragoner zu erpressen. Professor Osiander, der Retter Tübingens, der einzige aufrechte Schwabe, vor dem die Franzosen Respekt hatten und der während der Nacht noch nach Stuttgart geritten war, um der Residenz zu helfen, hatte die Summe auf die Hälfte zu reduzieren verstanden. Aber da auch diese 15 000 Gulden von der ausgeplünderten Stadt nicht mehr aufgebracht werden konnten, waren die zwei Bürgermeister Gürtler und Fischer als Geiseln mitgenommen worden.

Juvigny bricht in Tränen aus

Wenige Stunden später war der Ersatz da: Markgraf Karl Gustav von Baden-Durlach marschierte mit den aus Ungarn zurückgekehrten schwäbischen Kreistruppen und etlichen kaiserlichen Dragonern vom Regiment Starhemberg in Stuttgart ein, 3000 Mann und vier Kanonen. Hinter ihnen her 8000 württembergische Landstürmer, hauptsächlich Bauern und Forstknechte. Verfolgung der fliehenden Franzosen?
Magdalena Sibylla war dagegen. Man wisse ja nicht, wie stark die Franzosen in Wahrheit seien, und die schwäbischen Truppen seien übermüdet, bedürften der Ruhe. Außerdem sei ja der Reichskrieg gegen König Ludwig noch nicht erklärt! Die gütige Fürstin! Und die armen Franzosen! Die müden Schwaben säuberten zunächst einmal die Straßen und Häuser, wo keinem verspäteten oder verwundeten Franzosen Pardon gegeben wurde, machten sich dann trotzdem auf die Verfolgung und »rupften den Hahn«

noch kräftig. Bei Rutesheim, hinter Leonberg, schnappten sie auch den schönen Beutewagen des edlen Juvigny, der darob in Tränen ausbrach. Der als Geisel mitgeführte Bürgermeister Fischer tröstete ihn: wenn man ihn freigäbe, werde er die Stuttgarter schon dahin bringen, daß dem verehrten Sieur sein schönes Silbergeschirr und seine sonstigen Kostbarkeiten zurückerstattet würden. Fischer kam frei, und Juvigny hat nie mehr etwas von ihm gehört. Der andere Bürgermeister kehrte erst nach schweren Jahren aus der Gefangenschaft heim. Er mußte für seinen schlaueren Kollegen büßen.

Der Herzog-Administrator ist auch wieder da

Erst mehrere Tage nach dem rettenden Sukkurs, den er angeblich hatte holen wollen, am 2. Januar 1689, ließ sich auch Friedrich Karl, der Herzog-Administrator, wieder in Stuttgart blicken, wo er es, wie wir bereits sagten, höchst ungnädig aufnahm, daß man so über ihn schimpfte. Er wollte den Stuttgartern schon zeigen, was für ein heldisches Herz in seinem Busen schlug. Als daher im September 1692 die Franzosen wiederum ins Land einbrachen, zog er mit einer von ihm selbst geworbenen und gedrillten Truppe, die er »Landesdefensionsmiliz« nannte, den Franzosen entgegen und verschanzte sich hinter Ötisheim bei Pforzheim. Als aber dann die Franzosen unter General de Lorges Angriffsvorbereitungen trafen, liefen ihm, wie ein Chronist vermeldet, die Scharen, die zumeist mit Tücke und Gewalt zum Dienst gepreßt worden waren, in wilder Auflösung davon. Er selbst wurde gefangen. Die Folge dieser Niederlage war die Zerstörung des Klosters Hirsau. Als Friedrich Karl ein halbes Jahr später aus der Straßburger Gefangenschaft heimkehrte, erfuhr er zu seinem Ärger, daß der Kaiser inzwischen vorzeitig, auf Antrag der Landstände, den sechzehnjährigen Eberhard Ludwig für mündig und Friedrich Karls Vormundschaft für erloschen erklärt hatte. Er protestierte beim Kaiser, aber der reagierte nicht darauf, ernannte ihn aber zum Trost (oder zum Hohn?) zum Generalfeldmarschall.

Blinder Alarm

Wie furchtbar den Stuttgartern der Franzosenschreck in die Glieder gefahren war, ersieht man aus dem grotesken Bericht über das, was sich ein halbes Jahr später, am 6. August 1689, in der Stadt ereignet hat. Da tauchte gegen Abend, als der engere Ausschuß des Landtags eben über die Errichtung

einer »perpetuierlichen Landmiliz« beriet, das Gerücht auf, die Franzosen unter Marschall Duras seien wieder im Land und hätten Knittlingen und Unteröwisheim eingeäschert. Der Kammerjunker Bernhard von Sternenfels wird beauftragt, alsbald loszureiten und Genaueres zu erkunden. Um Mitternacht kommt er in heller Aufregung zurück: die Franzosen hätten sich schon des Passes über die Enz bemächtigt und seien in vollem Anmarsch auf die Hauptstadt. Eine halbe Stunde später schon flüchten die ersten aus den Toren. Wer Pferde hat oder sich ein Fahrzeug beschaffen kann, packt das wichtigste seiner Habe zusammen und galoppiert davon, südwärts, der Alb zu. Die Straßen nach Göppingen, Urach, Kirchheim, Heidenheim haben solche Massenflucht noch nicht gesehen. Diesmal, allen voran, ist auch die Herzogin-Witwe Magdalena Sibylla davongerannt, und nach ihr sämtliche Herren Geheimen Regierungsräte und vom Hofmarschall abwärts das gesamte Schloßgesinde. Wer in der Stadt zurückbleiben mußte, die Leute der unteren Stände, wartet bange, was werden soll. Endlich, im Lauf des Vormittags, stellt sich heraus, daß der Kammerjunker falsch beobachtet hatte. Was er aus respektvoller Entfernung für Franzosen gehalten hatte, war württembergische Landmiliz, die bei Vaihingen geübt hatte.
Ob sie sich nicht doch ein wenig lächerlich vorkam, die hauptstädtische Prominenz, die ja allerdings kurz zuvor das Benehmen der Schorndorfer Weiber empörend gefunden hatte. Demoralisiert waren nicht die Bürgerlichen, die Handwerker und Wengerter, über deren despektierliches Wesen die Obrigkeit damals so gern lamentierte, sondern die Herrschaften vom Stand, die trotz allen Teuerungen und Brandschatzungen noch immer viel zu verlieren hatten; wie es den kleinen Leuten in Wahrheit erging, zeigt ein Blick in das Stuttgarter Steuerbuch vom Jahr 1695: darin lag zwischen den Buchdeckeln ein Stück Holz, sonst nichts. Die Stuttgarter Bürger waren zu arm, um überhaupt Steuern zu bezahlen. Die anderen, die es hätten können, die brauchten es nicht. (Derselbe blinde Franzosenalarm hat sich dann 1848 wiederholt, aber ohne diese heillose Panik.)

Der Dauphin kassiert

Bei jenem zweiten Franzoseneinfall kam Stuttgart verhältnismäßig glimpflich davon. Da die Reichstruppen wieder einmal anderweitig beschäftigt waren, lag das Land wiederum völlig ungeschützt da, so daß der Dauphin, der jetzt an der Spitze des räuberischen und brandschatzenden Heeres stand, billige Kriegslorbeeren ernten konnte. Das Hauptquartier konnte kampflos bis in die Gegend von Kornwestheim verlegt werden, mit dem rechten Flügel bei Gerlingen.

Diesmal gings den Franzosen nur ums Geld. Sie verlangten Riesensummen, 400 000 Taler und 200 000 Livres, die das ausgepowerte Land unmöglich aufbringen konnte. Es gab langwierige Verhandlungen, »Traktate« genannt; Unterhändler, von Trompetern begleitet, ritten zwischen Stuttgart, Kornwestheim und Heidenheim, wohin sich der junge Herzog zurückgezogen hatte, hin und her, und mittlerweile wurden Groß-Bottwar, Beilstein, Marbach und Backnang eingeäschert. Für nicht vollbezahlte Kontributionsgelder mußten Geiseln gestellt werden, die in die Kasematten von Metz verschleppt und dort gegen hohe Gebühren hundeschlecht behandelt wurden. Von Stuttgarter Bürgern hatten wiederum der Bürgermeister Guthler, dann der Vogt Geuder, der Bärenwirt Müller, der bürgerliche Stadthauptmann und Schuhmacher Reinhart, der Stadtschreiber Substitut Megerlin, der Rechtskonsulent Sturm, der Kirchenratssekretarius Frommann, der Oberratskanzlist Dolmetsch und mehrere Staatsbeamte die Ehre, mit ihrer Freiheit für die willkürlich erpreßten Schulden des Landes zu bürgen. Erst vier Jahre später, nach dem Frieden von Rijswijk, durften sie heimkehren. Der Prälat Dreher von Hirsau und der Vogt Schott von Göppingen waren während der Haft an Entkräftung gestorben.

Kaiserliche Schnapphähne

Das Schlimmste aber geschah den Stuttgartern damals nicht von den Franzosen, sondern von einem kaiserlichen Freikorps, den sogenannten »Schnapphähnen«, die das Marodieren zu Pferd als Spezialität betrieben und dabei keinen Unterschied zwischen Deutschen und Franzosen machten. Ihre fettesten Gewinne erbeuteten sie auf den Zufahrtsstraßen zum französischen Lager, wohin von überall her Convois mit Nahrungs- und Futtermitteln und auch mit Geld unterwegs waren. Da zumeist Deutsche mit ihren requirierten Fahrzeugen diese Transporte zu besorgen hatten, waren das richtige Himmelfahrtskommandos. Das mußte auch der junge Scharfrichter Andreas Bickel erfahren, der bei einem solchen Transport in der Nähe des Aspergs erschlagen wurde. Er war der letzte aus der Scharfrichter-Dynastie Bickel, die sich rühmen konnte, mit einem und demselben Schwert in 114 Jahren 800 Menschen hingerichtet zu haben, neben 898 Enthauptungen mit anderen Schwertern. Sie besorgten ihr Metier so virtuos, daß einmal irgendein Kaiser, der zufällig bei einer Exekution vor dem Hauptstätter Tor zugeschaut hatte, den Andreas Bickel (Vater) zum Doktor der Medizin ernannte und ihm zu praktizieren erlaubte. Und das soll kein Witz sein. Ob er bei den Krankenvisiten sein Richtschwert umgeschnallt hatte, auf dem die Worte eingraviert waren: »Tu nichts Böses, so widerfährt dir nichts Böses», ist nicht überliefert.

Die weiße Fahne am Schloß

Die Schnapphähne betätigten sich aber nicht nur als Wegelagerer. Sie fühlten sich stark genug, sogar Stuttgart zu überfallen. Zunächst plünderten sie die umliegenden Dörfer aus: Feuerbach, Botnang und Heslach. Dann richteten sie ein Ultimatum an die Residenz, ihnen in kürzester Frist alle in der Stadt einquartierten Franzosen samt deren Pferden auszuliefern. Als darauf keine Antwort kam, drangen sie, mehrere hundert Mann stark, durch drei Tore in die Stadt ein, führten die im Neuen Bau untergebrachten Pferde weg und machten sich daran, das Schloß, wohin die Franzosen geflüchtet waren, zu stürmen. Als die ersten Schüsse fielen, streckte der Regierungssekretär Sattler, der als dickster Mann der Stadt populär war, ein großes weißes Tischtuch an einer Stange zum Fenster hinaus. Unter der Bedingung, daß ihnen kein Leibschaden geschehe, wurden die 70 im Schloß versteckten Franzosen ausgeliefert. Sie wurden von den Schnapphähnen bis aufs Hemd ausgeplündert und dann nach Kornwestheim ins Lager getrieben. Ein Chronist will sogar wissen, daß sie splitternackt dort

eingetroffen seien; da es Juli war, haben sie wenigstens nicht gefroren. Als Repressalie für diese Blamage, an der die Stuttgarter ganz unschuldig waren, wurden dann 800 Reiter in die Stadt als Besatzung gelegt, die nach vier Wochen durch 400 Musketiere abgelöst wurden. Es soll damals in der Stadt von Offizieren, Händlern und Marketendern gewimmelt haben. Der Kommandant und sein Stab erpreßten aber nicht mehr als die üblichen »Discretionen«.

Ludwigsburg am Horizont

Es gehört zum Erstaunlichsten in unserer Heimatgeschichte, daß das Württemberger Land, das als südwestliche Bastion des Reichs, als der ewige Zankapfel zwischen Habsburgern und Bourbonen und als Bollwerk des Protestantismus wohl am schwersten im Dreißigjährigen Krieg und bei den französischen Raubzügen gelitten hat, daß dieses kleine Land als erstes es sich leisten konnte, das größte Lustschloß der neueren Zeit in Deutschland zu erstellen. Und es ist noch merkwürdiger, daß für diesen Bau als Vorbild die kurz zuvor geschaffene Residenz jenes allerchristlichsten Königs diente, auf dessen Befehl so viele unserer Städte und Dörfer in friedlichen Tagen geplündert und verbrannt worden waren. Das Volk hatte daran freilich keinen Anteil, es bezahlte nur fronend und liefernd. Die Fürsten aber – sie bildeten über alle staatlichen Grenzen hinweg trotz allen Eifersüchteleien und gegenseitigen Beraubungen eine verschworene Gemeinschaft der von

Gott Begnadeten, die als übermenschliche Wesen über dem Gesetz und auch jenseits aller Schranken von Moral und Sitte standen. Davon machte kein einziger eine Ausnahme unter den 1800 Souveränen und den rund 6000 Duodezmonarchen, die es nach Gustav Freytags Berechnung nach dem großen Krieg in Deutschland gab.

Was daher der blutjunge Herzog Eberhard Ludwig sich bei uns leistete, war durchaus nicht ungewöhnlich; nur daß er noch ein bißchen großzügiger, noch leichtfertiger und gewiß auch geschmackvoller war als der Durchschnitt seiner olympischen Kollegen. Und daß er es auch ein wenig schwerer hatte als diese, denn noch immer lag da in den Archiven der Tübinger Vertrag, diese so oft schon zur Seite geschobene Barriere gegen den sich mehr und mehr entfesselnden Absolutismus, und noch gab es Hofprediger, streitbare Pietisten, die auch gegen einen durchlauchtigten Halbgott zu sagen wagten, wozu ihr Gewissen sie trieb.

Als Einundzwanzigjähriger führte Eberhard Ludwig 1697 seine ebenfalls sehr junge Gattin Johanna Elisabeth von Baden-Durlach nach seiner Residenz heim. Er ließ zwar keine neue Triumphpforte erstellen, aber er zeigte sich hier seinen Untertanen zum ersten Mal im Glanz seiner neuen Leibwache, von der die Kenner vieler berühmter Höfe rühmten, daß sie »in Größe der Mannschaft und Kostbarkeit der Ausrüstung die Leibwachen aller anderen deutschen Fürsten weit übertroffen habe«. Sie bestand aus 180 ausgewählt strammen Kavalleristen auf rassigen Pferden, mit Dreispitzen auf den weißen Perücken, langen Stiefeln bis über die Oberschenkel hinauf, weißen Lederhosen und einem blinkenden Küraß über rotem, goldbesticktem Waffenrock.

Ein Kriegsheld

Das Militär war zeitlebens die eine der Passionen des Fürsten, der die Forderung nach einem stehenden Heer aufs hartnäckigste gegen die immer mißtrauische und sparsame Landschaft vertrat. An der Spitze seiner Haustruppe, die noch um zwei ebenfalls württembergische Regimenter des Kreiskontingents auf insgesamt 6 300 Mann verstärkt wurde, hat Eberhard Ludwig, der vom Kaiser zum Feldmarschall-Lieutnant ernannt worden war, an der Seite Marlboroughs und des Prinzen Eugen von Savoyen alle Schlachten des spanischen Erbfolgekriegs von 1702 bis 1714 mitgekämpft und sich offenbar wacker gehalten. Daß er daneben, ebenso wie sein Onkel, noch Subsidienverträge mit Holland, das ihm für 4000 Mann jährlich

375 000 Gulden bezahlte, ferner mit der Republik Venedig und auch mit dem Kaiser abschloß, versteht sich bei diesem stets geldbedürftigen, auf größtem Fuß lebenden jungen Fürsten von selbst. Soldatenhandel galt als durchaus kavaliermäßiges Geschäft.

Die Grävenitz

Die kriegerische »Gloire«, in der sich Eberhard Ludwig stets mit wahrer Wollust sonnte – er nannte den mehrere Male in Stuttgart weilenden Prinzen Eugen, den Türkensieger, seinen Freund –, wird freilich arg trüb, wenn man um die Feststellung nicht herumkommt, daß dieser Held zugleich als das waschlappigste Manderl unserer Geschichte sich fatalen Ruhm erwarb. Seit 1707 war der Herzogin eine Mecklenburgerin, Christiane Wilhelmine von Grävenitz, als Hofdame beigegeben. Deren Bruder, einer der zahlreichen schmarotzenden Abenteurer, die es sich damals am württembergischen Hof wohl sein ließen, hatte seine offenbar hübsche und nicht spröde Schwester kommen lassen, weil er als schlauer Kuppler ein gutes Geschäft witterte. Er hatte sich nicht getäuscht. Der Herzog biß alsbald auf den schmackhaften Köder und brüskierte von nun an vor dem ganzen Hof seine Gattin, die Mutter des Erbprinzen, aufs skandalöseste. Nichts gegen Maitressen, die ebenso zur Hofetikette, zum kompletten Hofstaat gehörten wie Hundeführer, Mundköche und Trompeter. Aber statt die Maitresse oder besser noch die Maitressen als dekorative Figuren im Lustpark mit den übrigen Schranzen anzustellen, ließ sich der Herzog von seiner Mecklenburgerin wie ein dummer Junge behandeln. Er wurde ihr hörig in einem Grade, daß alle Würde, alle Durchlauchtigkeit rasch zum Teufel gingen. Als im Juni 1707, bald nach ihrem Stuttgart-Debüt, die Franzosen wieder einmal auf dem Cannstatter Wasen lagerten, floh das Dämchen nach der Schweiz. Der Herzog verzweifelt hinter ihr her, sie kniefällig um Rückkehr anflehend. Als sie merkte, wie fest sie ihn am Bändel hatte, mußte er ihr die Heirat versprechen. Auf der Rückreise vollzog ein Tübinger Kandidat der Theologie, ein gebürtiger Straßburger, gegen ein gutes Trinkgeld die Trauung linker Hand. Die Folge war, daß die gesamte Geistlichkeit sich weigerte, dem Herzog und seiner Christiane weiterhin das Abendmahl zu reichen. Das war kühn, denn mit dem liebestollen Mann und seiner eiskalt kalkulierenden Freundin war nicht zu spaßen, wenn es auch übertrieben sein dürfte, daß der Herzog mit Pistolenschüssen gegen die Kanzel und die Grävenitz mit Todesurteilen gegen mißliebige Prediger gedroht haben sollen. Sehr nett ist jedenfalls die auch nicht sicher verbürgte Anekdote von dem Prälaten, der auf Verlangen der Maitresse, ins Kirchengebet aufgenommen zu werden, schlagfertig erwiderte, das geschehe stets, indem er bete: »und erlöse uns von dem Übel!«

Die Maitressenresidenz

Dieser Grävenitz nun, bei deren Charakterisierung sämtliche württembergischen Historiker ihre Federn in Gift und Galle tauchten, verdanken wir immerhin Schloß und Stadt Ludwigsburg. Das ist nichts Geringes, vielmehr etwas sehr Schönes, mögen damals, vor 250 Jahren, auch zahllose Flüche der Untertanen und der ins Ausland verkauften Soldaten das gigantische Werk begleitet haben. Mit seinem Innenhof von 160 Meter Länge und 60 Meter Breite ist es bis heute das größte, wenn auch nicht schönste Barockschloß Deutschlands geblieben. Ein junger Fürst hat es für seine Maitresse gebaut; das ist für uns republikanische Nachkommen nur noch eine pikante, historische Anekdote. In Wahrheit ist diese aus dem Nichts und einer übermütigen fürstlichen Laune heraus geschaffene phantastische Anlage mit ihrem Park und ihren Liebesschlößchen längst schon Volksbesitz geworden: ein imposantes, alle kleinstaatlichen Maßstäbe tollkühn sprengendes Denkmal unsrer Geschichte, von dem, wenn wir ehrlich sein wollen, bis in unsere Tage herein ein festlich heiterer Glanz ausstrahlt. Welche Wohltat für ein fleißiges Volk, zu wissen, daß dort ein Lustbau mit 468 Räumen steht, der nie einen anderen Zweck hatte, als daß darin fröhlich in den Tag und in die Nacht hinein gelebt, geliebt und gefestet wurde.
Württembergische und auch deutsche Baumeister hatten bekanntlich nur wenig Anteil an dem Bau. Immerhin hatte der ehemalige Genieoffizier Johann Friedrich Nette, ein »Angeworbener«, aus Norddeutschland stammender Mann, das alte Korps de Logis, den sogenannten Fürstenbau, entworfen, der in seiner vertikal strebenden Wucht vom Geist des nordisch strengen Barock zeugt. Die in den Entwürfen immer wieder grandios verlängerten Seitenflügel und das den Hof abriegelnde neue Korps de Logis bilden zu diesem ein wenig düsteren Ernst in ihrer graziösen, echt rokokohaften, horizontal ausschwingenden Leichtigkeit einen bezaubernden Gegensatz. Der Italiener Frisoni und eine ganze Kolonie seiner Landsleute haben diese »lustvolleren Teile« geschaffen. Unter Herzog Karl hat dann der Franzose Guipal die Innenausstattung besorgt, die unter König Friedrich durch Thouret sogleich wieder klassizistisch-napoleonisch modernisiert

worden ist. Vom Barock bis zum Empire spiegelt sich hier wunderschön die Wandlung der Stile und der fürstlichen Allüren.
Wurde hier je etwas anderes getrieben als Theater gespielt, wobei die Untertanen nur die Statisterie zu stellen die Ehre hatten? Aber die Szenerie und die Kulissen waren aus Stein und stehen heute noch. Und doch erscheint alles unwirklich, traumhaft wie eine Phantasmagorie.

Eine Stadt wird dekretiert

Die herzoglichen Dekrete über Ludwigsburg: 1705 wird der Name Ludwigsburg amtlich verkündet.
1707 wird gnädigst resolviert: wer in Ludwigsburg baut, erhält Platz und Materialien umsonst und überdies Steuerfreiheit für 15 Jahre.
1718: Ludwigsburg wird zur Stadt und zur zweiten Residenz erhoben.
1719: Ludwigsburg wird Oberamtsstadt.
1724: Ludwigsburg ist künftig »alleinige und beständige Residenz«. Allen Ämtern wird befohlen, hier auf ihre Kosten Amtshäuser zu erbauen, die der Herzog dann an seine Bedienten und Räte verschenkt.

Der kluge Stuttgarter Magistrat

Die Folgen für die alte Residenz Stuttgart waren betrüblich: von 16 000 Einwohnern im Jahr 1707 sind 1730 nur 11 300 übrig. Die Zahlen für Ludwigsburg: 1718 hat es 600 Einwohner, 1732 aber 5600! Stuttgart verödet und verarmt, keine Fremden mehr, keine Beamten, keine Lakaien, keine Offiziere und Soldaten. Keine Armeelieferungen. Vielleicht erinnerten sich jetzt Magistrat, Oberrat und Rentkammer, was sie dem jungen Herzog bald nach seinem Regierungsantritt 1699 geantwortet hatten, als dieser seine Absicht kundgetan hatte, die Residenz Stuttgart durch Aufnahme von Straßburger Réfugiés stärker zu »peuplieren« und künftig keine einstöckigen Häuser mehr zuzulassen, vielmehr zu verordnen, daß auch die vorhandenen allmählich aufgestockt werden sollten? Damals hatte ein gelinder Schauder die Stadtväter gepackt und sie haben Seine Durchlaucht in allem Ernst darauf aufmerksam gemacht, daß weitere und überdies noch höhere Häuser den Zufluß frischer Luft in das sowieso schon viel zu enge Tal noch mehr verhindern müßten und daß eine gefährliche Zunahme der ansteckenden Krankheiten unvermeidlich wäre. Stuttgart habe nun einmal eine zum Handel und zu größeren Gewerben völlig untaugliche Lage. Eine stärkere Peuplierung sei daher unerwünscht und überdies seien die Straßburger reformierten Glaubens und vertrügen sich schlecht mit Protestanten. So ganz unschuldig war also die Stadt selbst auch nicht, wenn der Herzog sich nach einer neuen Residenz umschaute, wo es genug frische Luft für schöne und hohe Gebäude und einen glänzenden Hofstaat gab. Ein Magistrat kann, wie man merkt, sich bei Erwägung künftiger Dinge auch einmal täuschen.

Der Schub über die Grenze

Endlich, im August 1731, nach fünfundzwanzigjähriger schmählicher Hörigkeit, läßt der Herzog die »Landesverderberin« und ihre vielen hier schmarotzenden Verwandten durch eine Eskorte seiner Husaren über die Grenze schaffen. Ihre Geschenke, darunter Rittergüter und Häuser in Stuttgart und Ludwigsburg, ferner Schloß und Dorf Stetten im Remstal, mußte sie herausgeben. Aber die Pension von 150 000 Gulden, die ihr ausgesetzt wurde, war fürstlich, sofern sie bezahlt wurde. De jure wurde sie von einem landständischen Sondergericht hinterher zum Tod verurteilt. Darauf »Rekonziliation« des Herzogs mit seiner Gemahlin. Illumination des Marktplatzes und Festmahl im Rathaus: jedesmal wenn auf die fürstliche Gesundheit und das neue Eheglück getrunken wird, ertönen auf der Gänsheide Kanonenschüsse. Zwei Jahre später stirbt der Herzog in seinem Ludwigsburger Schloß, dessen Außenbau soeben vollendet worden war. Die Residenz war trotz der Rekonziliation in Ludwigsburg geblieben. Der einzige Sohn war schon vorher gestorben.

Kein Geld für Stuttgart

Das arme Stuttgart hatte also am unmittelbarsten die Folgen jener unheilvollen Liebesirrungen zu tragen. Durch den Haß einer Maitresse auf ihre Konkurrentin, die nicht vom Platze wich, ist die Stadt innerhalb weniger Jahre zum Landstädtchen herabgesunken. Was ist aus Stuttgart aus der Grävenitzzeit zu vermelden?
Daß auf dem Schulgraben in der mittleren Königstraße, da, wo heute der Mittnachtbau steht, durch den Herzog ein Palais für den Hofmarschall Staffhorst erbaut wurde, das dann der Bruder der Grävenitz, der den Titel Oberhofmarschall trug, geschenkt bekam. Dieses Palais schenkte dann Herzog Karl seinem »Landverbrecher«, dem Grafen Montmartin, und zu-

letzt seiner Franziska; daher der Name »Hohenheim'sches Palais«. Später war es Wohnung der Erbprinzen und schließlich, in der Königszeit, Ministerium des Auswärtigen. In den zwanziger Jahren des 20. Jahrhunderts wurde an der Stelle ein staatlicher Neubau für Geschäftszwecke errichtet, dem der einstige Ministerpräsident Hermann von Mittnacht (1876 bis 1900) den Namen geben durfte.

Des weiteren: im Jahre 1709 ist der Wein so sauer und so teuer, daß im »Goldenen Becher« in der früheren Markt-, heutigen Breuningerstraße nur noch Bier ausgeschenkt wurde. 1715 wird dann die erste Brauerei gegründet, und zwar in der Tübinger Straße an der Stelle des späteren »Deutschen Hauses« (Ecke Christophstraße). Sie gedieh aber nicht, da die Maß Wein in normalen Zeiten drei bis vier Kreuzer, die Maß Bier aber fünf bis sechs Kreuzer kostete und der Hof in Ludwigsburg mit Vorliebe sein Bier aus Göppingen bezog.

1710 wird das Waisenhaus auf dem Platz gegenüber dem Alten Schloß erbaut, wo es heute, anderen Zwecken dienend, steht. 1763, 1788 und 1929 wurde es aufgestockt und bedeutend erweitert. Zuletzt war es das Haus des Auslandsdeutschtums und des Rundfunks.

1712 wird in der Turmstraße 3, an der Stelle des späteren renommierten Gasthofs zum »König von England«, von Küfer David Ulrich Alber (aus der Familie des Reformators Matthäus Alber) das erste Kaffeehaus erbaut.

1715 wird vom Herzog, der schon nicht mehr in Stuttgart residierte, den Stuttgartern der erste Karneval im Lusthaus angekündigt. Aber niemand verspürte Lust zu Mummenschanz und Tanz. 1719 wurde dann der kategorische Befehl an alle noch in Stuttgart befindlichen Kanzleibeamten und auch an ehrbare Kauf- und Bürgersleute samt ihren Töchtern erteilt, sich fleißig an den Karnevalstributen zu beteiligen »bei Vermeidung herzoglicher Ungnade«. Ein Reisender, der damals die Stadt besuchte, stellte betrübt den völlig verwahrlosten Zustand des einst so kostbaren Lusthauses fest. Zu karnevalistischen Vergnügungen ließen sich die braven Stuttgarter auch von den späteren Herzögen trotz angedrohten empfindlichen Strafen nicht zwingen. Die »Ehrbarkeit« fürchtete sich vor Sünden, wenn sie solcher Sinnenlust frönte.

Großfeuer auf dem Hafenmarkt

Am 21. Juli 1716, morgens zwischen ein und zwei Uhr, bricht auf dem Hafenmarkt, bei der heutigen Karlstraße, ein Großfeuer aus, dem binnen fünf Stunden 44 Häuser, auch in der anstoßenden Bechergasse, zum Opfer fallen; acht weitere mußten, um ein Übergreifen auf das ganze Viertel zu verhüten, niedergerissen werden. Als Grund für diese rasche Ausbreitung wird angegeben, daß im Haus des Handelsmanns Samuel Schöpf, von wo das Feuer ausging, Pulver gelagert gewesen sei. Im gleichen Haus wohnte auch eine Witwe mit einem kleinen Hündchen. Dieses Hündchen habe, so wollten Nachbarn wissen, schon acht Tage vor dem Brand stets nach dem Essen erbärmlich geheult, ohne daß es beruhigt werden konnte. Man habe es schließlich dem Abdecker übergeben wollen. Das Hündchen ist dann mit der Witwe im Haus verbrannt.

Ein Schweizer besichtigt Stuttgart

Albrecht von Haller, der große Schweizer Arzt, Naturwissenschaftler und Dichter, der 1726 in Tübingen studierte, erzählt in seinen Erinnerungen, daß er auf seiner Wanderung durch den Schönbuch vielen Damhirschen begegnet sei, was davon herrühre, daß, seitdem der Hof in Ludwigsburg seine Festivitäten und Jagden abhielt, in den Stuttgarter Wäldern ein fast paradiesischer Zustand eingetreten sei. So spazierte denn auch damals eines Tages ein kapitaler Hirsch mit zwölf Enden zum Büchsentor herein, durchwanderte gravitätisch die Reiche Vorstadt und begab sich schließlich durchs Rote-Bild-Tor wieder ins Freie. Über Stuttgart schrieb der Student: die Stadt sei besser gebaut als viele deutsche Städte. Etliche Straßen seien wirklich schön, aber wegen der Ludwigsburger Residenz ganz verödet. Und die Stuttgarter selbst? Obgleich die jetzt lebenden Fürsten wenig rühmlich seien, murrten die Untertanen nicht, seien vielmehr getreu ergeben und eifrig, und schrieben auch keine Stachelschriften. Wenn man sie auf die Liederlichkeiten am Hof anspreche, bezeichneten sie das als eine Strafe vom Himmel, die sie wohl verdient hätten. Dem Republikaner Haller erschien diese Gottergebenheit seltsam.
Der prominenteste Gast Stuttgarts während jener Zeit: im August 1730 besucht der preußische König Wilhelm I. mit dem achtzehnjährigen Kronprinzen Friedrich Stuttgart und Ludwigsburg. Stuttgart ist nur Durchgangsstation, denn der Hof ist nicht hier. In Ludwigsburg läßt der sparsame König, obgleich Räume genug vorhanden waren, sein Gefolge, darunter auch den Kronprinzen, feldmäßig in einer Scheune übernachten. Es war die große Reise Friedrich Wilhelms durch die west- und süddeutschen Höfe, während deren der König seinen Sohn aufs schärfste bewachen ließ,

da er von dessen Fluchtplan nach Frankreich wußte. Ein Vierteljahr später zwang der harte Vater seinen Sohn, bei der Enthauptung seines Freundes Katte in Küstrin zuzuschauen. Ob dem spartanischen König der verschwenderische württembergische Hof, an dem damals zeitweise in Ludwigsburg bis 1800 Schranzen und Dämchen schmarotzten, imponiert hat, dürfte zu bezweifeln sein.

Das Gymnasium illustre

Noch eine nette Neuigkeit: 1723 wird den Stuttgarter Gymnasiasisten der obersten (7. Klasse) das Degentragen erlaubt (wie gleichzeitig auch den Apothekergesellen, Zinkenisten und Goldarbeitern). Es war erst drei Jahrzehnte her, daß die neue Unterrichtsmethode die Anwendung von »Ruten und Stecken« gegen die Schüler der Oberklassen verboten hatte. Dieses heute noch bestehende älteste Gymnasium Stuttgarts trägt bekanntlich den Namen Eberhard-Ludwigs, doch geht seine Gründung auf seinen Onkel, den Administrator Friedrich Karl, zurück, der das bisherige fünfklassige Pädagogium, an dem Präzeptoren unterrichtet hatten, zum Gymnasium illustre mit Oberpräzeptoren und Professoren erhob, und einen stattlichen Neubau mit Türmchen für die Sternwarte »nach der neuesten Manier« an Stelle des alten Beginenhauses und einiger abgerissener Nachbarhäuser 1686 hatte errichten lassen. Dieses altehrwürdige Gymnasium an der Ecke der Kronprinz- und Gymnasiumstraße ist Jahrhunderte hindurch das Schicksalshaus auch für fast alle württembergischen Pfarrer geworden, fand doch hier im dritten Stock alljährlich das »Landexamen« statt, dessen Ergebnis über die Aufnahme ins Tübinger Stift entschied. Hermann Kurz in seiner Novelle »Die beiden Tubus« und Hermann Hesse in seinem Roman »Unterm Rad« haben das Drum und Dran dieses hochnotpeinlichen Examens, zu dem die vierzehnjährige Elite der Landjugend, von den Stuttgarter Buben als »Landpomeranzen« gehänselt, jeweils mit klopfendem Herzen, in feierliches Schwarz gekleidet, zum ersten Mal in die Residenz kamen, reizend geschildert. 1903 wurde das Eberhard-Ludwigs-Gymnasium in einen Neubau der Holzgartenstraße, gegenüber der Garnisonskirche, verlegt. Nach dem zweiten Weltkrieg war nur ein Trümmerhaufen davon übrig geblieben. Jetzt erhebt sich in unmittelbarer Nähe heute die Süddeutsche Bank. Das Gymnasium selbst erhielt einen stattlichen Neubau im Herdweg 72, auf dem Gelände der ehemaligen Villa Zeppelin.

Stuttgart wieder Residenz

Stuttgart verödet, Ludwigsburg blüht empor. Aber wo nicht wirtschaftliche Gesetze gelten, sondern fürstliche Launen, da ergeht es auch Städten oft nicht besser als Favoriten und Maitressen. Über Nacht welken die Treibhausblüten im rauhen Wind der Wirklichkeit. Herzog Karl Alexander, der Sohn des Administrators Friedrich Karl, kümmerte sich um das feierliche Vermächtnis seines Vetters Eberhard Ludwig nicht im geringsten. Er war Soldat, hatte im spanischen Erbfolgekrieg und in den Türkenkämpfen als kaiserlicher General sich ausgezeichnet und war zuletzt Statthalter in Serbien gewesen. Unverzeihlich war in den Augen seiner Württemberger freilich, daß er 1712 am Wiener Hof »um eines Regiments willen« katholisch geworden war. Er versprach zwar feierlich bei seinem Einzug am 16. Dezember 1733 dem auf dem Schloßplatz versammelten engeren landschaftlichen Ausschuß, daß er zur Übung seines katholischen Privatgottesdienstes im Schloß eine eigene Kapelle einrichten werde, daß aber die bisherige Hofkapelle fernerhin den Evangelischen überlassen bleibe, und daß auch im Gymnasium beim Religionsunterricht keine Änderung eintreten werde. Das Wichtigste war für Stuttgart, daß er den Hof und die Kanzleien alsbald wieder hierher verlegte und das seit Jahrzehnten vernachlässigte Alte Schloß wieder instandsetzen ließ. Innerhalb weniger Monate zogen 3300 Menschen von Ludwigsburg weg nach Stuttgart. Justinus Kerner schildert in seinen »Reiseschatten«, wie menschenleer es dort ausgesehen hat: »Wenn wir uns nur eine Stunde Zeit nehmen wollten«, spricht der Mühlknecht, »so könnten wir vielleicht einen der Einwohner der Stadt zu Gesicht bekommen! Seht! Dort weit an dem letzten Haus bewegt sich schon etwas!« Immerhin, auch Karl Alexander hat Ludwigsburg nicht ganz vergessen: er kasernierte die in der Stadt da und dort einquartierten Soldaten, legte also den Grund zur Garnisonsstadt und errichtete, was freilich mit dem festlich-fröhlichen Ludwigsburg nicht so recht harmonierte, ein Zucht- und Arbeitshaus, eine sozial-pädagogisch ziemlich fragwürdige Gemeinschaftsanstalt für Arme, Waisen, Zuchthäusler und sogenannte Tolle, die in einer herzoglichen Tuchfabrik Qualitätsarbeit zu leisten verpflichtet waren.

Die Affäre mit Süß-Oppenheimer

Die vier Jahre der Regierung Karl Alexanders waren für das Land kein Segen. Da der Herzog als Katholik nicht Landesbischof hatte werden können, gingen die mit dem Amt verbundenen Rechte auf den Geheimen Rat über. Damit war dem Herzog auch jede Verfügung über das Kirchengut, das noch Eberhard Ludwig für seinen Schloßbau weidlich genützt hatte, unmöglich gemacht. Da aber auch er, um im polnischen Erbfolgekrieg seinen Mann zu stellen, viel Geld benötigte, verschrieb er sich als Helfer in der Not den ihm schon von früher her wohlbekannten Frankfurter Finanzmann Süß-Oppenheimer (auch Eberhard Ludwig hatte trotz dem Verbot von Herzog Christoph mit »Hofjuden« allerlei Geschäfte gemacht). Was dieser Süß, alsbald schon allmächtiger Finanzminister, an neuartigen, bisher im Land nicht üblichen merkantilistischen Methoden praktizierte, lief auf eine Bedrohung der wirtschaftlichen Selbstverwaltung der Landstände hinaus, füllte aber um so sicherer die herzogliche Kasse (und nebenbei selbstverständlich auch die Süß'sche Privatschatulle). Wohl waren der Ämterschacher, die Bestechungen, die neuen Münzprägungen, die erstmals eingeführten indirekten Steuern höchst fragwürdige Manipulationen. Aber verbrecherisch waren sie kaum zu nennen, denn anderswo hatte man sich schon lange damit abgefunden.

Die allgemeine Volkswut, die sogleich nach dem plötzlichen Tod des 52-jährigen Herzogs durch Schlaganfall gegen den Juden losbrach, hatte ihren Grund offenbar darin, daß man ihn auch im Verdacht hatte, bei den insgeheim betriebenen Plänen einer Rekatholisierung Württembergs die Hand im Spiel gehabt zu haben. Dafür wurde nie der geringste Beweis erbracht. Daß solche Pläne bestanden, scheint freilich unbezweifelbar festzustehen. Es waren zu viele Kapuziner am Hof, deren unzweideutige Stuttgarter Aufträge später im Archiv ihres Schweizerischen Klosters gefunden wurden, es liefen auch zu viele Kuriere zwischen Würzburg, Bamberg und Stuttgart hin und her, als daß die Landschaft nicht schon längst Verdacht geschöpft hätte. Es konnte denn auch nicht ausbleiben, daß alsbald nach Karl Alexanders Tod wilde Gerüchte über die Ermordung des Herzogs im ganzen Land kursierten und daß Ludwigsburger Schloßkastellane noch lange auf die Stelle am Fenster des Sterbezimmers deuteten, wo der leibhaftige Teufel mit dem toten Herzog verschwunden war.

Lynchjustiz

Was nach des Herzogs Tod mit seinem Günstling Süß geschah, ist kein Ehrenblatt unserer Geschichte. Gewiß ist, daß der Jude, der Zeit zur Flucht gehabt hätte, nicht geflohen ist, und daß er bis zum letzten Augenblick davon überzeugt war, man werde ihn vielleicht an Geld und Gut, aber nicht am Leben strafen. Das Sondergericht von Prälaten und Juristen, das ihn zur schimpflichsten Art des Todes verurteilte, richtete nicht nach dem Gesetz, sondern vollstreckte den sogenannten Volkswillen. Man nennt das auch Lynchjustiz. Stuttgart gab die Szene dafür ab, zuerst auf dem Marktplatz, wo vor dem Herrenhaus das Urteil verkündigt wurde – Süß hatte seinen schönsten Staatsrock angezogen, weil er bestimmt auf einen Freispruch rechnete – dann Verbringung des in wildem Zorn sich Wehrenden auf den Todeskarren, Fahrt über den Schloßplatz durchs Kanzleitörchen und weiter durchs Siechentor zur Prag, wo er am höchsten eisernen Galgen, in einen Käfig gesperrt, aufgehängt wurde. »Seine Kameraden« schrieb der stets gerechte Johann Jakob Moser, »die meistenteils ärgere Schelme als er sind, laufen als ehrliche Leute noch frei und unbestraft herum. Nur den Süßen ließ man's büßen.«

Der »Karl Herzich«

Württemberg hatte einige brave und verantwortungsbewußte, mehrere nichtsnutzige, viele unglückliche und wenige geniale Fürsten gehabt. Anderswo war das nicht viel anders. Aber es hat einen einzigen Fürsten gehabt, der sozusagen die Quintessenz aller seiner Vorgänger repräsentierte, auf dessen Haupt sich alle Verwünschungen, aber auch alle Segenssprüche des Volks versammelten: Herzog Karl Eugen, für den wir keinen Beinamen haben, weil kein einzelnes Epitheton seine so verwirrend gegensätzlichen charakterlichen Eigenschaften treffen kann, zu dem sich aber das Volk mit liebendem Spott dadurch bekannte, daß es ihn wie seinesgleichen verbürgerlichte; es nannte ihn den »Karl Herzich«, als wäre »Herzog« sein Familienname gleich Meier oder Mägerle.

Am Hof Friedrichs des Großen

Er war als kleiner Bub auf Wunsch der Landstände am Hofe des protestantischen Königs Friedrich II. von Preußen erzogen worden, um ihn katholischen Einflüssen zu entziehen. Der Zweck wurde erreicht: Karl war zeitlebens in Glaubensfragen ein toleranter Mann, der einen jeden nach seiner Façon selig werden ließ. Daß er, noch nicht sechzehnjährig, auf Vorschlag Friedrichs vom Kaiser für mündig und regierungsfähig erklärt wurde, obgleich das württembergische Hausgesetz 20 und das gemeine

Recht 25 Jahre festlegte, hatte politische Gründe. Friedrich selbst hat wenige Jahre danach den voreiligen Schritt bereut. Denn die guten Ratschläge, die er dem frischgebackenen Herzöglein bei der feierlichen Berliner Abschiedsaudienz in einem eigens für ihn verfaßten »Fürstenspiegel« erteilte, hat er alsbald in den Wind geschlagen. Darin war nämlich zu lesen, daß er ja nicht denken solle, das Land Württemberg sei für ihn geschaffen worden, vielmehr verhalte es sich so, daß die Vorsehung ihn habe auf die Welt kommen lassen, damit er dieses Volk glücklich mache.

Er hat es, in seiner recht lange währenden stürmischen Jugendperiode, im Gegenteil zunächst einmal kreuzunglücklich gemacht. Zwar hat der preußische König dem jungen Mann, den er genau kannte, auch geraten, sich auszutoben und einige Jahre dem Vergnügen zu opfern, bevor er ans Heiraten denke; aber wie dieser, sein Schüler, sich dann austobte, das hat auch den damals noch nicht Alten Fritz schaudern gemacht. Doch trifft ihn an dem, was in den nächsten Jahrzehnten im Land geschah, wahrlich nicht allein die Schuld. Alles trug dazu bei, den unbestreitbar hochbegabten und glänzend ausschauenden jungen Kavalier mit den strahlenden blauen Augen, der seine Lehrzeit zu dem Zeitpunkt abgebrochen hatte, da ein ernsthaftes Studium erst beginnen konnte, größenwahnsinnig zu machen. Ein strenger Vater, ein Friedrich Wilhelm wäre vonnöten gewesen. Statt dessen hatte er eine Mutter, eine geborene Prinzessin von Thurn und Taxis, eine höchst genußsüchtige und verschwenderische Dame mit eigenem Hofstaat, die ihn maßlos verwöhnte, die für sich selbst immerzu phantastische Geldforderungen an die Landschaft stellte und den Knaben früh schon in der Kunst unterrichtete, wie er seine Huld, um die jeder, und nicht zuletzt die Residenz Stuttgart, buhlte, in klingende Münze umwerten könne.

»Eine Seiner fürstlichen Dignität konvenable Wohnung«

Die Stadt Stuttgart hatte beim feierlichen Einzug des jungen Herzogs am 10. März 1744 nur die eine Sorge, ob sie, wie unter seinem Vater, Residenz bleiben werde. Der junge Karl wollte das gern versprechen, wenn gewisse Voraussetzungen erfüllt würden. Zunächst erbat er sich ein »Don gratuit« von 30000 Gulden, das die Landstände zu verdoppeln versprachen. Dann die wichtigste Bedingung: »Eine standesgemäße, Seiner fürstlichen Dignität konvenable und dem Umfang des Hofstaats hinlängliche Wohnung nach dem neueren Gout der Architektur«. Also ein neues Schloß, so prunkvoll

und nicht viel kleiner als das in Ludwigsburg! Das Mémoire, in dem der Herzog diesen seinen Willen der Stadt und den Landständen allergnädigst kundtat, war datiert Juli 1744 auf Schloß Ludwigsburg.
Die Landschaft erhob Einwände: noch seien die durch den Ludwigsburger Schloßbau angehäuften Schulden nicht bezahlt, »von deren Tilgung Dero Konsideration an den Höfen abhängt«. Aber das interessierte den Herzog nicht. Geheimrat Bilfinger, der angesehenste Mann der Regierung, schlug mit gut schwäbischer Sparsamkeit eine Erweiterung und Modernisierung des Alten Schlosses, vor allem gegen den Lustgarten zu, vor. Aber davon wollte Karl gottlob schon gar nichts wissen. Schließlich einigte man sich über einen Neubau, der allerdings nicht mehr als 600000 Gulden kosten sollte; ein Sechstel des gesamten Steueraufkommens des Landes sollte alljährlich dem Bau zufließen, außerdem mußten auch das Kirchengut und die Stadt sich zu regelmäßigen, beträchtlichen Zuschüssen bereit erklären.

Die Platzfrage

Die Platzfrage war leicht zu lösen. Vorgeschlagen wurde zunächst die Gegend beim Bollwerk als der höchstgelegenen Stelle der Stadt; aber das war von der Stadtmitte zu weit entfernt. In Betracht kam auch das Gelände des heutigen Königsbaues und des Hotels Marquardt; aber da hätten zu viele Gebäude niedergerissen werden müssen. Schließlich setzte der Herzog, ohne sich auf weitere Debatten einzulassen, seinen Namen unter einen Plan, den in seinem Auftrag und nach seinen Wünschen der schon zuvor in Ludwigsburg tätige Italiener Leopold Retti, ein Neffe Frisonis, gefertigt hatte. Des Herzogs Unterschrift kam einem strikten Befehl gleich, daß dieser Plan und an dieser Stelle neben dem alten Schloß jenseits des Grabens auszuführen sei.
Bei der Platzwahl im Lustgarten, den Eberhard Ludwig hatte völlig verwildern lassen, war die schlau berechnete Überlegung bestimmend gewesen, daß die von den Landständen in den Jahren 1740 bis 1745 an der Ecke der Planie und der Neckarstraße zwecks Erleichterung der unerträglichen Quartierlasten erbaute Kaserne für Zwecke des Hofstaats, der Küche und sonstiger ökonomischer Bedürfnisse für das Schloß annektiert werden könne, denn die Kaserne kam nun unmittelbar an die Rückfront des geplanten Corps de Logis zu stehen. Diese Spekulation erwies sich später als falsch, da der Herzog plötzlich dem erst im Rohbau fertigen Schloß den Rücken kehrte. Aber er bekam die Kaserne schließlich doch in seine Hand, als er

bei der Versöhnung mit Stuttgart deren Überlassung für die Zwecke seiner Akademie zur Bedingung machte. Mit Genugtuung entnimmt man den Akten, daß Herzog Karl jedem Vorschlag, das neue Lusthaus zu opfern, aufs energischste widersprach. Diesen Vorschlag hatte beispielsweise bei einem späteren Wettbewerb für weitere Fassadenrisse der große Balthasar Neumann, der Erbauer des fürstbischöflichen Residenzschlosses in Würzburg, gemacht, der außerdem einen Frontwechsel für erforderlich hielt, derart, daß der Schloßhof sich nach dem Alten Schloß und der Stadt öffnen sollte. Da er für das Corps de Logis die kolossale Breite von 220 Metern bei einer Länge der Flügel von 180 Metern vorsah, wodurch die Ludwigsburger Maße noch beträchtlich übertroffen worden wären, hätte Stuttgart ein völlig anderes Gesicht bekommen: es hätte keinen Schloßplatz und wohl auch keine Königstraße gegeben. Was dann tatsächlich geworden ist, verdankt die Stadt dem spontanen Entschluß eines Siebzehnjährigen. Der Plan Rettis wurde mit etlichen nicht wesentlichen Änderungen ausgeführt, wobei schon von Anfang an die vom linken Flügel aus sich talwärts erstreckende Garten- und Parkanlage vorgesehen war, im Gegensatz zum Versailler Vorbild, wo die Rückfront des Corps de Logis ins Grüne schaute.

»Residenz auf ewige Zeiten«

Bei der Grundsteinlegung am 3. September 1746 verpflichtete sich der Herzog dann feierlich nochmals, daß, »Sterbensläufe und andere nicht vorausgesehene Fatalitäten und Unglücksfälle ausgenommen, Sitz des Hofs und der Regierung für beständig in Stuttgart bleiben und gehalten werden, auch das unwiderrufliche, gnädige Privilegium und die Gerechtigkeit einer ordentlichen fürstlichen Residenz auf ewige Zeiten konfirmiert seyn sollte.« Und der Rat Bilfinger schloß zur Bekräftigung seine lange Weiherede sogar mit devot gereimten Versen:

»Ein Haus, nach Baukunst ausgeführet
soll fest, bequem und schöne seyn,
des Bauherrn Stand und Will regieret
Die Massen und teilt alles ein;
Der Herzog Karl bestimmt den Ort
Und gibt dabei das Fürstenwort,
Das wir nun in den Grundstein schreiben:
Hier soll die Residenz verbleiben!«

Kaum je ist ein feierlich gegebenes Fürstenwort schon bald danach zynischer gebrochen worden.

Brand im Gartenflügel

Der Bau schritt munter fort, nachdem die viele Sorgen bereitende Grundierung auf dem vom nahen Nesenbach versumpften Boden gelöst war; die Fundamente allein, für die man keinen Rost von eichenem Gebälk wie früher für das Lusthaus, sondern Quader gewählt hatte, kostete 50000 Gulden. Im Jahre 1749 war der Gartenflügel unter Dach, wobei der später als Schubarts Zechkumpan berühmt gewordene Schieferdecker Leopold Bauer bewies, daß sein Handwerk einen goldenen Boden hatte, und ein Jahr später konnte schon der Auftrag für den Guß des »Herzogshuts« erteilt werden, der über der wunderhübsch geschweiften Flachkuppel des Corps de Logis als Krönung schwebte. Da starb, 1751, plötzlich, erst achtundvierzigjährig, der für alle Bauarbeiten verantwortliche Architekt Retti. Zu seinem Nachfolger bestimmte der Herzog den Franzosen La Guêpière, einen der bedeutendsten Meister des Rokoko, der schon mit dem klassisch besänftigten Stil des Louis Seize liebäugelte. Er führte nach Rettis Entwürfen den rechten Flügel aus, war aber vor allem für die Innenausstattung berufen: wie er den Gartenflügel gestaltete und möblierte, soll das Kostbarste gewesen sein, was je in Württemberg an rokokogemäßer Innenarchitektur geschaffen wurde. Da brach in einer Novembernacht 1762 im hintern Pavillon des Corps de Logis, verschuldet durch fahrlässige Maler, ein Brand aus, dem die ganze Herrlichkeit zum Opfer fiel, obgleich sich bei dieser Gelegenheit der Herzog erstmals als »Feuerbanner« betätigte. Er mußte froh sein, daß er ein Übergreifen des Feuers auf den Hauptbau verhüten konnte.
Der ungeheure Schaden war so rasch nicht zu ersetzen. Der Gartenflügel blieb noch lange als ausgebranntes Gehäuse stehen. La Guêpière hat dann die Spiegelgalerie mit ihren korinthischen Säulenpaaren hier gestaltet, ferner den einst berühmten Weißen Saal mit den jonischen Säulenpaaren und als das Schönste den zweistockigen Marmorsaal unter der Kuppel. Auch der stadtseitige Pavillon des Hauptgebäudes, in dem ursprünglich eine durch beide Stockwerke reichende Kapelle eingerichtet war, und das wunderschöne Haupttreppenhaus zeigten die Meisterhand des Franzosen. Da erging plötzlich 1767 der herzogliche Befehl, daß der halbfertige Bau einzustellen sei. Was war geschehen?

Halbgötter feiern Hochzeit

Im herzoglichen Württemberg wurden viele rauschende Feste gefeiert. Das rauschendste war der Einzug des Herzogs Karl mit seiner neuvermählten Gattin, der Prinzessin Friedericke von Brandenburg-Bayreuth, in den Oktobertagen 1748 in Stuttgart. Er war 20, sie 16 Jahre alt, also beide fast noch Kinder. Sie hatten nicht aus Liebe geheiratet, sondern weil die Kabinette in Berlin, Bayreuth und die mit ihrem Sohn hoch hinausstrebende Herzoginwitwe die Liaison aus den verschiedensten Gründen für vorteilhaft hielten. Es genügt, zu vermerken, daß die Hochzeitsfeierlichkeiten in Bayreuth zwei Wochen dauerten, daß die mit Brillanten verzierte, in Stuttgart hergestellte Staatskarosse für das Brautpaar 24 000 Gulden gekostet hatte, daß der Bräutigam einen Rock von Silberbrokat mit echt goldenen Blumen trug, die Knöpfe, der Degen, die Hutagraffe, die Schuhschnallen mit Brillanten besetzt, und daß die Braut ebenfalls mit einer silbernen, golddurchwirkten Robe und zahllosen Brillanten und birnförmigen Perlen an ihrer Krone, ihren Ohrgehängen und am Halsband geschmückt war. In Ludwigsburg, wo anschließend an die Hochzeit eine Woche lang gefestet wurde, gabs im Schloß eine »figurierte Tafel«, in die ein stark illuminiertes Parkett mit drei Fontänen eingelassen war, worüber sich eine 20 Schuh hohe »Maschine« mit Spiegelpyramiden, Girandolen, versetzten, gefärbten Glaskugeln und vielen Ampeln, Vasen und Statuen erhob; dazu wurden 64 verschiedene Speisen und 28 Schalen serviert, während der Konfekt gleich einem Wasserfall aus der Maschine niederstürzte. Es folgte ein Hetzjagen in der Leonberger Wasserhalde, wobei von 800 Stücken Schwarz- und Rotwild 400 erlegt wurden. Abends wurden im Favorite-Park 1200 Raketen gleichzeitig aufgelassen, während 56 Kanonen nach allen Himmelsrichtungen abgeschossen wurden.

Glanz des Rokoko

Beim Einzug in Stuttgart, den Herdweg hinab durch das neu errichtete Büchsentor, ritt der Herzog in königsblauem Goldbrokat mit einem Umhang von goldenen spanischen Skizzen einen dänischen Apfelschimmelhengst, dessen Kopf mit einer schwarzen Reiherfeder geschmückt und dessen Mähne mit goldenen Borten eingeflochten war; Schnallen und Steigbügel waren von massivem Silber und vergoldet. Die Herzogin, ebenfalls in Goldbrokat, saß in der neugefertigten Leibkarosse, die von acht gold-

falbenen württembergischen Gestüthengsten mit weißen Extremitäten gezogen wurde. An den Ehrenpforten bei der Spitalkirche und in der Kirchgasse waren außer lateinischen Versen, die die Professoren des Gymnasiums hatten verfassen müssen, auch deutsche Knittelverse zu lesen, so beispielsweise:

»Karl tapferer Heldensohn, zeuch ein mit Friederiken,
Es wird zu Eurem Heil und Wohl sich alles schicken.«

Oder:

»Die erste Residenz freut sich im Wohlergehen,
Die Fürstin dieses Lands, das erste Mal zu sehen.«

Oder:

»Nach unserer Fürsten Ruhm muß Recht und Gunst hier blühen,
Die Tugend wird belohnt, die Laster müssen fliehen.«

Zum Dank dafür, daß die Stuttgarter ihre Häuser an den Festzugsstraßen – es ging durch Büchsen- und Kronprinzstraße, vorbei am Landschaftsgebäude zum großen Graben, durch die Hauptstätterstraße über den Markt und zum Schloß – allesamt frisch verputzt und bemalt, daß die Stadtreiterkompagnie und die berittene Metzgerzunft sich auf eigene Kosten neu herausstaffiert und die übrige Bürgerschaft zu Fuß mit Gewehr in blauen Röcken mit roten Aufschlägen auf dem Marktplatz so freudig vivat gerufen hatten, gabs am dritten Tag auf dem Markt ein Volksfest, zu dem aus der Hofküche ein neun Zentner schwerer Ochse, gespickt mit

Hasen, Feldhühnern und Bratwürsten, nebst etlichen gebratenen Hämmeln spendiert wurde, und wieder floß, diesmal aus zwei vergoldeten Meerpferden, roter und goldener Wein. Den Abschluß bildete – es war die Zeit der Schäferspiele und Rousseauschen Naturschwärmerei – eine Bauernhochzeit im Schloß, wobei Karl und Friederike den Wirt und die Wirtin markierten. 43 Paare, lauter adlige Herrschaften tanzten, in kostbare schwäbische Bauerntrachten gekleidet, Menuett, Contre und Gavotte.

Friederikes niedliche Füße

Der Herzog soll nach einem Bericht des preußischen Gesandten in den ersten Jahren seiner Ehe geradezu »verrückt verliebt« gewesen sein und sich mehr wie ein eifersüchtiger Liebhaber als wie ein Ehemann benommen haben. Die kleine Friederike, graziös, kühl und pikant, muß süß ausgesehen haben. Bewundernd wird von allen Kennern ihr zierlicher Fuß gerühmt; Besucher von Stand erhielten als Andenken von ihr einen Schuh, der so niedlich war, daß er jeder Märchenprinzessin Ehre gemacht hätte. Zwei Jahre nach der Hochzeit kam ein Töchterlein zur Welt, was den Stuttgarter Magistrat zur Überreichung eines »Kindbett- und Gevatterpräsents« von 900 Dukaten bewog; der Herzog, der einen Sohn erhofft hatte, annullierte enttäuscht die für diesen Fall vorgesehenen Schenkungen an Friederike. Das Prinzeßchen starb schon nach einem Jahr. Weiterer Kindersegen blieb aus.

»Was will das Geschmeiß!«

Bald freilich munkelte man in der Residenz, daß es im Schloß nicht mehr so recht zu stimmen scheine. Daß der junge, lebenslustige Herzog es mit der ehelichen Treue nicht genau nahm, dürfte niemand gewundert haben; man war an derartiges von seinen Vorgängern ja längst gewöhnt. Schlimmeres sagte man der Herzogin nach, nämlich, daß sie hochmütig, arrogant und herzlos sei; ihre Hofdamen durften ihr nicht, wie überall üblich, die Hand, sondern nur den Rock küssen, und für das Volk habe sie schon garnichts übrig. Das wisse man ja schon seit dem Einzugstag, da sie den Anblick der in ihrer Stuttgarter Tracht erschienenen, Blumen werfenden Wengertersmädle laut zu ihrer Hofmeisterin gerufen habe: »Was will das Geschmeiß!« Man kann sich darnach denken, auf wessen Seite die Stuttgarter standen.

Auch nach Berlin und Bayreuth waren Berichte über immer heftiger werdende eheliche Streitereien im Schloß abgegangen. König Friedrich, dem das Glück seiner Nichte und die guten Beziehungen zu Württemberg sehr am Herzen lagen, beschwor seine Schwester, auf die gar zu eifersüchtige kleine Xanthippe beruhigend einzuwirken: solche Seitensprünge seien nicht tragisch zu nehmen, Friederike möge sich gefälligst in das Unabänderliche fügen. Gegenseitige Besuche des Markgrafenpaars in Stuttgart, des Herzogspaars in Bayreuth sollten die Versöhnung bringen. Viel Gutes erhoffte man sich schließlich von einer längeren gemeinsamen Reise nach Italien, deren Kosten die Landschaft zu übernehmen bereit war. So war denn das Paar, in Begleitung des Oberhofpredigers Fischer, des protestantischen »Beichtvaters« Friederikes und des Geheimrates Hardenberg, an Ostern 1753 in Rom, wo die Herzogin es fertiggebracht haben soll, daß ihr katholischer Mann sich weigerte, dem Papst den Fuß zu küssen (die Landschaft war darüber so gerührt, daß sie der Herzogin hinterher ein Don gratuit von 2000 Gulden gewährte). Auf den Vesuv ließ sie sich in einer Sänfte tragen, während Karl sich mit dem Blick von unten begnügte. Im übrigen sollen beide vergnügt und friedlich wie auf einer Hochzeitsreise sich benommen haben.

Das Rätsel um Marianne Pirker

Aber in Stuttgart gingen die Kräche bald schon wieder los. Nach drei Jahren kam es zur Trennung, und zwar unter recht merkwürdigen Umständen, die nie geklärt worden sind. Karl war zur Jagd von seinem Schwiegervater nach Bayreuth eingeladen. Unversehens erschien dort auch Friederike und erklärte den Eltern und dem Gemahl, daß sie nie mehr nach Stuttgart zurückkehre. Alles Zureden half nichts. Der Anlaß zu diesem plötzlichen Entschluß scheint gewesen zu sein, daß der Herzog, während er selbst abwesend war, im Schloß, und zwar im Zimmer der Herzogin, den Friseur Reich, die Kammervirtuosin Marianne Pirker und deren Gatten, den Konzertmeister Franz Pirker hatte verhaften und auf den Hohentwiel verbringen lassen.

Diese Marianne Pirker, eine Steiermärkerin, war seit einigen Jahren der Star der Stuttgarter Oper, eine Koloratursopranistin von europäischem Ruhm, die für eine exorbitante Gage von der Kopenhagener Oper weg engagiert worden war und sich in Stuttgart großer Beliebtheit erfreute. Sie scheint die einzige Vertraute der sich vereinsamt fühlenden Friederike und vermutlich deren Ohrenbläserin gewesen zu sein, die ihr den Hofklatsch über des Herzogs Liebeleien zutrug. Daß der Herzog zugriff, ist verständlich, wie er es tat, unheimlich. Zum ersten Mal läßt er etwas von der geradezu asiatischen Grausamkeit spüren, deren er fähig war: er hat das Ehepaar Pirker acht Jahre lang ohne Verhör, ohne den Grund zu nennen, erst auf dem Hohentwiel, dann auf dem Asperg eingekerkert. Die Sängerin wurde geisteskrank und verlor ihre Stimme. Als das Paar schließlich entlassen wurde, mußte es sich in einem Revers verpflichten, gegen niemanden ein Wort über die Haft zu äußern und auch niemals zu versuchen, mit der Herzogin wieder in Verbindung zu treten. Die beiden unterschrieben und waren so an Leib und Seele zerbrochen, daß sie ihr Wort auch hielten. Sie sollen noch einige Jahre auf dem Gut Eschenau bei Heilbronn vegetiert haben.

Deutschlands prächtigster Hof

Die Trennung von Friederike war ein Unglück für den Herzog, der jetzt keine Rücksichten mehr zu nehmen brauchte. Unselbständig und leicht verführbar, geriet er bald schon in den Bann des Grafen Montmartin, eines ehemaligen Bayreuthischen Hofmarschalls, der jetzt als allein verantwortlicher Staatsminister – ein diabolischer Marinelli – den jungen Souverän vollends größenwahnsinnig machte. Der Prälat Johann Gottfried Pahl, zuletzt Generalsuperintendent des Jagstkreises, der im Stil Schubarts liberale Chroniken verfaßte, berichtet darüber:
»Stuttgart war damals der Sitz des Vergnügens und der Hof der prächtigste in Deutschland. Um den Glanz desselben zu vermehren, hatte man eine Menge fremden Adels ins Land gezogen. Es wimmelte von Marschällen, Kammerherren, Edelknaben und Hofdamen; die meisten von ihnen genossen große Gehälter. In ihrem Gefolge erschien ein Heer von Kammerdienern, Heiducken, Mohren, Läufern, Köchen, Stallbedienten in den prächtigsten Livreen. Zugleich bestanden die Korps der Leibtrabanten, der Leibjäger und der Leibhusaren, deren Uniformen mit Gold, Silber und kostbarem Pelzwerke bedeckt waren. Für den Marstall wurden die schönsten Pferde angekauft und zum Teil um außerordentliche Preise aus den entferntesten Ländern beigebracht. Einen ungeheuren Aufwand erforderten das Theater, die Oper, die Ballette und die Musik. Die größten Künstler wurden aus Frankreich und Italien herbeigerufen. Noverre war Direktor des Balletts, Jomelli Kapellmeister, und selbst Vestris, der Tänzer,

mußte sich zwischen Stuttgart und Versailles teilen. Letzterer sah seine Kunstleistungen mit 12000 Gulden jährlich belohnt. Man führte Opern auf, zu denen die Vorbereitungen einen Aufwand von 100000 Gulden erforderten. Öfters, besonders an den Geburtsfesten des Herzogs, wurden Feierlichkeiten veranstaltet, deren manche 300–400000 Gulden verschlang. Da erschien alles in höchstem Glanze, Veronese brannte Feuerwerke ab, die in wenigen Minuten eine halbe Tonne Goldes verzehrten. Der ganze Olymp wurde versammelt, um den hohen Herrscher zu verherrlichen, und die Elemente und die Jahreszeiten brachten ihm ihre Huldigungen in zierlichen Versen dar.

Festin-Jagden mit 1000 Hatzrüden

»Nicht weniger glänzend als die Geburtsfeste waren die Festin-Jagden, die bald in dieser, bald in jener Gegend des Landes veranstaltet wurden. Ein zahlreiches Korps von höheren und niederen Jagdbedienten war dem Herzog zu Gebote. Seiner Nachsicht gewiß, durften sie sich die rohesten Mißhandlungen und die schreiendsten Ungerechtigkeiten gegen den seufzenden Landmann erlauben. Man zählte in den herrschaftlichen Zwingern und auf den mit dieser Art von Dienstbarkeit belasteten Bauernhöfen über 1000 Jagdhunde. Das Wild wurde in verderblichstem Übermaße gehegt. Herdenweise fiel es in die Äcker und Weinberge, die zu verwahren den Eigentümern streng verboten war, und zerstörte oft in einer Nacht die Arbeit eines ganzen Jahres; jede Art von Selbsthilfe wurde mit Zuchthausstrafe geahndet. Nicht selten gingen die Züge der Jäger und ihres Gefolges durch blühende und reifende Saaten. Wochenlang wurde oft die zum Treiben gepreßte Bauernschaft, mitten in den dringendsten Feldgeschäften ihren Arbeiten entrissen, in weitentfernte Gegenden fortgeschleppt. Wurde, was nicht selten geschah, eine Wasserjagd auf dem Gebirge, etwa in Degerloch angestellt, so mußten die Bauern hierzu eine Vertiefung graben, sie mit Ton ausschlagen, Wasser aus den Tälern herbeischleppen und so einen See zustande bringen.

Venezianische Karnevalsfreuden

»Auch bei den wiederholten Reisen, die der Herzog, um die Freuden des Karnevals zu genießen, nach Venedig machte, wurden ebenso wenig wie bei seinem übrigen Aufwande die vorhandenen Mittel berechnet, wie er

denn einst in dieser Stadt in den Fall kam, zur Befriedigung der seiner Abreise sich widersetzenden Gläubiger seinen ganzen Hausschmuck zu verpfänden. Auf diesen Reisen begleiteten ihn gewöhnlich seine italienischen Konkubinen, die, unverschämt in ihren Ansprüchen und beflissen, die kurze Gunst so viel als möglich zu benutzen, große Summen verschlangen. Die ausschweifende, jeder Rücksicht auf Anstand und Sittlichkeit sich entschlagende Lust des Fürsten beschränkte sich aber nicht auf deren Genuß; sie wurde auf gleiche Weise, oft schonungslos und gewaltsam, an den Frauen und Töchtern des Landes befriedigt und dadurch manche edle Blüte der Unschuld sowie manches Familienglück grausam vernichtet und das Gefühl für Zucht und jungfräulichen Ehre in den Gemütern zerstört.«

Wieder Soldatenhandel

Um die Gelder für diese unsinnige Pracht aufzubringen, hatte der Herzog, getreu der Tradition seiner Vorgänger, einen Subsidienvertrag mit Frankreich abgeschlossen, der ihn verpflichtete, jederzeit auf Abruf 6000 Mann Infanterie in 5 Regimentern marschieren zu lassen; für je 1000 Mann einschließlich der Offiziere bezahlte Frankreich ihm in Friedenszeit jährlich rund 65 000 Gulden, die im Kriegsfall auf 78 000 erhöht werden sollten. Nun war freilich der Herzog von allem Anfang an entschlossen, seine vertraglichen Verpflichtungen nicht sehr ernst zu nehmen. Ihm lag nur an dem vielen Geld, das er bekam und für das er eine ganz andere Verwendung hatte, als Soldaten zu werben und zu equipieren.

Karl rückt gegen den Alten Fritz ins Feld

Da trat plötzlich eine Wendung ein, an die in Württemberg niemand, am wenigsten der Herzog, gedacht zu haben scheint: im Frühjahr 1757 befahl Frankreich seinen württembergischen Subsidientruppen, unverzüglich ins Feld zu rücken. König Friedrich von Preußen war in Sachsen eingefallen; Österreich mit Frankreich und Rußland zusammen wollten den Ruhestörer zur Raison bringen. Außerdem wurde die Reichsexekution gegen Preußen beschlossen; Württemberg mußte also auch sein Kreiskontingent in Marsch setzen. Von den 6000 Mann, für die sich der Herzog seit Jahren von Frankreich hatte bezahlen lassen, war nicht einmal die Hälfte vorhanden. Also mußten Soldaten, Pferde, Uniformen, Waffen und alles sonstige Kriegsgerät aus dem Nichts heraus über Nacht beschafft werden.

Retter in der Not: Major Rieger

Das war der Augenblick, da sich der Major Rieger dem Herzog unentbehrlich machte. Aus einer sehr frommen schwäbischen Familie stammend – sein Bruder war Schüler Bengels und später Stiftsprediger in Stuttgart–, hatte er es in der preußischen Armee zum Auditeur gebracht, war in der Seeschlacht bei Menorca unter französischem Kommando dabei gewesen und traute sich nun, in die Heimat zurückgekehrt, recht wohl zu, dem Herzog aus der Klemme zu helfen. Auf rechtmäßigem Wege war nichts zu erreichen, denn Aushebungen waren dem Herzog verfassungsmäßig nicht gestattet, und Freiwilligen-Werbungen konnten nicht verfangen, da die jungen Männer, die am Soldatentum Spaß hatten, längst von den preußischen und französischen Werbern aus den Dörfern und Städtchen weggelockt waren.
Aber Rieger war nicht der Mann, sich an Gesetz und Recht zu halten. Vom Herzog mit allen Vollmachten als Kriegsrat ausgestattet, ordnete er der Verfassung zuwider in vierteljährlichen Abständen allgemeine Aushebungen an, denen er unter Anwendung jeder Art von Gewalt und Tücke zum Erfolg verhalf. Nachts aus den Betten, Sonntags aus den Kirchen, vom Acker weg und aus den Wirtshäusern wurden die jungen Burschen fortgeschleppt und in Uniformen gesteckt, Herumtreiber, Malefiz-

gesindel zusammen mit braven Bürgersöhnen. In aller Eile wurden sie einexerziert und dem französischen Kontrolleur in Stuttgart alsbald im Parademarsch präsentiert. Schon dabei gab es großes Malheur: die Soldaten verhöhnten den Franzosen, in der Kaserne beim Rote-Bild-Tor kam es zur offenen Meuterei. Hunderte warfen die Flinten weg und rannten davon. Ein Generalpardon wurde erlassen, aber nur wenige kamen freiwillig zurück. Man mußte in Dorf und Stadt Jagd auf die Deserteure machen.

Im September war das Korps endlich marschbereit; es hatte wunderschöne weiße und rote Fahnen erhalten mit dem alten württembergischen Herzogswappen. Die einen sangen beim Ausmarsch gottergeben fromme Lieder, die anderen fluchten oder brüsteten sich laut damit, bei der nächsten Gelegenheit davonzulaufen oder zu den Preußen überzugehen. Denn im allgemeinen war das württembergische Volk gut fritzisch gesinnt. Der Preußenkönig galt ihnen in diesem Krieg als Protektor ihres evangelischen Glaubens. Die Franzosen und die Österreicher, für die sie kämpfen sollten, und der Herzog selbst waren katholisch. Schon auf der ersten Etappe des Marsches, zwischen Göppingen und Geislingen, kam es daher zu einer neuen Meuterei und Massendesertion mit anschließender Menschenjagd, wobei der Herzog persönlich 16 Meuterer zum Exempel erschießen ließ.

Die Württemberger bei Leuthen

Und nun zogen die Württemberger also in den Siebenjährigen Krieg. Es wurde eine Katastrophe, der Feder eines Grabbe würdig. Anfangs zwar ließ sich alles gut an, denn in Schweidnitz und Breslau rückten die Württemberger erst ein, nachdem die Österreicher die unverteidigten Festungen besetzt hatten. Dann aber (am 5. Dezember) kam der Tag von Leuthen, und da zeigte es sich, was für ein geradezu verbrecherischer Unfug es war, so unausgebildete, miserabel ausgerüstete, kampfunwillige, heimwehkranke Soldaten einem Friedrich entgegenzustellen.

Der hatte natürlich ausgekundschaftet, was es mit diesem württembergischen Auxiliar-Korps seines einstigen Schülers Karl auf sich habe. Drum richtete er den von ihm persönlich geführten Hauptstoß nach Scheinattacken an anderen Frontabschnitten gegen den linken Flügel, wo die Württemberger mit Bayern und Würzburgern zusammen postiert waren. Schon am Abend vor der Battaille hatte sich herausgestellt, daß die Württemberger nicht genügend Munition hatten; es wurde also befohlen, nur langsam und sparsam zu feuern. Das ließen sie sich nicht zweimal sagen; die meisten feuerten überhaupt nicht, sondern machten kehrt und rannten davon, sobald die Preußen stürmten. »In dem allerblutigsten Chagrin« berichtete der württembergische Generalfeldmarschalleutnant von Spitznas am Tag darnach durch Sonderkurier seinem Herzog über diese »fascheuseste Begebenheit«: Weder die von ihm angewandte Güte noch der bezeugte Zorn habe die Grenadiere bewegen können, sich zu wehren; er selbst habe drei von den Flüchtigen mit dem Degen über den Kopf gehauen, was aber nicht soviel Effekt gehabt habe, »daß dieselben nur wenigstens sich gesetzt haben.« Er sei untröstlich, sich à la Tête solcher Leute sehen zu müssen und bitte, »tiefniedrigst mich empfehlend mit lebenswierig devotestem Respekt« um Enthebung von dem Kommando. Das Korps hatte 134 Tote, 1832 Vermißte, von denen der General vermutete, daß sie die Verwirrung benützt hätten, um unverweilt nach der Heimat zurückzukehren.

Jagd auf Deserteure

Die Vermutung war richtig: haufenweise schlichen sich die Deserteure ins Land zurück, wo durch ein besonderes »Deserteur-Attrapierungs-Rescript« alle Gemeinden, Amtsleute, Vögte, Förster, Nachtwächter und sonstige »Leute, die den Spieß haben«, angewiesen wurden, die Flüchtlinge zu haschen. Monatelang gaben Kanonenschüsse oder Glockengeläute landauf, landab das Signal, daß Deserteure der herzoglichen Miliz sich in der Gegend herumtrieben. Dann hatten sich Mannschaften vor den Vogteien zu sammeln, tagsüber oder auch mitten in der Nacht, und so rasch als möglich die vorbestimmten Stellen, Wegkreuzungen, Brücken, Waldstücke zu besetzen. Fingen die Spießgesellen einen der Unglücklichen, so wurde er unter Geschrei in den Ortsarrest eingeliefert, denn 18 Gulden wurden pro Kopf bezahlt. Die Bürger und Bauern aber fluchten hinter ihren Fenstern, denn es waren ihre Söhne, auf die hier Jagd gemacht wurde. Durch barbarische Strafen, Hungerkuren und Spießrutenlaufen wurden die »Attrapierten« wieder zur soldatischen Raison gebracht.

Schlechte Ware

Aber der Herzog hatte trotz den üblen Erfahrungen und der höchst persönlichen Blamage, die er als Feldherr hatte einstecken müssen, an der Soldatenspielerei jetzt erst so recht seinen Spaß gefunden. Er war entschlossen, Württemberg zu so etwas wie einer militärischen Großmacht im Rate der europäischen Nationen zu machen, und suchte nun verzweifelt nach Dummen, die ihm diese Marotte finanzieren könnten. Nachdem Frankreich abgelehnt hatte, wurden die württembergischen Truppen, deren Stärke auf 12000 Mann erhöht worden war, in London und Madrid angeboten, wo man die längst zum Gespött der europäischen Schlachtfelder gewordenen schwäbischen Regimenter ebenfalls dankend ablehnte. Schließlich nahm Österreich sie in Sold, aber nur auf ein Jahr und um ein Spottgeld; es war eben schlechte Ware. »Man hätte sie dem Kaiser von Marokko oder dem Bey von Tunis angeboten, wenn nur irgend begründete Hoffnung gewesen wäre, daß sie angenommen würden«, heißt es in einer zeitgenössischen Chronik. Es war ein Glück für Württemberg, daß sie schließlich von niemandem mehr angenommen wurden. Nicht als ob der Herzog seine unbeschäftigten Soldaten deshalb entlassen hätte; im Gegenteil, er stellte neue Regimenter auf, staffierte sie noch bunter aus als die früheren und spielte Krieg im Frieden. Da wurden Lustkampements arrangiert, Attacken geritten, Flußübergänge inszeniert. Das Militär sank zu einer Glanznummer für höfische Festivitäten herab.

Degradation vor versammelter Mannschaft

Folgendes spielte sich am 28. September 1762 vormittags auf dem Stuttgarter Paradeplatz vor dem Neuen Schloß ab:

Die Truppe war zum Appell angetreten. Von Ludwigsburg kommt der Herzog mit Montmartin herübergeritten und fragt nach Rieger. Der Oberst ist nicht da, wegen Unpäßlichkeit entschuldigt. Rieger wird aus dem Bett geholt. Sobald er vor der Front erscheint, geht der Herzog auf ihn zu und reißt ihm mit dem Ruf: »Schändlicher Verräter!« den Orden von der Uniform, Graf von Wittgenstein nimmt ihm den Degen und reißt ihm das Achselstück ab. Rieger, taumelnd, stammelt noch die Worte: »Euer Durchlaucht sind falsch berichtet.« »Nur zu gut berichtet!«, schreit der Herzog und stößt ihm den Stock gegen die Brust: »Fort mit dem schlechten Kerl!« Zwei Heiducken schleppen ihn zu einem bereitstehenden Wagen, der den Gestürzten auf den Hohentwiel verbringt. In einem unterirdischen Loch, das er selbst kurz zuvor in sadistischer Lust für einen mißliebigen Gegner hatte graben lassen, verbringt er die nächsten vier Jahre bei Wasser und Brot und ohne Bett. Verhört worden ist er nie, ein Urteil wurde nicht gefällt.

Riegers ferneres Schicksal war wunderlich genug. Als »wimmernder Betbruder« tauchte er aus dem Hohentwieler Fegefeuer wieder auf, wurde von demselben Landschaftsausschuß, dessen altverbriefte Rechte er zuvor mit Füßen getreten hatte, als eine Art Vertrauensperson und Vormund für den jüngeren, bös verschuldeten Bruder des Herzogs, den Prinzen Louis bestellt und schließlich, nach Aussöhnung mit dem Herzog, im alten Rang und mit den alten Ehren als Kommandant auf die Festung Hohenasperg versetzt, wo er in dem Dichter Schubart, diesem »Helden des moralischen Katzenjammers«, das geeignete Objekt für seine bald brutalen, bald bigotten Bekehrungsversuche fand.

Der unbequeme Landschaftskonsulent

Die Kämpfe, die in den nächsten Jahrzehnten zwischen dem Herzog und der Landschaft ohne Unterbrechung in dramatischstem Stil tobten, gingen nicht nur ums Geld, sondern auch um die prinzipielle Frage, ob die Landschaft überhaupt noch ein Recht habe, sich auf die alte Verfassung und den Tübinger Vertrag zu berufen. Karl, oder vielmehr sein böser Geist Montmartin, der sich damit brüstete, daß er den Vertrag nicht gelesen habe und auch nie lesen werde, stellte in immer unzweideutigeren Floskeln das Dogma vom absoluten Gehorsam und von der unbeschränkten Unterwürfigkeit auf. Zwar wagte der Landschaftskonsulent Johann Jakob Moser untertänigst zu bemerken, daß die Regenten von Gott nicht allein dazu geschaffen seien, »ihre eigene Wollust, Pracht und Vanitäten zu sichern«, und daß daher der Vertrag vonnöten sei. Aber Montmartin entgegnete ihm mit dem ihm geläufigen süßlichen Schwulst, daß »des Her-

zogs zärtliches Fürstenherz unermüdet in huldreichster Obsorge für das Wohl der Untertanen wache, daß Liebe und Friede sich im Lande küßten und jeder unter dem Feigenbaum der göttlichen Obhut das Seinige in Ruhe genießen könne; Serenissimus sei daher nicht geneigt, von Dero unabänderlich gefaßten höchsten Willensäußerung jemals abzuweichen.«
Als Moser auf den Vertrag zu pochen nicht aufhörte, hat des Herzogs zärtliches Fürstenherz den unbequemen, sechzigjährigen Konsulenten am 12. Juli 1759 aus der Audienz weg verhaften und nach dreißigstündiger Fahrt unter schwerster militärischer Bedeckung auf den Hohentwiel verbringen lassen, wo er über fünf Jahre ohne gerichtliche Untersuchung oder Vernehmung, ohne Bücher und Schreibzeug und ohne daß er mit einem Menschen ein Wort reden konnte, in härtester Haft gehalten wurde. Seine Frau starb während der Zeit in Stuttgart aus Gram. In einem Testament für seine Kinder schrieb er dann den für seine pietistische Glaubenshaltung charakteristischen Satz: »Vergesset nicht, daß das Reich Gottes auf Erden ein Kreuzreich ist.«
Als er endlich auf den energischen Einspruch des Kaisers, des preußischen Königs und mehrerer auswärtiger Mächte freigelassen wurde, bereiteten ihm die Stuttgarter einen triumphalen Empfang. Sein Wahlspruch, ein Wort Paul Gerhardts, stand mahnend über der Tür zum Landschaftshaus:

»Unverzagt und ohne Grauen
Soll ein Christ,
Wo er ist,
Stets sich lassen schauen.«

Raubüberfall auf die Landschaft

Zur gleichen Zeit hielt sich Herzog Karl wieder einmal mit einem Gefolge von 140 Personen in Venedig auf, wo er einen Palast für zehn Jahre gepachtet hatte, und alsbald einen Park und eine Allee anlegen ließ. An den Gala-Abenden erhielten die Damen Tulpen im Wert von tausend Gulden zum Souper auf den Teller gelegt. Plötzlich ging das Geld aus. Der Herzog per Eilkutsche zurück nach Stuttgart. Auch Montmartin hat leere Kassen. Die Landschaft behauptet ebenfalls nichts zu besitzen. Zwei Regimenter Infanterie und Kavallerie werden zum Landschaftshaus beordert und riegeln es ab. Die Landschaftskasse wird erbrochen. Die Ordinari-

und die Extraordinari-Kassen sind tatsächlich leer. Aber in einem dritten Behälter befinden sich 30 000 Gulden. Der Herzog stiehlt sie und fährt damit nach Venedig zurück. Einen Monat reicht das Geld. Mit einigen original venezianischen Gondolieres, die ihn zukünftig mit seinen Freundinnen auf dem künstlichen See bei der Solitude spazierengondeln müssen, kehrt er schließlich heim.

In Stuttgart ist der Empfang kühl; man hat den Raubüberfall und den Affront gegen Moser nicht vergessen. In das eifersüchtige Ludwigsburg aber zieht der Herzog mit seinem Troß durch Triumphpforten wie ein Sieger ein. Bald darnach, im Oktober 1764, wird der Hof mitsamt dem Militär von Stuttgart weg, wo die den Tübinger Vertrag garantierenden, von der Landschaft alarmierten Gesandten Preußens, Englands und Dänemarks sich dem Herzog gar zu unliebsam bemerkbar machen, nach Ludwigsburg verlegt. Dieses Stuttgart sollte bestraft werden, und zwar nach des Herzogs eigenen Worten solange, »bis die Bürger durch die überzeugendsten Proben einer ungeheuchelten und werktätigen Reue redressiert haben.«

Die Residenz in Ungnade

Wiederum bekommt Stuttgart, wie schon zu Eberhard-Ludwigs Zeiten, die Konkurrenz Ludwigsburgs bös zu spüren: keine Beamten, kein Militär, keine Fremden, keine Lieferungen. Die Geschäfte stocken; die Handwerker sind ohne Verdienst. Am Neuen Schloß wird nicht weiter gebaut, weil der Herzog die Gelder in Ludwigsburg verschleudert. Anderthalb Jahre betritt der wütende Herzog die Stadt, der er bei der Grundsteinlegung des Neuen Schlosses so feierlich die Ewigkeit ihres residenzlichen Charakters zugesichert hatte, überhaupt nicht. Dann beginnt zwischen der toten Residenz und dem Fürsten ein Kuhhandel schmutzigster Art, der sich elf ganze Jahre hinzieht. Immer wieder petitionieren die Räte der Stadt, von den Geschäftsleuten bedrängt, submissest beim Herzog, er möge doch wieder kommen; das eine Mal lassen sie 13 000 Gulden, ein ander Mal 15 000 und schließlich 20 000 Gulden auf dem Tisch liegen. Der Herzog macht vage Versprechungen und nimmt das Geld an sich. Schließlich erklärt er glatt heraus, daß er die begreifliche Sehnsucht der Stuttgarter, ihren Landesvater wieder dauernd in ihren Mauern zu sehen, so billig nicht erfüllen könne. Die Stuttgarter bieten als Zuwaage noch den Platz für ein Lusthaus auf dem Hasenberg nebst Bau der Zufahrtsstraßen, da

sie gehört haben, er wolle wieder einmal bauen. Der Herzog sagt, er habe sich anders besonnen.
An jedem Geburtstag gibt es im Stuttgarter Rathaus üppige Festmähler in der Hoffnung, so des Herzogs' Fürstenherz endlich auch wieder für seine Stuttgarter zärtlicher schlagen zu lassen. Rührend die Logik dieser Stadträte, daß der Herzog um so eher sich erweichen lasse, je besser sie es an seinem Geburtstag sich schmecken ließen. Denn da standen gar leckere Gerichte auf der Speisenkarte, wofür das Ratsmitglied, der Gastwirt Friedrich Schnell »Zum Adler«, gesorgt hatte: Krebssuppe mit Eierkäse und gesottenen Krebsknöpfle, Boeuf à la mode, Pasteten mit Schwarzwildbret, Forellen mit Essig und Pfeffer, Schnecken in Sardellensauce, Zimtbögen, Weinbaches, Wiener Törtchen. Dazu an die Armen ausgeteilt: 475 Laiblen Brot, 475 Pfund Fleisch und 12 Imi Wein.

Die Stuttgarter werden redressiert

Als dann der Herzog wieder einmal nach vier lustvollen venezianischen Wintermonaten im März 1775 in sein Land heimkehrt, errichtet auch Stuttgart in idealem Wettbewerb mit Ludwigsburg für 2223 Gulden Ehrenpforten. Aber der Herzog läßt die Stadt links liegen und fährt schnurstracks nach Ludwigsburg. Lange Stuttgarter Gesichter. Nach einigen Tagen erscheint er doch, besichtigt das Herrenhaus auf dem Markt und erweist der noch immer nicht genügend »redressierten« Stadt die Gnade, daß die von ihm 1765 in Ludwigsburg gestiftete Bibliothek in den oberen Stock des Herren- alias Malefizhauses verlegt werden soll. Noch längere Stuttgarter Gesichter!
Aber das war nur ein Anfang. Einige Monate später fragte der Herzog, ob die Stadt die Umzugskosten für Hof, Militär und die beiden Erziehungsinstitute zu bezahlen bereit wäre. Die Stadt bietet 15000 Gulden. Das ist dem Herzog zu wenig; auch die Bürgerschaft habe sich an der Dislozierung zu beteiligen, denn sie würde ja den Profit dabei haben. Also Kollekte bei der Bürgerschaft. Aber da kommen nur 3715 Gulden zusammen. Das ist dem Herzog ein Beweis, daß die Bürger noch nicht reumütig genug seien. Die Stadt erhöht den Betrag von sich aus auf insgesamt 20000 Gulden und bietet noch 43 Eichen zum Schloßbau extra, worauf der Herzog endlich den schriftlichen Revers ausstellt, wieder nach Stuttgart zu übersiedeln. Am 22. Juni 1775, nach elfjähriger Abwesenheit, übernachtet der Herzog zum ersten Mal wieder in seinem Stutt-

garter Schloß. Aber schon reut es ihn, daß er sich so billig hat herumkriegen lassen. Nachforderung von weiteren 10 000 Gulden. Da legt sich die Landschaft ins Mittel: keine weiteren Erpressungen!

Das Schloß im Wald

Daß der Herzog jetzt endlich nachgab, hatte seinen Grund darin, daß er um jeden Preis seine Akademie von der abgelegenen Solitude wegverlegen wollte. Dort oben, auf waldiger Berghöhe zwischen Ludwigsburg und Stuttgart, hatte er in den Jahren 1763–67, einer plötzlichen Laune während einer Jagd folgend, von J. F. Weyhing und La Guêpière ein Lustschloß erbauen lassen. Auf einem Postament von Flachbogenarkaden, die den Durchblick freilassen, erhebt sich ein niedriger, behaglicher Oberbau, zu dem graziös geschwungene Treppenrampen hinaufführen. Eine ovale Mittelrotunde mit flachem Kuppeldach und daran anschließend beiderseits niedrigere Flügel mit den Nebenräumen. Ein wunderschönes, edelproportioniertes, nur für sommerliche Feste brauchbares Märchenschloß, das weithin in seiner blendenden Weiße in die Lande hinausstrahlt. Soldaten, die den Wald rodeten, und die Bauern der umliegenden Dörfer, die jahrelang hart fronen mußten, haben es geschaffen.

Die Militärpflanzschule

Als das Schloß noch kaum fertig war, packte den Herzog, der der exotischen Tänzerinnen und Sängerinnen und des Lebens in fortwährendem Saus und Braus allmählich müde geworden war, die pädagogische Leidenschaft. Er wollte etwas für die verwahrlosten Kinder seiner durch die jahrelangen Soldrückstände heruntergekommenen Soldaten und Offiziere tun. Hatte er doch einige Male schon, als er in dem »Schloß der Einsamkeit« so recht einsam hatte sein wollen, einige Kompagnien aus Ludwigsburg beordern müssen, um den Schloßbezirk gegen die zahllosen Bittsteller absperren zu lassen. Hier also sollte ein »Militärwaisenhaus«, eine »Militärpflanzschule« errichtet werden, wobei er sich väterlich gegen seine ärmsten Landeskinder zu betätigen gedachte.
Dazu taugte freilich das Lustschloß mit seinem Gürtel von Kavaliershäuschen nicht. So wurde von 1767 an ein ausgedehntes neues Schloßviertel angegliedert, nämlich das Waisenhaus selbst, dazugehörig eine säulengeschmückte Festhalle mit »Lorbeersaal«, ferner zwei Kirchen, ein

Reithaus, ein Marstall für 400 Pferde, etliche Gasthöfe, ein Opernhaus und ringsum ein riesiger Park, in dem auch ein größerer See für die venezianischen Gondeln nicht fehlte. In dieser sehr kurzen Blütezeit lebten nicht weniger als 800 Personen im ausgerodeten Schloßbezirk, Professoren, Künstler, Gärtner, Hofschranzen und Lakaien aller Dienstgrade. Aber die mittlerweile zur Akademie erhobene »Pflanzschule«, die den Ehrgeiz hatte, den Charakter einer richtigen Universität zu erlangen, konnte so weit ab von einer Stadt auf die Dauer nicht gedeihen. Es hätte so gewaltig neugebaut werden müssen, daß sogar dieser wahrhaft nicht kleinliche Fürst Bedenken hatte. Für die Lehrer und auch für den Herzog, der ja nicht mehr der Jüngste war, erwies sich das dauernde Hin- und Herpendeln zwischen Ludwigsburg, Solitude und oft auch Tübingen als gar zu strapaziös. In Stuttgart aber stand, unmittelbar hinter dem Neuen Schloß, eine der Stadt gehörige nicht benutzte, sehr stattliche Kaserne, auf die der Herzog ja schon seit der Grundsteinlegung des Schlosses ein begehrliches Auge geworfen hatte. Wenn die Stuttgarter die Kaserne ihm für seine Akademiezwecke überließen und außerdem auch noch die Einrichtung bezahlten, so war das für ihn ein Beweis wirklich »werktätiger Reue«. Zwar protestierte die Landschaft, die keine zweite Landesuniversität für nötig hielt, aufs energischste. Aber mit der zu jedem Opfer bereiten Stadt im Bund konnte Karl diese landständischen» Dehortationen« in den Wind schlagen.

Die Akademie marschiert ein

Am 18. November 1775 war es dann endlich so weit. Früh morgens marschierten die Eleven und die Elevinnen mit ihren Lehrern und Aufsehern in tadelloser militärischer Ordnung, die Uniformen sauber geputzt, die Frisuren mit den Papillotten über den Ohren und den gewickelten steifen Zöpfen hinten von der Solitude ab; mit den Schülerinnen der Ecole des Démoiselles, die gleichzeitig den Marsch ins Alte Schloß antraten, waren es 426 junge Menschen. Auf dem Hasenberg, das Stuttgarter Tal vor Augen, erwartete sie der Herzog, der sich jetzt hoch zu Roß an die Spitze des Zuges stellte. Im Gleichschritt ging's die Hasenbergsteige hinab und durchs Rote-Bild-Tor zur Kaserne hinter dem Neuen Schloß in der heutigen Konrad-Adenauer-Straße, wo die Angehörigen der Eleven und Elevinnen versammelt waren und sie durch freudige Zurufe begrüßten. Man darf das gerne glauben, denn in der Akademie galt die strikte Regel, daß kein Eleve in den 5 oder 6 Jahren, während deren er auf Kosten des Herzogs erzogen wurde, auch nur einen einzigen Tag Urlaub bekam. Der Herzog als der zärtliche Vater dieser seiner »Söhne«, war eifersüchtig auf die natürlichen Väter.

Eleve Fritz Schiller

Unter den Eleven war auch der sechzehnjährige Fritz Schiller, der ein Jahr zuvor sehr gegen seinen eigenen Wunsch und gegen den Willen seines Vaters in die Akademie gezwungen worden war, wo er sich kreuzunglücklich fühlte. Er mußte auf Befehl des Herzogs, der über die Söhne seiner Untergebenen wie über Leibeigene verfügte, Jurisprudenz studieren, wozu er nicht die geringste Lust verspürte. Als nach Verlegung der Akademie auch eine medizinische Fakultät eingerichtet wurde, verfügte der Herzog ebenso selbstherrlich, daß der Eleve Schiller, der in der Juristenklasse konsequent der Letzte war, nunmehr Mediziner werden müsse, was den Jungen derart aufbrachte, daß er seinem ebenso empörten Vater erklärte, er würde sich eher den Tod antun. Das hat er dann gottlob bleiben lassen und seinem Ekel an dieser Welt in den »Räubern« Luft gemacht, die er von 1778 an in dem gegen das Reithaus gelegenen Mansardenzimmer der Nordostecke und in der Krankenstube niederschrieb; er selbst bezeichnete das Stück später als »das Beispiel einer Geburt, die der naturwidrige Beischlaf der Subordination und des Genius in die Welt setzte.«

Der Dichter des »Werther«

Es bleibt ja immer erstaunlich, was Schiller und seine Freunde in diesem, so hermetisch von der Außenwelt abgesperrten »Akademie-Kerker« an alter und neuester Literatur einzuschmuggeln verstanden: Goethes kurz zuvor erschienene Erstlingswerke, der »Götz« und der »Werther«, Gerstenbergs »Ugolino«, Klopstocks »Messias« und seine »Oden«, die wichtigsten Dramen Shakespeares und alles Gedruckte von Schubart gingen durch ihre Hände. Die Begeisterung schlug umso höher, als die Beschäftigung mit solchen Dingen disziplinwidrig und unter harte Strafen gestellt war.
Im Dezember 1779 besuchte der Großherzog Karl August von Weimar in Begleitung Goethes auf der Rückreise von der Schweiz die Stuttgarter Akademie. Goethe wußte darüber an Frau von Stein nur zu berichten, daß Herzog Karl sich höchst galant gegen Karl August benommen und die

möglichste Aufmerksamkeit bezeigt habe. Für den hochaufgeschossenen, rothaarigen Eleven Schiller war die Begegnung des Dichters des Götz, wenn auch auf große Distanz, ein erregendes Erlebnis. Wahrscheinlich hat er sich hinterher auch Gedanken gemacht über seinen eigenen Herzog, der von einem Goethe selbstverständlich nichts wußte, da er, wie der Prälat Pahl behauptete, »nicht einmal richtig lesen konnte«, und jenen jungen weimarischen Fürsten, der, selbst ein echter Stürmer und Dränger und Freiheitsschwärmer, einen Goethe zu seinem Freund und Minister machte – ein Verhältnis, das Herzog Karl als standeswidrig empfand.
Die bitterste Enttäuschung mußte der Eleve Schiller noch durchstehen, als er nicht, wie ihm versprochen war, 1779 entlassen wurde, sondern wegen einer Laune des Herzogs in der Anstalt verbleiben mußte. Damals scheinen, wie der Schillerbiograph Buchwald feststellte, wilde Haßgefühle gegen den »alten Herodes« in ihm hochgestiegen zu sein, die dann in dem großen Gedicht »Die schlimmen Monarchen« nach Ausdruck drängten:

Ihr bezahlt den Bankerott der Jugend
Mit Gelübden und mit lächerlicher Tugend,
Die Hans-Wurst erfand.
Berget immer die erhabne Schande
Mit des Majestätsrechts Nachtgewande!
Bübelt aus des Thrones Hinterhalt!
Aber zittert für des Liedes Sprache,
Kühnlich durch den Purpur bohrt der Pfeil der Rache
Fürstenherzen kalt.

Der Militärmedicus

Als Schiller am 14. Dezember 1780 endlich aus der Akademie entlassen wurde, wird von den Versprechungen, die der Herzog dem Vater gegeben hatte, keins erfüllte; er muß nach wie vor die verhaßte Uniform tragen, und zwar die subalterne eines »Feldschers«, die sein Vater einstens als gelernter Barbier ebenfalls getragen hatte. Der Sold ist entsprechend: achtzehn ganze Gulden im Monat. Sein Dienst: Betreuung der 240 in der Legionskaserne (beim heutigen Wilhelmsbau) untergebrachten Grenadiere des Regiments Augé, die allesamt ausgediente Krüppel waren. Abgeschlossen war Schillers medizinisches Studium nicht, konnte es damals in der Akademie auch gar nicht werden. Um zu praktizieren, hätte eine Prüfung

vor der ärztlichen Landesbehörde und schließlich die Promotion in Tübingen bestanden werden müssen. Als die Akademie, von Kaiser Joseph zur Universität erhoben, einen Abschluß ermöglicht hätte, war Schiller nicht mehr im Herzogtum.

Aber trotz allen Enttäuschungen, trotz Gamaschenzwang und leerem Beutel: zum ersten Mal war Schiller frei und genoß seine junge Burschenherrlichkeit mit vollen Zügen. Die Freunde, darunter Scharffenstein, Petersen, Kapf hatten ihren Stammtisch im »Goldenen Ochsen« in der Hauptstätter Straße 30, wo sie Kegel schoben und »Manilla« spielten. Der Wirt kreidete an, und wenn der Kredit erschöpft war – es sind bis heute noch nicht alle Schulden bezahlt – zog man in Schillers Bude auf dem Kleinen Graben, heute Eberhardstraße 63 (neben Stuttgarter Zeitung) und bereitete sich das Stammgericht: Knackwurst und Kartoffelsalat. Scharffenstein hat uns die Bohèmewirtschaft in jenem Erdgeschoßzimmer geschildert: ein großer Tisch und zwei Bänke, an der gekalkten Wand ein Paar Hosen, in den Ecken auf dem Boden Kartoffeln, Teller, leere Bouteillen, ein Ballen unverkaufter broschierter »Räuber«. Es stank nach Tabak von beiderlei Art, gerauchtem und geschnupftem. Im Stockwerk darüber wohnte die Vermieterin, die dreißigjährige Hauptmannswitwe Luise Vischer, die Klavier spielen und wohl auch sonst noch allerlei konnte. Trotzdem gehen die Vermutungen, daß sie die Laura der Anthologie-Oden gewesen sei, gewiß fehl, denn darin ist nichts von Sinnlichem, umso mehr aber von Seelischem und Idealischem die Rede. Dazu taugte aber die lustige Witwe nicht, die später einen jungen Akademisten verführte, mit dem sie in die Schweiz zu echappieren versuchte. Die Behauptung freilich, daß der Militärmedikus und seine Kumpane in jenen zwei Stuttgarter Jahren ein liederliches Leben geführt hätten, sind romantische Übertreibungen. Schillers Lehrer und Freund, Professor Friedrich Abel, ist sogleich den Gerüchten nachgegangen und hat festgestellt, daß Schiller nur ein einziges Mal sich kräftig betrunken habe, und zwar ausgerechnet am Geburtstag des Herzogs 1782 im Augés Kasino, von wo er in einer Sänfte nach Hause getragen werden mußte. Seit damals sei in Stuttgart die Legende vom gar zu trinkfrohen Räuberdichter Stadtgespräch gewesen, genährt immerzu von dem klatschsüchtigen und boshaften Unterbibliothekar Petersen, der selbst der Falstaff in dieser genialischen Runde war.

»Die Räuber«

Das wichtigste Geschäft sogleich nach der Entlassung aus der Akademie waren die »Räuber«, für die mit Hilfe Petersens vergeblich ein Verleger gesucht wurde, so daß der bettelarme Medikus sich entschloß, das Stück auf eigene Kosten drucken zu lassen. Dazu mußte er sich 150 Gulden zusammenpumpen – Grundstock der drückenden Schuldenlast, die ihm und auch seinem Vater in den nächsten Jahren so schwer zu schaffen machte. Man weiß, daß der Mannheimer Verleger Schwan, der selbst das Risiko des Drucks nicht zu übernehmen wagte, das Stück dem Mannheimer Intendanten Wolfgang Heribert von Dalberg vorlas, der dann eine ziemlich radikale Umarbeitung verlangte, worauf mehrere Bögen eingestampft und neu gedruckt werden mußten: die Schuldenlast wuchs.
Aber dann die ewig denkwürdige Premiere am 13. Januar 1782 im Mannheimer Nationaltheater: »Das Theater glich einem Irrenhaus, rollende Augen, geballte Fäuste, heisere Aufschreie aus dem Zuschauerraum! Fremde Menschen fielen einander schluchzend in die Arme, Frauen wankten, einer Ohnmacht nahe, zur Tür. Es war eine allgemeine Auflösung wie im Chaos, aus dessen Nebeln eine neue Schöpfung hervorbricht.«

14 Tage Arrest

Der junge Dichter war mit Freund Petersen bei der Aufführung zugegen; er hatte ohne Urlaub seine Garnison Stuttgart verlassen. Als er Ende Mai mit zwei Freundinnen, nämlich der Luise Vischer und der Freifrau von Wolzogen, nochmals nach Mannheim fuhr, wurde die unerlaubte Reise dem Herzog denunziert, der dem Regimentsmedikus 14 Tage Arrest aufbrummte und bei Kassation und Festungsstrafe das Versprechen abzwang, niemals mehr etwas anderes als »Medizinisch-Fachliches« drucken zu lassen oder mit Ausländern zu kommunizieren. Einige Monate zuvor hatte Schiller in Begleitung Hovens Schubart auf dem Asperg besucht, wo dieser, vor

Schiller der bedeutendste schwäbische Dichter und echte Musiker, seit 7 Jahren ohne Verhör, ohne Urteil aufs grausamste in einem feuchten Kellerloch gefangengesetzt war und erst neuerdings wieder lesen und schreiben durfte. Die Spuren schreckten. Morgen konnte ihm bei der tückischen Launenhaftigkeit des Herzogs gleiches passieren. Die Spannung zwischen dem lockenden Ruhm draußen und der schulbubenhaften Subalternität daheim wurde unerträglich. Als daher für die zweite Hälfte September in Stuttgart zum Besuch des russischen Großfürsten Paul, der mit der württembergischen Prinzessin Dorothea verheiratet war, große Festlichkeiten bevorstanden, beschloß der mundtot gemachte Dichter, den allgemeinen Trubel zur Flucht zu nützen.

Abschiedsbesuch bei den Eltern auf der Solitude, wobei dem Vater der Plan verheimlicht wurde, damit er, falls der Herzog ihn zur Rede stellte, mit gutem Gewissen seine Unschuld beteuern konnte; außerdem war die Familie bei dem auf strengste Disziplin so sehr erpichten alten Major nicht sicher, ob er im letzten Augenblick nicht pflichtschuldigst Meldung gegen den eigenen Sohn erstatten würde. Die Mutter hatte Verständnis und schloß weinend den ebenfalls mit Tränen kämpfenden Sohn in die Arme. Die günstigste Gelegenheit bot die Nacht vom 22. zum 23. September, denn da war tagsüber eine große Hirschhatz am Bärensee, wo 5 000 von überall her zusammengetriebene Tiere niedergeknallt werden sollten. Am Abend sollten 90 000 Lampen die Solitude und den ganzen Schloßbezirk feenhaft beleuchten. Es war also damit zu rechnen, daß aller Augen und Ohren nach dem festlichen Spektakel gerichtet waren.

Die Flucht

Ein Freund in der Not hatte sich zuletzt auch gefunden. Andreas Streicher, ein kleiner Musikus, Sohn einer Handwerkerswitwe, der im Stuttgarter Waisenhaus erzogen worden war, mit Begeisterung die »Räuber« gelesen hatte, und durch Zumsteegs Vermittlung mit Schiller bekannt geworden war. Als er vom Plan der Flucht hörte, bot er sich sogleich an, eine eigene, fürs kommende Frühjahr geplante Reise vorzuverlegen, um mit dabei zu sein. Ihm war es gewiß zu verdanken, daß zuletzt alles so schön klappte. Am Fluchttag wurde schon vormittags Schillers Gepäck in Streichers Bude geschafft. Schiller selbst, der frühmorgens noch seine kranken Grenadiere visitieren mußte, hatte zum Packen keine Zeit gefunden; ihm waren Klopstocks Oden in die Hände gefallen, er hatte zu lesen begonnen und alsbald ein Gegenstück zu einer dieser Oden gedichtet. Als dann um 10 Uhr Streicher zu ihm kam, mußte er sich zunächst die beiden Oden vordeklamieren lassen. Verfänglichste Konterbande in Schillers Koffer waren das Manuskript des »Fiesco« und der erste Entwurf zur »Louise Millerin«. Zurückgelassen wurden in Schillers Bude nur die Uniformen.

Abends 9 Uhr, als es schon dunkel war, erschien Schiller verabredungsgemäß bei Streicher. Unter dem Zivilanzug trug er zwei Pistolen, von denen eine zwar einen ganzen Hahn, aber keinen Feuerstein, die andere zwar einen Feuerstein, aber ein zerbrochenes Schloß hatte. Streicher packte die ohne Feuerstein in den Koffer und verstaute die andere im Wagen. Losgegangen wäre keine; sie waren, wie Streicher meinte, mit guten Wünschen für Sicherheit und glückliches Fortkommen geladen. In seinem Beutel hatte Schiller 23, Streicher 28 Gulden.

Um 10 Uhr kam die bestellte Kutsche. Außer den beiden Koffern wurde Streichers kleines Klavier hinten aufgepackt. Statt zum Siechentor, durch das man auf die Ludwigsburger Chaussee gelangte, ging die Fahrt zum Eßlinger Tor, denn hier stand Freund Scharffenstein als Leutnant auf Wache, der sich aber vorsichtshalber nicht blicken ließ. Auf den Ruf »Halt – wer da?! Unteroffizier heraus!« antwortete Schiller mit »Doktor Wolff«, Streicher mit »Doktor Ritter«, als Ziel wurde Eßlingen genannt. Pässe wurden von Kutschenreisenden keine verlangt. Dann Umfahrt um die halbe Stadt, bis man endlich zur Ludwigsburger Chaussee gelangte. »Gegen Mitternacht«, berichtet Streicher, »sahen wir links von Ludwigsburg eine außerordentliche Röte am Himmel, und als der Wagen in die Linie der Solitude kam, zeigte das daselbst auf einer bedeutenden Erhöhung gelegene Schloß mit allen weitläufigen Nebengebäuden sich in einem Feuerglanze, der sich in der Entfernung von anderthalb Stunden auf das überraschendste ausnahm. Die reine heitere Luft ließ alles so deutlich wahrnehmen, daß Schiller seinem Gefährten den Punkt zeigen konnte, wo seine Eltern wohnten, aber alsbald, wie von einem sympathetischen Strahl berührt, mit einem unterdrückten Seufzer ausrief: Meine Mutter!«

Karl biedert sich dem Volk an

Kein anderes Ereignis in der langen Regierungszeit des Herzogs Karl zeigt drastischer, wer er war, als die Flucht des jungen Schiller. Hier ist mit dem besten Willen nichts zu beschönigen, wenn man auch gern begreift, daß die Historiker nach 1933 auch diesen Tyrannen und seine

Methode, mit Genies umzuspringen, idealistisch verklärten. Der eine Dichter des Herzogtums, der sich im Reich Ruhm verschafft hatte, im Kerker durch teuflische Methoden um alle Würde gebracht; der andere, dem das »Ausland« zujubelte, landesflüchtig, in steter Angst, als Deserteur geschnappt und ausgepeitscht zu werden und schließlich in einem Verließ jämmerlich zu verrecken – das war die »landesväterliche Gnade, Huld und Fürsorge«, die derselbe Herzog kurz zuvor in einem katzenjämmerlichen Manifest zu seinem 50. Geburtstag von allen Kanzeln herab seinen »ihm so nahe am Herzen liegenden Untertanen« hatte verkünden lassen. Als auf Grund dieses Manifests, in dem auch so schöne Worte von der »pünktlichsten Ausübung der Gerechtigkeit und von der Sicherheit eines jeden in der Sicherheit des Ganzen« die Rede war, die Gattin Schubarts in einer Audienz kniefällig um Gnade für ihren Mann zu bitten wagte, da schob der Herzog sie ab mit den Worten: »Gehe Sie hin und sei Sie ruhig! Bete Sie fleißig zum barmherzigen Gott des Himmels! Er wird schon helfen!« Dabei war der einzige, der hier helfen konnte, er selbst, der als unbarmherziger kleiner Erdengott die Frau, die um Ihres Mannes Leben bangte, auch noch verhöhnte.

Und doch ist kein Zweifel, daß Karl in der »zweiten Periode seines Lebens«, deren Beginn er so theatralisch verkündet hatte, ein anderer geworden war. Nicht aus eigenem Antrieb, nicht von innen heraus, sondern unter dem Einfluß einer Frau, die ungewöhnlich klug und taktvoll war und ihre Kraft aus geistigen Bezirken holte, die ihm bis zuletzt fremd und unheimlich blieben. Mitten im wildesten Taumel der Ludwigsburger Prassereien und Exzesse hatte er sie entdeckt, die garnicht besonders hübsche Gräfin Leutrum, die aus dem verarmten, aber kinderreichen Adelsgeschlecht der Bernardin stammte. Sie war als Sechzehnjährige durch ihren Vater mit dem vermöglichen, aber zwerghaft verwachsenen Freiherrn von Leutrum verheiratet worden, von dem der Herzog sie alsbald abkaufen wollte: er bot 6 000 Gulden und außerdem einen jährlichen Kammerherrngehalt von 3 000 Gulden. Gegen dieses Geschäft protestierte Leutrums Vater. »Durch beiderseitigen freiwilligen Konsens« wurde die Ehe dann 1772 geschieden.

Das Fränzele

Unter Franziskas Einfluß, die man zunächst für nichts Besseres als des Herzogs »Maitresse en titre« hielt, wie es deren ungezählte schon früher

gegeben hatte, wurde nun allmählich das ganze Ludwigsburger Serail mit den Sängerinnen und Tänzerinnen abgebaut. Die Leidenschaft für das Theater wurde durch die nicht minder heftige Passion für Pädagogik abgelöst, auch das zweifellos schon unter Franziskas Einfluß, die der Herzog zu seiner rechtmäßigen Gattin zu erheben, offenbar von allem Anfang an gewillt war. Noch lebte freilich seine Gattin, von der er als Katholik sich nie hätte scheiden lassen können. Im Jahre 1780 starb die Gattin. Karl nützte die Gelegenheit in altgewohnter Weise: er drohte der Landschaft, eine der vielen ihm angetragenen sehr reichen katholischen Prinzessinnen zu heiraten und eventuelle Kinder katholisch taufen zu lassen, wenn man ihn nicht entsprechend zu entschädigen gedenke. Selbstverständlich bezahlte die Landschaft, die nichts so sehr fürchtete wie eine Rekatholisierung. Dabei war der Herzog schon seit Jahren fest entschlossen, sein Verhältnis zu Franziska, die 1773 den Titel einer »Reichsgräfin von Hohenheim« mit dem Attribut »Exzellenz« führte, um jeden Preis zu legalisieren. Die Trauung zur linken Hand wurde schon ein Jahr später im Stuttgarter Schloß vollzogen. Aber erst 1785 konnte nach schwierigen Verhandlungen die Einwilligung der Kurie erlangt werden.
Als Stuttgarter Palais hatte der Herzog sogleich nach Verlegung der Residenz seiner Franziska das stattliche dreistockige Wohnhaus Ecke König- und Gymnasiumstraße zugewiesen, das früher einmal der Bruder der Grävenitz und dann der schlimme Montmartin bewohnt hatten. Aber das bescheidene Fränzele fühlte sich in dem ominösen Haus, gegen das die Stuttgarter schon soviele Flüche losgelassen hatten, offenbar nicht behaglich, obwohl Hofbaumeister Fischer es gründlich erneuert und der Maler Guibal es mit heiteren Deckengemälden ausgestattet hatte. Sie fühlte sich in dem stillen Hohenheim wohler, wo ihr Karl den uralten, einstmals dem Adelsgeschlecht der Bombaste von Hohenheim gehörigen Edelhof mit Wasserschloß nach Aussterben der Besitzerfamilie Garb an sich gezogen hatte. Ein Jahr lang hatte noch die letzte Favoritin des Herzogs, die Bonafini, sich hier als Schloßherrin fühlen dürfen, dann mußte sie der Franziska Platz machen, für die der Herzog in seinen letzten beiden Jahrzehnten die neue Schloßanlage mit dem englischen Park errichtete.

Das Idyll von Hohenheim

Dieses Hohenheim, das mehr und mehr als idyllische Sommerresidenz neben Stuttgart trat, ist recht eigentlich die Schöpfung der Franziska.

Ursprünglich gedachte Karl, auch hier wieder militärisch zu repräsentieren. Der erste Plan sah einen Torbau mit Seitentürmen und dahinter nicht weniger als 16 niedere Kasernenbauten vor. Aber Franziska wußte eine ersprießlichere Nutzung: Ihr Herzog sollte die Soldatenspielerei aufgeben und Bauer werden, feudaler Großbauer, wie er schon zuvor Schulmeister und Akademiepräsident geworden war. Wie sie diese Wandlung fertigbrachte, blieb ihr Geheimnis. Sie besaß offenbar die sanfte Kunst, ihm Ideale zu suggerieren, die er dann für seine höchst persönlichen Ideen und Entdeckungen hielt. Sie hatte im Ehekontrakt versprechen müssen, sich nie in seine politischen Angelegenheiten einzumischen, und doch unternahm er als ihr Gatte nichts, was sie nicht gebilligt hätte. Sie setzte seinem noch immer rastlosen Tätigkeitsdrang Ziele, die ihm als wirklichem Landesvater Ehre machten. Unter ihrem Einfluß hatte er schaudernd erkannt, welch tiefe Kluft ihn auch nach der berühmten Kanzelkonfession von seinem »Volk« trennte. Daher die jetzt für jedermann offenen Audienzen, wobei es sich zeigte, daß er sehr wohl mit dem gemeinen Mann in dessen Sprache reden konnte (ein guter Schauspieler war er ja immer, nur das Rollenfach war vertauscht). Was er ehedem so lange sträflich versäumt hatte, die Verwaltungsarbeit, die Regierungsgeschäfte bis in die kleinsten Bagatellsachen hinein: darum kümmerte er sich jetzt mit der wilden Leidenschaft und Arbeitswut des echten Dilettanten. Was im hintersten Dorf vorging: er persönlich kümmerte sich darum und ordnete alles durch salomonische Bescheide. 12 000 persönliche Ausfertigungen gingen in den letzten Jahren durchschnittlich von seinem Schreibtisch ins Land hinaus. Die Bürokraten hatten das Nachsehen; auf ihre Kosten gewann der Herzog nicht zuletzt seine späte Popularität.

Das Dörfchen

Was Karl mit seinem »Fränzele« zusammen im Hohenheimer Park an allegorischen Attrappen als »Dörfchen« zusammenphantasierte, mag man ruhig als kindischen und albernen Kitsch belächeln: Goethe, der sich in Begleitung Danneckers das skurrile Miniatur-Welttheater betrachtete, sprach von »unzähligen Ausgeburten einer unruhigen und kleinlichen Phantasie; viele kleine Dinge machen zusammen leider kein Großes«. Schiller dagegen anerkannte immerhin »eine geistvolle Einheit in dieser barokken Komposition: ländliche Simplizität und versunkene städtische Herrlichkeit, die zwei äußersten Zustände der menschlichen Gesellschaft, grenzen auf eine rührende Art aneinander, um das ernste Gefühl der Vergänglichkeit verliert sich wunderbar schön in dem Gefühl des siegenden Lebens.« Da gab es zwischen antiken Trümmern und römischen Tempeln das Goldene Haus und daneben das Grab Neros, schwäbische Bauernhäuser zwischen einer Moschee und einem englischen Kaffeehaus, ein Karthäuser-Kloster, ein römisches Badehaus, ein üppiges Boudoir, eine Meierei, die Pyramide des Cestius, Seen, Inseln, Wasserfälle und besonders viele Grabmäler. Überall die Mahnung: Momento mori! oder, wie es der Herzog selbst dem Eremiten hatte aufs Grab meißeln lassen: »Freund! Ich genoß die Welt, genoß sie in ihrer ganzen Fülle; ihre Reize rissen mich dahin, blindlings folgte ich dem Strom. Gott! Welcher Anblick, als mir die Augen aufgingen. Tage, Jahre, flossen dahin und des Guten war nicht gedacht; Heuchlerei, Falschheit vergötterten die niedrigsten Handlungen, und der Schleier, der die Wahrheit bedeckte, war ein dicker Nebel, den die stärksten Strahlen der wohltätigen Sonne nicht unterdrücken konnten. Was blieb mir übrig? Ach, Freund, dieser Stein bedecke mein Grab und damit alles Vergangene. Herr! Wache Du für meine Zukunft!«

Die Stillen im Land

Ein pathetischer Pietist hätte das nicht schöner sagen können. Die Pietisten aber waren die einzigen im Herzogtum, die der alt und krank gewordene Karl noch fürchtete. Seinem »Fränzele«, die er auch sein »Engele«, sein »Engelsfranzele«, ja das »Engele aller Engele« nannte, hatte er freie Religionsübung zugesichert, er hatte sogar extra für sie im benachbarten Birkach eine hübsche Kirche erbauen lassen, denn er wußte, daß sie fromm war, und das tat ihm gut. Nur das eine hatte er ihr streng verboten: Umgang mit Pietisten, mit diesen »Stillen im Land«, die sich als die Stärkeren erwiesen hatten. Er ahnte nicht, daß der Magister Philipp Matthäus Hahn, der geniale Konstrukteur astronomischer Uhren und Pfarrherr von Echterdingen, der seiner Franziska regelmäßig in der Köhlerhütte des »Dörfchens« angeblich astronomischen Unterricht erteilte, einer der führenden Köpfe des schwäbischen Pietismus war, der durch seine ihn hochverehrende Schülerin Einfluß auf den Herzog nahm und dessen so erstaunliche Sinneswandlung bewirkte. Größeres und für das Volk Heilsameres hat der schwäbische Pietismus nicht zu Wege gebracht. Erst nach dem Tod des Herzogs hat Franziska dann Farbe bekannt: sie besuchte fast alljährlich von ihrem Kirchheimer Witwensitz aus nicht nur Karlsbad, weil sie, je älter sie wurde, um so rundlichere Formen bekam, sondern auch die Herrenhuter Brüdergemeinde jeweils auf mehrere Wochen.

Das Kapregiment

Als charakteristisch für jene Zeit muß aber festgehalten werden, daß der Handel mit Soldaten auch für Pietisten nichts Anstößiges hatte. Wenige Jahre vor seinem Tod schloß der Herzog mit der holländisch-ostindischen Kompagnie einen letzten Vertrag ab, der ihn verpflichtete, ein Regiment Infanterie und eine Kompagnie Artillerie für die überseeischen Besitzungen beim Kap der Guten Hoffnung bereitzustellen; der Herzog erhielt dafür rund 400 000 Gulden und 65 000 Gulden Jahresgeld. Es war das Kapregiment traurigen Angedenkens, dem der gerade damals in Freiheit gesetzte Dichter Schubart das Marschlied sang:

> Auf, auf, ihr Brüder, und seid stark,
> Der Abschiedstag ist da!
> Schwer liegt er auf der Seele, schwer!
> Wir sollen über Land und Meer
> Ins heiße Afrika.

Beim Abschied sollen sich im Hof des Neuen Schlosses herzzerreißende Szenen abgespielt haben. Der Herzog tröstete die jammernden Eltern und Bräute: auch von ihm ständen sechs Söhne in den Reihen (illegitime selbstverständlich). Im übrigen: »Le reste me peut être bien égal!« und dasselbe dachte offenbar auch Franziska. Von den 3 200 schwäbischen Soldaten sind nur etwa 100 in die Heimat zurückgekehrt. Die anderen kamen in Java und auf Ceylon jämmerlich ums Leben.

Der Stammtisch im »Adler«

Der Dichter jenes »Kaplieds« war 1787 nach zehneinhalbjähriger Kerkerhaft endlich entlassen und als Hofdichter, Direktor des Schauspiels und der Deutschen Oper in Stuttgart angestellt worden, wo der Herzog ihn in »gnädiger Audienz« empfing und ihm versprach, daß er ihm künftig das Leben leicht und angenehm machen wolle. Der gutmütige Schubart hat daraufhin seinem Herzog tatsächlich aus ganzem Herzen verziehen. »Den 18. Mai«, schrieb Schubart an seinen Sohn in Berlin, »ging ich ab vom Berg meines Jammers, geehrt und beweint von meinem Komman-

danten, sämtlichen Offizieren und der ganzen Besatzung. In Stuttgart strömten mir schon auf dem Wege Musiker, Schauspieler, Tänzer, die Gefährten meines Berufs, entgegen und an ihrer Spitze Julia, meine freudetrunkene Tochter. Hohe und Niedere, Nahe und Ferne grüßten und glückwünschten mir mündlich und schriftlich zu meiner Erlösung. Den andern Tag wurde ich von Herrn Obrist Seeger dem Theater und der Kapelle vorgestellt als Dichter und Direktor des Theaters und der Musik, insofern sie deutschen Gehaltes ist. Poli steht mit Recht der welschen Musik vor. Meine Besoldung besteht aus 600 Gulden, fürchterlich wenig für mich in Stuttgart. Doch auch dafür ist gesorgt. Ich schreibe ein Journal (Vaterländische Chronik), wofür ich monatlich 50 Gulden vom Postamt erhalte. Meine Geschäfte bestehen nun im Unterricht im Lesen, Deklamieren, der Mimik, Pathognomik und theatralischen Musik. Mein Amt wäre eigentlich angenehm, wenn nur der Herzog dem Theater geneigter wäre. Aber der wendet davon sein Antlitz wie von einer Jaunerhöhle.«
Anfangs warf sich Schubart mit Feuereifer aufs Theatergeschäft. Schon im nächsten Jahr war er kühn genug, die »Räuber« des noch immer als Deserteur verfemten Militärmedikus Schiller zum ersten Mal in Stuttgart zu spielen, was nur möglich war, weil der Herzog sich tatsächlich um sein Theater nicht mehr kümmerte. Aber bald erlahmte auch Schubarts Begeisterung; er soll in seinen letzten zwei Jahren das Theater überhaupt nicht mehr betreten haben. Er schrieb oder vielmehr diktierte seine vom Herzog zensurfrei privilegierte Deutsche Chronik, worin er Hymnen auf

die ehemals so bös beschimpften »Neufranken« losließ, die soeben in Paris die Bastille erstürmt hatten, und geradezu prophetisch auf die republikanischen Amerikaner, denen nach wie vor seine ganze Liebe gehörte, und auf die Russen, als die beiden in ferner Zukunft um die Weltherrschaft ringenden Mächte. Die Chronik und viele Gelegenheitsgedichte, die er auf Bestellung lieferte, – er hat auch seinen Herzog an jedem Geburts- und Namenstag in schwülstigen Carmina besungen – sicherten ihm bald schon ein Einkommen von 4000 Gulden, die er abends am Stammtisch »Zum Adler« beim Marktplatz mit dem Schieferdecker Bauer, einem trinkfesten Rheinländer, Katholik und Freimaurer und dem Postmeister Reinöhl durchbrachte.

Aber das bekam ihm nicht gut. Nachdem er seine zehn besten Mannesjahre bei schmalster Kost und mit ganz wenig saurem Gefängniswein zugebracht hatte, trank er jetzt allabendlich edlen Roßwaager und Uhlbacher, oft auch schweren Burgunder und Ungarwein, »daß ihm die Haare rauchten«. Dazu aß er die größten Fleischportionen, als ob er das jahrelang Versäumte noch rasch nachholen wollte. Er wurde dick und träge und im hochroten Gesicht so gedunsen, daß sein Sohn Ludwig, als er ihn wiedersah, aufs tiefste erschrocken war. Er hatte denn auch in Stuttgart nur etwas über vier Jahre noch zu leben. Als er am 10. Oktober 1791 zweiundfünfzigjährig an einem Schlaganfall starb, waren viele überzeugt, daß er es als Gefangener zu höheren Jahren gebracht hätte. Sein Freund, der Schieferdecker, war schon ein Jahr zuvor gestorben.

An Schubarts Begräbnis knüpft sich eine schauerliche Legende: Einen Tag nach der Beerdigung auf dem Hoppenlau-Friedhof soll der Totengräber aus Schubarts frisch zugeworfenem Grab Schreie und Geräusche gehört haben. Als er den Sarg öffnete, soll Schubart darin auf dem Bauch gelegen sein mit blutiggekratzten Nägeln. David Friedrich Strauß, der uns das berichtet, rationalisierte diesen Mythos: Schubart war während seiner Haft so oft als »Lebendbegrabener« beklagt worden und hatte sich auch selbst in Briefen und Gedichten so genannt, daß jene bildliche Anschauung schließlich zur sagenhaften Wirklichkeit geworden ist.

Auf seinem Grab wurde kein Denkmal errichtet, obgleich Dannecker ein Modell dafür entworfen hatte. Die Witwe, der Schubart nichts hinterlassen hatte, konnte sich derartiges nicht leisten. Sie hat ihn um mehr als ein Vierteljahrhundert überlebt, ohne daß sich einer von Karls Nachfolgern um sie gekümmert hätte. Sie starb, vereinsamt und in bitterster Armut, 1819 im Stuttgarter Pfleghaus, einem Hospital für kranke Hofdiener.

Schiller besucht die Heimat

Der Zufall wollte es, daß Friedrich Schiller, Hofrat, Professor und als Dichter weltberühmt, zu seinem ersten und letzten Besuch in die Heimat zu eben der Zeit kam, da der Herzog, schon lange von der Gicht bös geplagt, sich zum Sterben niederlegte. Der Vater Schillers, noch immer in der Furcht seines Herrn, richtete ein untertäniges Schreiben an den Herzog, bat um gnädigste Verzeihung und um die Erlaubnis zum »Gebrauch der dasigen guten Bäder«. Das aber paßte dem Sohn ganz und gar nicht, der keine Lust hatte, als reuiger Sünder dazustehen; er beschränkte sich darauf, dem Herzog seinen Aufenthalt in Ludwigsburg und in Stuttgart zu »notifizieren«. Eine Antwort wurde nicht erteilt. Franziska ließ ihn dann durch einen Mittelsmann sagen, Karl werde von seiner Anwesenheit keine Notiz nehmen. Die Gelegenheit, dem berühmtesten Sohn seines Landes und auch seiner Akademie zuletzt noch versöhnend die Hand zu reichen, hat er nicht genützt. Er ist der kleine, gekränkte Despot bis zuletzt geblieben.

Von seinem Fenster in Freund Hovens Haus in Ludwigsburg beobachtete Schiller dann in der Oktobernacht 1793 bei Fackelschein den Leichenkondukt zur Gruft im Schloß; den Toten, der drei Tage lang auf einem Paradebett im Stuttgarter Schloß aufgebahrt gewesen war, noch einmal zu sehen, hatte ihn nicht gereizt.

Im nächsten Frühjahr zog er mit seiner Familie nach Stuttgart, und zwar in das Gärtnerhaus im alten herzoglichen Hofküchengarten (hinter Augustenstraße 9), das seinem Vater als Stuttgarter Amtshaus bei seinen gelegentlichen Stuttgarter Besuchen zur Verfügung stand. Hier arbeitete Schiller, schwer unter Brustkrämpfen leidend, am Wallenstein und saß

dem Freund Dannecker Modell für die später berühmt gewordene Büste. In der geistlichen Herberge (damals im Gasthaus »Zum Bären«, dem heutigen Geschäftshaus von Werner und Müller am Dorotheenplatz) traf er mit den alten Freunden Petersen, Scharffenstein, Kapf und Haug zusammen, wo er einmal, wie Hoven berichtet, den Petersen betrunken zu machen versuchte, dabei selbst so betrunken wurde, »daß er sich auf den Tisch legte und sich wälzte«. Andern Tags meinte er lachend, »es sei gut, daß dergleichen Absenzen nicht oft vorkommen«.
Auch die nach des Herzogs Tod plötzlich verwaiste Akademie hat Schiller damals einige Male besucht, von dem noch immer amtierenden Intendanten Obrist von Seeger ehrenvoll begrüßt und von den jungen Akademisten beim gemeinsamen Mittagessen mit brausenden Hochrufen empfangen. Die Legende vom Räuberdichter, der sich das Maul nicht hatte verbinden lassen, war in der Anstalt lebendig geblieben; sie alle wußten, in welchem Bett er geschlafen und welches Beet im Garten er bepflanzt hatte. Ein halbes Jahr später, im Dezember 1794, wurde die Anstalt aufgehoben.

Cotta verhandelt mit Schiller

Die folgenschwerste Begegnung aber hatte Schiller bei seinem Besuch mit dem Tübinger Verleger Cotta, der damals ein weithin noch unbekannter und gar nicht kapitalkräftiger Buchhändler war. Durch Vermittlung Haugs trat er mit dem Dichter in Beziehung, und schließlich kam zwischen den beiden bei einem Spaziergang über den Kahlenberg (den jetzigen Rosenstein) nach Untertürkheim ein Vertrag zustande, auf Grund dessen Schiller für Cotta eine literarische Monatsschrift, »Die Horen« herauszugeben sich verpflichtete. Cotta hatte sich das freilich ganz anders gedacht: er hatte Schiller dazu überreden wollen, die Schriftleitung einer großen europäisch-deutschen Zeitung zu übernehmen, die mit den führenden englischen und französischen Blättern hätte konkurrieren können. Das hat Schiller, dem es vor der Tagespolitik bangte, abgelehnt. (Cotta hat den Plan dann mit anderen Herausgebern in seiner »Allgemeinen Zeitung« doch verwirklicht.) Durch »Die Horen« aber gewann Cotta nicht nur Schiller, sondern bald auch Goethe und viele andere Dichter als Autoren. Der Bericht über dieses Kahlenberger Abkommen vom Mai 1794 wäre aber unvollständig, wenn man verschwiege, daß Schiller sogleich als Vorbedingung einen Vorschuß von 200 Reichstalern forderte. Das war mehr als Cotta besaß. Er mußte die Summe pumpen. Aber er hat den Vorschuß

bezahlt. Schiller hat schon damals sehr wohl gewußt, was er wert war. Keiner der beiden hatte in der Folge das Geschäft zu bereuen.
Zwei Tage nach dem Spaziergang ins Neckartal reiste die Familie Schiller Hals über Kopf nach Jena zurück. Kaiserliche Lazarette waren vom Rhein nach Württemberg, auch nach der Solitude, verlegt worden, und alsbald waren überall im Land Seuchen ausgebrochen. »Ich fürchtete, der Blitz schlage in meine halbverfallene Hütte,« war Schillers Entschuldigung. Es war kein schöner Abschied von der alten Heimat, die er dann nicht wieder gesehen hat. Es war eine zweite Flucht.

Interregnum der Brüder

Die beiden über 60 Jahre alten Brüder Herzog Karls, die ihm in der Regierung folgten, haben in den vier Jahren, die sie noch zu leben und nacheinander zu regieren hatten, nur Negatives bewirkt. Ludwig Eugen, der mit seinem Bruder Karl ständig Krach gehabt hatte, tat sein möglichstes, um nicht nur das Üble, sondern auch das Gute, das Karl geschaffen hatte, zu sabotieren. Sein Heldenstück war die Aufhebung der Hohen Karlsschule aus subalternem Haß gegen alles, was Wissenschaft, Gelehrsamkeit, Aufklärung hieß. Er, der einst für Rousseau geschwärmt hatte, war mit dem Alter bigott geworden, Kapuziner spielten an seinem Hof eine große Rolle und Wallfahrten waren seine Erholung. Bevor er noch Schlimmeres anrichtete, starb er während eines Spazierritts in Ludwigsburg am Schlagfluß.
Nicht viel besser erging es seinem Bruder Friedrich Eugen, der unter dem Alten Fritz sich als General bewährt hatte und den Württembergern nicht zuletzt deshalb sympathisch war, weil er nach langer Zeit die protestantische Tradition im Fürstenhaus wieder fortsetzte. Aber auch er erlitt schon wenige Tage nach seiner Ankunft aus Mömpelgard einen Schlaganfall, der ihn lähmte und anderthalb Jahre später einen zweiten, diesmal tödlichen.
Aber sein ältester Sohn, der Erbprinz Friedrich, 43 jährig, energisch, leidenschaftlich und hochbegabt, nahm ganz unsentimal schon zu Lebzeiten seines Vaters die Zügel in die Hand. Und auch seine Feinde haben nicht bestreiten können, daß er, in den Sattel gesetzt, zu reiten verstand, im Galopp über Stock und Stein und mit halsbrecherischen Volten. Er hat es innerhalb von drei Jahren vom Herzog zum Kurfürsten, und vom Kurfürsten zum König gebracht. Je höher er stieg, je geschickter er poli-

tisch lavierte, um so lächerlicher, um so charakterloser fanden ihn seine »Untertanen«, die ihn nicht liebten. Mit seinen durchaus unpopulären, gewalttätigen Methoden aber ist er eben doch der Schöpfer des modernen Württemberg geworden, ein völlig unaufgeklärter Despot, der durch seine Wendigkeit und Skrupellosigkeit sogar einem Napoleon imponierte.

Sansculotten in den Stuttgarter Straßen

Zunächst kamen wieder einmal Franzosen ins Land, und zwar Revolutionstruppen, zerlumpte, pittoresk maskierte Freiheitskämpfer, sogenannte Sansculotten, die statt der feudalen Kniehosen (Culotten) lange Hosen (Pantalons) trugen. Sie tauchten am 18. Juli 1796 unversehens auf dem Hasenberg auf und plänkelten in die Stadt hinab, wo ein Trupp leichter österreichischer Reiter auf dem Großen Graben (Königstraße), im Stöckach und gegen die Prag Rückzugsgefechte inszenierte. Als einige Tage später General Moreau mit seinem Stab in der Stadt eintraf, kam es bei Berg und in Richtung Cannstatt zu einer regulären Schlacht, während deren einige Kanonenkugeln sich bis in die Gegend des Neuen Schlosses verirrten. Da man damals bei einbrechender Dunkelheit beiderseits die Schießerei stoppte, hatten die Stuttgarter das Vergnügen, des Nachts auf ihren Höhen bei Rohracker und Sillenbuch die Lagerfeuer der Franzosen brennen zu sehen. General Moreau selbst besuchte abends die Oper im »Kleinen Theater« (zwischen Waisenhaus und Akademie), wo ihm Zumsteegs neuestes Werk »Die Geisterinsel« vorzüglich gefallen haben soll. Am anderen Morgen ging die Schlacht dann weiter, die am dramatischsten um die Neckarbrücke und den Cannstatter Vorort Brie tobte. Die Franzosen blieben schließlich Sieger. Der junge Erzherzog Karl wurde über den Neckar gejagt. Nicht viel später jagte dann Erzherzog Karl den Franzosen, der nach Bayern vorgedrungen war, über den Rhein bis ins Elsaß, wobei Moreau seine taktisch berühmte Retirade durchs Höllental improvisierte.

Dieses neue französische Gastspiel, bei dem es nicht sehr blutig zugegangen ist, war von allerlei grotesk-drolligen Episoden begleitet. Selbstverständlich gab es auch in Stuttgart allerlei fortschrittsgläubige Idealisten, die in der Pariser Revolution das Morgenrot einer herrlichen neuen Weltära der Freiheit, Gleichheit und Brüderlichkeit erblicken zu dürfen meinten. Sie begrüßten die Franzosen, die jetzt unversehens, prachtvoll undiszipliniert und schlampig, mit ihren blauweißroten Kokarden an den

Hüten in den Straßen auftauchten, als Helden der Revolution und öffneten ihnen ihr Bruderherz. Das bekam ihnen indessen schlecht. Die Franzosen tauschten mit ihnen gern die Schuhe, denn sie selber hatten nur Holzpantinen, und auch für Uhren, die sie selbst nicht besaßen, und für Geldbeutel, die voll waren, hatten sie lebhaftes brüderliches Verständnis. Im übrigen hatten sie eine Heidenangst: sie witterten überall einen Hinterhalt und schossen so manchen unschuldigen Bürger nieder, der sich als gar zu dienstwillig erwies. Der Stadt erwuchsen in jenen drei Franzosenmonaten Unkosten im Gesamtwert von über 100 000 Gulden; neben den Naturalien – die Citoyens waren halbverhungert eingetroffen – sind in den Belegen auch 4 297 Hemden und 2 970 Paar Schuhe aufgezählt.
Vorsichtshalber schloß Württemberg, ebenso wie auch Baden, damals rasch einen Friedensvertrag mit der Republik, in dem Württemberg auf seine linksrheinischen Besitzungen verzichtete. In einem zusätzlichen Geheimvertrag ließ sich das Land freilich reichliche Entschädigungen auf dem rechten Ufer, vornehmlich durch Säkularisationen, versprechen.

Goethe: »Tage wie in Rom«

Im Sommer des nächsten Jahres hatte Stuttgart die Ehre eines längeren Besuchs von Goethe, dem das Schwabenland durch die Freundschaft mit Schiller lieb und interessant geworden war; sonst wäre er wohl rascher seinem Ziel in Stäfa am Züricher See, wo Freund Meyer ihn erwartete, entgegengestrebt. Über Frankfurt, Heidelberg und Ludwigsburg kommend, traf er am 29. August 1797 mit Sonnenuntergang in Stuttgart ein, »das in seinem Kreise von Bergen sehr ernsthaft in der Abenddämmerung dalag«. Er hatte das Pech, im Gasthaus »Zum Römischen Kaiser« (Ecke Marien- und Rotebühlstraße) abzusteigen, wo ihn »eines der schlimmsten Wanzenabenteuer« am Schlafen verhindert habe, weshalb er Schiller »als den Heiligen aller am schlaflosen Zustande leidenden Menschenkinder« öfter um Beistand angerufen habe. Als er acht Wochen später bei der Rückreise wieder durch Stuttgart kam, übernachtete er vorsichtshalber im »Adler«, wo Schubart seinen berühmten Stammtisch gehabt hatte.
Anderntags nahm Goethe die Gastfreundschaft des Kaufmanns Gottlob Heinrich Rapp an, an den Schiller ihn empfohlen hatte. Rapp war ein hochgeachteter, sehr vermöglicher Handelsmann aus alter Stuttgarter Familie, der für Literatur und Kunst viel übrig hatte, als begabter Dilettant selbst zeichnete, malte und radierte und auch über Gartenkunst, so über den

Hohenheimer Park, allerhand Artiges zu schreiben verstand. Schiller hatte ihn bei seinem Stuttgarter Besuch durch den Bildhauer Dannecker, der mit einer Schwester Rapps verheiratet war, kennen und schätzen gelernt. In Rapps schönem und bequemem Haus unmittelbar neben der Stiftskirche, wo später jahrzehntelang die Lindemannsche Buchhandlung beheimatet war (heute Neubau des Textilhauses Fischer), traf sich damals und noch lange – Rapp starb wie Goethe und Cotta 1832 – der gebildetste Zirkel des bürgerlichen Stuttgart.

Ein kritischer Gast

Der Geheimbde Rat von Goethe war ein höchst kritischer Gast, dem nicht so leicht zu imponieren war. Um so mehr durften sich die Stuttgarter damals und auch heute noch auf sein im großen ganzen doch recht günstiges Urteil über die Stadt und die Leute einbilden. Schon am ersten Morgen um 6 Uhr »rekognoszierte« er ohne Begleitung auf eigene Faust die Stadt, besah sich die Straßen und die Häuser, fand das Alte Schloß so abgeschmackt, daß es kaum zu einer Theaterdekoration gut wäre, das Neue dagegen »von dem Geschmack der Hälfte dieses Jahrhunderts, das ganze aber anständig frei und breit«. Als er später, begleitet von dem Baumeister

Thouret und dem Bildhauer Scheffauer das Innere des Schlosses besichtigte, war er enttäuscht: »Ich fand nichts Nachahmenswertes, vielmehr unzählige Beispiele dessen, was man vermeiden soll. Die Marmore, besonders die Alabaster (Kalkspäte) des Landes nehmen sich sehr gut aus, sind aber nicht zur glücklichsten Dekoration verwendet. Übrigens sind die Zimmer, man möchte sagen, gemein vornehm; so zum Beispiel auf gemein angestrichenem, weißem Gipsgrunde viele vergoldete Architektur, so auch die Türen bei ihren schnörkelhaften Vergoldungen mit Leinfarbe angestrichen; die Guibalschen Plafonds nach der bekannten Art.«

Hohenheim: »völlig charakterlos«

Noch drastischer hat er dann über das Schloß Hohenheim geurteilt. »Das Schloß, das mit seinen Nebengebäuden ein ausgebreitetes Werk darstellt, gewährt den gleichgültigsten Anblick von der Welt, sowie auch sämtliche Gebäude ganz weiß angestrichen sind. Man kann beim äußeren Anblick der Gebäude sagen, daß sie in gar keinem Geschmack gebaut sind, indem sie nicht die geringste Empfindung, weder der Neigung noch des Widerwillens im ganzen erregen; eher ist das völlig Charakterlose einer bloßen, beinahe nur handwerksmäßigen Bauart auffallend.« Vom Hauptsaal aber versichert er, daß er »leider mit Marmor dekoriert, ein Beispiel einer bis zum Unsinn ungeschickten Architektur sei.« Sein Trost: daß die beiden von ihm hochgeschätzten Künstler Thouret und Isopi, die jetzt die Verantwortung für den Bau tragen, noch manches bessern werden. Goethe hat bekanntlich bald darnach Thouret für den Schloßbau in Weimar herangezogen.

»Tiefe Provinz«

Auch die Oper und das Schauspiel besuchte Goethe fleißig. Er kann da nicht umhin, zu bemerken, daß Stuttgart im Vergleich mit dem, was er in Weimar erreicht habe, tiefe Provinz sei. Über eine Aufführung des »Don Carlos« berichtet er an Schiller: »Ich habe nicht leicht ein Ganzes gesehen, das sich so sehr dem Marionettentheater nähert als dieses. Eine Steifheit, eine Kälte, eine Geschmacklosigkeit, ein Ungeschick, auch nur die Möbel auf dem Theater zu stellen, ein Mangel an richtiger Sprache und Deklamation und jeder Art Ausdruck eines Gefühls oder höheren Gedankens, daß man sich eben zwanzig Jahre und länger zurückversetzt fühlt. Und was am merkwürdigsten ist: kein einziger findet sich unter ihnen, der auch nur irgend zu seinem Vorteil sich auszeichnete; sie passen alle auf das beste zusammen.«

Die Oper kommt fast noch schlechter weg. Da werden die Sänger und Sängerinnen sehr von oben herunter abgekanzelt: »Madame Spalding, eine gute Figur, aber kalt und steif. Pauly, trocken und steif. Brand, garnichts. Mamselle Bambus, unangenehme Nullität. Madame Kaufmann, kleine hagere Figur, steife Bewegung, angenehme, gebildete, aber schwache Stimme. Demoiselle Färber, nichts. Krebs, angenehmer Tenor, ohne Ausdruck und Aktionen. Reuter, unbedeutend und Weberling, eine gewisse Art von drolligem Humor, den man leiden mag, aber auch weiter nichts«. (Dieser Komiker Weberling war der Lieblingsschauspieler des späteren Königs Friedrich, an dem kein Kritiker, ohne verhaftet zu werden, etwas aussetzen durfte.)

Das Stuttgarter Publikum charakterisierte Goethe recht zutreffend: »Ich habe mehrere, die das Theater öfter sehen, darüber sprechen hören, und da kommt es denn meist auf eine gewisse Toleranz hinaus, die aus der Notwendigkeit entspringt, diese Leute zu sehen, da denn doch jeder in einer gewissen Rolle sich die Gunst des Publikums zu verschaffen weiß. Die Stuttgarter sind daher mit ihrem Theater nicht übel zufrieden, ob man gleich auch hier und da darauf schilt. Merkwürdig war mirs, daß das Publikum, wenn es beisammen ist, es mag sein wie es will, durch sein Schweigen und Beifall ein richtiges Gefühl verrät. Im ›Carlos‹ wurden die Schauspieler fast nie, einige Male aber das Stück applaudiert; kaum aber trat eine Tänzerin mit ihren wirklich reizenden Bewegungen auf, so war der Beifall gleich da.«

Respekt vor Dannecker

Es verdient immerhin festgehalten zu werden: Dichter oder Literaten, mit denen man hätte verkehren können, gab es im damaligen Stuttgart nicht; auch die Wissenschaft schien ihm wohl infolge Aufhebung der Akademie hier unbedeutend vertreten zu sein. Aber an bildenden Künstlern und Architekten, deren Werke und deren Kunstauffassungen ihm anregend erschienen, war kein Mangel: Isopi, Scheffauer, Hetsch, Harper, der Kupferstecher Müller wurden in ihren Ateliers aufgesucht und in lange theoretische Debatten verwickelt. Als einziger Musiker hatte der Kapellmeister Zumsteeg seine Anerkennung gefunden.

Die Seele freilich der ganzen Künstlerschaft war Johann Heinrich Dannecker, den Goethe »als Künstler und Mensch eine herrliche Natur« nennt, den er fast täglich in seinem Atelier damals in der Alten Kanzlei besuchte und der ihn auf vielen Spaziergängen, so auch einmal ins Lager der 25 000 Österreicher zwischen Aldingen und Mühlhausen am Neckar begleitete. Goethe bemerkte darüber: »wenn die Franzosen dem Lande 5 Millionen abnahmen, so sollen die Kaiserlichen nun schon 16 Millionen verzehrt haben. Dagegen erstaunt man dann freilich als Fremder über die ungeheure Fruchtbarkeit dieses Landes und begreift die Möglichkeit, solche Lasten zu tragen. Auf der ganzen Tour von Heilbronn bis Stuttgart ist kein Fuß breit Landes ungenützt. Und auch die Hauptstadt liegt in einem Kranz von Bergen, die alle bebaut sind, mitten in Gärten und Weinbergen, wo ich mich gestern zum ersten Mal seit langer Zeit wieder in fürtrefflichen Mirabellen sattgegessen habe.« So gutes Obst gab es damals offenbar in Weimar nicht.

Goethe liest »Hermann und Dorothea«

An seinem letzten Stuttgarter Abend bedankte sich Goethe durch ein Gastgeschenk besonderer Art. Er las dem engsten Kreis – nur das Ehepaar Rapp und das Ehepaar Dannecker nebst Rapps fünfjährigem Töchterchen durften dabei sein – aus der Handschrift »Hermann und Dorothea« vor. Er hätte das Manuskript wohl im Koffer gelassen, wenn die Stuttgarter ihm nicht einer so hohen Auszeichnung würdig erschienen wären. Als er geendet hatte und niemand etwas zu sagen wagte, rettete das kleine Rapp-Mädelchen die Situation, indem sie gut schwäbisch rief: »Der Ma soll no meh lesa!« Dannecker bekannte später: »Ach Gott, wie schön, wie groß, wie voll Gefühl ist dieses Werk, das heiß ich zeichnen, malen, bilden, kurz, ich war entzückt. Es ergriff mich auch so, daß ich den andern Tag zu nichts taugte.« Zum Abschied aber spendete Goethe den Stuttgartern das höchste Lob, das er zu vergeben hatte: »Nun habe ich Tage hier erlebt, wie ich sie in Rom lebte.«

Der Hof wußte von Goethes Besuch nichts. Vermutlich kannte dort niemand auch nur seinen Namen. An seinen Herzog in Weimar berichtete er: »Den sehr korpulenten Erbprinzen sah ich in der Komödie; eine schwarze Binde, in der er den vor kurzem auf der Jagd gebrochenen Arm trug, vermehrte noch sein Volumen« – ein Jugendportrait des späteren württembergischen Königs, von Meisterhand entworfen.

Ein starker Mann

In den Jahren vor und nach der Jahrhundertwende hatten die Stuttgarter das zweifelhafte, aber jedenfalls aufregende Vergnügen, in einem grotesken Possenspiel einen starken Mann auftreten zu sehen, der sich wild dagegen wehrte, als Hampelmann von einem noch stärkeren Mann auf den Arm genommen zu werden.

Das Spiel begann damit, daß der 1798 auf den Thron gelangte Herzog Friedrich, der als solcher der Zweite war, trotz den Protesten der Landstände ein eigenes Heer von 7000 Mann und 700 Pferden aufstellte, für das ihm sein Schwiegervater, der englische König Georg III., das Geld gepumpt hatte (in Wirklichkeit war es ein englisches Subsidienheer). Es sollte gegen Frankreich kämpfen. Dieses kleine Heer hat es dann freilich im nächsten Jahr nicht verhindern können, daß der Herzog mitsamt den herrschaftlichen und landschaftlichen Kassen aus Stuttgart vor den anmarschierenden Franzosen nach Franken floh, und zwar möglichst weit fort bis Erlangen. Es soll damals in der Gegend des Schlosses und beim Landschaftsgebäude einen Volksauflauf gegeben haben, wohl um zu verhindern, daß der Herzog mit dem Geld im Augenblick der Not sich davonmachte und die Stadt, wie schon so oft, ihrem Schicksal überließ. Aber die Stadtreiter, die ergebene Leibgarde des Herzogs, zerstreute rasch die Demonstranten und erhielt als Belohnung dafür die Befreiung für sich und ihre Söhne von jedem Militärdienst während der ganzen Regierungszeit des Herzogs.

Eine republikanische Verschwörung?

Zum ersten Mal hört man jetzt auch etwas von einer Stuttgarter Verschwörung gegen den Herzog, die angeblich vom österreichischen Oberbefehlshaber Erzherzog Karl und seinen Spitzeln entdeckt worden sei. Es soll auch eine Flugschrift im Umlauf gewesen sein, die den merkwürdigen Titel führte: »Was gewonnen wird, wenn Schwaben eine Republik wird?« Die Hintergründe dieser, wie auch so mancher anderen mysteriösen Episoden der Friedrichszeit sind nie so recht erhellt worden. Der Effekt war jedenfalls, daß manche Personen, die dem gewalttätigen Fürsten bei seinen von allem Anfang systematisch betriebenen Plänen, die Verfassung zu beseitigen, unbequem waren, kurzerhand ohne Verhör auf dem Asperg unschädlich gemacht wurden. Diesmal waren es ein Beisitzer und zwölf weitere Mitglieder des Landschaftlichen Großen Ausschusses. Um Material zu beschaffen, hatte Friedrich das Haus der Landschaft besetzen, Zimmer erbrechen, Schreibtische ausräumen lassen und die Akten weggeschafft. Die Stuttgarter werden gedacht haben: alles schon einmal dagewesen. Auch das war nur der Auftakt.

Vier Jahre später wurde der ganze engere Ausschuß, darunter auch der Stuttgarter Bürgermeister Klüpfel, wegen Widersetzlichkeit gegen allerhöchste Befehle suspendiert, der Ausschußsekretär Stockmayer auf den Asperg abgeführt und seine Frau (!) im Rathaus eingesperrt. Am 30. Dezember 1805 wurde dann durch ein kurfürstliches Dekret die Landesverfassung unter Verhöhnung uralter verbriefter Rechte kurzerhand aufgehoben und in das Landschaftsgebäude, dieses Sanktuarium aller bürgerlichen Freiheiten, eine herrschaftliche Kanzlei einquartiert.

Kurfürst von Napoleons Gnaden

Es ist die alte Tyrannenmanier: Wenn ein sich allmächtig dünkender Mann nach der Pfeife eines noch allmächtigeren tanzen muß, greift er in seiner Wut zum Terror, damit nur ja kein Untertan Lust verspürt, den Possenhelden auszulachen. Immer drohender erhebt sich jetzt am Horizont die Gestalt Bonapartes, der mit dem württembergischen Herzog wie die Katze mit der Maus spielt. 1802 schenkt ihm Napoleon als Entschädigung für das linksrheinische Gebiet neun Reichsstädte, nämlich Eßlingen, Reutlingen, Heilbronn, Schwäbisch Hall, Gmünd, Rottweil, Weil-der-Stadt, Aalen, Gingen und alle katholischen Stifte und Klöster. 1803 wird Friedrich Kurfürst, ebenfalls von Napoleons Gnaden. Noch kurz zuvor hatte er grollend von seinem sichern Port von Erlangen aus erleben müssen, wie der großspurige Moreau mit Gemahlin in seiner Residenz Stuttgart residierte und 6 Millionen Francs in bar und 2 Millionen für Naturalien als angeblich alte Kontributionsschulden kassierte, wobei nicht sehr höfliche Chasseurs, in die Wohnungen der Minister gelegt, für beschleunigte Abwicklung des Geschäfts sorgten. Wenige Wochen nach Abzug der letzten Franzosen traf dann Friedrich wieder in seiner Residenz ein und ließ sich von seinem Propaganda-Schreiber bestätigen, daß die ganze Stadt – mit Ausnahme selbstverständlich der auf dem Asperg sitzenden Konsulenten – ihm zugejubelt habe. Als Beweis seiner besonderen Gnade erlaubte der Kurfürst den Stuttgartern, daß sie zur Feier seiner Rückkehr ausnahmsweise bis 12 Uhr nachts ohne Laterne ausgehen dürften.

Die volle Souveränität

Aber auch als Kurfürst, dem Napoleon mit tückischen Hintergedanken die volle Souveränität zugesichert hatte, mußte er dann noch einmal merken, wer der wahre Herr in seinem absolut regierten Staat war: am 30. September 1805 erschien unangemeldet der Marschall Ney vor dem Ludwigsburger Tor. Und der Herzog, der soeben in Ludwigsburg die Hochzeit seines Sohnes Paul mit der Prinzessin Charlotte von Sachsen-Hildburghausen feierte, gab von dort aus den Befehl, das Tor nicht zu öffnen. Als aber Ney Kanonen auffahren ließ, hielt es der Stadtkommandant Freiherr von Hügel für klüger, die Franzosen einzulassen, was ihm dann die Ungnade seines Herrn zuzog. Zwei Tage später erschien auch noch der Prinz Murat, Napoleons Schwager, und der General Lannes, sodaß schließlich ein ganzes Armeekorps in Stuttgarter Quartieren lag. Daß Ney vorsichtshalber in der Nacht die Gesandten Österreichs und Rußlands hatte verhaften lassen, erfuhr der »souveräne« Kurfürst erst viel später.
Anderntags hält Ney in den Straßen der Stadt Parade ab: in einer Linie, drei Mann hoch stehen die Truppen von der Marienstraße die ganze Königstraße entlang bis hinab zur Galgensteig im Stöckach. So viele Soldaten in Reih und Glied hatten die Stuttgarter in ihrer längsten Straße noch nicht beisammen gesehen. Die Bäcker müssen eiligst 100 000 Portionen Weißbrot bereitstellen. Am Tag darauf steht der Marschall auf dem Balkon des Kaffees Silber im »Kleinen Bazar« (gegenüber dem Wilhelmsbau) und läßt 16 Regimenter Dragoner vorbeidefilieren. Ob wohl irgend jemand in Stuttgart gewußt hat, daß dieser Michel Ney, der es während der Revolutionskriege vom gemeinen Soldaten zum Marschall gebracht hatte, eigentlich ein Schwabe war, Sohn eines aus Wachendorf bei Horb stammenden Küfers, der nach Saarlouis ausgewandert war? Daß gleichzeitig Dupontsche Husaren die kurfürstlichen Marställe plündern und etliche Stallknechte erschlagen, ist nur ein kleiner Schönheitsfehler in dem prächtigen militärischen Theater.

Napoleon höchst persönlich

Das alles aber war nur die pompöse Ouvertüre, die den Kaiser selbst ankündigte. Dieser traf in der Nacht vom 2. auf den 3. Oktober in Ludwigsburg ein, vom Kurfürsten, der von der Hochzeitsfeier weggerufen wurde, mit gebührendem Respekt empfangen. Lange Verhandlungen unter vier Augen wegen eines Allianz-Vertrags. Friedrich, auf seine Souveränität pochend, möchte gern neutral bleiben. Aber das erlaubt der Kaiser nicht. Also Allianz – ob freiwillig, ob erzwungen, spielt keine Rolle. Die in Aussicht gestellte Königskrone vergoldet die Ketten. Als am 4. Oktober nachmittags gegen 4 Uhr Napoleon im offenen Wagen in Stuttgart einfährt und von dem vorausgeeilten Kurfürsten am Mittelportal des Neuen Schlosses empfangen wird, läuten alle Glocken und donnern die Kanonen. Nach einer Stunde fährt der Kaiser wieder ab, läßt sich gemächlich durch die Stadt kutschieren und kehrt allein nach Ludwigsburg zurück. Von dort aus Kriegserklärung an Österreich, die jetzt auch für Friedrich verbindlich ist. Einige Tage danach kommt die Kaiserin Josephine auf dem Weg zu ihrem Mann ins Kriegsquartier durch Stuttgart: Triumphpforten, Illumination.

König ohne Verfassung

Der Lohn bleibt nicht aus: Am Neujahrstag 1806, zwei Tage, nachdem Friedrich die Verfassung aufgehoben hatte, trifft in Stuttgart ein Adjutant Napoleons ein mit der Nachricht, daß auch Kaiser Franz gegen die Verleihung der Königswürde nichts eingewendet habe (wie hätte der Gute nach der Katastrophe von Austerlitz das auch riskieren sollen?). Sogleich reitet vom Schloß ein Herold, begleitet von Trompetern los, um den Stuttgarter Bürgern in allen Gassen und auf allen Plätzen die Freudenbotschaft von ihres dicken Friedrich nunmehr königlicher Majestät zu verkünden. Feierlicher Gottesdienst, Gratulationscour im Schloß, Stadtbeleuchtung, abends im Theater und in der Redoute freier Eintritt für jedermann.
Des neuen Königs größte Sorge war zunächst, wie er sein Schloß für den Empfang des siegreichen Kaisers würdig herrichten könne, denn, wenn ein Kaiser, und zumal noch dieser Kaiser, bei einem König zu Gast weilt, dann muß etwas geboten werden. In Tag- und Nachtarbeit mußte der nunmehr königliche Hofbaumeister Thouret nicht weniger als 19 Zimmer und Säle, anschließend an den Marmorsaal im ersten Stock über dem Hauptportal nach der Seite des Gartenflügels, mit der gehörigen Pracht ausstaffieren, wobei Friedrich selbst für jeden einzelnen Raum vorschrieb, ob damastene oder seidene Vorhänge und Tapeten zu verwenden seien. Geschlafen hat der Kaiser, wie Paul Faerber in seinem hervorragenden Thouret-Werk nachgewiesen hat, im Eckzimmer, wo Gartenflügel und Haupttrakt zusammenstoßen, mit Blick auf den ehemaligen Privatgarten;

die Kaiserin, durch ein Vorzimmer getrennt, daneben im Eckzimmer des verlängerten Corps de Logis; ihr Zimmer war mit blauem Seidenzeug und einer Mahagonibettstelle möbliert, das des Kaisers mit Damast ausgeschlagen. Für das Audienz-Zimmer des Kaisers mußte in aller Eile ein »Dais«, nämlich ein Baldachin aus Samt beschafft werden. Der Spaß kostete insgesamt etwa 18 000 Gulden.
Gleichzeitig mußten an den Grenzen des Landes und an allen größeren Orten, die der Kaiser vielleicht passieren würde, Triumphpforten errichtet werden, für die lateinische Inschriften zu beschaffen waren – eine herrliche Aufgabe für byzantinisch entflammte Humanisten. Dabei passierte das Unglück, daß der phantastischste aller Triumphbogen, nämlich der am Ludwigsburger Tor in Stuttgart, am 10. Januar vormittags durch einen heftigen Windstoß glatt umgelegt wurde. Das war um so aufregender, als kein Mensch, nicht einmal Seine Majestät, wußte, wann der unberechenbare Kaiser wohl eintreffen werde. Als er dann endlich am 18. Januar in einem mit sechs Pferden bespannten Wagen einfuhr, stand die Pforte wieder da. Für den dicken Friedrich, der selbstverständlich

in seiner strahlendsten Galauniform zum Empfang bereit stand, war es vermutlich eine kleine Enttäuschung, daß der Sieger von Austerlitz in der schäbigen Uniform eines schlichten Obersten der reitenden Jägergarde der Kutsche entstieg. Trotzdem herzliche Umarmung, soweit das Volumen des Königs das gestattete. Drei Tage dauerten die Festlichkeiten, bei denen vermutlich der Kaiser seinem Vasallen auch eröffnet haben wird, daß das Königstöchterlein Katharina (aus Friedrichs erster Ehe) als passende Partie für Jerôme, des Kaisers jüngsten Bruder, in Betracht gezogen zu werden, die Ehre habe. Am letzten Tag solenne Sauhatz auf der Schlotwiese bei Zuffenhausen, dann Heimfahrt nach Paris.

»Der große König von Schwaben«

Alles weitere geschieht automatisch: Rheinbund, neuer gewaltiger Gebietszuwachs durch Mediatisierung der kleinen weltlichen Reichsstände: Hohenlohe, Waldburg, Königsegg-Aulendorf, Limpurg, Buchau, Marchtal, Weingarten, Schussenried, Weissenau, Ochsenhausen, Isny. Das waren für diese bisher souverän in den Tag hineinlebenden Reichsritter bittere Entscheidungen, zumal da kein Deutscher, sondern ein Franzose, ein Korse, sie traf. Aber was sollten sie machen? Wer sollte sie entschädigen? Gegen einen Napoleon gab es keine Rechtsinstanz. Als daher Friedrich die 50 mediatisierten Reichsritter, die jetzt plötzlich seine Untertanen waren, nach Stuttgart beorderte, damit sie ihm als dem »großen König von Schwaben« – so lautete die von Friedrich selbst gewählte Formel – Treue schwuren, da weigerten sich nur zwei, die grausame Farce mitzumachen. Die zwei Rebellen wurden alsbald in Arrest gesteckt. Nach einigen Tagen krochen auch sie mit knurrendem Magen zu Kreuz und leisteten dem »Großen König« den Eid. Um sie seine Macht fühlen zu lassen, wurde außerdem bestimmt, daß alle Adligen künftig alljährlich drei Monate in der Residenz Stuttgart sich aufzuhalten hätten, um dem königlichen Hofhalt als Statisten und Trabanten den erwünschten Glanz zu verleihen.
Das aber konnte nicht einmal Friedrich erzwingen. Die Kreaturen, die ihn umgaben und seine Befehle ausführten, waren, wie der streng objektive Julius Hartmann feststellte, lauter ausländische Edelleute. Maucler, Wangenheim, Witzingerode, Mandelsloh, Taubenheim, Riedesel – unterwürfige und schmeichlerische Hofdiener, denen »das alte gute Recht« der Württemberger nichts weiter als eine drollige historische Reminiszenz war. Württemberger vom alten Schlag hüteten sich, diesem aufgeblasenen Gewalt-

kerl, der doch nur eine Schachfigur in der Hand eines Emporkömmlings war, sich liebedienerisch zu nähern. Man nahm es gelassen hin, daß der König, der jetzt zum ersten Mal in Württemberg ein Polizeiministerium und für seine beiden Residenzstädte Oberpolizeidirektionen eingerichtet hatte, seine Untertanen öffentlich warnen ließ, über politische Gegenstände und die Verhältnisse der Mächte untereinander überhaupt zu reden, denn davon verstehe nur Seine Majestät etwas; für den Bürger seien solche Gespräche »unschicklich und leicht ins Gefährliche ausartend!«
Gleichzeitig hatten die jetzt massenweise auftretenden höheren und niederen Polizeiorgane darüber zu wachen, daß auf öffentlichen Straßen und besonders in den königlichen Anlagen nicht geraucht werde und daß jedermann beim Herannahen des Königs zur Seite zu treten und ehrfurchtsvoll zu grüßen habe; wer im Wagen fuhr, mußte alsbald halten, aussteigen, und ebenfalls mit gezogenem Hut stehen bleiben. Der freimütige und gescheite Pfarrer Pahl, der von Afalterbach aus oft nach Ludwigsburg und Stuttgart zum Besuch seiner Freunde kam, berichtet, daß Gespräche damals nur in verschlossenen Hinterzimmern möglich waren: »In der Hauptstadt war das gesellschaftliche Leben womöglich noch mehr überwacht und eingeschüchtert als in der königlichen Sommerresidenz Ludwigsburg. Überall in der Gefahr böswilliger Beobachtung und Mißdeutung, vernahm man nirgends eine Äußerung über öffentliche Zustände, ja nicht einmal eine mündliche Mitteilung der Tagesneuigkeiten aus den Zeitungen. Das Urteil und der Mißmut der Redlichen wurden kaum noch unter Vertrauten laut, da mehrere Beispiele bewiesen, daß man auch in engeren Kreisen, wo nicht durch Verräterei der Treulosen, doch durch die Sorglosigkeit seiner Freunde Verdacht gegen sich erregen oder kompromittiert werden konnte, seitdem Napoleon die ›Ideodogen‹ seiner Bundesgenossen als die gefährlichsten Bürger denunziert hatte«.

Der Marsch auf Moskau

Zunächst hatten die württembergischen Soldaten die Ehre, die Standeserhöhung und Gebietserweiterung ihres Königs, von dem David Friedrich Strauß nicht eben respektierlich gesagt hat, daß er unter Napoleons Sonne wie ein Salatkopf in die Höhe geschossen sei, mit ihrem Leben zu bezahlen. Der souveräne König mußte auf Befehl seines allmächtigen Chefs als ehrenwertes Mitglied des ominösen »Rheinbunds« seine Truppen, jeweils nicht unter 12000 Mann, marschieren lassen: 1806 nach Schlesien, 1809 nach Österreich, 1812 nach Rußland, 1813 nach Sachsen, 1814 und 15 nach Frankreich.

Das Schlimmste war Rußland. Man darf es den Hofhistoriographen ausnahmsweise glauben, daß es dem König bei diesem ungeheuerlichen militärischen Abenteuer nicht wohl war, denn er kannte Rußland, hatte dort unter der großen Katharina als russischer General allerlei bittere Erfahrungen gemacht, seine erste Frau durch einen rätselhaften Mordanschlag verloren und schließlich enttäuscht den Dienst quittiert. Die Tränen, die der sonst so harte Mann bei der Verabschiedung der Truppen Mitte März 1812 im Lager zwischen Heilbronn und Öhringen vergossen haben soll, dürften echt gewesen sein.

Den Oberbefehl hatte er seinem Sohn übertragen, dem Kronprinzen Wilhelm, mit dem er völlig zerfallen war, da dieser die Rheinbundspolitik für eine Dummheit, wenn nicht gar für ein Verbrechen hielt. Nun, der junge Prinz hat sich brav gehalten und für seine Württemberger, die schon beim Durchmarsch durch Polen vor Hunger fast umkamen, tüchtig gesorgt. Und auch der König hat, als die ersten Hiobsposten eintrafen, sein möglichstes getan: er hat vierspännige Bauernwagen, vollbeladen mit Zwieback und mit 10 000 Paar Stiefeln, der Truppe hinterdreingeschickt, und es war nicht seine Schuld, daß die meisten Karren halbwegs stecken blieben, weil für die Gäule weit und breit kein Futter aufzutreiben war (diese Fuhren mußten die Bauern ohne Entschädigung im Frondienst ausführen).

Terror gegen die Wahrheit

Das Empörende an diesem Feldzug ist, wie die Leute daheim auf Befehl des Königs und zumeist auch trotz besserem Wissen systematisch über die Tragödie, die sich im Osten abspielte, belogen wurden. So wurden im August wegen des Sieges bei Smolensk und dann im Oktober nach der Einnahme Moskaus in Stuttgart rauschende Siegesfeiern mit hundert Kanonenschüssen und mit Dankgottesdiensten abgehalten, obgleich dem König durch Estaffetten aus dem württembergischen Hauptquartier bekannt geworden war, daß von 15 800 Ausmarschierten höchstens noch 2 000 kampffähig seien, während die meisten anderen an Entkräftung und an Seuchen jämmerlich zugrunde gegangen waren.

Als der Kronprinz im Oktober, nach einem heftigen Zusammenstoß mit Napoleon, der die württembergischen Kavalleristen als Marodeure beschimpfte, ruhrkrank in die Heimat zurückkehrte, erließ Friedrich eine strenge Ordre, derzufolge er sich schlechte, wahrheitsgemäße Lageberichte glatt verbat und die ganze Feldpost unter Zensur stellte. Offizieren und Mannschaften wurden schwerste Strafen und Kassation des Vermögens angedroht, wenn sie durch Briefe in die Heimat die Siegesstimmung störten. So gab denn am 12. November 1812 das königlich württembergische Polizeiministerium in den Stuttgarter Zeitungen bekannt, daß Seine Majestät den Theaterfriseur und Perückenmacher Schumacher, weil er sich erlaubt hatte, unschickliche Äußerungen über die neuen Kriegsereignisse zu machen, zum abschreckenden Beispiel für alle in den Tag hineinraisonierenden Schwätzer mit Festungshaft auf unbegrenzte Zeit habe belegen und auf den Hohenasperg abführen lassen.

Friedrich feiert ein Dianenfest

Wenige Tage zuvor hatte König Friedrich noch Lust und Zeit gefunden, bei Bebenhausen ein »Dianenfest« zu arrangieren, wobei 823 Stück Wildpret innerhalb von zwei Stunden, durch 350 Rüden gehetzt, unter den Klängen einer Militärkapelle über den Haufen geschossen wurden. Für das anschließende Bankett hatte der für solche Zwecke genial begabte Thouret einen Rundtempel mit doppelter Säulenreihe gebaut, auf dessen Kuppeln die Königskrone golden prangte. Der Dichter Matthison, der die hohe Ehre hatte, das Fest beschreiben zu dürfen – eine schwäbische Feder hätte sich gesträubt –, versichert uns mit begeistert lallender Zunge, daß zwei polierte Postamentöfen, geschmückt mit Vasen in echt griechischer Form, und elegante Teppiche als »wohltätige Frostableiter auf dem Fußboden« das Klima eines »glanzhellen Maitags Joniens« in die trübe deutsche Novemberluft gezaubert hätten. Es hat ihn also gottlob nicht gefroren, den königlichen Nimrod. Erfroren aber sind gleichzeitig Tausende seiner Soldaten in den Winterstürmen Rußlands, wo es keine polierten Postamentöfen und auch keine frostableitenden eleganten Teppiche gab.

Napoleon verbietet Landestrauer

Auf die Dauer war der furchtbare Schwindel nicht aufrecht zu erhalten, und als Napoleon schließlich in seinem letzten Kriegsbulletin, das in Stuttgart ausgerechnet am 24. Dezember veröffentlicht wurde, die Katastrophe mit zynischer Gelassenheit zugab, da raffte auch Friedrich sich auf und hielt dem Kaiser in nicht sehr unterwürfigem Tone vor, daß von seinen 16000 Mann nur 134 übrig geblieben seien, die allerdings sämtliche württembergischen Regimentsfahnen, um den Leib gewickelt, zurückgebracht hatten. Und nun zeigte Napoleon dem kleinen Alliierten seine wahre Größe und sein wahres Gesicht. Nachdem er den württembergischen Gesandten in Paris in einer Audienz öffentlich angeschnauzt hatte, weil in Württemberg infolge Landestrauer alle Festlichkeiten abgesagt worden seien, schrieb er wütend an Friedrich: »Ich verlange von Eurer Majestät, Ihren Untertanen die Gefühle der Freundschaft gegen das französische Volk einzupflanzen!« Friedrich erwiderte würdig: »Wer uns wegen der Landestrauer zu tadeln wagt, legt öffentlich das Geständnis der Gefühllosigkeit und Unmenschlichkeit ab.« Trotzdem blieb dem Gedemütigten und vor seinem Volk blamierten König nichts anderes übrig, als sogleich auf Befehl Napoleons ein neues Auxiliarkorps von 12000 Mann aufzustellen, diesmal gegen Preußen. Noch war es nicht so weit, daß der König die unverhüllte Drohung des Korsen, im Weigerungsfalle werde er ihn anderntags vom Thron jagen, in den Wind schlagen durfte.

Die Soldaten sind gescheiter als ihr König

König Friedrich hat – man muß ihm dieses Zeugnis leider ausstellen – von allen Rheinbundfürsten im Verhältnis zur Größe seines Gebiets für Napoleons Weltherrschaftspläne die größten Opfer gebracht und auch am längsten an seiner Seite ausgeharrt. Erst am 6. November, also drei Wochen nach der Völkerschlacht, während deren seine Truppen entgegen dem königlichen Befehl zu den Preußen übergegangen waren, erließ er endlich an das württembergische Volk das Manifest, worin er alle aus den Rheinbund-Akten entstandenen Verpflichtungen als erledigt betrachtet und den »Abschluß eines Allianztraktats mit sämtlichen kaiserlichen und königlichen Höfen zwecks Gewinnung eines allgemeinen, dauerhaften, der Willkür keines einzelnen Staates ausgesetzten Friedens«, bekanntgab.

Als im Dezember 1813 russische Truppen auf dem Marsch gegen Paris durch Stuttgart zogen, bewirtete der König persönlich die Reitergarde in den Anlagen. Am 7. April 1814 verkündete wieder ein Herold unter Trompetengeschmetter den Einmarsch der siegreichen Verbündeten in Paris, und am 11. Juli jubelte ganz Stuttgart, und zwar diesmal aus ehrlichem Herzen, dem Kronprinzen Wilhelm zu, der sich im Frankreichfeldzug an der Spitze der württembergischen Truppen ausgezeichnet hatte. Der König empfand diese Ovationen für seinen Sohn, den er nach wie vor mit wildem

Vatergrimm haßte, als Demonstration gegen sich selbst. Den Höhepunkt seiner königlichen Karriere und zugleich seiner Zickzackpolitik erlebte er im Juli 1815, als die Kaiser von Rußland und von Österreich ihn in seinem Stuttgarter Schloß besuchten, und zwar am gleichen Tag, da der aus Elba zurückgekehrte Napoleon den Franzosen auf dem Pariser Marsfeld eine liberale Verfassung verkünden ließ. So mag die Stimmung der drei Monarchen nicht besonders prächtig gewesen sein. Immerhin gabs einen prunkvollen Opernabend und einen Hofball im Stuttgarter Marstallgebäude und Illumination der Alleen in den Anlagen.

Achtspännig vor dem Landschaftsgebäude

Seinen Stuttgarter Untertanen imponierte es freilich herzlich wenig, als ihr König sich jetzt plötzlich so theatralisch in der Freundschaft zweier Kaiser sonnte, gegen die er noch kurz zuvor seine Landeskinder hatte marschieren lassen. Die Württemberger wollten endlich wissen, wie sie mit diesem Mann dran waren, denn ein Leben ohne Verfassung und unter Polizeispitzeln war, wie sie schmerzlich erfahren hatten, unerträglich. Endlich, im März 1815, hatte Friedrich wieder einen Landtag einberufen, dem er einen von ihm ausgearbeiteten Verfassungsentwurf vorlegte. Ein Augenzeuge schildert den Vorgang: »Als der König mit seinem Gefolge mit wahrhaft königlichem Gepränge achtspännig vor dem Landschaftsgebäude vorfuhr, empfing ihn die Menge ›mit hörbarer Stille‹. Hätte jemand vivat gerufen, so hätten ihm junge Leute, die drohend überall herumstanden, ganz gewiß sogleich die Zähne eingehauen. Als aber nach kurzer Zeit die Deputierten, die den königlichen Entwurf abgelehnt hatten, weil ihnen nicht einmal eine Debatte darüber verstattet worden war, bleich und ernst das Haus verließen, wurde frenetisch vivat geschieen.« Als bald danach ein Führer der Opposition, der Graf Waldeck von Gaildorf, nach Rückkehr von einer Reise zum Freiherrn von Stein in Stuttgart verhaftet wurde, benahm sich das Volk so bedrohlich, daß der forsche König Angst bekam und den Mann nach 24 Stunden wieder freiließ.

Wer waren jene jungen Leute, die bei jenem Zusammentritt der Stände dafür sorgten, daß niemand dem König ein freundliches Wort zurief? Wer hatte ihnen die Parole gegeben? Wo schlug das Herz jener Opposition, die den »Großen König von Schwaben« auf seinem von Napoleon gestifteten Thronsessel nachgerade nervös machte?

Die Schattenbrüder

In einer von Stuttgarts ältesten, engsten und dunkelsten Gassen, dem Bandgäßchen, das zwischen den Geschäftshäusern von Haufler und Tritschler am Markt nach rechts gewinkelt zur alten Grabenstraße führt, war seit 1795 die Weinwirtschaft »Zum Schatten«, des Traiteurs Rudolph. Hier trafen sich zweimal wöchentlich, am Montag und Freitag, die »Schattenbrüder«, Advokaten, Beamte und auch Abgeordnete am runden »Zwölfertisch«, lauter gute Schwaben aus alten ehrbaren Familien, die es ihrem König nicht verzeihen konnten, daß er die Landesverfassung, dieses »Glück der Württemberger«, von dem sie behaupteten, daß es auch das Wohl der Regentenfamilie »glorreichen Andenkens« begründet habe, am Vorabend seiner Standeserhöhung durch einen kalten Staatsstreich aufgehoben hatte. An diesem Stammtisch, zunächst als Jüngster nur geduldet, war seit Dezember 1812 auch der Tübinger Ludwig Uhland ein häufig einkehrender Gast. Er hatte ein untergeordnetes, unbezahltes Pöstchen als provisorischer zweiter Sekretär im Justizministerium inne. Seine Bitte, nach sechzehnmonatigem Volontärdienst endlich fest angestellt zu werden, schlug König Friedrich persönlich ab, angeblich weil die Staatskasse dadurch überbürdet würde, in Wahrheit aber, weil der junge Mann, von dessen Verkehr im oppositionellen Schattenkränzchen der durch seine Spitzel stets gut informierte Friedrich zweifellos Wind bekommen hatte, ihm ganz und gar nicht paßte. So schied Uhland schließlich aus dem Ämtchen, dessen Chef, der aus Hannover stammende Freiherr von Lühe, einen so unbyzantischen Akzessisten sowieso nicht leiden konnte, und ließ sich als Advokat in Stuttgart nieder.

Für die Schattenbrüder, zu denen sein Schwager, Ministerialsekretär Roser, der Prokurator Schott und offenbar auch der Bürgermeister Klüpfel, der Abgeordnete der Stadt im Landtag, gehörten, schrieb Uhland, nunmehr ein freier Mann, in den nächsten Jahren seine »Vaterländischen Gedichte«, in denen er so unentwegt und tapfer für das alte gute Recht eintrat. Es gehörte Mut dazu, unter der Diktatur eines Friedrich die aufreizendsten dieser Gedichte als anonyme Flugschrift zu verbreiten, denn hier wird mit unnachahmlicher Biederkeit an die heiligsten Gefühle der Altwürttemberger appelliert und zugleich den »hereingeschmeckten« Ministern des Königs, vor allem dem aus Thüringen hierher geflüchteten Freiherrn von Wangenheim, liebevoll klar gemacht, daß sie, die hier ein Gastrecht genossen, »der Väter fromme Sitte, des Hauses heilig Recht« ungeschwächt zu lassen

hätten: »Ihr meint es löblich, doch Ihr habt für *unser* Volk kein Herz.« Und als zuerst im »Schatten« und dann bei den Ausflügen der Freunde auf dem Kahlenberg, nach Berg, Cannstatt (Sailer), Gaisburg (Schlößchen), Degerloch, Obertürkheim (Insel), Sillenbuch und Hohenheim das Lied gesungen wurde, worin es heißt:

»Wo je bei altem, gutem Wein
Der Württemberger zecht,
Da soll der erste Trinkspruch sein:
Das alte, gute Recht!«

da stimmten bald auch noch viele andere in den Chor ein. Das Rauchen in der Öffentlichkeit hatte Friedrich verboten, das Singen konnte er nicht verbieten und auch nicht die Trinksprüche mit Gedichten, worin von des

Volkes Würde die Rede ist und von der Freiheit, die für den Geist so unentbehrlich ist wie für den Leib das tägliche Brot.

Adresse an den König

Als der Landtag im Herbst 1815 wiederum wegen der Verfassungsfrage einberufen wurde, übergab eine Abordnung der Bürgerschaft feierlich den Ständen eine mit 572 Unterschriften versehene Adresse an den König, worin »Höchstdemselben untertänigst« erklärt wurde, daß die Württemberger es sich verbitten, von ihren alten Rechten und Freiheiten nur einige wenige, und diese nur auf dem Gnadenwege, zurückgestellt zu bekommen: »Wir vermögen den traurigen Gedanken nicht zu fassen, uns und unseren Mitbürgern, die wir nichts verbrochen, vielmehr uns bis jetzt durch Gehorsam und Treue gegen Eure Majestät vor ganz Deutschland ausgezeichnet haben, nach Anstrengung unserer äußersten Kräfte, nach Hingabe von Gut und Blut, auch fernerhin unsere altheiligen Rechte und Freiheiten und die dieselben versichernde alte Verfassung entzogen zu sehen. In tiefster Ehrfurcht verharrend ... «
Verfasser war der junge Advokat Uhland, und die Abgeordneten der Bürgerschaft, die das Schreiben überreichten, waren vorwiegend die »Schattenbrüder«, die nicht nur Roastbeef aßen und »Niddle« tranken, wie es im Gedicht zum Geburtstag des Schattenwirts heißt. Der König tat, was von ihm zu erwarten war. Denjenigen Unterzeichnern, die bisher für den Hof arbeiteten, wurde die Arbeit gekündigt, gegen andere bei der Stadtdirektion eine Untersuchung eingeleitet. Als die Ständeversammlung dann an Seine Majestät die devote Bitte um Aufhebung und Ahndung des inquisitorischen Verfahrens richtete, erteilte Allerhöchstderselbe durch seinen Minister des Innern den Landständen »eine harte Rüge«, wie man Schulbuben abkanzelt.

Plötzlicher Tod

Das war wenige Tage vor des Königs Tod. Er hatte wieder einmal durch Hunderte von fronenden Bauern eine seiner beliebten Jagden, nämlich ein Massenabschlachten von gehetzten Tieren, vorbereiten lassen, dann frischausgegrabene Mammutknochen bei Cannstatt besichtigt, sich dabei erkältet und war in der Nacht plötzlich gestorben, worauf die fronenden Bauern glücklich heimwärts ziehen durften. Geweint hat um diesen König kein Württemberger, am wenigsten sein eigener Sohn, der jetzt als Wilhelm I., aufatmend begrüßt wie kein Thronfolger zuvor, ins Schloß einzog. Aber, haben die Stuttgarter diesen ihren ersten König mit gutem Grund auch nicht sonderlich geliebt, so sind sie ihm doch dankbar dafür geblieben, daß er, der so ungeheuer viel auf äußere Repräsentation hielt, ihre Stadt mit Einsatz aller seiner diktatorischen Machtmittel zu einer wahrhaft königlichen Residenz zu erheben, sich unablässig bemüht hat. Was unter seiner Regierung gebaut, geplant und gestaltet wurde, und zwar bis zum letzten Privathaus, ist dieses Königs ganz persönliches Werk. »Embellissement des Prospects«, war das Schlagwort für den 1806 aufgestellten Residenzbauplan. Er betraf vor allem das Neue Schloß und dessen nähere und weitere Umgebung. Zunächst galt es, das Schloß selbst, dessen Gartenflügel ja ausgebrannt war, auszubauen und nach dem neuen aus Paris bezogenen Geschmack einzurichten. Statt des verspielten graziösen Barocks waren jetzt antikische, angeblich altrömische Formen, »Empire« genannt, die große Mode, streng, feierlich, gradlinig. Wie das Schloß sich vor der Katastrophe vor 1944 innen präsentierte, das war König Friedrichs und seines Hofbaumeisters Thouret Werk.

Der Schloßplatz

Merkwürdigerweise haben die beiden mit dem Platz vor dem Schloß nichts Rechtes anzufangen gewußt. Noch dehnte sich hier halbkreisförmig, von einer doppelten Kastanienallee eingefaßt, die Rasenfläche, die Herzog Karl schon 1782 zum Besuch des russischen Großfürsten hatte anlegen lassen: eine phantasielose Verlegenheitslösung, die nur den Vorteil hatte, daß hier Paraden abgehalten und Rekruten gedrillt werden konnten. Das einzige, was Friedrich für den Schloßplatz geleistet hat, war die Versetzung der Pyramide, die er 1796 als Dank für die Genesung seines Vaters auf dem Karlsplatz errichtet hatte, in dieses Halbrondell; der 10 Meter hohe marmorne Obelisk, der mit Reliefs von Scheffauer geschmückt war, kann nur als putziges Ausrufezeichen vor dem weitgedehnten Ehrenhof des Schlosses gewirkt haben. Die später hierher gesetzte Jubiläumssäule, die aus zehn Granitblöcken zusammengesetzt ist, mißt genau dreimal so hoch. Gegenüber dem Schloß standen noch immer die alte, von Beer und Schickhardt erbaute Leibkorps-Kaserne, die einst als herrschaftliches »Viehhaus« gedient hatte, und das langgestreckte Jägerhaus, in dem der Jägermeister mit der herzoglichen Hundemeute – es sollen zeitweilig mehrere Tausend gewesen sein – seinen Sitz hatte. Unter König Friedrich waren hier die

Ministerien für Krieg und Auswärtiges untergebracht. Anstelle des späteren Königsbaus erhob sich noch die alte herzogliche Kelter, die lange als Futterhaus, dann als Reitschule gedient hatte, und nach dem Brand des Komödienhauses 1803 durch Thouret als Redoutensaal und Schauspielhaus von Grund auf erneuert worden war; Lessings »Nathan« war die Eröffnungsvorstellung.

Sonst stand am Schloßplatz, unmittelbar neben dem Gartenflügel des Schlosses, als einziger repräsentativer Bau nur noch das schon zweimal innen und außen umgebaute ehemalige Lusthaus, in dem die großen Opernvorführungen stattfanden. Thouret bekam 1811 den Auftrag, auch dieses Haus im klassizistischen Stil umzubauen, und zwar in dem bei Friedrich stets beliebten Eiltempo innerhalb eines Vierteljahres. Thouret tat unter der Hetzpeitsche, was er tun konnte. Daß bei dieser klassizistischen Vergewaltigung eines barockisierten Renaissancebaus nicht viel mehr als ein der neuen königlichen Würde wenig entsprechendes Pfuschwerk herauskommen konnte, versteht sich von selbst.

Thouret hat das auch eingesehen. Als er 1818 von Friedrichs Nachfolger aufgefordert wurde, einen neuen »Generalbauplan über die Verschönerung und Vergrößerung der Residenz Stuttgart« auszuarbeiten, schlug er vor, das Lusthaus als »das einzige bedeutende Denkmal wirklich vaterländischer Baukunst« zu »entmanteln« und zu restaurieren, also die von ihm selbst teilweise besorgte Verschandelung wieder rückgängig zu machen und den Bau künftig als Orangerie zu verwenden. Macht man sich klar, wie radikal und pietätlos nicht nur die Außenansicht, sondern die Innenräume umgestaltet waren, so weiß man, daß diese Reue viel zu spät kam. Da war nichts mehr zu retten, sondern nur noch mehr zu verpfuschen, was dann auch prompt in den vierziger Jahren durch die Hofbaumeister Gabriel und Gaab geschah.

Wozu dieser Thouret fähig gewesen wäre, hätte er einen Bauherrn von der Großzügigkeit eines Eberhard Ludwig oder Karl über sich gehabt, zeigt ein viel später durch ihn ausgearbeiteter Entwurf für ein großes Opernhaus, das auf dem Platz jenes Redoutensaals, also des späteren Königsbaus, erstellt werden sollte. Man kennt davon (aus Faerbers Thouret-Werk) nur das inzwischen zerstörte Modell: nach dem Schloßplatz zu eine gerundete, über Treppen erhöhte Fassade mit einem kleineren zurückgerückten, konzentrischen Halbrundstock darüber, gekrönt mit einem flachen Giebel. Das wäre vielleicht Deutschlands innen wie außen schönstes Operntheater geworden. Aber es hat leider nicht sollen sein.

Ein dilettantischer Bauherr

Man sieht schon aus diesem königlichen Versagen vor dem Problem der Schloßplatzgestaltung, daß Friedrich im Gegensatz zu seinen Vorgängern kein Talent zum Bauen im großen Stil hatte. Er besaß ganz einfach nicht die Geduld, einen Bau Stein auf Stein ausführen zu lassen. Er war außerdem trotz seiner Prachtliebe seinen Architekten und Bauhandwerkern gegenüber geradezu knickerig, leitete bei jeder Kostenüberschreitung peinliche Untersuchungen ein und hatte, obgleich sein Geschmack so völlig gewandelt war, nicht den Mut, etwas niederzureißen, um etwas Zeitgemäßeres, etwas Königliches an die Stelle zu setzen. Er hat, was seine Vorfahren ihm hinterlassen haben, umgebaut, ausgebaut und dekorativ modernisiert, aber nichts wesentlich Neues gebaut. Typisch war die von ihm veranlaßte Verlegung des »langen Stalls« und der Hofkirche (Eberhardskirche) von der Solitude nach Stuttgart, wodurch auf möglichst billige Weise die rechte Seite der neuangelegten Ludwigsburger Chaussee, der jetzigen unteren Königstraße, ein repräsentatives Aussehen gewann. Der auf seinen Befehl gegenüber dem Marstall durch Thouret (1810) erstellte Gardeoffizierspavillon oder das schon 1806 in der Neckarstraße auf dem Platz der späteren Landesbibliothek errichtete Invalidenhaus waren für einen königlichen Bauherrn doch gar zu schlichte Zweckbauten. Dazu paßt es auch, daß die Absteigequartiere, die er für seine persönliche Bequemlichkeit erbaute, die »Retraite« und das »Königsbad« an der Straße nach Cannstatt und das Landhaus Bellevue am Fuß des Kahlenbergs, das er allerdings nicht selbst gebaut, sondern in fertigem Zustand gekauft hatte, durchaus bürgerliche Landsitze waren, nett, gemütlich und völlig unrepräsentativ. In diesem König, der nach außen gern so bombastisch auftrat, steckte ein kleiner Spießer, der durch starke Gebärden seine innere Schwäche verbarg.

Die königlichen Anlagen

Es ist bezeichnend, daß das größte Geschenk, das Friedrich seiner Residenz machte, nicht gebaut, sondern gepflanzt wurde. Es sind die sogenannten königlichen Anlagen, die vom Gartenflügel des Schlosses mit einer schnurgeraden, auf den Turm der Cannstatter Stadtkirche ausgerichteten Lindenallee sich bis zum Neckar erstreckten. Beeinflußt war der König dabei zweifellos von seiner Frau, der englischen Königstochter Charlotte Mathilde, die auch in ihrer neuen Heimat sich einen Park im englischen Stil wünschte. Der oberste Abschnitt, der sich unmittelbar an den Gartenflügel anschloß, war der ehemalige Lustgarten, der längst verwildert war. Er war seit je herrschaftlicher Besitz. Das ganze übrige Gelände, Kartoffeläcker und sumpfige Wiesen, insgesamt nicht weniger als 470 Morgen, kaufte der König, allerdings nicht zu dem Preis, den die Eigentümer, vorwiegend Cannstatter Bauern, verlangten, sondern im vereinfachten und billigen Verfahren der Enteignung. Es erscheint unglaublich, wenn man liest, daß die oberen Anlagen mit dem zunächst noch viel größeren See (dem heutigen Großen Haus des Staatstheaters gegenüber) bis zur Retraitestraße in eindreiviertel Jahren fertiggestellt wurden. Am 10. Januar 1807 war der von Thouret ausgearbeitete Plan genehmigt worden, und am 6. Oktober 1808 erschien in der »Schwäbischen Chronik« die amtliche Bekanntmachung, »daß Seine Majestät der König dem Publikum die Befugnis gnädigst eingeräumt haben, die Anlagen hinter dem Schloß zu Promenaden zu Fuß und im Wagen und zu Pferd zu benützen«.

Infanteristen und Gallioten an der Arbeit

Es mutet höchst modern an, wenn man den Akten entnimmt, wie der nicht nur dicke, sondern auch ungeheuer energische Friedrich das rasche Wunder bewirkt hat, aus dem versumpften Wiesental eine schattige Parklandschaft hervorzuzaubern. Für den Abhub der Erdmassen wurden 40 vierspännige Fuhrwerke im Frondienst eingesetzt. Da die zunächst vorgesehenen 50 Gärtnergehilfen und Taglöhner nicht rasch genug vorwärtskamen, verfügte der König, daß die, bisher in Ludwigsburg und Monrepos beschäftigten 200 Gallioten (Festungsgefangene) und außerdem vier bis sechs Kompagnien Infanterie zu den Arbeiten herangezogen wurden. Gekauft werden durfte nichts, vielmehr mußten die erforderlichen Bäume und Sträucher den Parks von Hohenheim und Ludwigsburg und der Solitude entnommen werden; es handelte sich immerhin beim ersten Abschnitt um 952 Linden, 1 008 Kastanien und 45 000 jüngere Setzhölzer (Ahorn, Maßholder, Erlen, Eschen, Ulmen).

Schatten auf Kommando

Da der König den größten Wert darauf legte, daß die Alleen und das Rondell sogleich Schatten spendeten, mußten vorwiegend alte Bäume eingepflanzt werden, für deren Transport, zumal auf dem sumpfigen Gelände,

die normalen Fahrzeuge nicht taugten. So wurden besondere Blockwagen und auf Rollen bewegliche Röste konstruiert, die auch stattliche Exemplare mit ihrem Wurzelwerk zu tragen vermochten. Schon nach wenigen Jahren zeigte sich freilich, daß so alte Stämme sich auch auf Befehl eines Königs nicht vergewaltigen lassen. Viele kümmerten und wurden dann durch Tulpenbäume ersetzt, die man dem Schloßpark von Freudenthal entnahm. Es muß damals auf unseren Landstraßen wunderlich ausgeschaut haben, als ganze Wälder zu wandern begannen. Der Mann, der dabei das Kommando führte, war der Oberhofgärtner Höllwarth. Ähnliches Pech wie mit den zu alten Bäumen hatte man auch mit den aus Monrepos in den Anlagensee versetzten Schwänen, die partout zum Ärger des Königs keine Jungen kriegen wollten. Auch für die Vögel sorgte Friedrich: damit sie sich in dem neuen Paradies wohlfühlten, mußte die Stadt Leonberg große Mengen von Ameiseneiern zur Fütterung liefern.

Nymphen und Liebesgöttinnen

Auch für plastischen Schmuck hatte schon König Friedrich gesorgt: er ließ die Gruppe der zwei Nymphen von Dannecker, dem er 1808 einen Baugrund am Schloßplatz (beim Olgabau) für ein Wohn-und Ateliergebäude geschenkt hatte, durch den Dannecker-Schüler Distelbarth in Stuttgarter Keupersandstein ausführen und an dem vom See bis zum Schloß reichenden Kanalarm aufstellen. Die Marmorkopie, die später an ihre Stelle trat, wurde 1944 durch Bomben zerstört; das jetzt in Tübingen stehende Original blieb erhalten. Unter König Wilhelm I., dem vor allem die Ausgestaltung der unteren Anlagen zu verdanken ist, hat dann der Hofbildhauer Johannes Ludwig Hofer seine berühmten beiden Rossebändiger und die Hylas-Gruppe nebst 22 Venus-Statuen geschaffen, deren Aufstellung in den fünfziger Jahren bei vielen prüden Stuttgartern und im ganzen Land einen Sturm sittlicher Entrüstung auslöste, so daß der darob vergrämte Wilhelm, der damals schon hoch in den Siebzigern war, die ihm so wohlgefälligen nackten Göttinnen im Schloß magazinieren ließ. Als sein Sohn Karl sie dann wieder aufstellen ließ, ging der Kampf gegen diese angeblich Ärgernis erregenden Nuditäten von neuem los. Aber Karl gab nicht nach und stellte den Entrüsteten anheim, anderswo spazieren zu gehen. Schließlich gewöhnten sich auch die Stuttgarter an diese marmornen Schönheiten, die ein Stück (mißverstandenes) Griechenland unter ihren Himmel zaubern sollten. Gegen die künstlerische Fragwürdigkeit dieser Massenproduktion an Akten hat niemand protestiert. Am besten entsprach dem Stuttgarter Geschmack die 1881 durch König Karl gestiftete Gruppe mit Eberhard im Bart, der dabei kühnlich sein Haupt in den Schoß eines Hirten legt. Das Denkmal hat 35 000 Goldmark gekostet; sein sonst unbekannter Schöpfer hieß Paul Müller.

Die Portiers und die Hunde

Nicht leicht hatten es die königlichen Portiers, die für Ordnung sorgen mußten. Sie sollten jedem »Tabaktrinker« die Pfeife wegnehmen, wurden aber mit 50 Stockhieben bedroht, falls sie sich Beleidigungen oder Grobheiten zuschulden kommen ließen. Am meisten Kummer machten ihnen die Hunde, denen ein strenges Königswort das Lustwandeln in den Anlagen verbot. Daran aber hielten sich mehrere Personen von Stand nicht, so namentlich der Minister der auswärtigen Angelegenheiten, der erste Kammerherr der Königin und die Gattin des französischen Gesandten. Die königliche Bau- und Gartendirektion fragte daher beim Oberhofmeisteramt an, was in solchen Fällen zu geschehen habe. »Höheren Orts« wurde entschieden, daß, »wenn alle Warnungen fruchtlos seien, die Hunde von den Portiers in Verwahrung zu nehmen und nicht eher als nach vorher gemachter Anfrage auf diesseitigen Befehl wieder zu verabfolgen seien«. Die armen Portiers! Und die armen Hunde!

Die Friedrichsstadt

Städtebaulich interessierte den König Friedrich vor allem die Gegend bei den einstigen Seewiesen, also was nördlich der unteren Königstraße lag:

die Friedrichstraße bis zum Rondell (die ehemalige Seegasse), die Schloßstraße, die auf die Marstallkuppel ausgerichtete Kronenstraße, die Fürstenstraße; auf der anderen Anlagenseite die ebenfalls tracierte Neckarstraße (alter Stöckach-Weg) und der Charlottenplatz mit der Charlottenstraße wurden nach Plänen Thourets als neue, königliche City angelegt, wobei zu berücksichtigen ist, daß die Stadt noch immer in ihrem Mauergürtel steckte und nur durch die Tore zugänglich war.
Im Gegensatz zu diesen, auf »Embellissement« bedachten königlichen Projekten wünschte der Magistrat der Stadt die Erschließung neuer Wohnviertel für die jetzt immer beträchtlicher anwachsende Zahl seiner Bürger: von 18212 im Jahre 1797 war die Einwohnerzahl bis 1814 auf fast 28 000 gestiegen, worin Militär- und Staatsbedienstete ebenso stark vertreten waren wie Handel und Gewerbe. Man dachte bei der städtischen Erweiterung besonders an die Gegend jenseits des Kleinen Grabens im Verlauf der heutigen Tübinger Straße. Aber davon wollte König Friedrich nichts wissen. Was an Bauhandwerkern zur Verfügung stand, war durch ihn voll beschäftigt. Bestenfalls gestattete er, daß die alten niederen Häuser aufgestockt würden, damit sie »residenzlicher« sich darböten.

Thronwechsel

Mit den besten Absichten und im schönsten Gefühl, daß die herzlichsten Sympathien aller guten Württemberger ihm gehörten, übernahm Wilhelm I. am 30. Oktober 1816 die Regierung. Man erwartete viel von ihm, von dem jedermann schon seit Jahren wußte, daß er in schärfster Opposition gegen seinen Vater gestanden hatte. Er enttäuschte zunächst die großen Hoffnungen nicht. War jener brutal gewesen, leidenschaftlich und jähzornig, so war er menschlich, besonnen, nüchtern. Jener hatte für seine Person bombastischen Prunk und feierliches Zeremoniell geliebt und von seinem Land gern in der Mehrzahl als von seinen Staaten gesprochen; sein Sohn Wilhelm zog sich am liebsten mit seiner Katharina in das bescheidene Landhaus Bellevue am Neckar zurück und ging in unauffälligem Zivilanzug als Bürger unter Bürgern spazieren, ohne zu erwarten oder zu verlangen, daß man vor ihm Front mache. Er hatte eine Passion für edelrassige Pferde und gar kein Verständnis für die Jagd, wie sie sein Papa, dieser weidungerechteste aller Jäger, in skandalösem Stil betrieben hatte. Friedrich hatte die Finanzen des Landes durch korrupte Kreaturen, die auch ihn selbst schamlos betrogen, zerrütten lassen; Wilhelm war ordnungs-

liebend, streng, korrekt und verlangte auch von seinen Ministern tadellose Sauberkeit. Es war schon ein radikaler Klimawechsel in der Residenz, in der es jetzt plötzlich stiller, gediegener und gemütlicher zuging.
Zunächst ging es allerdings auch arg hungrig zu. Friedrichs Sterbejahr war ein Jahr katastrophalen Mißwachses gewesen. Die Preise für Brot, Butter, Kartoffeln und Fleisch kletterten innerhalb weniger Wochen auf doppelte und dreifache Höhe, ein Laib Brot kostete 52 Kreuzer (1½ Goldmark), das Pfund Butter ebensoviel, ein Simri Kartoffeln 2 Gulden. Da war es ein Segen für Stuttgart und das ganze Land, daß die junge Königin, Zarentochter und Zarenschwester, aber aus schwäbischem Blut, nicht nur reich war, sondern auch ein Herz für die Notleidenden hatte. Sie organisierte die Armenfürsorge in großem Stil, gründete Lokalwohltätigkeitsvereine, die Katharinenpflege, später auch das Katharinenstift als sechsklassige Mädchenschule mit Pensionat für 24 Schülerinnen und setzte ihren Mann instand, der Stadt die wahrhaft fürstliche Summe von 160 000 Gulden für ein Krankenhaus, das Katharinenhospital, zu schenken, das dann Thouret baute.

Das Cannstatter Volksfest

Sobald die Hungersnot gelindert war, verfügte der König, daß alljährlich am Tag nach seinem Geburtstag (27. September) auf dem Wasen am Neckarufer ein Fest zu veranstalten sei, als dessen Zweck er »Ermunterung zur fortschreitenden Verbesserung der Viehzucht« bezeichnete. Verbunden mit diesem rein landwirtschaftlichen Hauptfest, das dem damals noch an erster Stelle rangierenden Bauernstand galt, sollte ein »Volksfest« stattfinden, wobei weniger an Belustigungen als an sportliche Wettkämpfe, wie Pferderennen – der König war ein passionierter Reiter und Pferdezüchter – und Fischerstechen, gedacht war. Originell war der Gedanke ja nicht: schon 1812, also sechs Jahre zuvor, war in München zur Erinnerung an die Kronprinzenhochzeit das Oktoberfest mit ganz ähnlichem Programm und für den gleichen Zeitpunkt gegründet worden, nur mit dem charakteristischen Unterschied, daß im festesfreudigen Bayern von Anfang an eine Dauer von fünfzehn Tagen, endigend mit dem ersten Sonntag im Oktober, vorgesehen wurde, während im sparsameren Württemberg ursprünglich nur an einem einzigen Tag gefestet worden ist.
Was für diesen einen Tag an Pavillons, Straßen, Tribünen schon im ersten Jahr gebaut und anderntags wieder abgetragen wurde, war immerhin

erstaunlich. Thouret, der Festarrangeur par excellence, entwarf eine riesige, fast 1000 Meter im Umfang messende Arena mit ovaler Rennbahn, die von Sitztribünen umsäumt war; fast 30 000 Menschen aus dem ganzen Land schauten sich an jenem 28. September 1818 die Pferderennen an und ließen die preisgekrönten Farren, Ochsen, Kühe, Schafe, Ziegen und Schweine an sich vorbeidefilieren. Das Königspaar selbst und die Hofleute betrachteten sich das Fest von einer hohen Säulenhalle aus, die Salucci entworfen hatte; in den zeltbedachten Seitengalerien hatten die Offiziere und Beamten und die Gesandten ausländischer Höfe ihre Plätze. Gegenüber dem Königspavillon hatte Thouret eine 15 Meter hohe, runde Festsäule errichtet, die von einem breit ausladenden Korb mit Weinlaub, einem Kranz von Ähren, mit Trauben und Baumfrüchten gekrönt war. Auf deren Postament hatten die Kampfrichter und eine Musikkapelle ihren Platz. Im Innenraum der Arena wurden der Pferde- und Rindviehmarkt, der Schafmarkt und der Krämermarkt abgehalten. Auch gab es eine Ausstellung gewerblicher Erzeugnisse, besonders landwirtschaftlicher Geräte und Maschinen.

Von Bier- oder Weinzelten, überhaupt von kulinarischen Genüssen, die sogleich die Hauptattraktion des Münchener Oktoberfestes waren, oder gar von Schaubuden ist noch lange nicht die Rede.

Wer lachen wollte, besah sich das Fischerstechen auf dem Neckar oberhalb der steinernen Brücke, wobei die Cannstatter Schiffer und Fischer, im Heck ihrer Fahrzeuge stehend, sich mit langen Stangen gegenseitig ins Wasser su schubsen versuchten. Abends gab es dann für den Hof und die Hautevolee – Bauern werden wohl kaum dabeigewesen sein – eine Galavorstellung in der Oper und anschließend daran einen nächtlichen Huldigungskorso aller Cannstatter Schiffer vor dem Landsitz Bellevue, wobei die Namen Wilhelm und Katharina illuminiert am Mast des Leitschiffs erstrahlten.

Trauer um Katharina

Das war das einzige Volksfest, an dem Katharina teilnahm. Ein Vierteljahr später, am 9. Januar 1819, starb die Dreißigjährige plötzlich an einer Gesichtsrose. Nur kurz zuvor hatten ihre Mutter, die Kaiserin Maria Feodorowna von Rußland (Schwester König Friedrichs) und ihr Bruder, der Zar Alexander von Rußland, sie in Stuttgart besucht. Uhland, der Unbestechliche, hat ihr als berufener Sprecher bestätigt, daß sie, die junge Frau, dem Volk eine wahre Mutter gewesen sei. Keine andere württembergische Fürstin, mit Ausnahme vielleicht der Franziska, ist so herzlich geliebt und als Wohltäterin verehrt worden wie Katharina, für die ihr Gatte die Kapelle auf dem Rotenberg durch Salucci erbauen ließ.

Wieder Verfassungskämpfe

Ihr früher Tod war ein Unglück für den König und für das ganze Land, besonders aber für Stuttgart. Sie hatte ihren Mann vortrefflich ergänzt, da sie das in reichem Maße besaß, was ihm völlig mangelte: Gemüt und Phantasie. Unter ihrem Einfluß hatte Wilhelm als Ratgeber in dem noch unentschiedenen Verfassungsstreit den Freiherrn von Stein nach Stuttgart eingeladen, der ihm das Zeugnis ausgestellt hat, daß er »ein Herr von Geist, von großen, edlen Ansichten sei, der das Gute ergreift und begreift«, während die Stände nach Steins Meinung »auf dem der Sophisterei wandeln und täglich in der öffentlichen Meinung sinken«. Nun, diese öffentliche Meinung der Residenzstadt hat sich recht nachdrücklich geäußert, als der König im April 1817 den Ständen einen erstaunlich liberalen Verfassungsentwurf vorlegte, den die Altrechtler unklugerweise verwarfen. Es kam im Anschluß an die Sitzung vor dem Landtagsgebäude zu einem Volksauflauf, Militär mußte aufgeboten werden, der König selbst, hoch zu Roß, soll bedroht worden sein. Den Abgeordneten Cotta, den Verleger, der für den Entwurf gestimmt hatte, verfolgte die Menge bis in seine Wohnung im neuerbauten Haus auf dem Graben (der heutigen Königstraße, Ecke Lindenstraße; statt einer Bombe wurde in den Hausgang ein Tintenkolben geschleudert, dabei aber die Haustüre verwechselt, so daß Cottas unschuldige Nachbarin den Schaden hatte.

König Wilhelm, tiefgekränkt, daß man seinen guten Willen so wenig anerkannte, regierte dann ohne Parlament und verfügte aus eigener Machtvollkommenheit, was er an Rechten und Freiheiten zu gewähren für gut befand und das war gar nicht wenig. Als er dann zwei Jahre später dem nach Ludwigsburg einberufenen neuen Landtag – der von Barth neu zu erbauende Stuttgarter Landtagssaal war noch nicht fertig – wieder einen Verfassungsentwurf vorlegte, der mit Rücksicht auf Metternich viel weniger liberal als der vorige war, stimmte die Kammer vorbehaltlos zu, denn jetzt schwebte das Damoklesschwert der Karlsbader Beschlüsse drohend über dem Haus. Am 29. September 1819 bestätigte dann ein von der Stuttgarter Bürgerschaft veranstalteter Festzug zum Schloßhof die Versöhnung zwischen Volk und König. Abends wurde im Hoftheater als Festvorstellung Uhlands »Herzog Ernst von Schwaben« mit dem zur Verfassungsfeier von ihm gedichteten Prolog zum ersten Mal gespielt, in dem es heißt:

» . . . mitten in der wildverworrenen Zeit
Ersteht ein Fürst, vom eigenen Geist bewegt,
Und reicht hochherzig seinem Volk die Hand
Zum freien Bund der Ordnung und des Rechts.
Ihr habt's gesehen, Zeugen seid ihr alle,
In ihre Tafeln grab es die Geschichte!
Heil diesem König, diesem Volke Heil!«

Friedrich List wird verhaftet

In diesem Prolog war aber auch der Vers enthalten, daß im unglückseligen Land, wo Freiheit und Gesetz darniederliegen, diejenigen, die fürs Vaterland am reinsten blühen, »gebrandmarkt werden als des Lands Verräter, sich flüchten müssen an des Fremden Herd.« Genau das geschah, trotz der schönen Verfassung schon ein Jahr danach, als der junge Reutlinger Landtagsabgeordnete Friedrich List, der kurz zuvor seine Tübinger Professur wegen Widerspruchs gegen die staatliche Zollpolitik niederzulegen gezwungen worden war, im Namen seiner Wähler eine Denkschrift verfaßte, in der er heftige Vorwürfe gegen die Bürokratie und den Mißbrauch der amtlichen Autorität erhob: »Wo man hinsieht, nichts als Räte, Beamte, Kanzleien, Amtsgehilfen, Schreiber, Registraturen, Aktenkapseln. Amtsuniformen, Wohlleben und Luxus der Angestellten bis zum Diener; auf der anderen Seite unverwertete Früchte, Stockung der Gewerbe, Fallen der Güterpreise, Klagen über Geldmangel und Abgaben, Steuerpresser, Gantungen, bittere Beschwerden über unredliche Magistrate, gewalttätige

Beamte, geheime Berichte, Mangel an Unparteilichkeit der Oberen, Jammer und Not überall ... «

Dieses Memorandum mit 40 Punkten und Vorschlägen war dem Landtag noch nicht zugegangen, da griff die Stuttgarter Polizei schon zu. Das Schriftstück wurde beschlagnahmt und gegen den Verfasser, den man nur vermuten konnte, eine strafrechtliche Untersuchung eingeleitet. Der König verfügte wider alles Verfassungsrecht die Ausstoßung Lists aus der Kammer, der er nur einen Monat angehört hatte, wegen »Verleumdung der bestehenden Staatsverwaltung und dringenden Verdachts eines begangenen Staatsverbrechens«. 15 Monate dauerte die Untersuchungshaft, während der der Reutlinger Abgeordnete tatsächlich wie ein Verbrecher behandelt wurde. Niemand wagte, für den Mann, der offenkundige Mißstände anzuprangern und Reformen vorzuschlagen für seine »heilige Pflicht« gehalten hatte, sich einzusetzen. Auch der Abgeordnete Uhland nicht, an den sich List mit der Bitte gewandt hatte, der Kammer eine »offene Protestation« mitzuteilen: »Das gegen Sie ergangene Straferkenntnis halte ich für ungerecht und ich scheue keinen Anlaß, dieses auszusprechen. Aber als Abgeordneter hab' ich kein verfassungsmäßiges Mittel in Händen, Richtersprüche zu entkräften; stände mir ein solches zu Gebot, ich würd' es hier unaufgefordert anwenden. Ich kann daher die Vertretung jener Protestation bei der Kammer nicht übernehmen.«

»Entwichener Sträfling«

Endlich, am 6. April 1812, wurde List vom Gerichtshof für schuldig erklärt und zu einer zehnmonatigen Festungshaft mit Zwangsarbeit verurteilt. Es gelang ihm vorher zu entfliehen: »Ich eilte, wie von Furien gepeitscht, an den Rhein«. Straßburg, dann die Schweiz boten dem Emigranten Zuflucht. Als er nach zweieinhalb Jahren, auf Begnadigung hoffend, in die Heimat zurückkehrte, wurde er sofort verhaftet und nur unter der Bedingung freigelassen, daß er auf sein Bürgerrecht verzichte und schleunigst mit seiner Familie auswandere. Er ging nach Amerika. Württemberg verlor mit ihm einen seiner treuesten Söhne und seinen genialsten Volkswirt. In den Akten der königlichen Regierung ist von ihm nur als »entwichenem Sträfling« die Rede. Als sich dann List, nachdem er für Deutschland Großes geleistet hatte, »verleumdet, beschimpft, verspottet und verhöhnt« aus Verzweiflung darüber, daß er nicht einmal seine Frau und seine Kinder ernähren könne, in Kufstein eine Kugel in den Kopf schoß, stiftete auch König Wilhelm, der dieses tragische Schicksal mit verschuldet hatte, für die Hinterbliebenen 2000 Gulden. Die Grabplatte auf dem Friedhof in Kufstein trägt die Inschrift: »Deutschlands Friedrich List«.

Wilhelm und die Liberalen

Ein wenig besser erging es einem anderen Stuttgarter, der gewagt hatte, über politische Dinge anders zu denken als der König: Paul Pfizer. Als dieser, ein junger, hochbegabter Gerichtsassessor, 1831 den »Briefwechsel zweier Deutschen« veröffentlichte, worin er die Vorherrschaft Preußens in einem künftigen geeinten Deutschland seherisch postulierte, wurde er seines Amtes enthoben, weil er in seinem Buch angedeutet hatte, daß die Kleinstaaten, also auch Württemberg, auf einen Teil ihrer Souveränität zu Gunsten Preußens verzichten müßten. Das aber ging dem König, der ein leidenschaftlicher Preußenhasser war, gegen den Strich. Als Pfizer dann im Landtag als Abgeordneter Tübingens eine Motion gegen die reaktionären Bundestagsbeschlüsse von 1832 einbrachte, die Uhland begründete, löste der König den Landtag auf und verweigerte beim Zusammentritt des neuen Landtags dem von der Stadt Stuttgart gewählten Tübinger Professor Uhland den Urlaub zur Ausübung des Mandats. Uhland bat um Entlassung aus dem Staatsdienst; der König gewährte sie ihm »sehr gerne«. Die Stadt Stuttgart aber schenkte ihrem Abgeordneten, der seinen Wählern zuliebe auf die Professur verzichtet hatte, einen schweren silbernen Pokal, den der Goldschmied Sick nach einem Entwurf des Hofmalers Joachim von Schnizer gefertigt hatte.
Dieser Hofmaler von Schnizer, ein gebürtiger Weingartener, der auf vielen Schlachtenbildern auftragsgemäß den König Wilhelm als Kriegshelden verherrlicht hatte, gehörte als Abgeordneter von Biberach ebenfalls jenem »vergeblichen Landtag« an. Als er sich der liberalen Opposition anschloß, wurde er höchst ungnädig aus dem Hofdienst entlassen und ihm das Atelier im Akademiegebäude gesperrt.

Das treue und biedere Volk

Dieser, mit seiner konstitutionellen Gesinnung so gern prahlende König hatte eben seine besondere Auffassung von den Pflichten und Rechten eines Abgeordneten. So nimmt es auch nicht wunder, daß er Wahlversammlungen 1831 und 1832 kurzerhand verbot und auf die Pressefreiheit pfiff. Als er zu seiner Überraschung merkte, daß die Juli-Revolution in Württemberg keine republikanischen Stimmungen auslöste, die Bürgerschaft Stuttgarts vielmehr durch einen der damals beliebten Fackelzüge ihre monarchische Gesinnung bekundete, dankte er überaus leutselig seinem »treuen und biederen Volk«.

Als sich bald danach das Volk, oder vielmehr seine Vertretung im Landtag, nicht mehr so treu und bieder benahm wie sein König das verlangte, griff auch Wilhelm wie seine Vorgänger zu dem Erziehungsmittel, von dem er wußte, daß es den Stuttgartern den größten Schrecken einjagte: er drohte mit der Verlegung der Residenz nach Ludwigsburg. Das war zwar nicht eben vornehm und außerdem ein königlicher Wortbruch, aber die Bürgerschaft parierte prompt. Eine Deputation des Stadtrats überbrachte »Allerhöchstdemselben« eine von Tausenden von Bürgern unterzeichnete Adresse, worin die alleruntertänigste Bitte ausgesprochen war, die Residenz hier zu lassen. Der König machte die Gewährung davon abhängig, daß die seit einiger Zeit bemerkten Versuche, Uneinigkeit und Unruhe unter die Bürgerschaft zu verbreiten, aufhören. Wenn es im allgemeinen schon den Pflichten eines soliden Bürgers nicht entsprechen würde, politische Aufregung zu erwecken, so dürfte es, besonders bei einer Residenz, am wenigsten stattfinden. Ruhe und Ordnung werden daher allen Stuttgarter Bürgern aufs eindringlichste empfohlen. So zu lesen in einer öffentlichen Bekanntmachung des Gemeinderats vom 4. Februar 1834.

Als ruhige und gutgesinnte Bürger huldigten die Stuttgarter, und mit ihnen Abordnungen aus dem ganzen Land, dem König zu seinem 25. Regierungsjubiläum durch einen Festzug am 30. Oktober 1841: 10 000 Männer und Frauen aller Stände und Berufe, Bauern in ihren alten Trachten, Handwerker mit ihren Zunftzeichen und die Honoratioren in ihren Bratenröcken und Zylindern defilierten im Ehrenhof des Schlosses stundenlang am König vorbei; Magistrat und Bürgerausschuß führten auf einem Wagen, auf dem sich eine Quadriga mit goldenem Altar befand, das Gemeindeverfassungsedikt im Zuge mit, der Landtag die Urschrift der Verfassung auf einem rotsamtenen, goldverzierten Kissen unter einem Baldachin. Mitten auf dem Schloßplatz war eine 25 Meter hohe Holzsäule errichtet, auf deren Sockel vier überlebensgroße Siegesgöttinnen standen und deren Spitze durch eine Concordia gekrönt war. Nach dem Zug durchritt der König unter Hochrufen die Straßen der Stadt ganz allein.

Die Jubiläumssäule

Diese Säule an diesem Platz gefiel allgemein so gut, daß die Kammer sich entschloß, sie massiv ausführen zu lassen. Erst dachte man an eine der damals beliebten Eisenkonstruktionen, dann gottlob an eine Ausführung in Granit. Statt der Concordia sollte der König selbst mit segnend ausgestrecktem Arm dort oben verewigt werden. Theodor Wagner, Dannecker-Schüler und Danneckers Nachfolger in der Kunstschule, fertigte ein 15 Fuß hohes Gipsmodell, das auch dem König wohlgefiel. Als aber dann das Achtundvierzigerjahr kam, hatte der Landtag keine Lust mehr, den segnenden König, in Erz gegossen, so hoch zu stellen, und der König selbst, der ebenfalls Zweifel hatte, ob er künftig noch in dieser segnenden Pose sich gefallen werde, erklärte schließlich, daß er zu Lebzeiten nicht verewigt zu werden wünsche. So blieb die Säule, die 1864 eingeweiht wurde, ohne Figurenkrönung, und der Gipskönig, der bereits bezahlt war, blieb in Wagners Atelier in der Neckarstraße stehen, wofür der Künstler jahrelang vom Landtag 50 Gulden jährlich für die Aufbewahrung erhielt. Später kam das Modell dann in das Gipsfigurenkabinett der Staatlichen Kunstsammlung, wo es sich heute noch befindet.
Im Jahre 1863 endlich entschloß sich der Landtag, mit Einverständnis des nunmehr zweiundachtzigjährigen Königs, durch Hofbildhauer Hofer eine Concordia für die Säule fertigen zu lassen, wofür eine Rauch'sche Siegesgöttin als Vorbild diente. Bis jetzt ist es noch niemandem aufgefallen, daß diese 15 Meter hohe Concordia so hoch da droben eine Viktoria ist. Der König selbst aber kam bei seiner Ehrensäule auch nicht zu kurz: auf drei Schlachtenreliefs, die ebenfalls Wagner fertigte, sieht man ihn als siegreichen Heerführer in den Kämpfen von 1814, und auf dem 4. Relief ist die Huldigung von 1841 festgehalten.

Schwäbische Sparsamkeit

Wie spartanisch karg und einfach in der Biedermeierzeit auch die Stuttgarter Honoratiorenfamilien lebten, hat uns der Staatsrechtler Robert von Mohl, der älteste der vier berühmten Brüder Mohl, in seinen »Lebenserinnerungen« geschildert. Man besaß zwar Grund und Boden, Gärten, Weinberge und behäbige Häuser, erlaubte sich aber keinerlei kulinarische Genüsse, trank nie einen andern Wein, als den im eigenen Wengert gewachsenen, aß auf blankem Zinn, das haltbarer war als das zerbrechliche

Porzellan, schonte das Ludwigsburger oder Meißener Service, das in der Vitrine stand, und duldete keinerlei Schmuck oder Zierat an den Wänden. Zu der Aussteuer, die eine Frau in die Ehe gebracht hatte, wurde in Jahrzehnten kein Stück hinzu erworben, der Besitz aber durch fleißiges Flicken aufs peinlichste gepflegt. So auch die Kleidung. Da sah man alte Herren tagtäglich zur selben Mittagsstunde in der Allee (dem späteren Stadtgarten) spazierengehen, stets im gleichen, braunen Bratenrock von altväterischem Schnitt, mit dem gleichen Dreispitz auf der Perücke, trotz jahrzehntelangem Tragen alles aufs reinlichste gebürstet. Reisen wurden so gut wie keine unternommen; Mohls Großmutter, eine Tochter Johann Jakob Mosers, ist ein einzigesmal in ihrem langen Leben bis zum Hohentwiel und nach Straßburg gereist und wurde darob von allen ihren Bekannten bewundert. Vom alten, sehr vermöglichen Moser selbst behauptete die Familienlegende, daß er keinem Gast, nicht einmal seinen Kindern, eine Tasse Kaffee anbieten konnte, da er nur einen einzigen silbernen Löffel besaß. Nicht durch hohe Einnahmen, sondern durch möglichsten Verzicht auf jede Ausgabe sei man im alten Württemberg zu Wohlstand gelangt.

Ein Stuttgarter Original

Ein alter Onkel der Brüder Mohl, der Oberrevisor August Autenrieth, ein schrulliger Junggeselle, Bruder des Tübinger Kanzlers, hatte es durch äußerste Bedürfnislosigkeit soweit gebracht, daß er sich ein eigenes Häuschen kaufen konnte. Es war das von Schickhardt erbaute, später von Efeu ganz überwachsene Haus Hospitalstraße 1 neben der Wirtschaft zur »Stadt Brackenheim«, wo Schickhardt selbst gewohnt hatte. Der alte Autenrieth hatte es ganz nach seinem Geschmack eingerichtet: in den Stuben hatte er eingebaute Wandbänke, unter deren Sitzen überall Vogelkäfige installiert waren. Viel Lärm und viel Gestank, stellte der spottlustige Neffe fest. Aber wenn er sich auch selbst nichts gönnte, so hatte er doch für seine Verwandten und für arme Leute eine offene Hand, schenkte seinen Neffen kostbare Taschenuhren, bezahlte, ohne darum gebeten zu sein, die Hälfte des Kaufpreises, als Robert sich ein Reitpferd leistete, und war tief gekränkt, als seine Schwester die 2000 Gulden nicht annahm, die er ihr für die Möblierung ihres neuen Heims anbot. Er sparte, um großzügig schenken zu können.

Seine fixe Idee war, ohne daß er von Malthus je etwas gehört hatte, daß die gar zu rasche Zunahme der Bevölkerung das Grundübel der Zeit und die Katastrophe der Zukunft sei; in Württemberg werde es nicht besser werden, solange man an einem Markttag zwischen Kornwestheim und Echterdingen mehr als einem halben Dutzend Menschen begegne. Als er daher testamentarisch sein Haus der Stadt Stuttgart vermachte, stellte er die Bedingung, daß darin künftig zwei Lehrerfamilien mit möglichst wenig Kindern wohnen sollten. Von den beiden Familien, die zuerst hier einquartiert wurden, hatte die eine 8, die andere 9 Kinder. Ob es tatsächlich keine kinderärmeren Lehrer 1832 in Stuttgart gab, oder ob der Magistrat die Autenriethsche Schrulle für moralisch bedenklich hielt, ist nicht mehr nachzuprüfen. Für die Stuttgarter Nachtwächter, die er, in seinem warmen Bett liegend, in den kalten, verschneiten Winternächten stets bedauert habe, setzte er 2000 Gulden aus, damit ihnen jeweils am Neujahrstag ein Paar wasserdichte Stiefel verabreicht würden. Außerdem bestimmte er, daß sein dicker, gepuderter Zopf, an dem er als letzter Stuttgarter festgehalten hatte, ihm in den Sarg gelegt würde.

Anno 48

Das Sturmjahr 48 ging in Stuttgart glimpflich vorüber. Diesmal war nicht Baden, wo es zu einer richtigen Revolution kam, das Muster- und Ordnungsländle, sondern Württemberg. Begonnen hat es schon ein Jahr zuvor mit Brotkrawallen, wobei in der Hauptstätterstraße ein Bäckerladen demoliert und in der Nähe der Heslacher Apotheke ein Schustergeselle vom Militär versehentlich erschossen wurde. Auch der König, der als berühmter Stratege selbst die Ordnungstruppen kommandierte, soll einige Male fast in Lebensgefahr geschwebt haben. Passiert ist ihm aber nichts. Bezeichnend für den sich anbahnenden Wandel der königlichen Gesinnung ist aber, daß städtische und landständische Proteste gegen die ungemütliche Schießerei vom König schweigend zur Kenntnis genommen wurden.

Ohne den starken Mann zu markieren, bewilligte er klugerweise am 1. März 1848 aus freien Stücken die Pressefreiheit, die er ehedem für einen Anreiz zu Staatsverbrechen gehalten hatte, und berief am 9. März sein berühmtes Märzministerium, dem die Führer der bisherigen liberalen Opposition, Friedrich Römer, Paul Pfizer und Duvernoy angehörten. Als dann die Wahlen zur Nationalversammlung ausgeschrieben wurden, gestattete er sogar Versammlungen und öffentliche Debatten. Er reiste persönlich im Juli nach Frankfurt, um den neuen Reichsverweser Erzherzog

Johann zu begrüßen, der ihm sympathisch war, weil er gottlob kein Preuße, sondern ein Österreicher war. Nach David Friedrich Strauß' boshafter Ansicht hat König Wilhelm, der schon früher erwartet hatte, daß man ihn zum Bundesfeldherrn ernenne, sich damals in der Hoffnung gewiegt, daß man ihm, als dem Senior der deutschen Fürsten, die deutsche Königskrone anbiete. Er hätte jedenfalls nicht, wie sein preußischer Kollege, abgelehnt. Daß von den württembergischen Abgeordneten in der Paulskirche keiner ihn vorschlug, dürfte ihn freilich nicht gewundert haben, denn das waren zumeist Professoren. Und Professoren, wie überhaupt alle Wissenschaftler und geistigen Menschen, waren für ihn verdächtige Subjekte. Hatte er doch mehrmals ernsthaft mit dem Gedanken gespielt, die Universität von Tübingen nach Stuttgart zu verlegen, nur um die Professoren und besonders auch die Studenten, genau wie seine Offiziere und Soldaten, schärfer beaufsichtigen – richtiger gesagt – mit ihnen exerzieren zu können. Als dann im Januar 1849 in Frankfurt eine Reichsverfassung beschlossen wurde, weigerte Wilhelm sich, sie auch für Württemberg in Kraft zu setzen, da die Unterschrift des Reichsverwesers fehlte. Die Stuttgarter Bürgerschaft veranstaltete daraufhin auf dem Marktplatz eine gewaltige Demonstration. Aber der König hatte sich rechtzeitig in sein Ludwigsburger Schloß zurückgezogen.

Das Rumpfparlament

Dort befand er sich auch, als am 6. Juni 1849 die 102 Frankfurter Abgeordneten der demokratischen Linken, die nach Abgang der Preußen und Österreicher von der Nationalversammlung noch übrig geblieben waren, in Stuttgart weiter zu tagen beschlossen. Der Magistrat empfing die Herren mit allen Ehren; die Bürgerwehr in ihren grauen Schlapphüten und grauen Röcken bildete Spalier, als sie im feierlichen Zug zur ersten Sitzung ins Landtagsgebäude zogen. Es schien alles ruhig und friedlich zu verlaufen. Als aber dieses »Rumpfparlament« den dem König sympathischen Reichsverweser für abgesetzt erklärte und eine neue fünfköpfige provisorische Regierung bildete, bat König Wilhelm die Herren, ihre Sitzungen außerhalb seines Landes zu verlegen. Als sie nicht sogleich parierten, ließ er seine geliebte Kavallerie ausrücken und den Zug der Abgeordneten auf dem Weg vom Landschaftsgebäude, das durch Infanterie abgesperrt war, zum Fritz'schen Reithaus in der Kasernenstraße auseinandersprengen. An der Spitze des Zugs marschierte der Präsident Löwe-Calbe zwischen den Abgeordneten Uhland und Schott. Uhland war nur aus Pflichtgefühl noch mit dabei. Er hatte gegen die Verlegung nach Stuttgart protestiert und auch die Einsetzung einer Regentschaft nicht gebilligt. Im übrigen war jene »Kavallerie-Attacke« in der Kasernenstraße harmlos. Es wurde niemand verwundet. Da wilde Gerüchte in der Stadt umliefen, erklärte Uhland öffentlich: »Die einzige Verletzung, die ich davongetragen, ist das bittere Gefühl der unziemlichen Behandlung, welche dem letzten Reste der Nationalversammlung in meinem Heimatlande widerfahren ist.«
Am 2. Juli verlegte der König seine Residenz wieder in das von unliebsamen demokratischen Parlamentariern gesäuberte Stuttgart.

Der Preußenhasser

Aber König Wilhelm war in dieser stürmischsten Periode seiner Regentschaft nicht mehr jung genug, um sich den neuen Ideen noch aufzuschließen. Er ersetzte schon im Oktober die März-Minister durch Beamte, die fügsame Werkzeuge seines Herrscherwillens waren. Wie er politisch dachte, ersieht man aus einer Thronrede zur Eröffnung der Ständekammer 1850:

»Jede Unterordnung eines Hauptstamms unter einen anderen würde der Anfang unserer inneren Auflösung und das Grab unserer nationalen Existenz sein«, worauf Preußen seinen Gesandten aus Stuttgart abberief. Noch drastischer drückte er sich gegen seine Minister aus: »Wenn es sein muß, unter Habsburg, aber nie unter Hohenzollern!« Ja, auch dieses Wort ist von ihm verbürgt: »Lieber mit Frankreich als unter Preußen!« Als daher der preußische Bundestagsgesandte von Bismarck im September 1855 auf dem Rückweg von München in Stuttgart den ihm befreundeten Minister Freiherrn von Hügel besuchte, dachte er nicht daran, dem König seine Aufwartung zu machen. Aber Wilhelm ließ ihn sogleich ins Schloß rufen, unterhielt sich stundenlang mit ihm und soll sein Einverständnis mit Preußens reaktionär-politischer Haltung kundgetan haben. Bismarck wurde mehrere Male zur Tafel gezogen und mit einer Hofequipage in die Wilhelma geführt. Der König ahnte nicht, daß er dem Mann gegenübersaß, der gerade das im Sinn trug und dann auch verwirklichte, was er selbst als »das Grab unserer nationalen Existenz« bezeichnete. Nach Bismarcks Bericht sagte ihm damals der König, den er einen gescheiten alten »Herrn« nannte, in vertraulicher Audienz am Kamin: »Wir deutschen Südstaaten können nicht gleichzeitig die Feindschaft Österreichs und Frankreichs auf uns nehmen, wir sind zu nahe unter der Ausfallpforte Straßburgs und vom Westen her okkupiert, bevor uns von Berlin Hilfe kommen kann. Das württembergische Hemd ist mir näher als der Rock des Bundes.«

Hohe Gäste

Als dem Senior der deutschen Fürsten wurde König Wilhelm noch einige Male die Ehre hoher Besuche zuteil: Im Juni 1856 kam König Friedrich Wilhelm IV. von Preußen mit seinem Ministerpräsidenten von Manteuffel, diesem Musterexemplar eines reaktionären Bürokraten, auf mehrere Tage nach Stuttgart, einige Wochen später stellte sich auch der Prinz von Preußen, der spätere Kaiser Wilhelm I., hier ein, im nächsten Jahr waren sogar zwei Kaiser und eine Königin, nämlich Alexander von Rußland und der dritte Napoleon mit der Königin von Griechenland Wilhelms Gäste beim Volksfest, und im November 1860 statteten Kaiser Franz Joseph von Österreich und der Großherzog Friedrich von Baden dem fast Achtzigjährigen ihren Besuch ab.

Selbstverwaltung der Gemeinden

Ist auch die politische Bilanz der fast fünfzigjährigen Regierung unseres ersten Wilhelm vom demokratischen Standpunkt aus nicht eben sehr erfreulich, so hatte doch die Stadt Stuttgart allen Grund, diesem König bei seinem Jubiläum dankbar zu huldigen. Ist doch unter ihm, und zwar auf Grund der von der Ständekammer abgelehnten, vom König dann von oben herab dekretierten Verfassung, das Selbstverwaltungsrecht der Gemeinden gesetzlich festgelegt worden. Noch unter König Friedrich hatte die Bürgerschaft auf dem Rathaus überhaupt nichts zu vermelden. Wer Bürgermeister wurde, bestimmte einzig und allein der König, ohne dessen Genehmigung auch kein Stellvertreter, kein Stadtschreiber und keines der zehn Ratsmitglieder ernannt werden konnte. Und diese durchweg staatlichen Beamten waren selbstverständlich an die Weisungen des Ministeriums auch bei der kleinsten Amtshandlung gebunden.
Da war es schon ein gewaltiger Fortschritt, als 1817 diesen gemeinderätlichen, durchweg auf Lebenszeit ernannten Staatsbeamten ein Bürgeraus-

schuß zur Seite gestellt wurde, dessen zwanzig Mitglieder durch die Bürgerschaft gewählt werden durften: das erste städtische Kollegium aus direkter Wahl. Das war notwendig geworden, weil die Bürger mehr und mehr die erforderlichen Gelder aufzubringen hatten, für die ehedem die Staatskasse aufgekommen war. Kontrolle aller finanziellen Maßnahmen, Bewilligung der den Stadtsäckel belastenden Ausgaben war denn auch das oberste Recht dieses Ausschusses, dessen Mitglieder auf zwei Jahre gewählt wurden, wobei jährlich die Hälfte ausschied. Wurde ein Mitglied auch noch ein zweites Mal gewählt, so galt das auf Lebenszeit.
Die Verfassung von 1819 bestimmte dann, daß auch der Gemeinderat von den Bürgern direkt zu wählen sei, und zwar bis 1848 lebenslänglich, dann auf sechs Jahre; und das Verwaltungsedikt vom 1. März 1822 krönte die Gemeindeverfassung durch das außerordentliche Zugeständnis, daß die Bürgerschaft auch ihren Stadtschultheißen selbst wählen dürfe, allerdings nicht so ganz direkt: sie mußte drei Kandidaten wählen, unter denen dann der König den ihm passendsten zum Stadtschultheißen, in der Regel mit dem vom König verliehenen Titel »Oberbürgermeister«, ernannte. Der staatliche Bezirksbeamte, der bisher den Titel »Stadtdirektor« geführt hatte, war jetzt nur noch Aufsichtsorgan.

Oberbürgermeisterwahl

Das blieb so im großen ganzen bis 1891. Erst seit diesem Jahr wird der Oberbürgermeister von der Bürgerschaft direkt gewählt, und zwar damals noch auf Lebzeiten, bedurfte aber der Bestätigung des Königs, solange es einen König gab. In jenem Jahr 1891 wurde auch der erste besoldete Gemeinderat gewählt, und zwar wurde vom Gemeinderat verfügt, daß 3000 Mark Jahresgehalt genug seien. So viel erhielten durchschnittlich auch die Gemeinderäte aus der Gebührenkasse für ihre Tätigkeit im Gemeindegericht, bei Unterpfandsachen, Kaufsachen oder bei Testamenten. Was über 3000 Mark hinausging, mußte jeder Gemeinderat an die Stadtkasse abliefern. Man verwaltete und wirtschaftete, wie man sieht, auf dem Stuttgarter Rathaus damals überaus sparsam.

Die mündig gesprochene Stadt

Jenes Verwaltungsedikt von 1822 war sozusagen die Mündigsprechung der Stadt. Hatte noch König Friedrich autokratisch verfügt, wo gebaut werden durfte und wie und durch wen, so konnte jetzt die Stadt in eigener

Verantwortung planen und sich erweitern. Als der Verleger Cotta 1811 in seinem Haus auf dem Graben vier Zimmeröfen setzen lassen wollte, mußte er ein Immediatgesuch an den König einreichen, der sich auch über Öfen in Privathäusern die patriarchalische Entscheidung vorbehalten hatte. Es war gewiß ehrenvoll, Residenz zu sein, aber diese Abhängigkeit von den Launen eines Fürsten, die Verpflichtung, sich besonders loyal und musterhaft zu benehmen, dieses Danken- und Huldigenmüssen, auch wenn viel mehr Anlaß zum Schimpfen gegeben war, – das war von der nicht mehr alleruntertänigst vor dem Gottesgnadentum ersterbenden Bürgerschaft doch nachgerade als eine Zwangsjacke empfunden worden, in welche die stark wachsende Stadt nicht mehr hineinpaßte. Was für künstlich zurückgestaute Kräfte in diesem Stuttgarter Bürgertum steckten, das zeigte sich, als es jetzt seine Geschicke selbst in die Hand nehmen durfte. Die Stadt dehnte und streckte sich in den nächsten Jahrzehnten, daß der alte Mauergürtel in allen seinen Fugen platzte.

Neue Wohnviertel

Hatte König Friedrich noch befohlen, daß die Entwicklung seiner »Königsstadt« sich nach Norden und Nordosten auszurichten habe, so drehte jetzt die Stadt den Spieß um und schaffte sich freie Bahn nach Süden und Südwesten. Das Seel- oder Tübinger-Tor wurde schon im Jahre 1817 versetzt und zwischen Tübinger- und Hauptstätterstraße ein neues, besonders von den Handwerkern gewünschtes Viertel mit Gerber-, Sophien-, Christoph- und Paulinenstraße angelegt. In den dreißiger Jahren mußte die Sophienstraße bis zum Alten Postplatz verlängert, bald auch schon die Marienstraße (die ehemalige Leimgrube) bis zu der ebenfalls neuangelegten Silberburgstraße durchbrochen werden. In den fünfziger Jahren wird weiter westwärts vorgestoßen: Reinsburg- und Augustenstraße werden angelegt und die Rotebühlstraße bis zum Feuerseeplatz verlängert, der 1862 gestaltet wird. Über die Silberburgstraße greift die Stadt nach Norden bis zum Diakonissenplatz, zur Lerchenstraße (wo die ersten Arbeiterwohnungen gebaut werden) und zur Forststraße aus.
Aber auch nach allen anderen Himmelsrichtungen wird jetzt der Talgrund bebaut: 1820 wird das Herren- oder Malefizhaus auf dem Marktplatz abgebrochen und die Bibliothek in das einstige Invalidenhaus verlegt, während die Invaliden auf die Comburg kommen. 1829 sind endlich auch die drei Honoratiorenhäuser von Griesinger, Ebner und Kühn, die mitten

auf der Königstraße den Verkehr blockierten, abbruchreif, die Hauptstraße kann, ebenso wie der Schloßplatz, geebnet werden. Gegenüber diesen abgebrochenen Grabenhäusern baut dann eine private Unternehmergruppe den Großen Bazar, der ursprünglich auf einem Arkadengang ruhte. Auch die Friedrichsstadt wird nicht vernachlässigt: die Kronen- und die Keplerstraße werden bis zum Hang des Kriegsbergs geführt, Alleen-, Jäger- und Kriegsbergstraße entstehen, die Seestraße wird bis ins Koppental verlängert und vor dem Büchsentor, das 1855 abgebrochen wird, durch den Liederkranz von Leins die Liederhalle erbaut, die dann Dreivierteljahrhundert hindurch das Zentrum des Stuttgarter Musiklebens bildete.

Die Scheu vor den Hängen

Charakteristisch für die überaus rege Bautätigkeit in der ersten Hälfte des 19. Jahrhunderts war die Scheu vor den Hängen. Zuerst sollte die Talsohle voll ausgenützt werden, bevor man die Straßen zu den Höhen hinaufklettern ließ. Zwar hat schon 1821–31 der geniale Eberhard Etzel die »Neue Weinsteige«, die sich so wunderschön dem Berghang anschmiegt, gebaut, aber sie war nicht als Villenstraße gedacht, sondern zur bequemeren Erschließung der Fildern, die vorher nur über die mörderisch steile, pferdeschindende Alte Weinsteige zu erreichen waren.
Daß Stuttgarts Zukunft in der Richtung auf den Neckar, also beiderseits der königlichen Anlagen zu suchen sei, war namentlich auch König Wilhelms Überzeugung. Er selbst ließ sich als Ersatz für das gar zu unkönigliche Landhaus Bellevue auf der Höhe des Kahlenbergs ein Schlößlein erbauen, für das er seit 1817 das Gelände (insgesamt 500 Parzellen mit 20 Gebäuden) für 350 000 Gulden aufgekauft hatte. Als Architekten hatte er den Florentiner Johann Baptiste Salucci berufen, der auch die Kapelle auf dem Rotenberg

entworfen hatte und trotz hoher Gage ein so phantastischer Schuldenmacher war, daß er zweimal mit Hilfe des Oberhofmeisteramts saniert werden mußte. Daß er nicht gerade billig bauen würde, war daher zu erwarten. Der Kostenvoranschlag von 517 222 Gulden, zu denen noch 150 000 Gulden für die Möblierung kamen, wurde denn auch gewaltig überzogen, obgleich der König in aller Naivität »äußerste Sparsamkeit als Richtschnur« anbefohlen hatte.

Das Rätsel vom Rosenstein

Über diesem Lustschloß mit seinem herrlichen, weitgedehnten Park »im englischen Stil«, das der König innen verschwenderisch mit Kunstwerken, Plastiken und Gemälden nach seinem höchstpersönlichen, für Erotika schwärmenden Geschmack ausstatten ließ, schwebte von allem Anfang ein rätselhaftes Verhängnis. Als der Bau, dem er durch ein Dekret 1824 den poesievollen Namen »Rosenstein« beilegte, im Frühjahr 1829 fertig beziehbar dastand und jedermann die alsbaldige Übersiedlung der königlichen Familie erwartete, ließ ihn der König leer stehen. Erst anderthalb Jahre später wurde ein Einweihungsfest arrangiert, zu dem tausend Gäste geladen waren. Aber auch jetzt bezog der König sein Schloß nicht und hat in den nächsten drei Jahrzehnten zwar noch einige Male hier Feste gefeiert, aber nicht ein einziges Mal im Schloß übernachtet. Erst der uralte, sterbenskranke König, dem die Ärzte zu einer »Luftkur« rieten, entschloß sich am 20. Juni 1864 zur Übersiedlung in das verwunschene Schloß. Fünf Tage später ist er dort gestorben. Was an dem Gerücht wahr ist, das schon lange in Stuttgart kursierte, daß nämlich eine Zigeunerin dem König schon während der Bauzeit den Tod auf Rosenstein prophezeit habe – dieses Geheimnis hat der König mit in sein Grab genommen. Die Wahrsagerin, falls sie überhaupt existierte, hat den abergläubischen Mann jedenfalls um den Genuß seines liebsten Besitzes geprellt. Daß er als Vierundachtzigjähriger sterben mußte, gleichgültig in welchem Schloß, dazu bedurfte es keiner Wahrsagerei.

Die Wilhelma

In der Nachbarschaft des hochgelegenen Rosensteins konnte natürlich das Landhaus Bellevue drunten am Neckarufer nicht stehen bleiben. König Wilhelm beschloß, auch hier für Ordnung zu sorgen. Er kaufte also das ganze, teilweise öde liegende Land am Flußbogen, ließ abbrechen, was an Gebäuden vorhanden war, und erbaute zunächst einmal ein hübsches kleines Theater im klassizistischen Stil, denn der in den dreißiger Jahren mächtig aufstrebende Badeort Cannstatt verlangte dringend nach einem Kurtheater. Architekt war der aus Breslau stammende Ludwig Zanth (eigentlich Zadik), der in Tübingen mit einer Abhandlung über »Die Wohnhäuser zu Pompeji« promoviert hatte. Die Ballettpantomime »Der Zauberschlaf«, mit der das 500 Personen fassende Theaterchen im Mai 1840 eröffnet wurde, erwies sich bald schon als symbolisch für diese so gutgemeinte königliche Schenkung. In den ersten Jahren wurde während der Theaterferien zwei Mal wöchentlich, mittwochs und sonntags, gespielt, dann im ganzen Jahr nur noch drei Wochen lang im Juli, und von 1856 an überhaupt nicht mehr. Den Stuttgartern war der Weg zu beschwerlich, und die Kurgäste amüsierten sich anderswo. Erst zu Beginn des 20. Jahrhunderts wurde das innen völlig verwahrloste Kunsttempelchen aus seinem Zauberschlaf für sommerliche Operettenspielzeiten wieder erweckt, die aber 1929 wegen Feuersgefahr endgültig abgeblasen werden mußten. Dabei hatte der Spaß den König immerhin 103 000 Gulden gekostet.

Das maurische Badhaus

Für den Platz hinter dem Theater hat sich der König dann etwas ganz Apartes ausgedacht: er wollte ein »maurisches« Badhaus haben. Schuld an dieser merkwürdig verrückten Idee trug sein Oberstallmeister Graf von Taubenheim, der 1840 eine Orientreise gemacht hatte und seither von »Kiosken« und türkischen Bädern schwärmte. Aus dem Badhaus ist dann unter Zanths geschickter Regie ein Gartenhaus und schließlich ein »Märchenschloß« mit kunstvoll angelegtem Garten geworden, für das er den nicht gerade arabisch klingenden Namen »Wilhelma« selber prägte und in arabischen Goldbuchstaben über dem Portal anbringen ließ (ein Tübinger Orientalist hatte ihn dabei beraten). 200 000 Gulden und keinen Kreuzer mehr hatte der König ursprünglich dafür aufwenden wollen. Zuletzt waren es anderthalb Millionen, die für die Terrassentreppen, das Festsaalgebäude, die Säulengänge, die Gewächshäuser, den Belvedere-Pavillon, die Damaszener-Halle, die Bilder-Galerie, das Küchengebäude, die Volièren verbaut worden waren. Auf keine seiner Schöpfungen war der König so stolz wie auf diese Spielerei mit pseudo-islamischen Bauformen, die ihm offenbar sultanische Träume von einem Harem voll süßer Mädchen suggerierten. Was für reizende verdrängte Komplexe verrät diese architektonische Exotik am Ufer des idyllischen Neckars!

Magnolien, Kamelien, Orchideen

Schön und märchenhaft aber waren stets die Gärten mit ihren schon 1847 in vielen Sorten aus Frankreich importierten Magnolien und das, was in den Gewächshäusern an Kamelien, Azaleen, Rhododendren und Orchideen blühte. Die Wunderblume Viktoria Regia verdankte der König übrigens einem schwäbischen Landpfarrer, der ihm einige Samenkörner verehrt hatte. Von den Papageien, Kakadus, Gold- und Silberfasanen, die in einer riesigen Volière gehalten wurden, wird die rührend drollige Geschichte von einem Papagei erzählt, dessen Weibchen während des Transports gestorben war. Um den darob melancholisch gewordenen Strohwitwer zu trösten, hing man einen Spiegel in seinen Käfig; er soll noch viele Jahre mit seiner Spiegelfrau glücklich gewesen sein.
Solange König Wilhelm lebte, erhielten nur ganz wenige prominente Gäste, die er selbst aussuchte, die Erlaubnis zum Besuch seines Märchenschlosses und seines Gartens. Sein Sohn Karl wußte es dann besser zu nützen; er veranstaltete hier regelmäßig seine Hofbälle und Gartenfeste, wobei den eingeladenen Männern Hosen von genau vorgeschriebener gelblich-grauer Farbe zur Pflicht gemacht waren. Seit 1880 ist die Wilhelma auch für gewöhnliche Sterbliche zugänglich. Aber erst die Nachkriegszeit hat dieses seltsame, skurrile Erbe zum Volksbesitz und zu einer geradezu paradiesischen Oase umgeschaffen, wo Mensch und Tier, Baum und Blume ihren Frieden finden.

In der Neckarstraße wird gebaut

Glücklicher als mit diesen Schlössern hat König Wilhelm es mit den staatlichen Bauten in seiner Residenz getroffen. Die beiden großen Kasernen (Infanterie-Kaserne in der Rotebühlstraße von 1827 und Reiter-Kaserne in der Ludwigsburger Straße von 1841) waren langweilig, aber doch nicht ohne schlichte Monumentalität. Die anständigen wilhelminischen Bauwerke stehen in der Neckarstraße: der Wilhelmspalast, von Salucci 1840 als Prinzessinnen-Palais erbaut und später, bis zu seiner Abdankung, von König Wilhelm II. bewohnt. Daneben das Archiv und das Naturalienkabinett, 1821 in nobelster Gesinnung von Barth erbaut;

gegenüber das Reithaus, ebenfalls von Salucci und weiter unten das Münzgebäude (1842 von Gross); gegenüber das Museum der bildenden Künste (1838 von Barth) – durchweg wohlproportionierte, unaufdringliche Zeugnisse einer kultivierten klassizistischen Baugesinnung.
Was nach 1840 entstand, fällt immer bedenklicher aus der gesicherten Tradition heraus und gefällt sich in manchmal virtuos beherrschten, historisierenden Experimenten. Die Villa Berg, 1853 von Leins für den Kronprinzen Karl auf einem sanften, zum Neckar abfallenden Hügel erbaut, versuchte ein Stück Alt-Florenz unter den Stuttgarter Himmel zu versetzen: elektizistische Neurenaissance mit viel Glas und noch mehr gußeisernen Gittern, mit Terrassen und Plattformen, deren Blickrichtung genau nach dem väterlichen Rosenstein orientiert ist. Den 16 ha großen, einst sehr schönen Park, hat der Hofgärtner Neuner angelegt, dessen Name sich in dem später von ihm betriebenen Mineralschwimmbad in Berg erhalten hat.

Der Königsbau

Das größte Verdienst um seine Residenz aber hat sich König Wilhelm doch dadurch erworben, daß er 1856 den Schloßplatz endlich säubern und den alten Redoutensaal abbrechen ließ. Was sollte an seine Stelle treten? Darüber gab es damals keine Diskussion. Klassisches, ob griechisch oder römisch, war Trumpf. Man brauchte nur nach München zu schauen, wo Leo von Klenze damals für den ersten Ludwig Dorisches, Jonisches, Korinthisches ganz nach Wunsch lieferte. Das Bemühen um einen eigenen Stil hatte man aufgegeben. Der Königsbau, wie Leins ihn dann in den nächsten vier Jahren erbaute, war mit seinen 26 jonischen Säulen, die durch zwei korinthische Portiken gegliedert sind, jedenfalls eine höchst repräsentative Kulisse, wenn es auch gar zu schwäbisch profitlich sich ausnahm, daß hinter dieser feierlichen Kolonnade und in der Passage zwei Cafés, ein Friseur und allerlei sehr profane Ladengeschäfte sich versteckten. Aber warum sollte man nicht hinter Tempelsäulen seinen Kaffee trinken und sich die Haare schneiden lassen, mit Blick hinüber nach dem großen Rokokoschloß? Die Stuttgarter waren mit ihrem Königsbau vom ersten Tag an sehr zufrieden, da sie ja nicht wissen konnten, daß Thouret einen noch viel schöneren Plan sich ausgedacht hatte. Nach den Bombennächten des letzten Kriegs ist gottlob so viel von der Tempelherrlichkeit übriggeblieben, daß sie sich wieder flicken ließ. Es gibt wieder die Passage, die sich nicht nur an den schwülsten Sommertagen erquicklich darbietet. Einen Ersatz für den Redoutensaal hat es allerdings nicht gegeben, Büros und Geschäfte sind dort untergebracht. Residenzschloß und Königsbau und dazwischen die Jubiläumssäule: diesen einzigen festlichen Platz unserer sonst bewußt nüchternen Stadt sollten wir getreu behüten.

Die ersten Fabriken

In die wilhelminische Zeit fallen auch die Anfänge der Industriestadt Stuttgart. Um 1800 war es noch eine reine Beamten- und Soldatenstadt mit einem kräftigen Weingärtnerstand und vielen kleinen Handwerkern, die vorwiegend für den Hof und die Beamten arbeiteten. Im Jahr 1832 aber wurden in Stuttgart und Berg, die zusammen 35 021 Einwohner zählten, schon 17 Fabriken mit zusammen 600 Arbeitern und in Cannstatt 8 Fabriken mit 460 Arbeitern gezählt (zum Vergleich: Heilbronn hatte damals ebenfalls 17 Fabriken mit 450 Arbeitern und Eßlingen 7 Fabriken mit 640 Arbeitern). Die ersten prominenten Namen Stuttgarter Fabrikanten, Bankiers und Handelsherren: J. G. Doertenbach, dem das wunderschöne »Calwerhaus« Ecke König- und Breite Straße gehörte, Fr. von Jobst, C. Ostertag, Fr. Federer.
Im Jahre 1861, also ein Jahr vor der Einführung der Gewerbefreiheit, verzeichnet die Stuttgarter »Fabrik-Tabelle«: 173 Etablissements mit einer Besetzung von 368 Mann Direktionspersonal, 3 663 männlichen und 471 weiblichen Arbeitern. Die Zahl der Fabriken hatte sich also in 30 Jahren verzehnfacht, die der Arbeiter versieben- und verachtfacht. Die »Handwerker-Tabelle« aus demselben Jahr zählt 1 840 Meister mit 5 706 Gehilfen und 99 weibliche Unternehmer mit 104 Gehilfinnen. In der »Handels-Tabelle«, welche Bankiers, Kaufleute, Wirte, Spediteure umfaßt, figurieren 854 Unternehmer mit 2 068 Gehilfen beiderlei Geschlechts. Von 61 314 Einwohnern waren insgesamt 14 175, das sind rund 33 Prozent in Industrie, Bauwesen, Handel und Verkehr beschäftigt. 1895 belief sich bei 153 616 Einwohnern deren Zahl auf 53 162; das waren schon 35 Prozent.

Die erste Dampfmaschine

Was sich in den dreißiger Jahren »Fabrik« nannte, war freilich zumeist noch rein handwerklich betrieben. Die erste Dampfmaschine lief in Stuttgart im Jahre 1841, zwölf Jahre später waren 14 Dampfmaschinen mit insgesamt 85 Pferdestärken und 1868 110 Dampfmaschinen mit 719 Pferdestärken im Betrieb. Im Vergleich dazu die Zahl der natürlichen Pferdestärken: 1830 standen in Stuttgarter Ställen 1307 Pferde, 1861: 1822. Auf 34 Einwohner kam also ein Kutschen- oder Reitpferd.

Die ältesten Industriezweige

Als die ältesten Industriezweige findet man in den Chroniken vermerkt: Musikinstrumente, nämlich Klaviere und Flügel, durch Schiedmayer und Dieudonné, die seit 1808 in der Neckarstraße beheimatet sind und 1835 schon 70 Arbeiter beschäftigten, ferner Chemikalien durch die Jobst'sche Fabrik, die schon 1824 mit der Chinin-Bereitung begann und wohl die erste Stuttgarter Firma von internationaler Geltung war. Große Bedeutung gewannen frühe schon die Farbwarenfabriken von Knosp und von Siegle, die 1873 mit der Badischen Anilin- und Soda-Fabrik fusionierten und zum großen Bedauern Stuttgarts nach Ludwigshafen verlegt wurden. Weitere Stuttgarter Spezialindustrien aus jener Frühzeit: Möbel, die bald schon den ganzen süddeutschen Markt beherrschten, Bijouterie (1835 drei Fabriken mit 130 Arbeitern), physikalische und optische Instrumente und dann, besonders vielseitig und bodenständig, Buchdruck, Schriftgießerei und Buchverlag; im Jahr 1840 zählte man in Stuttgart schon 26 Buchdruckereien.

Seit Beginn der fünfziger bis in die neunziger Jahre spielte die Fabrik von Gotthilf Kuhn in Berg eine führende Rolle. Damals begannen die ersten Motoren eine Rolle zu spielen. Ferdinand Steinbeis, der sich seit 1848 in der »Zentralstelle für Gewerbe und Handel« als fortschrittlichster und ideenreichster Förderer der heimischen Wirtschaft, besonders auch des Exports, verdient gemacht hat, wies seinen Freund Kuhn darauf hin, daß die meisten auf dem Markt befindlichen Motoren nichts taugten. Einige Jahre später brauchte kein württembergischer Fabrikant die Motoren mehr von auswärts zu beziehen, denn die Maschinenfabrik Kuhn, die auch Dampfkessel herstellte, lieferte sie besser, und zwar nicht nur nach der Heimat, sondern nach ganz Deutschland und gar ins Ausland: ein typisch schwäbischer Vorgang.

Auch im Versicherungswesen hat Stuttgart sich frühe schon geregt. 1828 wurde die Württembergische Privatfeuerversicherung gegründet, 1833 die »Allgemeine Rentenanstalt«, die beide heute noch bestehen und 1854 die

Lebensversicherungsbank. Als 1862 die Gewerbefreiheit verkündet wurde, meldeten sich in Stuttgart innerhalb von 10 Monaten nicht weniger als 438 neue Firmen an, nämlich 46 Kaufleute, 29 Klein- und Viktualienhändler, ein Weinhändler, 7 Bäcker, 10 Metzger, 74 Schneider, 89 Schuster, 10 Steinhauer, 9 Zimmerleute, 13 Gipser, 21 Schreiner und 12 Schlosser. Gleichzeitig wurde festgestellt, daß der Verkaufswert der Häuser sich innerhalb von 10 Jahren um 51 Prozent, der Bau- und Gartenplätze in Stuttgarts Umgebung um 300 bis 1 500 Prozent erhöht habe: eine plötzlich fast unheimlich florierende Stadt!

Cottas »Allgemeine Zeitung«

Wägt man Männer und Ereignisse ab nach der Bedeutung, die sie für das gesellschaftliche und wirtschaftliche Leben einer Stadt und für die Geltung dieser Stadt in der kulturellen Entwicklung auch des größeren Vaterlandes hatten, so war in der ersten Hälfte des vergangenen Jahrhunderts für Stuttgart nichts von solcher Tragweite, wie die endgültige Übersiedlung des Verlegers Cotta von Tübingen nach Stuttgart im Jahre 1811. Er hatte schon vorher nicht nur mit einem Fuß hier Boden gefaßt: am Sonntag, 9. September 1798, war in Stuttgart die erste, unter Zensur gedruckte Nummer der »Allgemeinen Zeitung« erschienen, nachdem die »Neueste Weltkunde«, die das Privileg gehabt hatte, unzensiert hinauszugehen, verboten worden war. Chefredakteur war Ludwig Ferdinand Huber, ein genialischer Halbfranzose, der dem jungen Schiller in seiner Leipziger Zeit geradezu als das Musterbild für den Marquis Posa erschienen war, der dann Georg Forsters, des Weltumseglers, Gattin Therese geheiratet hatte und von Cotta nach Stuttgart berufen worden war. Die Redaktion war in der Leimengrube 12, also in der heutigen unteren Marienstraße; gewohnt haben die Hubers in einem Haus der Lange Straße mit der phantastischen Nummer 225. Es muß eine geräumige Wohnung gewesen sein, denn aus Therese Hubers Briefen wissen wir, daß hier große Gesellschaften stattfanden, so beispielsweise, als der berühmte Iffland im Juli 1803 in Stuttgart als Familienvater in dem gleichnamigen Stück von Gemmingen und als Lord Leicester in »Maria Stuart» gastierte. 25 Personen hatte damals Huber zu sich eingeladen, Haug hatte ein Gedicht gemacht, worin die schwäbische Muse dem großen Komödianten huldigte, Matthison war da, aus Ludwigsburg der Arzt von Hoven und alles, was in Stuttgart für künstlerische Dinge interessiert war. Kurfürst Friedrich soll versucht haben, Iffland an sein Hoftheater fest zu verpflichten, aber Therese riet ihm ab, da das Stuttgarter Publikum für die schlichte Menschendarstellung Ifflands kein Verständnis habe; hier schätze man am höchsten lächerliche theatralische Exaltationen. Von der Stuttgarter Gesellschaft dachte die geistreiche, selbst schriftstellerisch tätige, aber spottsüchtige Therese nicht sehr hoch; in einem französisch geschriebenen Brief an ihre Tochter spricht sie von »l'infernale Pfahlbürgercompagnie de Stutgard«.

Im Juli 1803 erhielt Therese in Stuttgart auch den Besuch ihrer Jugendfreundin Karoline, der einstigen Gattin A. W. Schlegels, die jetzt in dritter Ehe mit dem schwäbischen Philosophen Schelling verheiratet war. Amüsant zu lesen, wie Therese, die ja schließlich auch einmal, als Gattin Forsters, mit Huber die Ehe gebrochen hatte, über ihre Freundin Karoline, mit der sie in Stuttgart zwei Monate lang aufs netteste verkehrte, in den Briefen an die siebzehnjährige Tochter sich über die Rivalin sittlich entrüstete und ihr vorwarf, daß sie, nachdem sie von einem französischen Offizier ein Kind empfangen hatte, auch mit Forster ein Liebesverhältnis noch während dessen Ehe mit Therese unterhalten habe. Verständlich, daß diese beiden unbestreitbar geistreichen Frauen die braven Stuttgarter als »infernalische Pfahlbürger« empfanden.

Dieser erste Aufenthalt Therese Hubers in Stuttgart dauerte indessen nicht lange. Im Jahre 1803 wurde die »Allgemeine Zeitung«, obgleich ihre Artikel zensiert waren, von Kurfürst Friedrich verboten. Das war, wie man aus Cottas Briefen an Schiller weiß, ein persönlicher Racheakt Friedrichs, der es dem Verleger nicht verzieh, daß er im Auftrag der Landschaft 1799 nach Paris gereist war, um beim französischen Minister des Auswärtigen, dem schwäbischen Stiftler Carl Friedrich Reinhard, um Schonung des Landes bei den damals wieder drohenden kriegerischen Handlungen zu bitten. Cotta war freilich zu spät gekommen: Reinhard war bei seiner Ankunft in Paris schon gestürzt, Bonaparte hatte das Ruder ergriffen. Cotta verlegte nach dem Verbot kurzerhand die Redaktion und Druckerei seiner Zeitung nach dem damals bayrischen Ulm, was ihm einen Verlust von 19 000 Gulden verursachte. So verzog auch das Ehepaar Huber am 17. November 1803 nach Ulm, wo Huber ein Jahr später starb.

Im Jahre 1816 kam die Witwe Huber, die Cotta aufs großzügigste unterstützte, nochmals auf sieben Jahre nach Stuttgart. Sie war in der Redaktion des »Morgenblatts für die gebildeten Stände« die Gehilfin Friedrich Rückerts, den sie wegen seiner schlechten Manieren, seiner Schlamperei und seiner germanisch-mystischen »Deutschheit« nicht ausstehen konnte.

Rückert hielt es nicht lange auf dem Stuttgarter Posten aus; schon im nächsten Frühjahr zog er mit einem noblen Stipendium Cottas nach Italien davon. Seine Nachfolger waren allerlei interessante Leute: der blutrünstige, als Kritiker rüpelhafte Schicksalsdramatiker Müllner, Wilhelm Hauff, Gustav Schwab und vor allem Wolfgang Menzel, der Jahrzehnte lang als Redactor des »Literaturblatts« eine kritische Diktatur über das gesamte deutsche Schrifttum ausübte und durch seinen Kampf gegen die Jungdeutschen Stuttgart in einen üblen Ruf brachte.

»Man patscht im Kote«

Wie sah es damals in Stuttgart aus? Wie ging das tägliche Leben vor sich? Das hat niemand anschaulicher und maliziöser geschildert als die »reingeschmeckte« Therese. Ihrer Freundin, Helmine von Chezy, der einstigen Chamisso-Freundin und unfreiwillig komischen Dichterin der dann von Weber vertonten »Euryanthe«, die nach Stuttgart zu übersiedeln gedachte, riet sie dringend ab: »Ein Logis von quasi drei heizbaren Zimmern und ein paar ungeheizten nebst Küche und Zubehör kostet 300 bis 350 Gulden aufs Mindeste, und da ist's lokal sehr schwer, nur Sonne, geschweige denn Aussicht zu finden. Sie wohnen denn außer dem Tor, welches beim Unpflaster, schlechtem Pflaster und Teure der Fiakres sehr schwer ist. Chaises à porteur hat man nicht, ein Wagen kostet einen preußischen Thaler zu einem Besuch, und die Stuttgarter City patscht im Kote ohne allen Spott. Holz kostet 20–22 Gulden das Maß, zu zwei Zimmer heizen und Küche möchten 6–8 Maß im Jahr bedürfen. Eine Hausmagd kostet 30–33 Gulden Lohn, 11–16 Gulden bestimmte Geschenke. Wer aber keine Gäste logiert und reguliert, wo also der Lohn nicht durch stete Trinkgelder verdoppelt wird, der bekommt nur eine saloppe Magd und muß Lohn auflegen. Die Seele von Stuttgarts Leben jeder Art ist Nepotismus. Ohne Vettern haben Sie keine Geltung und wenn Sie mit einer goldenen Krone kämen. Die Jugend ist zügellos – Burschen von 14–16 Jahren taumelnd aus Bierhäusern kommen sehen, ist sehr häufig. Das Familienleben ist unfein, beschränkt, unschön, deshalb die Jünglinge rauh und gemein. Diese Jünglinge dürfen auch von den besten Lehrern nicht gezüchtigt werden, weil sie mit ihnen vervettert sind. Deshalb bleibt den Lehrern zur Unterhaltung nichts als Weib, Tabakpfeife und Neckarwein. Dieser Geist der Absonderung beschränkt auch die besten, denn individuell sind vortreffliche Männer darunter.«

Die Stuttgarter Gesellschaft

Über ihren gesellschaftlichen Verkehr berichtete Therese ihrer Tochter: »Den Dichter Matthison sehen wir sehr viel, aber stumpfer und geistloser wie dieser völlig veraltete Mann, bei dem ich seit 18 Jahren nie etwas von Geist kannte, gibt es nicht. Er hat eine gute arme Frau, die, um der Dichtermumie zu gefallen, ihr Vaterhaus verließ. Sie hat, da ihr Mann an des verstorbenen König Friedrichs Person attachiert war, sich zur subalternsten Rolle bei den Hofschranzen bequemt, obgleich es ihr freistand, unabhängig zu bleiben. Ebenso seicht und noch viel beschränkter, stumpfer ist der Epigrammatiker Haug, der mich seine sechs Bände Gedichte durchsehen läßt. Zwei Bände Oden! Dabei möchte man sterben! So ein bloßer Dichter ist doch ein jämmerliches Huhn. Weisser sehe ich nie, Reinbeck wohl wöchentlich, wo Donnerstag abwechselnd bei Minister Wangenheim und Geheimrat Hartmann der Abend zugebracht wird. Es wird dann fortgesetzt gelesen. Die Ministerinnen Wangenheim und Rückert machen die Konversation, oft sehr geist- und lebensvoll; die anderen sitzen nur eben dabei. Bei anderen Bekannten aus der russischen Gesandtschaft wird Dienstag gelesen und Musik gemacht – das sind aber Pietisten, bei denen geht's fromm her.«

Jean Paul und die Stuttgarterinnen

Im Sommer 1819 kam, auf der Höhe seines Ruhms, der Dichter Jean Paul nach Stuttgart, dem es Bedürfnis war, sich alljährlich in einer anderen Stadt von Frauen, Jungfrauen, Studenten und poetisch empfänglichen Männern umschwärmen zu lassen. Seine ersten Berichte an die Gattin zeigen ihn tief enttäuscht: »Der Gasthof ›König von England‹ ungemütlich; Gutherzigkeit überall, aber wenig angenehme Menschen und keine Lebhaftigkeit; in der höheren wie in der niederen Weiberwelt wenig schöne Gesichter, aber dafür feste, gesundfarbige und eckige; zehnmal wohlgebauter als die Gesichter sind die Straßen, worin sie wandeln; das Brot bloß aus Dinkel gebacken und ungesalzen, ungefähr wie getrockneter Kleister oder Papiermaschee schmeckend, und doch würgte ich es einige Abende aus Sparsamkeit mit einem Stückchen Wurst hinein, weil man aus den Thees gewöhnlich ohne Abendbrot heimgeschickt wird.«
Man merkt: die Stuttgarter hofierten anfangs dem berühmten, eitlen Mann nicht genug. Aber allmählich tauten sie doch auf: »Gestern, als ich auf der

Silberburg arbeitete, einem öffentlichen Lustberg, wo jeden Sonnabend Konzert ist, kamen Deputierte der Tübinger Studenten, um mich zu einer Feier einzuladen; ich schlug es natürlich mit vieler Artigkeit und Wendung ab. Bekannt und geliebt bin ich hier hinlänglich, und an jeder Gassenecke sehe ich den Rücken eines Verehrers stehen. Der gute Graf Beroldingen nahm mich neulich zu einem Picknick auf die Gaisburg mit, einem sehr schönen Berggarten. Cotta gewährt die reichste Unterhaltung bis sogar in die Philosophie hinein. Der Professor Reinbeck hat bei seinem Ehrenwort mich auf immer zur Hausmannskost an seinen Tisch geladen. Dem König lasse ich mich nicht vorstellen, er liest wenig und hat nur einige Offiziere bei sich. Gesund bin ich, aber das ewige Herumtrinken verwüstet doch am Ende.«

»Ein weiblicher Augenthee«

Als schließlich der Jean-Paul-Kult in Stuttgart auf hohe Touren kam, erschienen ihm plötzlich auch die Frauen und Mädchen viel liebreizender: »Die Weiber finde ich einfach, schlicht, ohne schreiende Farben, anspruchslos, sogar im Putz; aber ungeheure Damenhüte, unter die ein Mann, der rückwärts ginge, sich im Regen unterstellen könnte. Leider setzen die Frauen und stellen die Männer beim Thee sich zusammen, aber ich wehr es ab und stellte neulich dem Cotta seine eigene Frau vor, damit er höflich dem Halbzirkel näher käme. Himmel! Wie schön und groß sind die Stuttgarter Mädchenaugen! Die Geheimrätin Hartmann bat mir gestern einen ganzen weiblichen Augenthee zusammen.«
Auch Therese Huber war bei diesem weiblichen »Augenthee« dabei. Ihr war dieser Jean-Paul und der Kult, den er mit sich treiben ließ, widerlich; sie fand ihn ungeschliffen, eingebildet und war besonders über seine Trunksucht empört. Als sie ihn fünf Jahre später in Bayreuth wieder sah, stellte sie fest: »Jetzt ist der Mann ganz herabgekommen, leiblich zerstört und geistig verstumpft, eine eklige Ruine eines form- und regellosen, wenngleich genialen Gebäudes. Der Mann hat sich zunichte getrunken!

Die Sammlung der Brüder Boisserée

Eine der traurigsten Erinnerungen aus jener Zeit ist für Stuttgart die Boisserée'sche Sammlung. Die aus Köln stammenden Brüder Melchior und Sulpiz Boisserée, keine Franzosen, sondern Niederfranken aus Lüttich, Söhne eines früh verstorbenen, reichen Kaufmanns und durch ihre Mutter

mit den Brentanos verwandt, hatten in den Jahren, da auch in Köln auf Napoleons Befehl die Klöster säkularisiert und die längst verstaubten, auf den Speichern verdunkelten frommen Bildwerke des Mittelalters auf den Trödelmarkt geschafft oder sonstwie verschleudert wurden, als einzige erkannt, um welch unersetzliche Werte einer großen europäischen Kulturepoche es sich dabei handelte. Sie retteten, was noch zu retten war, und kauften, als Sonderlinge verhöhnt, in kurzer Frist 250 Bilder aus dem 14.–16. Jahrhundert, machten dann Entdeckungsfahrten durch das ganze alte Frankenland und sammelten systematisch das künstlerische Strandgut der Säkularisation. Dann gings ans Reinigen und ans Forschen nach den Malern und ihren Schulen, die längst in Vergessenheit geraten waren. Dabei erwies sich der Freund der Brüder, der Rechtsgelehrte Johann Baptist Bertram, der ein Kenner des Mittelalters war, als besonders nützlich.
Nachdem die Sammlung einige Zeit notdürftig in Heidelberg untergebracht war, erging im Spätherbst 1818 auf Veranlassung der Königin Katharina eine Einladung an die Brüder, nach Stuttgart zu kommen. Der Spiritus rector dabei war Cotta, der mit den Boisserées wegen Herausgabe eines Bilderwerks über den Kölner Dom in Verbindung kam und bei Katharina viel galt. Die erste Audienz beim König, am 14. Dezember, war für den Stuttgarter Kunstzirkel eine Sensation: sie dauerte zwei volle Stunden, so daß man im Cotta-Haus, wo man sich hinterher mit Dannecker und Rapp treffen wollte, das Mittagessen bis vier Uhr hinausschieben mußte. Der Bericht der Brüder lautete verblüffend günstig: die Königin war von dem Gedanken, die Sammlung nach Stuttgart zu bekommen, begeistert, stellte tausend Fragen, und als die technischen Bedingungen besprochen wurden, billigte der sonst so vorsichtige König alle Vorschläge der Brüder: Überlassung des ganzen Offizierspavillons in der untern Königstraße (gegenüber dem Marstall), Umbauten, um günstigere Lichtverhältnisse zu erzielen, und Boden- und Wandbespannungen mit neutralem stumpfem Graugrün. Als dann im März 1819 die Ausstellung eröffnet wurde, war Königin Katharina nicht mehr dabei; sie war im Januar gestorben. Alles wäre vermutlich glücklicher gegangen, wenn sie noch ein Jahrzehnt zu leben gehabt hätte.
Der Erfolg der »katholischen frommen Bilder« bei den erzprotestantischen Stuttgartern war überraschend groß. Bertram, der als Custos fungierte, berichtet darüber: »Ich zählte am Fenster 86 Personen, die heute abgewiesen werden mußten, und so geht es alle Tage, am 12. Juli 1819 waren 56, vorgestern über 100 bei den Bildern, Montag und Dienstag 60, Sonn-

tag 150. Die Sache steigt und wächst ohne eines Menschen Zutun durch sich selbst von Tag zu Tag. Daß unsere Sammlung eine Menge Fremde nach Stuttgart zieht, ist dem Publikum eine ausgemachte Sache. Der Wirt im ›König von England‹ versichert, daß die Fremden, die sonst um 9 oder 10 Uhr zu Dannecker gegangen und dann weitergefahren seien, jetzt den ganzen Tag bleiben, weil es bei uns zu spät wäre.« Und Sulpiz schreibt an einen Heidelberger Freund: »Wir leben hier unter gescheiten, talent- und gemütvollen Menschen in einem schönen Lande. Seit Wochen strömen die Besucher aus allen Ständen und Altern, und das betet sich nicht einander nach, sondern jedes findet sich auf seine Weise eine Freude, Belehrung oder Erhebung. Besonders können sich die bibelfesten Bürgersleute nicht satt gnug sehen an diesen Spiegeln eines gesunden, frommen, seelenvollen Lebens.«

Schön oder scheußlich?

Auf Friedrich Schlegel, dem Freund der Boisserées, und dessen Frau Dorothea, die Tochter Moses Mendelssohns, hatten die Bilder und der Kölner Dom kurz zuvor so stark gewirkt, daß sie sich katholisch taufen ließen. Etwas Derartiges ist aus Stuttgart bezeichnenderweise nicht zu vermelden. Im Gegenteil: der streng katholische Sulpiz Boisserée verliebte sich in Rapps Tochter Mathilde und heiratete sie. Rapp selbst war unter den Stuttgartern neben Cotta wohl der begeistertste Bewunderer der alten Bilder, für deren Verständnis er im Cotta'schen »Kunstblatt« unermüdlich warb. Das war um so vorurteilsloser, als sein von ihm so hochverehrter Schwager Dannecker von seinem erhabenen klassizistischen Postament herab gegen die Bilder, die er häßlich und scheußlich fand, Stimmung machte. Therese Huber, den Boisserées dadurch verbunden, daß ihr früherer Gatte Forster durch seine »Ansichten vom Niederrhein« und den darin enthaltenen Hymnus auf den Kölner Dom den Brüdern überhaupt erst die Augen

geöffnet hatte für Geist und Seele des Mittelalters – die immer gescheite und boshafte Therese also hat auch zu diesem Stuttgarter Kunststreit ihr Salz gegeben: »Boisserées haben's nun ebenso schwer gemacht, ihre Schätze zu sehen, wie sie's voriges Jahr leicht machten. Nachdem die Zimmer sechs Monate ganz unzugänglich waren, kann man jetzt nur durch besondere Gunst hinzukommen. – Es sollen Tage bestimmt werden, wo man vermöge erbetener Karten eingelassen werden soll – meine kranken Augen verbieten mir hineinzugehen, also verliere ich nichts bei diesem Glückswechsel. Die wackeren Leute leben sehr zurückgezogen, ich denke, Schorn (Redakteur des Kunstblattes) und etwa sonst einige weitere, wahrscheinlich Heinrich Rapp, mag mit ihnen beisammen sein und da versichern die sich einander als ausgemachte Sache, daß ihre Kunst die größte und sie selbst die klügsten sind, und die anderen profane und vielleicht Gott barmherzig ist, sie aber nicht. Ich weiß nicht, ob's so ist, doch dabei sind es wahrhafte Ehrenmänner und ce petit grain de follie nur Zeichen der Zeit. Dannecker gehört zur Opposition, wie denn kein Sculpteur die Mittelalterskunst ertragen kann. Die deutsche Malerei: eine Natur in dem Charakter der alten Malergestalten, eine Nacktheit, wie sie mit schönen blau und roten Gewändern behangen malten, würde ein Scheusal sein. Nein gottlob! ein Bildhauer kann keine Scheusale malen! Aber ich spreche wie ein Blinder von der Farbe und wie eine unabhängige kecke alte Frau.«

Die königliche Kunst-Kommission

Neun Jahre lang hingen die Bilder im Offizierskasino und erlangten während dieser Zeit durch Reproduktionen, die der von München extra geholte Lithograph Strixner anfertigte (insgesamt 117 Blatt), europäischen Ruhm. Als die Boisserées dann endlich darauf drangen, für ihre Sammlung eine dauernde Heimstatt zu finden, erbat sich der seiner Inkompetenz wohl bewußte König Wilhelm ein Gutachten seiner königlichen Kunstkommission, deren Vorsitz Dannecker führte und zu deren Mitgliedern der Maler

Eberhard Wächter, der Kupferstecher Müller und der Baumeister Thouret gehörten. Das Urteil dieser durchweg über 60 Jahre alten, längst schon in ihrem ästhetischen Kanon festgefahrenen Klassizisten war selbstverständlich negativ. Von diesen häßlichen Bildern sei kein guter Einfluß auf die Geschmacksbildung der Jugend zu erwarten; im Gegenteil, sie werde verdorben werden. Ewiges Pech aller Kunstkommissionen! Die Boisserées wandten sich daraufhin an König Ludwig I. von Bayern, der sogleich seinen Galeriedirektor Dillis schickte.

Der Bayernkönig greift zu

Bald danach, am 12. Februar 1827, verkündete König Wilhelm auf einem Hofball, daß sein bayerischer Kollege die Sammlung für 240 000 Gulden angekauft habe (Wilhelm war sie viel billiger angeboten worden). Die Klassizisten atmeten auf: die üblen Bilder eines Stephan Lochner, Dirk Bouts, Dürer und Rogier van Weyden durften unseren künstlerischen Nachwuchs gottlob nicht verderben; die Jungen konnten bei dem so unvergleichlich geschmackvolleren Eberhard Wächter, der bald danach Direktor der neuen Kunstschule wurde, lernen, was »Großartigkeit des Stils, Richtigkeit der Zeichnung und Harmonie der Farben« heißt. So geht's, wenn statt Kunstwissenschaftlern, die es auch damals schon gab, Künstler als Experten berufen werden. Der Weltruhm der Alten Pinakothek und überhaupt der Kunststadt München gründet sich nicht zuletzt auf diese Sammlung, die insgesamt den zehnten Teil dessen kostete, was heute jedes einzelne Bild allein wert ist. Wenn die Sammlung auch nur einen kleinen Prozentsatz des Münchner Besitzes an alter rheinischer und flämischer Kunst ausmacht: für die Stuttgarter Galerie wäre sie bis heute das größte Kapital geblieben. König Wilhelm, der mit Vergnügen die Hunderttausender hätte springen lassen, um seiner Residenz eine Attraktion zu verschaffen, kaufte dann dreißig Jahre später als Ersatz in Italien die Sammlung Barbini-Bregenza: nur wenig Meisterliches, viel Zweit- und Drittklassiges, Schülerhaftes und nicht wenige Kopien. Der Ruhm unserer Galerien konnte durch jene Schenkung, die so viel wie die der Boisserées gekostet hat, nicht gemehrt werden.

Das ist es denn ein rechter Trost, wenn ein Jahrzehnt später ein Sachse namens Schlesier, der mehrere Jahre in Stuttgart lebte, in einem Buch über »oberdeutsche Staaten, vom Standpunkt der Politik beleuchtet« bei einem Vergleich zwischen München und Stuttgart das Fazit zieht: »Während es in München, wenn auch keine Pallas Athene, aber Eulen und Sykophanten genug gibt, lebt in Stuttgart alles in ziemlich ungehemmter geistiger Tätigkeit, die kleine Stadt, die dadurch Zuwachs und Aufschwung in Fülle nimmt, ist ohne Säulen und Tempel, ja trotz einfachstem und beinahe landstädtischem Zuschnitt eher denn jene als ein Athen, wenigstens als ein Sammelplatz geistiger Betriebsamkeit zu betrachten.«

Liederkranz und Schillerdenkmal

Für das gesellschaftliche und kulturelle Leben Stuttgarts, außerhalb der auf eine dünne Oberschicht beschränkten literarischen Zirkel, wurde in jenen Jahrzehnten nichts so wichtig wie der im Jahre 1824 gegründete Liederkranz, an dessen Wiege der sangesbegeisterte Konrad Kocher, Rechtsanwalt Walz, Prokurator Schott und Hofrat André standen. Die vier ersten Chorführer waren Zumsteeg, Stadelbauer, Esenwein und Stumpp, Dirigent Präzeptor Kübler. Man versammelte sich im Mühlbach'schen Haus und sang öffentlich auf der Silberburg. Schon in den ersten Statuten war als einer der Zwecke des Vereins die Errichtung eines Schillerdenkmals bezeichnet worden, und zwar sollte es auf dem vor dem Königstor liegenden »Schillerfeld« seinen Platz finden (die in ihrem oberen Teil zwischen Kriegsbergstraße und Bahnhofsplatz so ausnehmend häßliche Schillerstraße hat daher ihren Namen). Hier fand denn auch 1825 an Schillers Todestag das erste der seither traditionellen Schillerfeste mit Reden, Deklamationen und Männergesang statt. Im folgenden Jahr erließ der Vorstand einen Aufruf zu Spenden, nicht nur an die Württemberger, sondern an alle Deutschen, und vornehmlich an die Theater, dessen Ergebnis so günstig war, daß das Schillerfeld käuflich erworben und ein besonderer Denkmalsverein unter Vorsitz des Hofrats Reinbeck gebildet werden konnte.

Es hat dann freilich noch dreizehn Jahre gedauert, bis das große Werk gelang. Der dänische Bildhauer Thorwaldsen, ein Freund Danneckers, hat das Modell ehrenhalber in Rom geschaffen, Stiglmaier in München hat es gegossen und Thouret den Sockel entworfen. Am 8. Mai 1839 – der Todestag wäre auf den Himmelfahrtstag gefallen – fiel durch einen Griff von Schillers zwölfjährigem Enkel die rosafarbene Hülle, gleichzeitig brach die Sonne hervor, alle Glocken läuteten – trotz dem Einspruch der Geistlichkeit – und die Tausende und aber Tausende von Stuttgartern mit ihren von überallher gekommenen Gästen, unter denen auch Abordnungen aller

Gesangvereine des Landes vertreten waren, brachen auf den allseits errichteten Tribünen in Jubelrufe aus. Denn diese in Erz gegossene Gestalt mit dem nachdenklich gesenkten, lorbeerbekränzten Haupt im wallenden Talar mit dem Buch im Arm hat etwas Ergreifendes und Majestätisches. Die klassizistisch eingestellten Zeitgenossen haben sie schön und erhaben gefunden. Und keine Generation seither, auch wir nicht, hatte daran zu meckeln gewagt. Das ist auf diesem Platz, umstanden vom Alten Schloß, der Stiftskirche, dem herrlichen Giebel des Fruchtkastens, dem Prinzenbau, der Alten Kanzlei, von zeitloser Gültigkeit. Es war das erste Denkmal, das Schiller irgendwo errichtet wurde. Daß Stuttgart voranging, war das Verdienst seines Liederkranzes.
Dann hielt Gustav Schwab, damals Pfarrer in Gomaringen, die Festrede, in der er das Glockengeläute verteidigte. Der Liederkranz sang ein Chorlied, zu dem Eduard Mörike die Worte, der Hofkapellmeister Peter Lindpaintner die Noten geschrieben hatte. Stadtschultheiß Gutbrod übernahm das Denkmal in den Schutz der Stadt. Abends Festvorstellung im Hoftheater: Wallenstein mit Seydelmann in der Titelrolle.

Cottasche Literaten

Cottas Morgenblatt für die gebildeten Stände, das seit 1807 in Stuttgart erschien, sorgte auf eine großartige Weise dafür, daß die schwäbischen Dichter und Literaten und ihre ein wenig muffigen Kränzchen nicht unter sich blieben. Besonders für das »Literaturblatt«, zuerst Beilage des Morgenblattes, bald schon selbständiges Organ, holte sich dieser geniale Verleger, dessen alter Adel 1817 wieder erneuert worden war, so daß er sich seither Freiherr von Cottendorf nennen durfte, allerlei bedeutende, aber nicht immer sympathische Köpfe in die Redaktion. So beispielsweise im Jahre 1820 den »sächsischen Aischylos Adolf Müllner, den Dichter des »29. Februar« und der noch schauerlicheren Schicksalstragödie »Die Schuld«, der fünf Jahre lang das »Literaturblatt« dazu mißbrauchte, alles, was neben ihm in Deutschland dichtete, als minderwertig abzukanzeln, nicht zuletzt auch Goethe, Cottas Freund und berühmtesten Autor. Wenn Cotta diesen Hanswurst von einem Kritiker schließlich an die Luft setzte, dann offenbar nicht wegen seines subalternen Goethehasses; im Gegenteil, fast muß man annehmen, daß ihm der Mut zu Respektlosigkeiten gegen den großen, alten Mann in Weimar, der auch diesen seinen letzten Verleger aufs freundschaftlichste zu kujonieren liebte, geradezu imponierte. Denn auch Müllners

Nachfolger hatte, als Cotta ihn 1825 engagierte, kein anderes Verdienst, als daß er Goethe öffentlich angepöbelt hatte, was der stets gut unterrichtete Cotta selbstverständlich sehr wohl wußte. Es war der damals siebenundzwanzigjährige Schlesier Wolfgang Menzel, ehemaliger Burschenschafter und Jahn-Schüler, der nun ein Vierteljahrhundert lang unter Cottas Fittichen von Stuttgart aus als der mächtigste, bestgehaßte und am hündischsten umschmeichelte Kritiker eine krakeelige Diktatur über das literarische, zeitweise auch über das politische Deutschland ausübte und seine Wahlheimat mitsamt deren Dichter, die ihn zumeist nicht ausstehen konnten, in übelsten Mißkredit brachte.

Menzel, der Denunziant

Es ist schon ein einzigartiges Kuriosum, daß ein von Cotta, Vater und Sohn, bezahlter Literat Goethe als »Fürstenknecht«, als »Oberpriester der Gemeinheit« und »Hauptvertreter eines feigen Philistertums« beschimpfen und allen Ernstes behaupten durfte, daß der Blitz nur deshalb in den Straßburger Münsterturm eingeschlagen habe, weil Goethe seinen unheiligen Namen dort als Student eingemeißelt habe. Neben Goethe waren es dann die Jungdeutschen, seine ehemaligen burschenschaftlichen Kampfgefährten, die Menzel mit berserkerhafter Wut bekämpfte und schließlich bei der Polizei wegen Unsittlichkeit und hochverräterischer Umtriebe in aller Form denunzierte mit dem Erfolg, daß sie eingesperrt und ihre Bücher auf zehn Jahre verboten wurden. Und warum das alles? Weil sie kosmopolitisch und nicht »völkisch« gesinnt waren, weil sie von Nationalhaß und Rassehaß, den von Menzel, diesem Nazi-Vorläufer, am höchsten geschätzten »teutschen Tugenden« nichts wissen wollten und die christliche Moral, wie er sie verstand, bigott und muffig fanden. Schließlich holte dann Heinrich Heine, Menzels einstiger Leibfuchs, zum Gegenschlag aus und stellte ebenso witzig wie sachlich fest, daß dieser antisemitische Vorkämpe des Germanismus, wenn man sein Bild genau betrachte, gar nicht wie ein legitimer Sproß Teuts oder Thusneldens ausschaue, auch nicht wie Goethe, ja überhaupt nicht wie ein Deutscher, sondern wie ein Mongole: »Jeder Backenknochen ein Kalmück«.

Heine lacht die Schwaben aus

Obgleich die Stuttgarter jeden Tag Gelegenheit hatten, die Richtigkeit dieses physiognomischen Steckbriefes nachzuprüfen, wagten sie nicht (mit

Ausnahme des immer mutigen D. F. Strauss), den sadistischen Popanzen auf Cottas Thron öffentlich auszulachen. Im Gegenteil, sie wählten ihn, aus Angst vor seinem unflätigen Maul, dreimal in den Landtag, und sogar Uhland duzte ihn und titulierte ihn »Teuerster Freund«, was dann Heine veranlaßte, den von ihm sonst hochverehrten Uhland in seinem bitterbösen, polemisch souveränen »Schwabenspiegel« kurzerhand für tot zu erklären. Mitgehangen, mitgefangen! Die schwäbischen Dichter insgesamt, und mit ihnen das ganze Ländle, mußte es bitter büßen, daß sie diesem teutonischen Rassefanatiker, dem ersten Antisemiten hierzulande, so unbegreiflich liberal Gastfreundschaft gewährt hatten. Lange nach Menzels Tod wurde bekannt, daß dieser Edle jahrelang für Preußen, das dem württembergischen König nicht ohne Grund als feindliches Ausland galt, hochbezahlte Spitzeldienste geleistet hatte. Gründlicher sind die gutmütigen Schwaben nie hineingefallen. Spitzel und Denunziant: einen unschwäbischeren Wahlschwaben hat es nie gegeben. Er starb im preußischen Exil, tiefgekränkt über die Undankbarkeit der dummen Schwaben, die seine Größe nicht würdigten und ihn zuletzt, wenn auch viel zu spät, doch noch hinausgeekelt hatten.

Wilhelm Hauff, das Glückskind

Den gescheitesten Einfall hatte Cotta, als er im November 1826 extra nach Aachen reiste, um den soeben von seiner großen Magisterreise, während deren er in Paris, in Belgien, in den Hansestädten, in Berlin und Dresden als junger schwäbischer Dichter aufs herzlichste gefeiert worden war, heimkehrenden Wilhelm Hauff noch unterwegs als Redakteur für sein Morgenblatt zu engagieren. Dieser Wilhelm Hauff war einer der wenigen, fast muß man sagen, der einzige historisch beglaubigte Sterbliche, dem des Lebens Freude ungemischt zuteil geworden ist. Sproß einer alten, zur »Ehrbarkeit« gehörenden ursprünglich adligen Familie, die während der Gegenreformation aus Niederösterreich zugewandert war, hatte er trotz dem frühen Tod des Vaters, der als Geheimsekretär im Ministerium des Auswärtigen wegen Verdachts demokratischer Gesinnung von Kurfürst Friedrich auf dem Asperg neun Monate lang gefangen gesetzt worden war, eine frohe Kinderzeit. Sein Geburtshaus stand auf dem »Kleinen Graben«, da, wo es in der Eberhardstraße den steilen Buckel zur Kreuzstraße hinabgeht. Als Spielplatz diente der Büchersaal des Großvaters, eines Obertribunalrats, der vergnügt zuschaute, wenn die vier Enkel mit seinen Folianten Ritterschlachten arrangierten oder später in wilder Lesegier alles durcheinander verschlangen, was ihnen hier in die Finger kam: Goethe, Schiller, Vulpius, Homer und Fouqué. Darauf das für schwäbische Honoratiorensöhne traditionelle Landexamen, das er aber erst im zweiten Anlauf und dann noch als Ultimus bestand: also kein Musterschüler. Drei Seminarjahre im alten Blaubeurener Kloster und mit 18 Jahren Student der Theologie im Tübinger Stift. Auch hier das große Glück, daß er wegen der Überfüllung als freier Bursch in der Stadt leben darf. Burschenschafter ohne Deutschtümelei, tüchtig auf Kneipe und Hauboden, brilliert er durch witzige Kneipzeitungen und patriotische Waterloo-Reden. Ohne Büffelei besteht er das Pfarrerexamen und holt sich den philosophischen Doktorhut. Eine Erbtante, die rechtzeitig stirbt, fehlt so wenig wie das hübsche Bäschen, in das er sich verliebt und das ihn selbstverständlich wieder liebt.

Hofmeister beim Kriegsminister

Statt sogleich ins Pfarramt zu gehen, wird er Hofmeister in der Familie des Kriegsministers Freiherrn von Hügel in Stuttgart. Wieder ein seltenes Glück: die Stellung hat nichts Demütigendes, sondern bietet ihm alles, was er jetzt braucht: kultiviertes gesellschaftliches Milieu, in das er als Gleichrangiger aufgenommen wird, und sehr viel freie Zeit. Die Herrin des Hauses, keine Diotima, wie ja auch er kein Hyperion ist, ermuntert ihn, die Märchen aufzuschreiben, die er so hübsch ihr und den Kindern zu erzählen weiß. So entsteht im Sommer 1825 in dem alten behäbigen Kriegsministerium am Charlottenplatz der »Mährchenalmanach auf das Jahr 1826 für Söhne und Töchter gebildeter Stände«, dem er mit übersprudelnder Leichtigkeit des Produzierens den ersten Teil der »Memoiren des Satans«, den »Mann im Mond« und den »Lichtenstein« folgen läßt: unbegreiflich reiche Jahresernte eines Dreiundzwanzigjährigen.
Ein Glück für den jungen, so keck drauflos fabulierenden Hofmeister war es auch, als sogleich nach Erscheinen des »Mann im Mond«, der den wunderschönen Untertitel führte »Der Zug des Herzens ist des Schicksals Stimme«, ein sensationeller Prozeß wegen Mißbrauchs eines Pseudonyms gegen Hauff angestrengt wurde. Hauff war nämlich frech genug gewesen, den Roman unter dem Namen »A. Clauren« zu veröffentlichen. Das aber war das Pseudonym des Geheimen Postrats Karl Gottlieb Samuel Heun aus Dobrilugk in der Niederlausitz, dessen lüstern mondäne Romane

die Bestseller der damaligen Zeit waren. Der Postrat gewann selbstverständlich seinen Prozeß, denn auch ein schmutziger Narr kann verlangen, daß ihm nicht hinterrücks seine Kappe gestohlen wird. Hauff aber hatte nun eine prachtvolle Gelegenheit zu einer vehement pathetischen »Kontroverspredigt« an das deutsche Publikum: »Schämt Euch, Ihr Frauen, wenn Ihr Gefallen finden könnt an dieser niedrigsten Darstellung Eures Geschlechts, errötet vor Euch selbst, Ihr Jungfrauen, Eure Phantasie mit diesen lüsternen Bildern zu schmücken! Es gibt eine moralische Keuschheit, eine holde, erhabene Jungfräulichkeit der Seele. Man kann darauf rechnen, daß ein Mädchen sie verloren hat, wenn sie Claurens Erzählungen gelesen!«

Nur ein Jahr noch

Das Jahr, das Hauff als Redakteur des Morgenblattes in Stuttgart noch zu leben hatte, brachte ihn auf die Höhe seines Glücks: er heiratet sein Bäslein Luise aus Nördlingen, schreibt die »Phantasien im Bremer Ratskeller«, gibt die reizenden Novellen und zwei weitere Märchenalmanache heraus, wird Vater eines Töchterchens, reist in den Ferien nach Tirol, um Stoff für einen Roman über den Hofer'schen Befreiungskampf zu sammeln, kehrt zurück und stirbt plötzlich nach nur zweitägigem Krankenlager an einem Nervenfieber. Gewohnt hatte er und gestorben ist er in dem Haus des Domänerats Johann Georg Hartmann in der Nähe des Bollwerkes bei der Kreuzung von Garten- und Kasernenstraße, wo auch schon Goethe, Schillers Vater und Schiller selbst verkehrt hatten. Unter den alten Bäumen des das Haus umgebenden Gartens, der an die alte Stadtmauer stieß, soll er in seinem letzten Sommer die »Phantasien im Bremer Ratskeller« geschrieben haben. Kaum je zuvor ist ein Dichter in Stuttgart so betrauert worden wie der fünfundzwanzigjährige Wilhelm Hauff. Sogar Uhland, dessen Leier lange schon verstummt war, griff noch einmal in die Saiten, und auch Gustav Schwab trug am offenen Grab auf dem Hoppenlau-Friedhof ein herzlich gemeintes Gedicht vor. Die Grabrede hielt Hauffs Jugendfreund und Vetter Hofkaplan Grüneisen. Ein Felsblock vom Lichtenstein, überwachsen von Efeu vom Eingang der Nebelhöhle, wurde, mit einer bronzenen Leier geschmückt, auf sein Grab gesetzt. Die Leier wurde 1951 gestohlen, wahrscheinlich verschrottet. Inzwischen ist sie ergänzt. Noch immer klingt diese Leier, noch immer werden alljährlich neue Auflagen des »Lichtenstein«, der »Novellen« und der »Märchen« gedruckt.

Das Reinbecksche Haus

Der Sohn jenes mit Lavater befreundet gewesenen Domänerats Hartmann, in dessen Haus Wilhelm Hauff gestorben ist, August Hartmann, ehemals Professor der Cameral-Wissenschaft an der Karlsschule und zuletzt Präsident der Oberrechnungskammer, hatte sich 1826 in Stuttgarts damals neuestem und schönstem Honoratiorenviertel, der Friedrichstraße, ein behäbiges, dreistockiges Wohnhaus von Barth erbauen lassen. Dieses Haus Nr. 14 war dann 20 Jahre lang der gesellschaftliche Mittelpunkt des literarischen Stuttgart, wozu nicht wenig Hartmanns Schwiegersohn, der aus Schleswig-Holstein gebürtige Dr. Georg Reinbeck beitrug. Dieser war 1808 von Cotta ebenfalls als Redakteur des »Morgenblatt« engagiert, nach drei Jahren aber als Professor und Hofrat am Gymnasium angestellt worden. Der ob seiner Eitelkeit von den Stuttgartern freundlich belächelte Mann, der sich auch für einen großen Dichter hielt und Dramatisches und Novellistisches in kultiviertem Epigonalstil produzierte, hatte den Ehrgeiz, in Stuttgart eine Rolle zu spielen, was ja einem strebsamen Norddeutschen in Stuttgart noch nie schwer gefallen ist. Er legte daher Wert darauf, daß jeder prominente Besucher Cottas auch ihm in seinem mit elegantestem biedermeierlichen Geschmack eingerichteten Salon die Honneurs machte, wobei ihn seine ebenfalls literatursüchtige Gattin Emilie aufs beste unterstützte.

Lenau taucht auf

Der interessanteste Besucher freilich war zunächst im Haus Gustav Schwabs zu Gast: der ungarische Edelmann Nikolaus Niembsch von Strehlenau, der sich als Dichter »Lenau« nannte. Er hatte, ein noch unbekannter, nur in Zeitschriften hervorgetretener Lyriker, im Sommer 1831 einige Gedichte an Schwab fürs »Morgenblatt« gesandt mit der Frage, ob Cotta wohl für einen Gedichtband sich interessiere. Bevor der vielbeschäftigte Schwab, der seit 1817 Professor am Gymnasium war, die Gedichte noch gelesen hatte, erschien Lenau am 9. August persönlich bei ihm. Zufällig war an diesem Abend auch Gustav Pfizer bei Schwab zu Gast. Der Abend endete lange nach Mitternacht mit einem wahren Freundschaftstaumel. Die beiden, sonst nicht eben bacchantisch veranlagten Schwaben, hatten mit dem schönen Fremdling aus der Puszta Bruderschaft getrunken, so begeistert waren sie über die Poesien, die dieser ihnen mit seiner klangvollen dunklen Stimme

vorgetragen hatte. Am andern Morgen reiste Lenau nach München weiter; aber schon wenige Tage später war er wieder in Stuttgart und blieb nun gleich für mehrere Monate Gast im Schwab'schen Haus: das Heimweh hatte ihn, wie er gestand, zu den Stuttgarter Freunden zurückgetrieben.

Nikolaus und Lotte

Es war aber nicht nur Freundschaft, die ihm das Schwabsche Haus so teuer machte. In diesem Haus lebte auch die Nichte von Schwabs Frau, die junge Lotte Gmelin, die wunderschön Klavierspielen und auch singen konnte. Durch ihren seelenvollen Vortrag von Beethovens »Adelaide« rührte sie den Dichter zu Tränen. Nikolaus liebte die Lotte, und Lotte den Nikolaus. Das Ehepaar Schwab hatte nichts dagegen, sofern nur alles in brav bürgerlicher Ordnung vor sich gehe, das heißt, daß Lenau von allem Anfang an ein bindendes Heiratsversprechen abgebe.

Es kam zu einem seltsamen Abkommen. Damals war auch Stuttgart von einer Cholera-Epidemie bedroht. Die Schwabs hatten Todesfurcht. So ließen sie sich denn von Lenau versprechen, daß er, falls sie stürben, die Lotte heiraten und ihren Sohn Ludwig adoptieren solle. An einem August-Abend, auf der Kuppel der Solitude, im Anblick des lieblichen Württemberger Landes, gelobten es die drei sich feierlich. Aber die Cholera ging vorüber und der Dichter schrak davor zurück, »jene himmlische Rose an sein nächtliches Herz zu heften«.

Am Neujahrstag 1833 kams nach glücklich verlebtem Weihnachtsfest zum Krach. Schwab hatte Lenau den Vorwurf der »Liebelei« gemacht, was den Dichter aufs tiefste gekränkt hatte. Er zog von Schwab weg ins Hartmannsche Haus, wo besonders Emilie Reinbeck ihn – bildlich gesprochen – mit offenen Armen empfing. In den Nächten soll der noch immer leidenschaftlich liebende Dichter stundenlang vor dem Schwabschen Haus gestanden sein und zu dem Fenster emporgeblickt haben, hinter dem Lotte schlief. Damals entstanden die wunderbaren »Schilflieder«, zu denen die allmählich versumpfenden Seen am nordöstlichen Rand der Stadt in der Gegend der heutigen Seestraße und des Stadtgartens das landschaftliche Kolorit gaben.

»Auf dem Teich, dem regungslosen,
weilt des Mondes holder Glanz,
flechtend seine bleichen Rosen
in des Schilfes grünen Kranz.

Hirsche wandeln dort am Hügel,
blicken in die Nacht empor;
manchmal regt sich das Geflügel
träumerisch im tiefen Rohr.

Weinend muß mein Blick sich senken;
durch die tiefste Seele geht
mir ein süßes Deingedenken,
wie ein stilles Nachtgebet.«

Als diese schönsten Lenau'schen Gedichte mit einer Widmung an Schwab im Herbst 1832 bei Cotta im Druck erschienen, war der Dichter auf hoher See. Er hatte sich, Europamüde, am 27. Juli von Amsterdam aus nach Amerika eingeschifft.

Dort hielt er es nur ein knappes halbes Jahr aus. Aber dieses halbe Jahr hatte genügt, ihn in Deutschland berühmt zu machen: das Cottasche Literaturblatt brachte sein Bild mit Lorbeer umrahmt. Immer neue Auflagen wurden nötig. Und da jede um die neuesten Stücke vermehrt werden sollte und da bald auch die dramatischen Werke und die großen Epen bei Cotta erschienen, waren immer wieder monatelange Aufenthalte bei den Reinbecks erforderlich, die sich in seinem wachsenden Ruhm sonnten und auch lange Reisen, nach dem Salzkammergut, nach der Steiermark mit ihm unternahmen. Als sich in den Zwischenzeiten in Wien die wirklich tragische

Leidenschaft für Sophie, die Gattin seines Freundes Löwenthal, anbahnte, war die feinfühlige Emilie die einzige, die den immer zerrisseneren, von immer schwereren Melancholien umdüsterten Mann zu trösten und zu besänftigen vermochte.

Der kranke Dichter

Im Reinbeckschen Haus geschah es dann auch im Herbst 1844, daß Lenau, der aus der heillosen Verstrickung mit Sophien sich durch eine neue Liaison, diesmal mit einer Frankfurter Patriziertochter, zu lösen versuchte, seinen ersten Schlaganfall erlitt, der eine Lähmung des Gesichts nach sich zog. Das war am 29. September 1844. In der Nacht vom 12. auf 13. Oktober brach der Wahnsinn aus. Nur Emilies Gegenwart beruhigte noch den Tobsüchtigen. Man wartete auf den Freund des Hauses, den Professor Zeller, der die Irrenanstalt in Winnenthal leitete. Er war verreist. Endlich, am 21. Oktober, kam Zeller und überführte den Kranken, dem man die Zwangsjacke hatte anlegen müssen, in die Anstalt. Gustav Pfizer, der Duzfreund von jenem ersten Abend bei Schwab, begleitete ihn. Wenige Stunden später folgte Emilie mit dem Gepäck, der Geige und der Gitarre, die er so wunderschön zu spielen verstanden hatte. Dann hatte Emilie die schwere Pflicht, die Frankfurter Braut Marie Behrends und deren Mutter, die sogleich herbeigereist kamen, von der Katastrophe zu unterrichten.

Die Hoffnung auf eine Besserung, die Zeller zunächst noch hatte, schlug fehl. Bald schon bekamen ihn die Freunde, die ihn besuchten, so Uhland, Kerner, Mayer, Pfizer, auch Schwab, nur noch aus der Ferne zu sehen: Paralyse, unheilbar. Drei Jahre blieb Lenau in Winnenthal, dann veranlaßte seine Familie die Überführung nach Oberdöbling bei Wien, wo er am 22. August 1850 starb. Emilie Reinbeck war schon vier Jahre zuvor unter der Nachwirkung jener entsetzlichen Erlebnisse gestorben.

Spätere österreichische Biographen haben behauptet, daß die »weiche Theeluft« der biedermeierlichen Stuttgarter Salons den launischen, weltschmerzlichen Dichter verzärtelt und in seiner Hypochondrie bestärkt habe. Auch manche Zeitgenossen, so etwa Uhland, fanden den Kult, der von den Schwabs und Reinbecks mit dem interessanten, immerzu unglücklich liebenden, recht oft tyrannischen Ungarn, der fast so schön wie ein Zigeunerprimas geigen konnte und auch so ähnlich aussah, getrieben wurde, ein wenig lächerlich. Heute wissen wir, daß die unendlich geduldige

Liebe, die dem genialen Mann hier widerfuhr, auch wenn sie exaltiert scheint, wahrscheinlich das einzige Glück freundlicher Geborgenheit in seinem verpfuschten Leben war. Später hat sich bei Hugo Wolf, der hier in Hugo Faisst und Margarethe Klinkerfuß seine treuesten und opferbereitesten Freunde fand, fast das gleiche wiederholt. Ehrfurcht vor dem Genie, auch wenn es undankbar und unbequem sich gibt, ist eine Eigenschaft, deren die Schwaben sich nicht zu schämen brauchen.

Mörike zieht in die Residenz

Nicht aus freien Stücken kam der wegen Kränklichkeit vorzeitig in den Ruhestand versetzte Pfarrer Eduard Mörike im Frühjahr 1851 nach Stuttgart. Er hatte bisher von seiner kleinen Pension zusammen mit seiner Schwester Clärchen, die ihm den Haushalt führte, notdürftig in Mergentheim leben können. Jetzt aber wollte er heiraten und mußte sehen, wie er noch etwas hinzuverdienen könne. Er hatte allerlei Pläne: Ein Mädchenpensionat irgendwo am Bodensee? Oder eine Aufseherstelle in den Königlichen Kunstsammlungen, etwa im Münz-Kabinett oder bei den Altertümern? Oder als Zeichner im Naturalienkabinett? Oder als Korrektor und Lektor beim »Morgenblatt«? Oder als Bibliothekar und Vorleser beim König, da ja Dingelstedt, der diesen Posten acht Jahre versehen hatte, jetzt eben als Intendant nach München ging? Aber nirgends klappte es. Freund Vischer schlug ihm vor, eine von allem Unziemlichen gereinigte Shakespeare-Ausgabe für höhere Töchter zu besorgen; vor diesem »blutigen Geschäft der Kastration« schauderte es den Dichter, der überdies nur wenig Englisch verstand.
Zuletzt entschloß er sich, »Frauenzimmerlektionen über poetische Literatur der Deutschen, mit Parallelen aus anderen Literaturen, aus altgriechischen Dichtern usw.« zweimal wöchentlich in seiner Wohnung zu erteilen. Er mietete zu diesem Zweck ein Quartier von drei Zimmern im Unterstock des Hauses Augustenstraße 14 (bisher hatte er als Gast bei Verwandten in der Rotebühlstraße logiert). Aber bevor er noch im »Schwäbischen Merkur« die Ankündigung veröffentlichte, schlug ihm der Rektor des Katharinenstifts, Karl Wolff, im Einvernehmen mit dem Hofprediger Grüneisen, der als königlicher Kommissar das Katharinenstift betreute, vor, die geplanten Lektionen als »Pfleger der weiblichen Jugend« an der obersten Klasse des Katharinenstifts abzuhalten. Und zwar als Nachfolger Gustav Schwabs, der im November gestorben war. Das Gehalt war kärglich: ganze

50 Gulden im Jahr, die drei Jahre später verdoppelt und 1856 auf 350 Gulden erhöht wurden.

Professor am Katharinenstift

Sechzehn Jahre lang unterrichtete Mörike die Töchter der Stuttgarter Hautevolee in deutscher Literatur, wofür im Lehrplan nur eine Wochenstunde vorgesehen war. Die Etikette an dieser nicht staatlichen, sondern königlichen Anstalt schrieb vor, daß während des Unterrichts stets eine Gouvernante im Klassenzimmer anwesend sein müßte, die mit Handarbeiten sich beschäftigen durfte. Untergebracht war die Schule bis zum Jahr 1903 in dem ehemaligen Palais Süß-Oppenheimer (Friedrichstraße 34) und dem angrenzenden Eckhaus an der Schloßstraße, das durch einen Saalbau verlängert worden war. Daran schloß sich ein durch hohen Bretterzaun abgeschirmter schöner, alter Garten, in dem am Geburtstag der Stifterin den Schülerinnen Schokolade und Torten kredenzt wurden.
Während die Stadtschülerinnen sich nach Belieben kleiden durften, wurden die dem Internat angehörenden Pensionärinnen in eine einheitlich grüne Tracht gesteckt und in Reihen zu zweien täglich von einer Gouvernante an die frische Luft geführt: »Laubfrösche« nannten die bösen Buben die sittsamen Mädchen.
Ein begeisternder Lehrer scheint Mörike nicht gewesen zu sein, trotz der später aufgekommenen Legende, daß die Mädels für den berühmten Dichter geschwärmt hätten. So berühmt war er damals noch gar nicht, und was er vorzutragen hatte, war vermutlich für den Verstand der Mädchen etwas zu hoch. Er beschränkte sich dann bald schon auf die Lektüre passender Dichtungen und auf kleine Aufsätzchen über einfache Themen. Viel Freude hat ihm das Amt, das eigentlich eine bequeme Pfründe war, nicht gemacht. Als er es schließlich 1867 aufgab, wurde ihm auf noble Art das volle Gehalt auf Lebenszeit gewährt.

Das Stuttgarter Hutzelmännlein

Als ein Mann, der wieder ein Ämtchen, bald auch schon Titel und Orden besaß – Ehrendoktor der Tübinger Universität (1852), Professor (1856), Ritterkreuz des württembergischen Friedrichsordens und bayrischer Maximilianorden – und überdies endlich auch glücklicher Familienvater war, verspürte er nach jahrelanger Muße auch wieder Schaffenslust. Als Dank an die Stadt schrieb er schon in seinem ersten Jahr das seit langer Zeit geplante Märchen »Das Stuttgarter Hutzelmännlein«, worin das ehemals Lottersche, später Hauflersche Haus am Markt »gegen dem Adler über« mit seinen drei Erkern und den Heiligenbildern unter Baldachinen eine Rolle spielt – heiterste Huldigung, die je einer Stadt von einem Dichter dargebracht wurde; vor Erscheinen hatte Mörike in der Museumsgesellschaft sein Märchen zahlenden Gästen vorgelesen. Zwei Jahre später lieferte er sein erzählerisches Meisterstück: »Mozart auf der Reise nach Prag«. Nebenher entstanden außer vielen Gelegenheitsverschen dreißig seiner reifsten Gedichte, die freilich, in die Auflage der »Gedichte« aufgenommen, alles andere als ein Publikumserfolg waren: in neun Jahren wurden insgesamt 607 Exemplare verkauft. Da waren Heyse, Geibel und Scheffel schon andere Kerle; ihre Gedichtbände mit Goldschnitt waren in den Händen aller feinen Damen. Geibel hat sich deshalb auch, wie er gestand, ein wenig geniert, als er, der Berühmte, 1855 den unberühmten Kollegen in Stuttgart aufsuchte.

»Der alte, große Träumer«

Aber den Besten seiner Zeit genug getan zu haben, der Trost ist Mörike geworden. Nicht wenige Prominente haben in Stuttgart Station gemacht, um Mörike zu besuchen. Der war darüber nicht entzückt. Er verleugnete sich, so oft es nur ohne gar zu grobe Unhöflichkeit anging. So hat Wilhelm Raabe, der 1862, jung verheiratet, nach Stuttgart übergesiedelt war, mit allen damals in Stuttgart versammelten Literaten freundschaftlichen Umgang gepflegt. Aber Mörike ist er nie begegnet und hat ihn, von allen Seiten gewarnt, auch nicht zu besuchen gewagt: »Mörike führte ein so hypochondrisch zurückgezogenes Leben, daß wahrscheinlich nur älteste schwäbische Freunde in vertrautem Verkehr mit ihm waren. Aus der Fremdenkolonie weiß ich keinen. Ich, damals als junger Ehemann im vollen geselligen Tummel und Taumel der Tage, fühlte wirklich nicht das Bedürfnis, den alten großen Träumer in seinem Winkel aufzustöbern; gereut hat das Versäumnis mich später natürlich doch sehr.«
Nicht so schüchtern war Theodor Storm, der 1855 gleich auf mehrere Tage kam und zuletzt noch seine Eltern herbeirief. Auch Paul Heyse erschien, der ihm einführend geschrieben hatte, daß er ihm mehr zu verdanken habe, als irgendwem der Lebenden oder der Toten. Die Einladung freilich, nach München zu kommen, lehnte der weltscheue Schwabe ab, dem schon das viel stillere Stuttgart zu turbulent war.

Mörikes dünner Kaffee

In eine peinliche Verlegenheit geriet Mörike, als unangemeldet im Januar 1865 der Russe Turgenjew, damals schon auf der Höhe seines Weltruhms, an seine Tür klopfte. Mörike mußte gestehen, daß er weder das »Tagebuch eines Überflüssigen« noch die »Aufzeichnungen eines Jägers« noch den Roman »Väter und Söhne« und ehrlich gesagt überhaupt nichts von ihm gelesen habe; Turgenjew aber kannte den ganzen »Turmhahn« auswendig. Mehrere Male erschien auch Friedrich Hebbel, der die Schwaben nicht leiden konnte; er fand sie »sehr zugeknöpft, ja herausfordernd und feindselig, dazu verdrießlich und lebensüberdrüssig«. Mörike im besonderen, den er seinen Freund nannte, bezeichnete er in einem Brief an seine Christine »auch eingeschlafen, teils weil in seinem Talent der Keim zu einer fruchtbaren Fortentwicklung ohnehin nicht liegt, teils weil er sich in den elendesten mitleidwürdigsten Verhältnissen herumquält«. Und dann wird er boshaft: »Für die Tasse Kaffee, die ich bei ihm trank, wurde er mir aber, ohne es zu wissen, wirklich Dank schuldig, denn sie war dünn zum Erbrechen, ich hätte sie aber nicht um die Welt stehen lassen mögen, sondern schlürfte sie bis zum letzten Tropfen hinein«. Mörike, den Hebbels Unterhaltung »wie ein Bergsturz« überkam, berichtete darüber an Freund Hartlaub: »Dieser Hebbel ist ein Glutmensch durch und durch, zugleich von einem schneidenden Verstand und, wo er Liebe, Anerkennung spürt wie bei mir, nichts weniger als herb und verletzend, wofür er insgemein gilt, vielmehr recht gut und menschlich, äußerst beredt, auf alles mögliche mit gleicher Lebhaftigkeit eingehend.« Als Hebbel ihm dann die »Nibelungen« und die Gedichte übersandte, machte Mörike ihn in einem anerkennenden Brief auf »leichtlich zu beseitigende Härten oder offenbare metrische Fehler« aufmerksam. Der frühe Tod hinderte Hebbel, die Ratschläge zu befolgen.

Unbekömmliche Residenzluft

Wohlgefühlt hat Mörike sich in Stuttgart nicht; schon kurz nach seiner Übersiedlung hatte er einem befreundeten Landpfarrer geschrieben, daß »Residenzluft an ihm nie so recht haften« wolle. Man darf freilich zweifeln, ob er es anderswo länger ausgehalten hätte. Bezeichnend für seine Unrast bei aller Scheu vor Veränderungen ist der häufige Wohnungswechsel: er ist in seinen letzten zwei Jahrzehnten nicht weniger als achtmal umgezogen, zweimal ist er aus Stuttgart geflohen, ohne sein Stuttgarter Domizil aufzugeben: von 1867 bis 69 wohnte er in Lorch, 1870/71 eineinhalb Jahre in Nürtingen. Seine Stuttgarter Wohnungen: zuerst Augustenstraße, dann Militärstraße 51, Kanzleistraße 8 (von der er eine reizende Planskizze mit dem Blick auf den Stiftskirchenturm gezeichnet hat), Reinsburgstraße 67, Hospitalstraße 36, Forststraße und zuletzt Moserstraße 22, wo er im dritten Stock am 4. Juni 1875, ein halbes Jahr nach dem Einzug, gestorben ist.

Der verlassene Dichter

Die letzten Jahre waren die traurigsten seines Lebens: seine Frau Margarete geborene Speeth, eine Offizierstochter, für die er einst in seiner Liebe Maienblüte so drollige Koseworte wie »Hirschlein, Bitzlein, Schneckenbätzle« geprägt hatte, war nach 22 jähriger, nur scheinbar harmonischer Ehe mit der ältesten Tochter Fanny von ihm weggezogen, zurück nach Mergentheim, wo sie ihn einst kennen- und liebengelernt hatte. Wen die Schuld traf, darüber zu richten, geziemt uns nicht. Gewiß ist, daß Frau Margarete krankhaft eifersüchtig war und daß Mörikes Schwester Klara, von der er sich nicht zu trennen vermochte, ihr auch Grund zur Eifersucht gab. Dazu kam, das Verhältnis von allem Anfang an belastend, der Unterschied der Konfession. Gretchen war eine fromme Katholikin und Eduard immerhin einmal protestantischer Geistlicher gewesen, dem es nicht nur seine Freunde sehr verübelten, daß er während der Mergentheimer Jahre sich benahm, als wolle er aus Liebe zu Gretchen konvertieren. In Stuttgart hatte sich das geändert. Die alten Freunde, Vischer, Strauß, Hartlaub, Notter, Mährlen gewannen wieder Macht über ihn und wurden ebenfalls zu Objekten für Gretchens Eifersucht. Schließlich hielt Mörike die fortwährenden Zerfereien nicht mehr aus und flüchtete sich im Frühjahr 1873 mit der Schwester und der jüngeren Tochter Marie zum »Urfreund« Hartlaub ins stille Stöckenburg bei Schwäbisch Hall und später nach Fellbach. Als er im Herbst zurückkehrte, war Gretchen nicht mehr da: sie war mit der Tochter Fanny nach Mergentheim verzogen.

Versöhnung am Sterbebett

Es war die endgültige Trennung. Auch als Mörike im September des nächsten Jahres 70 Jahre alt wurde, meldete Gretchen sich nicht. Es gab keine Feier. Einsam, verlassen und von Schmerzen geplagt erlebte er den Tag; nur die Schwester und das Töchterlein waren um ihn. Als er dann im Mai des nächsten Jahres das Ende nahen fühlte, ließ er seiner Frau ausrichten, daß er sie noch einmal zu sehen wünsche: »Wie Reisach zerbrochen, zerkracht lieg ich da, gekrümmt, zerschellt«. Gretchen kam, die Gatten gaben sich versöhnend die Hand. Dann reiste die Frau wieder heim. Vierzehn Tage später, am 4. Juni 1875, morgens um acht Uhr, starb er. Ein junger Freund, Wilhelm Hemsen, ein Neffe Vischers, stand am Sterbelager und drückte dem toten Dichter die Augen zu. Am Sonntag darauf wurde er auf dem noch kahlen und nüchternen Pragfriedhof bestattet. Nur wenige Vertreter des literarischen Stuttgart, darunter Ludwig Pfau, Hackländer und Freiligrath, waren neben den nächsten Angehörigen erschienen. Als Jüngster war auch der 17jährige Gymnasiast Otto Güntter gekommen, der spätere Begründer des Schiller-Nationalmuseums und Sammler vieler Mörikeana. Oberhofprediger Karl Gerok, der Dichter der »Palmblätter«, segnete die Leiche ein. Die Grabrede hielt Freund Vischer: »Leb wohl, Leben schaffender Dichter, der den Schatz der geistigen Güter der Nation um echte Perlen vermehrt hat. Leb wohl, bejahender reicher Geist, Du lebendiger, Du guter Mensch, teurer lieber Freund, leb wohl!«

Der junge Hackländer erobert Stuttgart

Unter den »reingeschmeckten« Literaten, die damals in Stuttgart eine Rolle spielten, hat keiner mehr Staub aufgewirbelt, als der Rheinländer Friedrich Wilhelm Hackländer, der 1840, 24jährig, durch einen befreundeten Buchhandlungsgehilfen herbeigelockt, hier sein Glück probierte. Ein Literat war der von Haus aus bettelarme Lehrersohn zunächst freilich noch nicht. Er hatte, früh verwaist, nur eine Volksschule besucht, war aus seiner kaufmännischen Lehre davongelaufen, mit sechzehn Jahren preußischer Rekrut der Artillerie geworden, hatte es auch beim Kommiß nicht lange ausgehalten und sich zuletzt als Provisionsreisender in Zigarren durchgeschlagen. In Stuttgart brauchte er keine Zigarren zu verkaufen. Da er ein flotter Bursche war, schlank und hoch gewachsen, redegewandt, immer vergnügt und von angenehmen Manieren, was den so ganz anders gearteten Stuttgartern stets imponiert, gewann er rasch Anschluß an den damals mächtigsten Zirkel, der sich um die Hofschauspielerin Amalie Stubenrauch, die Favoritin König Wilhelms, scharte. Die Stubenrauch, eine üppige Schönheit und passionierte Intrigantin, beherrschte das Theater, den König, der sie sogar adelte, und die Künstlerkliquen, die um Hofgunst buhlten. In ihr sehr offenes Haus in der Neckarstraße, zu dem, wie man munkelte, ein unterirdischer Gang vom Schloß her führte, fand der junge Rheinländer bald schon Zutritt, dem die für hübsche Männer leicht entzündliche Diva den Floh ins Ohr setzte, daß er zur Bühne müsse. Unterricht beim großen Seydelmann, dann Debut als Fortinbras im »Hamlet«. Durchfall trotz der mächtigen Protektion: der grasgrüne Mime hatte derartiges Lampenfieber, daß er kein gescheites Wort zu sprechen vermochte.

Privatsekretär des Kronprinzen Karl

Also wieder einmal umsatteln: Die Gönner rieten ihm, die lustigen Geschichten aufzuschreiben, die er so hübsch erzählen konnte. Hermann Hauff, der Bruder des Dichters, Redakteur des »Morgenblatts, druckte sie gern ab, obgleich sie das sonst bei Cotta geltende literarische Niveau nicht so recht wahrten. Ein Jahr später lagen die »Bilder aus dem Soldatenleben im Frieden« als Buch vor. Die Militärhumoreske war geboren, ein neues Stoffgebiet gewonnen. Riesiger Erfolg. Der frischgebackene »Belletrist« scheffelte Honorare.

Ein so amüsanter Plauderer war just der rechte Mann, um den Oberststallmeister Freiherrn von Taubenheim, ebenfalls Günstling der Stubenrauch, auf einer Orientreise nach der Türkei, nach Syrien und Ägypten zu begleiten und dann darüber im »Morgenblatt« phantasievoll zu berichten. Das gab zwei bunte abenteuerliche Bände: »Reise in den Orient« und »Pilgerzug nach Mekka«. Dem König wurden als Reisepräsent drei echte Araberhengste offeriert, die der Tausendsassa Hackländer glücklich von Genua nach Stuttgart transferierte.

Zwei Jahre später war Hackländer mit Genehmigung des Königs Privatsekretär des Kronprinzen Karl, der, von Natur schüchtern, aber erlebnishungrig, eines »Maître de Plasir« und Reisebegleiters bedurfte. Im Residenzschloß wurde alsbald eine Liebhaberbühne eingerichtet, wobei der Kronprinz und was sonst an jungen, lebenslustigen Adligen sich bei Hof langweilte, selbst agierten. Auch ein Verein für gesellige Unterhaltung »Die Glocke« wurde unter dem Protektorat des Kronprinzen ins Leben gerufen, der im Kaffee Marquardt am Schloßplatz seine fröhlichen, für viele Stuttgarter schockierenden Séancen abhielt.

Der kosmopolitische Nachtwächter

Gleichzeitig, nämlich 1843, kam literarischer Geschäfte halber der Hesse Franz Dingelstedt wieder einmal nach Stuttgart. Er war als Korrespondent der Cottaschen »Allgemeinen Zeitung« in Paris und London gewesen und bereitete die Herausgabe eines feuilletonistischen »Wanderbuchs« vor. Die Stubenrauch empfahl ihn dem König, der an dem geistreichen, weltgewandten Mann Gefallen fand. Zwar hatte dieser einstige Oberlehrer früher einmal die ein bißchen revolutionären, »in tyrannos« gerichteten »Lieder eines kosmopolitischen Nachtwächters« verfaßt, sich aber inzwischen radikal gewandelt. König Wilhelm imponierte diese Wandlungsfähigkeit dermaßen, daß er ihn sogleich als Vorleser und Bibliothekar engagierte, und ihm, als er auch noch Hoftheaterdramaturg geworden war, den schönen Titel »Legationsrat« verlieh. Selbstverständlich wurde sogleich Hackländer sein Intimus. Dingelstedt dichtete für die »Glocke« das Bundeslied, und Franz Liszt, der auf Tournee im Hoftheater gastierte und zum »Ehrenglöckner« ernannt worden war, setzte es in Töne. Als »Tyrannenvorleser« von den Stuttgarter Demokraten in dem von Ludwig Pfau herausgegebenen satirischen Wochenblatt »Eulenspiegel« verhöhnt, setzte sich Dingelstedt in dem von ihm und Hackländer begründeten Revancheblatt »Die Laterne« zum Gaudium des Königs heftig zur Wehr. In Stuttgart war endlich mal etwas los. Die Württemberger schauten dabei nur zu. Leider ließ die Stubenrauch den sehr ehrgeizigen Dingelstedt in ihrer eigensten Machtsphäre, dem Theater, nicht zum Zug kommen, so ging er 1851 nach München, wo er als Schauspieldirektor durch Musteraufführungen der Klassiker Epoche machte. 1857 als Direktor ans Wiener Burgtheater berufen, wurde er um seiner theatralischen Verdienste willen sogar in den Freiherrnstand erhoben. Stuttgart hatte wieder einmal das Nachsehen. Für die auf ihre Allgewalt eifersüchtig erpichte Stubenrauch war der zum Reformator der Bühne berufene Dingelstedt ein gar zu unbequemer Herr; sie hat es verschuldet, daß Stuttgart auch weiterhin als Theaterstadt Provinz blieb.

Die stolze Olga

Der unentbehrliche Hackländer war selbstverständlich auch dabei, als Kronprinz Karl auf Brautschau nach Petersburg reiste. Er hat zweifellos mitgeholfen, daß die Ehe mit der Großfürstin Olga, der hochmütigen Tochter des Zaren Nikolaus I., schließlich zustandekam. Aber gerade diese Ehe war Hackländers Unglück. Olga, Aristokratin von Geblüt und ohne Gemüt, haßte diesen bürgerlichen Emporkömmling, der ihrem Gatten so frivole, geradezu plebejische, junggesellenhafte Manieren beigebracht hatte. Und Karl, weich und hörig, kuschte brav: Hackländer, der gute Geselle so vieler froher Feste, fiel auf Befehl der Kronprinzessin in Ungnade. 1849 wurde er »gestürzt«. Er hatte bei Kronprinzens nichts mehr zu bestellen. Aber König Wilhelm, dem die hochnäsige Schwiegertochter nicht sympathisch war, bewilligte ihm auch für sein unfreiwilliges Otium weiterhin das Gehalt und ernannte ihn einige Jahre später, der Olga zum Possen, mit dem Eigensinn des Greises – er war 78 Jahre alt – überraschend zum Bau- und Gartendirektor. Das erste, was Karl dann, fünf Jahre später auf den Thron gelangt, auf Wunsch seiner Olga verfügte, war fristlose Entlassung Hackländers und Einleitung einer Untersuchung wegen unlauterer finanzieller Manipulationen. Hackländer ging daraus mit tadellos sauberer Weste hervor. So hochnotpeinlich endete eine alte Freundschaft.

In Ungnade

Das hatte der allzeit muntere Mann, dem Karl die nettesten Freuden seiner Jugend verdankte, nicht verdient. Er verkaufte sein stattliches von Leins erbautes Stadthaus in der Urbanstraße 10, Ecke Uhlandstraße und auch sein geliebtes Heidehaus, und zog schmollend nach Leoni am Starnbergersee, wo er ebenfalls eine Sommervilla besaß. Das Heidehaus mit dem großen Park kaufte Stuttgarts damals wohlhabendster Bürger, Kommerzienrat Friedrich von Jobst. 1911 ging das durch mancherlei Besitzwechsel verwilderte Gelände in den Besitz von Robert Bosch über, der sich hier in frührenaissancistischem Stil seine Behausung errichten ließ. Die schönen alten Bäume, die es dem ehrfürchtigen Botaniker Bosch besonders angetan hatten, waren noch von Hackländer gepflanzt.

Aber auch schon bei jenem ersten »Sturz« war Hackländer auf die Beine gefallen. Er wurde von Cotta als Kriegsberichterstatter beim Krieg gegen Piemont ins österreichische Hauptquartier entsandt, wo er für Radetzky, den alten Kriegskameraden König Wilhelms, mit gewohnter journalistischer Virtuosität die populäre Trommel rührte. Außerdem schrieb er – oder vielmehr diktierte er – mit sprudelnder Leichtigkeit immer neue Bücher, die ihm ein Vermögen einbrachten: »Bilder aus dem Soldatenleben im Kriege«, »Ein Winter in Spanien«, »Europäisches Sklavenleben«, »Handel und Wandel«. Das meiste mehrbändig. 80 Bände umfaßte zuletzt die Gesamtausgabe, darunter keine Niete. Daneben gründete er Zeitschriften: »Hausblätter«, »Sorgenlose Stunden«, »Über Land und Meer«; sie erreichten die höchsten Auflagen und brachten ebenfalls viel Geld ein. Hallberger war dabei sein Compagnon, Krabbe sein Verleger. Die Deutsche Verlagsanstalt hat hier ihren Ursprung.

Der Entdecker der Gänsheide

Sein Geld legte Hackländer phantasievoll an. Er als Erster, der einzige Sehende unter so vielen Blinden, entdeckte, wie zauberhaft schön es ist, von der Höhe auf die Stadt im Tal hinabzuschauen. Er kaufte sich, vermutlich um einen Spottpreis, schon in den vierziger Jahren ein prominentes Grundstück oberhalb von Gablenberg an der Kreuzung der heutigen Hackländer- und Heidehofstraße, legte einen Park an und erbaute sich hier ein Landhaus mit hohem Schieferdach, vergoldeter Wetterstange, einem Glockentürmchen und einer breiten, rosenumrankten Altane, von der aus man das Neckartal überblickte. Auch schön behauene Steine vom einstigen Lusthaus, um die sich niemand sonst kümmerte, wurden pietätvoll verwertet. Hier verbrachte Hackländer seine Flitterwochen mit der Hofballetteuse Karola Opitz, und hier veranstaltete er seine viel beredeten Frühlings-, Sommer- und Herbstfeste, zu denen nicht wenige von der Hofgesellschaft und alles, was in Literatur, Theater, Kunst und Musik einen Namen hatte, als seine Gäste erschienen. Der Mehrzahl nach waren das freilich »Reingeschmeckte«: Die Stubenrauch und ihr Anhang, ihr Schwager Fedor Löwe, erster Held und nebenbei auch Lyriker, Dingelstedt mit seiner schönen jungen Frau, der Sängerin Jenny Leitzer, der elegante Bonvivant Heinrich Moritz, Mitverschworener der Stubenrauch und zuletzt selbst Opfer ihrer Kabalen, die Verleger Krabbe und Hallberger, der Freya-Redakteur Moritz Hartmann, der Intendant Baron Gall, der aus Wien stammende, pariserisch mondäne Portraitist August Canzi, Bruder der Sängerin Wallbach-Canzi, der Baumeister Christian Leins (dieser allerdings sozusagen ein Ur-Stuttgarter aus alter Wengerter-Familie). Durch Abwesenheit aber glänzten die Schwab, Pfizer, Vischer, Mörike; sie nahmen den Mann nicht ernst, der

Talente hatte, die sie nicht besaßen, und der sie nicht einmal um ihre Bildung beneidete, die ihr ganzer Trost und Stolz war. Immerhin: in Stuttgart gab es damals dank diesem windigen, umtriebigen, weltoffenen und weltmännischen, liebenswürdigen, naiv genießerischen, zutiefst harmlosen, total unschwäbischen Hackländer endlich einmal so etwas wie eine schöngeistige, unspießerhafte Gesellschaft, in der sich höfische, bürgerliche und antibourgeoise Elemente locker mischten. Dieser »Hack« brachte einen frischen und fröhlichen Luftzug in unsere Talstadt.

Die Bergwerksknappen

Naturen wie dieser Hackländer sind die geborenen Vereinsmeier; sie können nicht allein sein, sie brauchen Geselligkeit und Betrieb, müssen Reden halten, wollen imponieren und sich produzieren. Nachdem die »Glocke« infolge des Machtworts der Kronprinzessin gesprungen war, gründete Hackländer die Gesellschaft »Bergwerk«, deren Mitglieder sich »Knappen« nannten, Bergmannstracht trugen und skurrilen Bräuchen huldigten. Vorbedingung für die Aufnahme und für die Beförderung war, daß der Kandidat künstlerisch etwas zu bieten hatte. Mit silbernen Hämmerchen wurde Beifall oder Ablehnung geklopft. Jeder erhielt einen Spitznamen, der ihn seines bürgerlichen Nimbus entkleidete. Wer hier Mitglied war, durfte sich einbilden, daß er Humor habe. Bedenkt man freilich jene Zeit und jenes Stuttgart, so übertreibt man kaum, wenn man dieser echt Hackländerschen Gründung auch eine sozial aufklärerische Bedeutung beimißt. Im pietistischen Stuttgart galten Menschen, die beruflich mit dem Theater zu schaffen hatten, als verdächtig; man mied ihre Gesellschaft und hielt sich selbst nicht ohne Hochmut für etwas Besseres. Im »Bergwerk« nun spielten die Theaterleute neben den Literaten wichtige Rollen, und da nicht nur »Reingeschmeckte«, sondern auch so gediegene, allgemein hoch angesehene, autochthone Schwaben wie der Realschulprofessor und feinsinnige Lyriker J. G. Fischer oder Friedrich Notter oder wie Theobold Kerner, des Justinus Sohn, oder wie der Jurist Karl Schönhardt, empfindsamer Lyriker und zuletzt Generalstaatsanwalt, es sich als Ehre anrechneten, mit von der Partie zu sein und im Kaffee Reinsburg, dem inoffiziellen Lokal der Knappen, sich zu treffen, so sind hier doch wohl unter Hackländers geschickter Regie allerlei Vorurteile aus der Welt geschafft worden, wofür man dem munteren Rheinländer, diesem Hechtlein im Stuttgarter Karpfenteich, Dank schuldig ist.

Raabe – Krähe

Um Aufnahme ins »Bergwerk« bewarb sich am 18. Juli 1863 auch der ein Jahr zuvor aus dem Braunschweigischen zugezogene Roman-Dichter Wilhelm Raabe. Man kennt das Datum so genau, weil sich der bisher völlig zurückgezogen hier lebende Mann aus Freude über die Geburt seines ersten Kindes, einer Tochter, zu dem Schritt entschlossen hat. Der Einzug Raabes in Stuttgart im Anschluß an seine Hochzeitsreise war nicht ganz glatt vonstatten gegangen: die zuvor schon gemietete Wohnung in der Gymnasiumstraße 13 war nicht hergerichtet und von den rechtzeitig bei einem Schreiner bestellten Möbeln war nichts geliefert. Der Grund: die Handwerker mißtrauten dem Auftraggeber, weil er ein Preuße war. So blieb dem jungen Ehepaar nichts anderes übrig, als zunächst einmal in dem gegenüber gelegenen Gasthof »König von Württemberg«, dem späteren Bürgermuseum, Logis zu beziehen, bis die Handwerker sich herbeiließen, den »Ausländer« zu bedienen.
Im »Bergwerk« bestand er die Aufnahmeprüfung durch Vortrag des Gedichts »Des Kaisers Ritt«, und der Schichtmeister Hackländer zeigte sich sogleich von seiner liebenswürdigsten Seite, indem er gleich hinterher in seiner Zeitschrift »Über Land und Meer« einen Aufsatz über die Jugendheimat und die Ahnen Raabes veröffentlichte. Ja, dieser Hofrat Hackländer war für einen »Reingeschmeckten« ein nützlicher Mann. Und sein »Bergwerk« ein kleines Opfer an häuslichem Behagen schon wert. Als Knappe hieß Raabe »Krähe«. Er hielt es in diesem Verein nur zwei Jahre aus. Er hatte inzwischen den »Hungerpastor« und »Abu Telfan« geschrieben und erkannt, daß seine Art Humor vom Hackländerschen Humor doch etwas verschieden sei. Übelgenommen hat ihm der Hackländer den Austritt nicht.

Schwäbisches Hochdeutsch

Die sieben Stuttgarter Jahre waren für Raabe fruchtbar. Er hat hier auch noch das dritte Werk seiner berühmten Trilogie, den tief pessimistischen »Schüdderump«, geschrieben, den zu seiner großen Enttäuschung die Stuttgarter Verleger Hallberger und Adolf Kröner als gar zu traurig und von keiner einzigen Liebeshandlung erhellt ablehnten. Merkwürdigerweise scheint auch Friedrich Th. Vischer, der manchmal Gast bei Raabes war, den Rang des Dichters nicht erkannt zu haben. Als Vischer einmal, nicht humorvoll, sondern mit schulmeisterlichem Ernst den preußischen Dialekt der Frau Berta Raabe als unerträglich und unästhetisch bezeichnete, wurde er nicht mehr eingeladen. Umgekehrt geschah es, als Storm nach einer Vorlesung Mörikes über dessen schwäbische Mundart witzelte, worauf Mörikes Frau, die die Sprache ihres Eduard für perfekt hochdeutsch hielt, sich tief gekränkt zeigte. Das erinnert an die nette Anekdote von dem Tübinger Universitäts-Professor, der auf einer Tagung in Berlin einen Vortrag hielt und einen Diskussionsredner, der ihn als Schwaben apostrophierte, erstaunt fragte: »An was hent jetzt Sie dees gmerkt?«

Verdächtige Preußen

Die Familie Raabe hat es auch sonst noch oft drastisch zu spüren bekommen, was es hieß, im damaligen Stuttgart preußisch zu sein. So hatte Frau Raabe im Mai 1864 ihre liebe Not, eine Dienstmagd zu finden, da ein rechtes Schwabenmädel mit preußischen Leuten nichts zu schaffen haben wollte, und als gar das Jahr 1866 kam und württembergische Truppen bei Tauberbischofsheim von den Preußen mit blutigen Köpfen heimgeschickt wurden, hat Raabe, wie es scheint, seine Zunge nicht genügend gehütet. Er war Mitbegründer der Bismarckfreundlichen »Deutschen Partei« und wurde von Freunden darüber verständigt, daß er bei der Polizei als »Landesfeind« und als »Spötter über Schwaben« denunziert worden sei und mit seiner Ausweisung zu rechnen habe. Dazu ist es dann gottlob nicht gekommen. Aber seinem intimsten Freund der Stuttgarter Jahre, dem holsteinischen Dichter Wilhelm Jensen, der Redakteur an der von Adolf Kröner verlegten »Schwäbischen Volkszeitung« war, wurde wegen gar zu provozierender Preußen-Freundlichkeit die Stellung gekündigt. Raabe schrieb am 16. Mai 1866 an einen Braunschweiger Freund: »Die Stimmung ist hier sehr unkriegerisch und gedrückt. Die brutale schwäbische Selbstüberhebung zeigt sich aber schon in manchen Formen, diese partikularistische Borniertheit, wie sie hier in Blüte steht, ist wahrhaft malerisch abgeschmackt.«

Angst vor »Verschwäbelung«

Man versteht, daß hier auf die Dauer seines Bleibens nicht war. Zwar liebte er die Landschaft um Stuttgart und spazierte regelmäßig allabendlich von seiner letzten Wohnung in der Hermannstraße 11 die Hasenbergsteige hinauf zum Jägerhaus; ebenso regelmäßig saß er täglich im Lesezimmer des Oberen Museums und studierte gewissenhaft die Zeitschriften. Aber in Braunschweig lebten eben doch bessere Menschen, zu denen es ihn hinzog. Ihn machte vor allem auch der Gedanke schaudern, daß seine allmählich schulpflichtigen Töchter »verschwäbeln« könnten.

Als im Stuttgarter Freundeskreis bekannt wurde, daß Raabes wegziehen wollten, wurde er zum Abschied noch herzlich gefeiert: Der Verleger Hallberger lud ihn zu einem »Diner« nach Obertürkheim mit anschließender Maibowle in Eßlingen, und Hackländer holte ihn als Ehrengast zum Himmelfahrtsausflug nach Bebenhausen. Auf der Wanderung durch den Schönbuch begegnete dem Dichter, maultrommelblasend, der »Vollblutschwabe und Exstiftler« Christof Pechlin, der dann der Held seines ersten Braunschweiger Romans wurde. Raabes letzter Ausflug von Stuttgart aus führte ihn nach Marbach ins Schillerhaus, wo er sich die Stimmung für den »Dräumling«, die Satire auf das Schiller-Jahr 1859, holte. Das war am 15. Juni 1870, vier Wochen bevor das württembergische Armee-Korps mobil gemacht wurde. Raabe hätte vermutlich den Schwaben viel verziehen, wenn er jene Tage noch in Stuttgart erlebt hätte. Der Pechlin aber, den Raabe für einen Vollblutschwaben hielt, ist für uns unverkennbar nicht mit Neckar-, sondern mit Weserwasser getauft.

Vischer zwischen Tübingen und Stuttgart

Am 14. März 1867 ging dem württembergischen Kultminister Golther ein drei Dutzend Seiten langes Memorandum des gleichzeitig an der Tübinger Universität und am Stuttgarter Polytechnikum dozierenden Professors Friedrich Th. Vischer zu, worin die Verlegung der Tübinger Universität nach Stuttgart mit vielen guten Gründen vorgeschlagen war. Zuerst trägt der Professor seine persönlichen Gründe vor: das Hin- und Herpendeln, das ihm jedesmal mit Ein- und Auspacken bei der Bummelei der Bahn zehn Stunden raube, sei ihm nachgerade unerträglich; ewige Katarrhe, da die ihm gnädigst bewilligte erste Klasse winters nicht geheizt sei, Zerfahrenheit und Atemlosigkeit und dadurch die Gefahr frühen Alterns und vorzeitigen Verbrauchs der Kräfte. Auf den einen oder anderen Lehrauftrag zu verzichten, sei ihm unmöglich, dann müßte er sich für Tübingen entscheiden, das ihm den größeren Teil des Gehalts bezahle und wo er immerhin Studenten mit entsprechender Vorbildung als Hörer habe, während sein Auditorium in Stuttgart mit Gästen ohne akademische Bildung gefüllt sei. In Tübingen aber könne er nicht leben und möge dort auch nicht sterben, denn – und nun zieht der alte Kämpe vom Leder: alle Gassen nach Regen kotig, vor vielen Häusern stinkende Misthaufen, die Kollegen zumeist verbauert, versauert, verdumpft und die eingeborene Bevölkerung, die berühmten »Gogen«: »schmutzige und zerlumpte Gestalten, Pöbel einer verkommenen Stadt«. Es ist gut, daß dieses Memorandum den Tübingern, Gogen wie Professoren und Studenten, nie zu Gesicht gekommen ist. Vischer hätte bei seiner nächsten Gastrolle die alte Aula neben der Stiftskirche nicht lebend verlassen; da hätte ihm vermutlich auch sein in der Schweiz und in Italien so oft bewährter Mannesmut bei Raufereien mit Tierquälern kaum etwas genützt.

Beschränktheit des Stuttgarter Horizonts

Auch mit Stuttgart ist Vischer in jenem Memorandum nicht so recht zufrieden. Er habe immerhin elf Jahre in Zürich gelebt und bei seiner Rückkehr feststellen müssen, daß Stuttgart »nur halb und halb eine moderne, das heißt von weltbürgerlichem Geist der Gegenwart bewegte Stadt« sei. Die Zeit, da unser Land eine vom großen Völkerverkehr fast abgeschlossene Sackgasse war, gehe uns noch nach. Etwas Enges, eine gewisse Beschränktheit des Horizonts, ein falsches Selbstvergnügen, als gebe es draußen in der Welt nicht auch Leute, hänge unseren Vorstellungen und Gewohnheiten noch an. Zur Belebung dieses halbstagnierenden Zustandes würde die Universität, in die Hauptstadt verlegt, gewiß als heilsames Salz wirken. Am Schluß ein Zukunftsbild: »Oft wenn ich über die Seewiese gehe, sehe ich als Traumbild ein stattliches Universitätsgebäude vor mir, das mit dem Polytechnikum, der Baugewerkschule, den weiteren akademischen Bauten, zu welchen der schöne Raum noch Platz genug bietet, eine stolze Gruppe bildet und dem Beschauer zuruft: ›Hier hat Württemberg und mit ihm Süddeutschland seine geistigen Kräfte zu einem Mittelpunkt gesammelt, der in unberechenbaren Strahlen auf ganz Deutschland, in die weite Welt sein Licht ergießt‹ «!

Diese »Seewiese« in weiter Ausdehnung ist das Stuttgarter Hochschulviertel, das unsere Generation jetzt endlich zur Wirklichkeit machte.

Vischer auf dem Katheder

Die Universität Tübingen wurde gottlob Vischer zuliebe nicht nach Stuttgart verlegt. So entschied er sich zwei Jahre später ganz für Stuttgart: »Zu besonderer Genugtuung gereicht mir, daß meine Vorlesungen am Polytechnikum auch von einer bedeutenden Zahl freiwilliger Zuhörer aus verschiedenen Ständen besucht werden. Es ist mir Bedürfnis, in der Welt zu leben, das bewegte Bild des mannigfaltigen Lebens um mich zu sehen.«

Die begeistertste Zuhörerin Vischers zu Beginn der achtziger Jahre war die Hamburgerin Ilse Frapan, die damals noch Ilse Levien hieß und oft auch von Vischer zum Kaffee geladen war. Sie hat das Bild des Lehrers in ihren 1889 erschienenen »Vischer-Erinnerungen« lebendig festgehalten: »Mit straffen festen Schritten steigt der Mann im 76. Jahr zum Katheder, die Gestalt kaum mittelgroß, wohlgebildet, eher hager als fett, die mächtige Stirn frei erhoben. Sein heller Ton mit der hohen Stimmlage dringt bis in die äußersten Ecken des großen Raumes und ist auf der letzten Bank genau so verständlich wie auf der ersten. Jedes Wort kommt rund und voll und scharf akzentuiert heraus und dadurch zur vollen Geltung, daß es durch eine fast unmerkliche Pause von dem folgenden getrennt ist, wie gute, leserliche Schrift die Wörter auseinanderhält. Da wird nichts verschluckt, nichts unterschlagen, nichts gezogen und nichts überhastet. Und wie prächtig das Zungen-R rollt! Hat ein Zuhörer durch Husten oder Niesen ein Wort unverständlich gemacht, so wiederholt Vischer dieses Wort; denn er will verstanden werden. Wie Perlen von der Schnur oder wie einzelne große, klare Tropfen fallen die kraftvollen und doch so schlichten Worte von seinen Lippen, um sich in das Gedächtnis der Hörer unvertilgbar einzugraben.

Die wohlgeschulte Stimme gehorcht jeder Schattierung des Inhalts. Wie machtvoll donnernd wird sie in der Erregung, wie scharf und zischend klingt sie im Spott, wie weich und sanft in den Worten einer Desdemona, Ophelia, wie leidenschaftlich und innig, wenn es gilt, ein Goethesches oder Mörikesches Gedicht vorzulesen. Da bedurfte es nicht seiner Vorbemerkung (es war bei Worten der Kleopatra): Ja, das muß nun so schmelzend gesagt werden, daß es ganze Eisgletscher schmelzen kann, so kann ich natürlich nicht sprechen; er konnte auch das. Und wie Othellos Ausruf, dies: ›Schade, Jago, schade‹ bei ihm klang, wie er das Herz zerriß, daß man sich hundert Meilen fortwünschte, das ist mir unvergeßlich. So etwas kann kein Schauspieler.«

(Bleibt noch anzumerken, daß des alten Vischer junge Freundin, die später den armenischen Schriftsteller Akunian geheiratet und mehrere sozialkritische Romane geschrieben hat, in Genf 1908 auf eigenen Wunsch von einer Freundin erschossen worden ist.)

Der Ästhetiker in der Mietskaserne

Die Kaffeestunden der schwärmerischen Ilse mit dem damals schon fast weltberühmten Ästhetiker fanden in Vischers Stuttgarter Wohnung Keplerstraße 34, zweiter Stock links, statt. Das Haus, das 1942 durch Bomben zerstört wurde, war eine der frühesten und häßlichsten Stuttgarter Mietskasernen mit fast drei Dutzend Wohnungen unter einem Dach – für einen Ästhetiker eine seltsame Wahl. Entsprechend war auch die Einrichtung. Im Schiller-Nationalmuseum wird eine wunderschöne Fotografie von Vischers Wohnstube mit der Sofa-Ecke aufbewahrt: Gründerzeit-Stil mit allem Komfort. Wer den »Auch Einer« kennt, wundert sich nicht, daß es hier manchmal zu Krächen mit Nachbarn kam. So, als eine Amerikanerin, die in der Nebenwohnung auf Besuch war, ihr Klavier an die Wand stellte, hinter der Vischers Schreibtisch stand. Auf Vischers Beschwerde wurde ihm erwidert, er könne ja so lange ausziehen. Vischer siegte zuletzt durch seine bewährte Methode: als wieder Tonleitern geübt wurden, stimmte er ein so markerschütterndes »Löwengebrüll« an, daß die Dame aus dem wilden Westen mitsamt ihrem Klavier den Kampfplatz räumte. Der einzige Vorzug dieser Wohnung war, daß sie in allernächster Nähe des Polytechnikums schräg gegenüber dem Vorgarten lag, wo dann später Vischers Büste aufgestellt wurde. Und daß es auch zum Hotel Dierlamm (Ecke Friedrich- und Schellingstraße), wo er seinen Stammtisch hatte, nur wenige Schritte waren.

Für Schlapphut und Vollbart

Über Wohnkultur hat sich der Herr Professor, der die »Wissenschaft des Schönen« zu begründen unternahm, offenbar keine Gedanken gemacht. Um so mehr aber über die Mode, über die Krinolinen und die Rüschen, über das Verhältnis der Taillen zur Hüfte, über die ästhetische Bedeutung des Hintern bei beiden Geschlechtern, über die auch für seine katarrhalische Weltanschauung wichtige Frage, ob der Männerrock mit engen oder weiten Ärmeln und die Hosen lotterig und schlodderig oder die Beinmuskulatur betonend als ästhetisch vernünftiger zu betrachten seien. Von dem ringsum gleich niedrigen, steifen, weißen Hemdkragen stellte er fest, daß er »etwas angenehm frisch Geköpftes« an sich habe und daher so recht zum Charakter der schlaffen, blasierten Männerwelt passe. Sein besonderer Haß galt dem damals bei den höheren Ständen noch allein herrschenden Zylinderhut, der

»Angströhre«, der er den breitkrempigen weichen Filzhut, den unter den Barrikaden von 1848 begrabenen »Freischärlerhut« als allein manneswürdig entgegensetzte. Man weiß, daß er selbst, bevor er ausging, sorgfältig vor dem Spiegel seinen Schlapphut in die gehörige schwungvolle Form brachte und den ein klein wenig aber nicht gar zu schiefen Sitz kontrollierte. Und daß er es nicht leiden konnte, wenn die Studenten ihn auf dem kurzen Weg von seiner Wohnung zum Polytechnikum durch Grüßen zur Lüftung seines so kunstvoll arrangierten chapeaulischen Faltenwurfs zwangen. Daß er für »freien Bartwuchs« eine energische Lanze brach und gegen den modischen Zwang, den Bart zu scheren, sogar die Regierung mobil zu machen gedachte, ehrt den Demokraten wie den Ästhetiker. Seine Begründung ist lustig: es gehöre zu den Grundrechten des Mannes, gewisse Unschönheiten des Profils wie zurückgeschobenes kleines Kinn oder sehr vorgeschobenen Unterkiefer durch den Bart zu korrigieren. Vischer selbst trug in seinen Mannesjahren das Gesicht rasiert, aber von einer Bartkrause umrahmt; im Alter gönnte er den Haaren im ganzen Gesicht freien Wuchs.

Der Achtzigjährige

Den 80. Geburtstag am 30. Juni 1887 feierte ganz Stuttgart mit: Fahnen, Ständchen, Schulfreiheit, Fackelzug. König Karl verlieh ihm das Komturkreuz des Friedrichs-Ordens, mit dem der persönliche Adel verbunden war. Gottfried Keller, der ihn in seinen Briefen mit »Hochverehrter Herr und Freund« anzureden pflegte, veröffentlichte in der »Allgemeinen Zeitung« einen herzhaften Artikel, worin er ihn als den »großen Repetenten der deutschen Nation für alles Schöne und Gute, Rechte und Wahre« feierte, und abends gabs im überfüllten Konzertsaal der Liederhalle ein Festbankett, wobei sein einstiger Schüler, Richard Weltrich, Professor an der Münchner Kriegsakademie, Vischers »germanischen Humor und Huttenzorn« besonders rühmte. Der Jubilar selbst gestand, bescheiden und doch stolz: »Der Mensch ist glücklich zu nennen, bei dem Pflicht und Neigung zusammengehen. Das ist mir geworden. Ich habe das Glück gehabt, dienen zu dürfen, dem Staat zu dienen mit meiner Kraft.« Am nächsten Tag schon stand er in alter Frische wieder auf dem Katheder.
Im Herbst wollte er noch einmal nach Italien fahren. Er gelangte nur bis nach Gmunden, da erkrankte er plötzlich schwer. Letzter vergeblicher Kampf gegen die Tücke des Objekts: er hatte sich an einem Pilzgericht vergiftet. Sein einziger Sohn Robert, der Kunsthistoriker, damals Professor an der Technischen Hochschule in Aachen, der vorausgereist war, eilte ans Sterbebett. In seinen Armen starb er am 14. September 1887. Sein letztes Wort: »Robert sei ein Mann!«

Der Besitzer des Bergheimer Hofes

Noch zweier Männer ist zu gedenken, die zum Freundeskreis Vischers gehörten, im kulturellen Leben Stuttgarts jahrzehntelang eine Rolle spielten und beide gleich ihm über 80 wurden: Friedrich Notters und I. G. Fischers. Notter, 1801 in Ludwigsburg geboren, Sohn eines in Rußland verschollenen Offiziers und einer mit der Herzogin Franziska verwandten Adligen, seinem Studium nach Doktor der Medizin, ohne je praktiziert zu haben, war ein verträumter Gelehrter, der gleich seinem Freund Justinus Kerner zur Mystik neigte, und ein ideal hochstrebender Dichter, der es trotz vieler

Pläne nie zu einem gültigen Werk brachte. Mag sein, daß ihn auch die Freiheit von jedem Zwang, etwas arbeiten zu müssen, in seiner Konzentrationsfähigkeit gehemmt hat. Denn die Familie Notter war nicht nur wohlhabend, sie lebte, wie Hermann Fischer in seinem biographischen Essay uns versichert, in geradezu glänzenden Verhältnissen. Ihr gehörte als alter Familienbesitz der Bergheimer Hof am Fuß der Solitude, wo sich Friedrich Notter nach seiner Heirat mit der Tochter des Generals Theobald von Zauth, des Architekten der Wilhelma, ein Landhaus »in pompejanischem Stil« abseits der landwirtschaftlichen Gebäude hat erbauen lassen. Hier lebte Notter, immerzu philosophierend und dichtend und das Geschaffene alsbald verwerfend, in den dreißiger und vierziger Jahren ein idyllisches Leben, häufig besucht von seinen Stuttgarter Freunden, von Uhland, über den er später die überhaupt erste Biographie schrieb, und besonders auch von seinem Initimus, Paul Pfizer, mit dem er damals die geradezu revolutionäre Ansicht über Preußen als die kommende Vormacht Deutschlands teilte; Pfizers Partner im »Briefwechsel zweier Deutschen« war Notter, von dem manche Briefstelle wörtlich übernommen ist.

Nach dem Tod seiner Frau, 1850, zog Notter, der sich bald wieder mit der Pfarrerswitwe Schmidlin, geborenen Faber verheiratete, nach Stuttgart, wo er ein gastliches Haus führte. Er wurde jetzt auch literarisch aktiver, schrieb Theaterkritiken für den »Schwäbischen Merkur«, Nekrologe über berühmte Württemberger für die »Allgemeine Zeitung«, gab mit Mörike zusammen, der bald Hausfreund bei ihm wurde, Theokrit und andere griechische Bukoliker in Übersetzung heraus und hielt im Museum stark besuchte Vorträge über Dante, um den er jahrzehntelang sich bemüht hat: er hat die ganze Göttliche Komödie übersetzt, Kommentare dazu verfaßt und in einem Zyklus von 91 Romanzen Dantes Leben bedichtet. Auch als Dramatiker hatte er es versucht und ist mit dem Schauspiel »Die Johanniter« (nach dem Schillerschen Entwurf der »Malteser«) auch auf die Hofbühne gelangt (1869), aber nur mit einem sehr lauen Achtungserfolg.

Das achtundvierziger Jahr rief auch ihn in die politische Arena: er gehörte dem sogenannten langen Landtag 48/49 an, dann wieder 1850 und 1851/55. Demokrat war er nicht, denn die Demokraten waren preußenfeindlich; wohl aber war er liberal und konstitutionell. Es war nur ein Akt der Wiedergutmachung, daß die Stuttgarter diesen Mann, der wegen seiner pro-preußischen Einstellung so lange verdächtigt worden war, 1871 in den ersten Deutschen Reichstag wählten. 1884 starb er, tief gebeugt durch das schmerzliche Erlebnis, daß sein einziges Kind noch vor ihm hatte plötzlich sterben müssen.

Pädagoge, Schiller-Redner, Lyriker

Der andere, Johann Georg Fischer, war kein Honoratiorensohn und durchlief auch nicht das Tübinger Stift. Er war der Sohn eines früh verstorbenen Handwerkers, eines Zimmermanns aus dem einst ulmischen Dorf Groß-Süßen bei Geislingen, war Lehrer geworden, hatte dann aus eigener Kraft als Hospitant in Tübingen die Prüfung für das höhere Lehramt bestanden und 1848 an der Stuttgarter Elementarschule eine Präzeptorstelle erlangt. Jahrzehntelang spielte er im Stuttgarter Liederkranz, zuerst als Chorsänger, dann auch als Chorführer und zuletzt besonders als Redner eine bedeutende Rolle. Nicht weniger als 22 mal hat er bei den traditionellen Schiller-Feiern die Festrede gehalten, ein Meister des gesprochenen Worts und ein von echtem Schiller-Geist befeuerter Künder der klassischen Ideale, dem nicht zuletzt auch die Erwerbung von Schillers Geburtshaus und die Gründung des Schiller-Nationalmuseums zu danken ist. Der Bub aus dem kleinen Dorf im Filstal war zum Städter geworden. Geblieben aber war ihm als freundlichstes Erbe aus der Jugendzeit die Verbundenheit mit der Natur, vor allem die Passion für Blumen und Vögel, als deren bestem Kenner die Tübinger Universität ihm den naturwissenschaftlichen Ehrendoktor verlieh. Einen Garten besaß er in Stuttgart merkwürdigerweise nicht, aber in seiner Wohnung blühte es allenthalben und sangen stets viele Vögel. Wenige Wochen nach seinem 80. Geburtstag, der ihm Ehrungen von allen Seiten eingebracht hat, ist er schmerzlos, ohne Krankheit, verschieden, zehn Jahre nach seinem Freund Vischer, der ebenfalls unmittelbar hinter der Schwelle des neunten Jahrzehnts abberufen worden war.

Die Besten, nicht nur in der Heimat, sondern auch im großen Vaterland, haben es schon damals gewußt, daß dieser populäre Stuttgarter Professor, der 40 Jahre lang erst die Elementarschüler, dann die Realschüler und die Gewerbeschüler unterrichtet hat und ob seiner begeisternden pädagogischen Methoden der Jugend unvergeßliche Eindrücke fürs ganze Leben mitzugeben verstand, neben Mörike und Karl Mayer unser bedeutendster und fruchtbarster Lyriker war, der in manchen naturhaften und formvollendeten Gebilden über das Epigonale hinaus in die Nähe Goethes gelangte. Am Fuß des Hasenbergs, wo er in verschiedenen Straßen (Augustenstraße, Hermannstraße, zuletzt Reinsburgstraße 42) immerzu gewohnt hat, steht sein von Kiemlen geschaffenes Denkmal.

Zwischen Königgrätz und Sedan

Der alte Demokrat Vischer, der in der Paulskirche seinen Platz auf dem linken Flügel eingenommen hatte und mit seinem streitlustigen Temperament immer bei der Opposition war, schwenkte 1870 von seinen alten Parteifreunden ab zur »Deutschen Partei«, der Partei der preußenfreundlichen Württemberger. Er hat den Stellungswechsel, der ihm sehr verübelt wurde, mit großartiger Offenherzigkeit in einer langen Wahlrede begründet, die besser als jedes andere Dokument die Stimmung im Land und besonders in Stuttgart zwischen den Tagen von Königgrätz und Sedan aufzeigt. Württemberg war zu lang von preußenfeindlichen und auf ihre Souveränität erpichten Monarchen regiert worden und hatte zu erbittert um seine verfassungsmäßigen Rechte kämpfen müssen, als daß der Eintritt in den Norddeutschen Bund glatt hätte geschehen können. Vischer drückte es drastisch genug aus: »In Preußen mit seinem anmaßlichen Junkertum sieht es aus wie im Mittelalter. Es ist dies ein Übel der traurigsten Art, das nur höchst abstoßend auf uns wirken kann, die wir Zustände gewohnt sind, wo Adel und Bürgertum schlicht und unbefangen miteinander verkehren und die Geburt kein Vorrecht im Staate begründet. Aber – fährt er dann fort – bringt denn Preußen diese Mißstände zu uns herüber? Wir bleiben frei in unserer Regierung, in unserer Verwaltung, in unseren inneren Einrichtungen, Bräuchen und Sitten, kein preußischer Minister wird unsere Schulen leiten, kein preußischer Junker wird unsere Regimenter führen – im Gegenteil, wenn wir eintreten in den Norddeutschen Bund, der nun zum Deutschen Bunde werden wird, so bringen wir unser freies, lebendiges Wesen, unser freies Denken mit und sind an der rechten Stelle, gegen das zu wirken und anzukämpfen, was in Preußen noch vom Übel ist.«

Zuchthaus wegen Preußenfreundschaft

Wegen einer ähnlichen Rede, die er als Landtagsabgeordneter in Reutlingen gehalten und in der er nichts weiter als die Einheit Deutschlands gefordert hatte, war 20 Jahre vorher Johannes Scherr in Abwesenheit – er war rechtzeitig nach der Schweiz geflüchtet – zu 15 Jahren Zuchthaus verurteilt worden. Er wurde nie begnadigt und kehrte daher nicht mehr nach Deutschland zurück. Nach Vischers Heimkehr war er dessen Nachfolger am Züricher Polytechnikum geworden – einer unserer mutigsten Kulturhistoriker: ein landesverwiesener Schwabe. Und noch ein anderer, ebenfalls Demokrat, Abgeordneter in der Paulskirche und früher Bismarckianer, mußte für seine deutsche Gesinnung büßen: Wilhelm Zimmermann, Sohn eines Stuttgarter Wengerters, Konpromotionale von Strauß, Pfizer und Vischer, der 1851 seines Lehramts am Stuttgarter Polytechnikum enthoben worden war und nach jahrelanger unbezahlter Suspendierung auf die Armutspfarre Leonbronn bei Lienzingen mit ganzen 800 Gulden Jahresgehalt strafversetzt wurde. Sein Werk über den Bauernkrieg, das später Wilhelm Bloss in einer Volksausgabe populär machte, ist heute noch nicht übertroffen. Man soll diese frühen Märtyrer für das, was 1870 geschah, nicht vergessen.

Mobilmachung 1870

König Karl, im Gegensatz zu seinem Vater kein Mann von großem dynastischem Ehrgeiz, stets klug im Hintergrund sich haltend, unmilitärisch, aber ein um so besserer Klavierspieler, fügte sich ohne Widerstreben den politischen Notwendigkeiten. Er war, ahnungslos über das Wetter, das sich zusammenbraute, am 11. Juli 1870 mit seiner Familie in die Sommerfrische nach St. Moritz im Engadin gefahren und, ein wenig verärgert wegen der Unterbrechung, nach sechs Tagen nach Stuttgart zurückgekommen. Dann sogleich Mobilmachung der gesamten Truppen und Einberufung des Landtags, der am 21. Juli die Kriegsanleihe bewilligt.

»Nur ein einzger Demokrate
War so äußerst obstinate,
Daß er blieb auf seinem Kopf:
Dieses war der Pfarrer Hopf.«

(Schartenmayer)

Am Abend Ovationen im Hof des Residenzschlosses. Tausende und Abertausende waren aus allen Stadtvierteln zum Schloßplatz geströmt und jubelten, als der König, seine Frau Olga und der präsumptive Nachfolger Prinz Wilhelm sich auf dem Balkon zeigten. Nach einem brausenden Hoch auf den König stimmten die Sänger des Liederkranzes das Lied vom deutschen Vaterland an: »Das ganze Deutschland soll es sein!«

Am 22. Juli marschieren die ersten Kompagnien unter Oberstleutnant Knörzer von der Rotebühlkaserne ab, vor der sich die Angehörigen und eine riesige Menge versammelt hatten. Erstes Marschziel: die Solitude, wo die Truppe gesammelt wurde. Der französische Gesandte Graf St. Vallier verläßt Stuttgart. Am 26. überträgt der König den Oberbefehl über die württembergischen Truppen dem König von Preußen, der sie der dritten Armee unter Kronprinz Friedrich zuteilt; General von Obernitz übernimmt den Befehl über das württembergische Korps. Am 28. trifft der preußische Kronprinz – der spätere Kaiser Friedrich – persönlich in Stuttgart ein, wird vom König in Audienz empfangen und von den Stuttgartern, wo immer er sich blicken läßt, jubelnd begrüßt. Dann Abmarsch der Feldtruppen, Richtung Schwarzwald und Oberrhein. Schon am 6. August erhalten sie bei Wörth die Feuertaufe: 15 Offiziere und 342 Mann zählt die erste Verlustliste auf.

Die ersten Extrablätter

Es dauerte damals immerhin noch drei Tage, bis die Meldung vom Sieg über MacMahon nach Stuttgart gelangt war. Zum ersten Mal wurden jetzt Extrablätter verteilt. Die Druckerei des Staatsanzeigers (im alten Cotta-Haus Ecke König- und Kienestraße) erhielt zuerst das Telegramm, das sogleich vom Redakteur durchs Fenster den Leuten auf der Straße vorgelesen wurde. Mehr und mehr Menschen fanden sich ein, denen der ebenfalls erschienene Ministerpräsident Varnbüler dann immer von neuem das Telegramm bei Gaslicht auf offener Straße vorlesen mußte. Dann Zug vors Schloß und Hochrufe auf den König.

Viel beschäftigt waren zu Hause die Frauen, die unter Vorsitz der Königin Olga einen Sanitätsverein gegründet und die Pflege der Verwundeten übernommen hatten. »Charpie« aus Leinwand zu zupfen, war die dringendste Aufgabe, denn Verbandswatte gab es noch nicht. Große Sensation: Gefangene Zuaven und Turkos, die »schrecklichen Söhne der afrikanischen Wüste«, wie das »Neue Tagblatt« schrieb, wurden in Stuttgart eingeliefert und unter militärischer Bedeckung mit aufgepflanztem Bajonett durch die Straßen geführt.

Siegesjubel und Reichsgründung

Hoch gingen die Wogen der Begeisterung, als am Samstag, 3. September, die Nachricht vom Sieg bei Sedan, von der Kapitulation der französischen Armee und der Gefangennahme Napoleons bekannt wurde: »Dem Chronisten tritt das Bild des Tages vor das Auge, wie man sich, Tränen im Auge, umarmte, einander stumm die Hand drückte, vor der Stiftskirche Hunderte unbedeckten Hauptes ›Nun danket alle Gott‹ sangen, wie nun, alle Sorgen und Zweifel gleich dem Nebel verscheuchend ein höheres Bild sich erhob: das neue Deutsche Reich, fester, geeinter als je das alte gewesen. Und an des Reiches Spitze der neue deutsche Kaiser.« Am 19. Oktober reisten die württembergischen Bevollmächtigten ins Hauptquartier nach Versailles zu den Verhandlungen über die Errichtung eines deutschen Bundesstaats. Führer der württembergischen Delegation war der neuernannte Ministerpräsident Hermann Mittnacht, der Nachfolger Varnbülers. Ihm waren zunächst die Hände gebunden, da König Karl dem Bund erst dann beizutreten gedachte, wenn auch Bayern sich dazu entschloß. In Bayern aber hatte der kranke Ludwig II. noch Hemmungen. Da man in Stuttgart über die Vorgänge in Bayern nicht genügend unterrichtet wurde, passierte König Karl das Malheur, daß er als letzter seine Unterschrift gab. Im Dezember wurden die Verträge durch die württembergischen Kammern genehmigt; der Landtag nahm sie mit 74 : 14, die Kammer der Standesherren mit 26 : 3 Stimmen an. Am 1. Januar 1871 wurde das Königreich Württemberg Glied des Deutschen Reichs. Zuvor hatten die Stuttgarter Regimenter freilich noch schwere Opfer zu bringen: am 30. November und 2. Dezember fielen bei Villiers und Champigny in Abwehr eines verzweifelten Ausfalls aus dem belagerten Paris 384 Mann; 1395 wurden verwundet, 187 vermißt.

Der Rössleswirt von Cannstatt

Aber noch waren die Deutschen nicht in Paris. Zur Kapitulation hat der Sage nach ein ganz klein wenig auch ein Feldwebel aus Cannstatt beigetragen.

Als Jules Favre am 25. Januar wieder einmal mit Bismarck wegen Übergabe verhandelte und darauf hinwies, daß nicht nur die Pariser Hunger litten, sondern auch die deutschen Soldaten, ließ Bismarck den Rösslewirt von Cannstatt herbeirufen, der auf Wache war. Bei dessen Anblick hat Favre nichts mehr von hungernden deutschen Soldaten gesagt. Der Rössleswirt, ein kleiner Mann mit Knebelbart, wog zwei Zentner.

Am 8. März kann endlich der Friede gefeiert werden: Alle Häuser bis in die engsten Gassen hinein geschmückt. Überall Transparente mit sinnigen Versen. Die Schulen haben frei. Auf dem Marktplatz drängt sich alles zusammen. Oberbürgermeister Sick spricht über die sieghafte Aufrichtung des Reiches und gedenkt der Opfer. Ein Männerchor singt das Lied von Uhland:

»Es rauscht und singt im goldnen Licht:
Der Herr verläßt die Seinen nicht,
Er macht so Heil'ges nicht zum Spott:
Viktoria! mit uns ist Gott!«

Triumphbogen beim »Lindle«

Am 29. Juni ziehen die württembergischen Truppen in Stuttgart ein. Auf dem kleinen Platz beim »Lindle« in der Hauptstätterstraße, an der Kreuzung der Paulinenstraße, ist ein Siegesbogen errichtet, auf dem eine Viktoria mit Kranz thront. In den Feldern links und rechts stehen die Namen

Wörth und Paris. Dazwischen eine Inschrift, die gewiß keiner der in Stuttgart lebenden Dichter verfaßt hat:

»Die ihr gerettet Deutschlands Ehre,
Geschlagen Frankreichs stolze Heere,
Euch Helden von der Marne-Strand,
Bringt seinen Dank das Vaterland.«

Der alte Schartenmayer, mit bürgerlichem Namen Friedrich Theodor Vischer, der als Honoratior auf einer der Ehrentribünen saß, hat den feierlichen Moment also bedichtet:

»Morgens hatte es geregnet,
Doch der Himmel selber segnet,
Dann mit hellem Sonnenschein,
Diese braven Kriegerreihn.

Daß sie kotbespritzet waren,
Zierte wahrhaft diese Scharen:
Man sah, mit Respekt erfüllt,
Von dem Feldzug so ein Bild.«

Auch Karl Gerok, der allen hochverehrte Oberhofprediger, griff an diesem Tag ausgiebig in die Saiten und brach in den Jubelruf aus:

»Die Welt ist schön und noch des Lebens wert!«

Auf den Straßen bis zum Schloß bildeten die Schulen, Vereine, Innungen, Genossenschaften hinter Seilen Spalier. An allen Plätzen waren Tribünen errichtet, auf denen die Abgeordneten, die höheren Staatsbeamten, die städtischen Kollegien in Bratenrock und Zylinder saßen und überall Festjungfrauen in weißen, rüschengarnierten Krinolinen, mit schwarzroten Seidenschärpen geschmückt, blumenwerfend, Kränze verteilend. Höhepunkt des Tages: General von Obernitz mit seinem Stab salutiert vor seinem König im Schloßhof. Dann Vorbeimarsch vor dem König und zuletzt Biwak in den Anlagen, wohin die städtischen Fuhrwerke, schon beim »Lindle« den Truppen sich anschließend, Wein, Brot, Würste und Zigarren brachten. Für die Offiziere waren Tische gedeckt.
Als um die Jahrhundertwende an der Ecke der Hauptstätter- und Paulinenstraße ein monumentaler Neubau mit pompöser Hausteinfassade

erstellt und darin eine Wirtschaft, der sogenannte Lindenhof, eingerichtet wurde, ließ der Wirt auf der großen Saal-Wand durch den Akademie-Professor Christian Speyer den hier geschehenen Einzug der Sieger malen. Unter diesem heroischen Aspekt einer als wahrhaft groß empfundenen Zeit schmeckten den Bürgern an ihren Stammtischen das Bier und die Viertele nochmal so gut.

Die wachsende Stadt

Unter König Karl hatte Stuttgart eine gedeihliche Zeit. Nicht weniger als 89 neue Straßen wurden während seiner Regierung angelegt, nach allen Himmelsrichtungen entstanden an den Rändern neue Stadtviertel für die rasch wachsende Bevölkerung. Am 1. Dezember 1872 zählte man 91 623 Einwohner, zwei Jahre später waren die Hunderttausend schon beträchtlich überschritten: 107 273. Dann durchschnittliche Zunahme alljährlich um rund tausend. Im Jahr 1880: 117 303, im Jahr 1885: 125 906, und plötzlich eine sprunghaft sich verdoppelnde Zunahme, so daß 1892, noch vor den Eingemeindungen, die 150 000er-Grenze erreicht war.

Der Stadtgarten wird angelegt

Noch während des Kriegs gelang es der Stadt, vom Staat den sogenannten Alleen-Platz anstelle des längst schon trockengelegten großen Sees gegenüber dem 1860 bis 1864 von Egle erbauten Polytechnikum zu erwerben. Hier befand sich seit Jahrzehnten schon die sogenannte Stadt-Allee, die neben den königlichen Anlagen der Lieblingsspazierweg der biedermeierlichen Stuttgarter war. Zwar wissen wir von dem natur- und wanderfreudigen Oberhofprediger Gerok, daß er seine abendlichen Gänge mit Vorliebe höhenwärts richtete, nämlich dahin, wo heute noch die nach ihm benannte, erst viel später angelegte Straße mit dem Endziel der »Geroksruhe« am Waldrand sich emporschlängelt. Aber der dichtende Pfarrer war eine Ausnahme, auch darf man vermuten, daß er zum Spazierengehen mehr Zeit hatte als die schaffigen Bürgersleut, die die nähere und bequemere Allee aufsuchten. Die Stadt hat die Allee nun unter Nutzung des alten Baumbestandes als Stadtgarten angelegt, diesen aber schon im nächsten Jahr einer privaten Gesellschaft zur Verwaltung überlassen, wodurch der wunderschöne Lustgarten leider der breiten Öffentlichkeit verloren ging. Denn jetzt wurde das ganze Areal mit einem Staketenzaun versehen,

Hecken wurden gepflanzt, damit Unberufene nicht unentgeltlich sich an der Blütenpracht erfreuen könnten, und Abonnements ausgegeben, die für den sparsamen Mittelstand unerschwinglich waren. Daß die Militärkonzerte, die regelmäßig an den Sommerabenden veranstaltet wurden, von den Nachbarn und den Bummlern in der See- und Kanzleistraße mitgenossen wurden, das konnten freilich auch die Zäune und Hecken nicht verhindern.

Der »Nill«

Noch ein anderer Erholungsort besonderer Art entstand gleichzeitig und in demselben Stadtviertel. Ging man die Seestraße hinauf bis zum Seebuckel und durch den Koppentalweg an der Gärtnerei Bader, später Enoch und an der Landeshebammenschule vorbei zum kühlen Koppentalbrünnele und weiter an den steilansteigenden Weinbergen entlang bis zum Querweg, der hinüber zum alten Herdweg führt, der späteren Wiederholdstraße, so gelangte man zum »Nill«. Hier hatte auf einem drei Morgen großen Grundstück der Gastwirt und ehemalige Zimmermeister Johannes Nill, anschließend an seine Gartenwirtschaft, einen zoologischen Garten gegründet, der am 1. Juli 1871 eröffnet wurde. Dieser Garten war über 30 Jahre lang die beliebteste Attraktion Stuttgarts, welche Besucher aus dem ganzen Land anlockte; all die traditionellen Konfirmandenausflüge aus der näheren und weiteren Umgebung hatten stets den »Nill« als letztes und interessantestes Ziel.

Der Wolle- und Seelenjäger

Der biedere, tierliebende Zimmermeister hatte bei der Einrichtung seines Zoo den denkbar besten fachmännischen Berater, nämlich den 1832 bei Neckarsulm geborenen Mediziner und Zoologen Gustav Jäger, der in den sechziger Jahren den Wienern ihren ersten Tiergarten organisiert hatte und seit 1867 Professor der Zoologie in Hohenheim, seit 1870 zugleich auch als Kollege Vischers am Polytechnikum war. Der kleine, stämmige Mann mit dem krausligen Vollbart war kein Professor nach dem üblichen Schema. Er war einer der frühesten Anhänger Darwins und hatte aus der Deszendenztheorie den Schluß gezogen, daß der Mensch, um seine Gesundheit zu schützen, vom Tier, das in der Freiheit keine Erkältungskrankheiten kenne, noch viel zu lernen habe. So gelangte er von der Zoologie zur Hy-

giene und zu radikalen lebensreformerischen Ideen, die ihn alle aus pflanzlichen Materialien gearbeiteten Textilien ablehnen ließen; nur reine Wolle sei gesundheitlich einwandfrei. So entstand das bald schon weltberühmte, besonders in England beliebte »Jägerhemd«, das die Stuttgarter Firma Benger nach seinen Angaben auf den Markt brachte. Das war nicht nur für die Fabrikanten, sondern auch für den Erfinder ein großartiges Geschäft. Da erschien allabendlich in des Professors Landhaus im Oberen Hoppenlauweg hinter der Hegelstraße ein Lehrling von Benger und lieferte die neuesten Hemden ab, die dann von Jäger eigenhändig mit einem großen runden Stempel versehen wurden. Aber nicht nur das Material war für Jäger wichtig, auch der Schnitt der Männerkleidung, der einen langen, hochgeschlossenen, zweireihigen Kittel und Hosen mit schiefem Verschluß vorsah, war seit 1880 normalisiert. Einer der überzeugtesten Jünger des »Wollejägers« war bekanntlich Robert Bosch, der als Student Jägers Vorlesungen am Polytechnikum besucht hatte und dann jahrzehntelang die »Normalkleidung« trug. Jäger'sches Gedankengut war es zum Teil auch, das Bosch später bei der Stiftung seines homöopathischen Krankenhauses leitete.
Später ist aus dem »Wollejäger« bekanntlich dann noch der »Seelenjäger« geworden, der, ebenfalls auf Grund von Tierbeobachtungen, aus der Wirkung der verschiedenen Düfte auf den Menschen dessen »Seele« erschließen zu können glaubte. Wenn wir heute auch sein damals sensationell wirkendes Buch »Die Entdeckung der Seele« bizarr finden, und auch das »Woll-Regime« mit seinen sektiererhaften modischen Extravaganzen nur noch eine drollige historische Reminiszenz bildet – ein typisch schwäbisches Original von imponierender Quer- und Dickköpfigkeit war dieser Stuttgarter Professor mit seinem im Winter braun, im Sommer hellbeige gefärbten, bis hoch hinauf zugeknöpften Wollkittel ohne Kragen und Krawatte auf jeden Fall. Er hat es dank seiner Gesundheitskraft und sonstigen »lebensreformerischen« Praktiken immerhin auf 84 Jahre gebracht.

Die Völkerwiese

Dieser Gustav Jäger also, der zu Anfang der siebziger Jahre sein großes zweibändiges Werk über »Deutschlands Tierwelt nach ihren Standorten« veröffentlichte, war der langjährige Berater des Tiergartenbesitzers Johannes Nill. Bedenkt man, was es heißt, einen großen Zoo, der in seiner Glanzzeit ein halbes tausend Tiere aller Gattungen umfaßte, mit privaten

Mitteln, ohne staatliche oder städtische Subventionen, zu schaffen und zu unterhalten, so kann man den alten bescheidenen Nill, der wie ein kleiner Handwerksmeister aussah und sich auch so benahm, nicht genug bewundern. Da gab es ein großes Raubtierhaus mit Löwen und Tigern, ein kleines Raubtierhaus mit Leoparden, Wölfen und Füchsen, ein Elefantenhaus, ein Antilopenhaus, einen Hirschpark, einen Bärenzwinger, einen riesigen Flugkäfig, ein Warmhaus für Affen, einen Park für Kamele. Und mitten drin eine große »Völkerwiese«, wo Indianer, Beduinen, Somalineger, Eskimos, aber auch Velozipedisten auf turmhohen brennenden Spiralen sich produzierten.

Cläre Heliot, die Löwenbändigerin

Stammgast war hier fast zehn Jahre lang die liebreizende Cläre Heliot, die nicht nur ihren zwölf prächtigen Löwen, sondern auch so manchem Stuttgarter Bürger den Kopf verdrehte, wenn sie, in blausamtenen Kniehöschen, mit einer dicken Peitsche und einem zweizinkigen Spieß bewaffnet, zu den Klängen von Bizets Torero-Marsch den riesigen runden Löwenkäfig betrat und die Bestien auf ihre Podeste trieb, sie dann, schaukeln und balancieren, durch Ringe springen, Pyramiden bauen ließ und zuletzt ihren süßen blonden Lockenkopf in den geöffneten Rachen ihres Lieblings Sascha legte, den sie dann mit seinen drei Zentnern, um die Schultern gelegt, aus der Manege trug. Dann jubelte ganz Stuttgart ihr zu. Sie hat die Liebe der Stuttgarter so herzlich erwidert, daß sie, als sie sich 1905 zur Ruhe setzte, hier seßhaft wurde, zunächst auf dem Rappenhof bei Leonberg, den sie erwarb, und zuletzt in einem Stuttgarter Altersheim, wo sie als muntere Greisin voll abenteuerlicher Erinnerungen lebte. Sie starb 1953 im Alter von 86 Jahren.

Paradies der Maler

Ebenfalls Stammgäste bei Nill waren die Maler, soweit sie für Animalisches interessiert waren. In den Anfangszeiten war es der Tiermaler Friedrich Specht, ein kleiner Mann mit malerischem Spitzbart, der hier sein »Löwenpaar im Käfig« auf die Leinwand pinselte. Später Josef Kerschensteiner, genannt Peppi, der Neffe des berühmten Münchener Pädagogen, sozusagen ein Inventarstück von Nill, der, wenn nicht mit der Staffelei vor einem Käfig, bestimmt im Gastzimmer vor einem Krug bayrischen Biers zu treffen war. Auch der feine Landschafter Karl Goll, der einen Tümpel im Entengehege stimmungsvoll wie eine Landschaft aus der Gegend von Barbizon zu malen verstand, und Hans Molfenter, der das Bestialische der großen Katzen, ihre fauchende Wildheit, ihre verletzte urweltliche Majestät hinter den Gittern so faszinierend mit Stift und Pinsel zu gestalten wußte, ließen sich hier zu ihren besten Leistungen inspirieren.

Mag sein, daß die Gefangenhaltung der Tiere bei Nill nicht so »human« war wie das in modernen Tierparks üblich ist. Gewiß aber ist, daß eingesperrte Tiere auch heute nicht liebevoller und verständiger gepflegt werden können als damals am Herdweg, vollends als des Gründers Sohn Adolf, ein studierter Tierarzt, 1894 das Erbe übernommen hatte. Für die Tierliebe der Stuttgarter ist bezeichnend, welch großen Anteil sie nahmen, als eines Tages bekannt wurde, daß der Lieblingselefant aller Kinder und auch der Erwachsenen wegen eines unheilbaren, schmerzhaften Geschwürs erschossen werden sollte. Hunderte hatten sich eingefunden, als der kranke, bis zuletzt gutmütige Dickhäuter feierlich auf die Völkerwiese geführt wurde, der Arzt mit Kreide die Zielscheibe auf den grauen Vorderrumpf zeichnete und ein sicherer Scharfschütze den Fangschuß abgab. Ohne einen Laut brach der Koloß langsam zusammen. Es war gottlob schmerzlos vorbeigegangen.

Der ausgestopfte Oberbürgermeister

Im Jahr 1906 mußte Nill schließen. Die Stadt war zu nahe gerückt, hatte den Tiergarten mit Wohnhäusern schon umrandet. Es gab Beschwerden: der Baugrund war zu wertvoll geworden, und schließlich ist ein auf engem Raum beschränkter Zoo weder lärmfrei noch geruchlos. Eine Verlegung hätte nur mit Hilfe der Stadt geschehen können. Aber im Rathaus residierte damals der brav demokratische und höchst sparsame Oberbürgermeister Gauß, der den Standpunkt vertrat, daß das Naturalienkabinett mit seinen so lebenswahr ausgestopften Viechern für die Bildung der Jugend vollauf genüge. Worauf ein schlagfertiges Mitglied des Gemeinderates die Gegenfrage stellte, ob nicht auch ein ausgestopfter Oberbürgermeister, den man ja nicht zu füttern und zu honorieren bräuchte, für die Arbeit im Rathaus vollauf genüge. Da die Mehrheit diese Frage bejahte, ohne freilich dem lebenslänglich gewählten Oberbürgermeister etwas anhaben zu können, verkaufte Adolf Nill seine geliebten Tiere an die Gärten zoofreundlicherer Städte und sein Areal an den Staat, der hier im Verlauf des nächsten

Jahrzehnts das Kultministerium und allerhand Institute der Technischen Hochschule erbaute. Alte Stuttgarter, die vorbeikommen, hören noch immer manchmal Löwengebrüll und die gellen Schreie exotischen Geflügels.

Die Menagerie im Stöckach

Der »Nill« war nicht der erste und nicht der letzte Tiergarten Stuttgarts. Schon König Friedrich hatte sich 1812 aus persönlicher Liebhaberei im Anschluß an sein Landhaus Retraite im Stöckach eine Menagerie zugelegt, die ihn viel Geld kostete. Da gab es einen Leoparden, drei Eelefanten, von denen der größte 4400 Gulden gekostet hatte, fünf Bären, ein amerikanisches Einhorn, 54 Affen (Durchschnittspreis 300 Gulden), drei Kamele, die täglich in der Stadt das Futter holen mußten, ferner mehrere Vogelhäuser, die geschmackvollerweise im Stil gotischer Kapellen erbaut waren. Erinnert man sich, was für ein grausamer Massenschlächter des Wilds dieser Friedrich bei seinen Schaujagden war, so vermutet man wohl richtig, daß auch diese Menagerie nur eine königliche Tierquälerei in protzigem Stil war. Sogleich nach Friedrichs Tod hat sein Sohn Wilhelm verordnet, daß der Park aufzulösen und die Tiere zu verkaufen oder tot an das Naturalienkabinett abzuliefern seien. Von der ganzen Fauna fand auf Wunsch der Königin Mathilde nur ein gelehriger Star Gnade. Beim Abtransport machte sich ein Elefant den Spaß, zweimal den für ihn gebauten Transportwagen zu zertrümmern und das eine mal ins Gasthaus »Zum grünen Baum« (Ecke Schloß- und Königstraße im heutigen »Marquardt«), das andere mal ins Freigelände auf der Prag zu entwischen.
Auf dem Platz dieser kurzlebigen Menagerie wurde später die tierärztliche Hochschule untergebracht, die mit einigen der noch stehengebliebenen Menageriegebäude sich recht und schlecht behelfen sollte. Die Hochschule wurde 1909 leider aufgehoben, so daß die württembergischen Tierärzte seither in Freiburg oder München studieren müssen. Jetzt stehen dort die Schwabengarage, das alte Rundfunkgebäude, das Telegraphenbau- und Fernmeldeamt und das Postamt 104.

Der »Affen-Werner«

Auch des »Affen-Werners« soll man gedenken, des Cafetiers Gustav Werner, der 1840 in der Sophienstraße hinter seinem Gasthaus eine große Pergola einrichtete, die allseitig von Käfigen umgeben war. Zunächst waren es Affen, die zur Belustigung der Gäste hier ihre Späße trieben, während Papageien zwischen den Pfeilern schaukelten. Auch Pfauen, ein zahmer Storch, Goldfasanen und allerlei sonstiges Geflügel trieb sich zwischen den Tischen umher. Diese zoologische Gartenwirtschaft fand so lebhaften Zuspruch, daß Werner mit der Zeit sogar auf seinem engen Platz noch Löwen, Bären, Leoparden und Hyänen installierte. Aber als ringsum hohe Häuser entstanden, mußte die Idylle 1873 verschwinden. Aber auch noch, als aus dem Kaffee Werner das Hotel Rauh geworden war, zeigte die Gartenwirtschaft im Hinterhof noch lange, bis zur Zerstörung durch die Bomben, einige nette architektonische Reminiszenzen an diesem Vergnügungsort des biedermeierlichen Stuttgart.

Protzige Fassaden

Nur mit großem Mißbehagen schaut man zurück auf die städtebauliche Entwicklung im letzten Drittel des vergangenen Jahrhunderts. Die Tradition architektonischer Anständigkeit war mit dem Klassizismus zu Ende gegangen. Da den Baumeistern partout nicht Neues einfiel, kopierten sie mit sterilem Eifer historische Stile ohne Rücksicht auf Zweckmäßigkeit oder Einpassung in die Landschaft. Unter dieser Unfähigkeit hatten die damals neu angelegten Straßen Stuttgarts nicht weniger zu leiden als die aller anderen Städte, nur daß bei uns an den Hängen, die allmählich erklettert wurden, die steil aufragenden protzigen Fassaden, die oftmals ihre Kehrseiten mit den Veranden dem Tal zukehrten, wie auf Postamente gestellt, mit ihrer Häßlichkeit und Landfremdheit noch besonders auffallend kokettierten.

Der alte Bahnhof

Man kann es jener von allen guten Geistern des Geschmacks verlassenen Zeit wohl kaum verargen, daß sie auch für die Zwecke eines Bahnhofs, wofür es keine Vorbilder gab, keine bessere Lösung fand als eine renaissancistische Säulenhalle mit feierlichen Rundbögen, wie Morlock und Wolff sie auf Grund des noch aus den vierziger Jahren stammenden Etzel'schen Vestibüls 1863 bis 1867 erstellten. Und trotzdem: diesen alten Bahnhof mit seiner feierlichen Palazzo-Fassade, hinter der es mit den qualmenden Dampflokomotiven so unfeierlich zuging, haben die Stuttgarter ein halbes Jahrhundert lang sehr geliebt, war er doch der Schauplatz herrlichster

Freuden, wenn es in die Ferien ging oder zu den sonntäglichen Wanderfahrten auf die Alb und in den Schwarzwald oder wenn es nach langer Trennung ein Wiedersehen zu feiern galt. Da waren die zwei langen, bedachten Gleishallen mit der Drehscheibe für die Lokomotiven, eine Spezialität unseres Kopfbahnhofs, die es fast nur in Stuttgart gab und die die Wonne aller Buben war. Und da war die Mittelhalle mit der berühmten Uhr, unter der man sich traf und nie verfehlen konnte; hinten links in dieser Mittelhalle war das Restaurant zweiter Klasse, wo immer etwas los war, wo Stammtische tagten, wo Ankunft und Abfahrt der Züge von gemütlichen Schaffnern laut ausgerufen wurden und wo man zu einem gut schwäbischen Viertele auch noch eine Portion Weltluft serviert bekam. In der Seitenwand der rechten Gleishalle aber war eine unscheinbare Pforte, über der »Hotel Marquardt« stand. Während die gewöhnlichen Sterblichen mit ihren Hoteldienern hinaus in die Schloßstraße gehen mußten, verschwanden die hochvornehmen Marquardt-Gäste, ohne sich unters Volk mischen zu müssen, nach wenigen Schritten durch die geheimnisvolle Seitenpforte.

Das renommierte Marquardt

Denn gleich nebenan stand ja Stuttgarts berühmtestes Hotel, von dem jedermann wußte, daß es in der ganzen Welt wenige seinesgleichen gebe. Wer von Stuttgart so gut wie nichts wußte, der hatte doch diesen Namen schon gehört. Dieser Nimbus tat auch jener großen Mehrheit von Stuttgarter Bürgern, die nie ihren Fuß in diese heiligen Hallen hineinzusetzen gewagt hätten, im Herzen wohl. Mochte man uns spießig und kleinstädtisch schelten – wir hatten immerhin das »Marquardt« und das »Marquardt« war Weltstadtklasse. Was an erlauchten Gästen hierher kam, stieg im »Marquardt« ab; auch Richard Wagner wohnte selbstverständlich hier im April 1864, obgleich er, von seinen vielen Gläubigern bös verfolgt, nicht das nötige Kleingeld gehabt hätte, um die Hotelrechnung zu bezahlen, wenn nicht als Retter in der Not der Abgesandte des Bayernkönigs ihn hier aufgestöbert und nach München entführt hätte.
Auch das »Marquardt« hat seine Geschichte. Zuerst tauchte der Name 1838 auf, als Wilhelm Marquardt in der Königstraße 35, dem späteren Rominger'schen Haus, ein Café einrichtete, das er 1855 in das ehemals Gauger'sche Caféhaus Ecke König- und Schloßstraße verlegte; das war ein stattliches vierstöckiges, klassizistisches Haus mit Walmdach, über dessen

Eingang gegenüber dem Königsbau ein auf vier Säulen ruhender Balkon angebracht war. Zwei Jahre später schon kaufte Marquardt das danebenliegende Gebäude in der Schloßstraße, das zu Beginn der siebziger Jahre abgebrochen und durch einen repräsentativen sechsstöckigen Neubau ersetzt wurde, der unmittelbar bis an den Bahnhof reichte. 1895 wurde auch das gar zu bescheiden danebenstehende ehemalige Café Gauger abgebrochen und durch den pompösen, mit vielen Balkonen und Figuren geschmückten Eckbau ersetzt (Architekten Eisenlohr und Weigle), dessen Fassade heute noch im wesentlichen erhalten ist.

Der Olgabau

An der anderen Ecke der Königstraße, da wo heute der Olgabau steht, und zwar gegenüber dem Kunstgebäude, gab es auf dem Platz des ehemals Dannecker'schen Ateliers ebenfalls ein Café Marquardt, das dem Bruder des Hoteliers gehörte und zuletzt als Café Bechtel ein beliebter Treffpunkt war. 1893 wurde auch hier Raum geschaffen für einen schloßplatzwürdigen Bau, den von Lambert und Stahl entworfenen Olgabau, in dessen Erdgeschoß lange Jahre ein feudales, aber gerade darum schlecht besuchtes Café betrieben wurde. Eine Nachbildung von Danneckers berühmtestem Werk, der »Ariadne auf dem Panther«, erinnerte an den Künstler, der hier einstmals gewirkt hat. Ein kolossales Wandgemälde zeigte überdies die flanierenden Stuttgarter beim Militärkonzert unter den Kastanien des Schloßplatzes; hier waren lauter stadtbekannte Gestalten wunderschön portraitgetreu dargestellt: im Zentrum, mit hellgelbem Sommeranzug, die Handschuhe überziehend, der heftig umschwärmte jugendliche Komiker, Bonvivant und Liebhaber Otto Tressler, genannt in Stuttgart das »Meyerle«, ein Stuttgarter Kind, dem aber bald schon der Sprung zum Wiener Burgtheater glückte; dort wirkte er noch lange als unverwüstlicher Achtziger. Neben ihm war auf jenem Kolossalgemälde als Stuttgarts elegantester Kavalier auch der Maler Alexander Freiherr von Otterstett mit Monokel und einer Orchidee im Knopfloch seines hellgrauen Gehrocks zu sehen, ein Böcklin-Schüler, der die koloristisch leuchtendsten Blumenstücke, vorzüglich Päonien, zu malen verstand.

Hauptpost und »Royal«

Gegenüber dem Hotel Marquardt und dem Bahnhof erhob sich das 1871 anstelle der ehemaligen Feldjägerkaserne erbaute Hauptpostamt, ein monumentaler Palast, steif und wuchtig mit einem durch zwei Stockwerke reichenden Torbogen und einer Säulenbalustrade darüber; dahinter dehnte sich der weiträumige Posthof, wo die gelblackierten Pferdekutschen für die Paketverteilung untergebracht waren. Vor der Hauptpost, deren Front weislich von der Straßenflucht zurückgerückt war, hatten die Droschken und die »Taxameter« ihren Standort. Die Droschkengäule waren damals so fromm, daß ihre Besitzer sie stundenlang ohne Aufsicht hier »parken« lassen konnten, derweilen sie an ihrem Stammtisch im Hotel Royal »gaigelten«. Es genügte, wenn ein einziger Kutscher draußen bei den Gäulen auf die Kundschaft wartete. Wurde er benötigt, so alarmierte er vor der Abfahrt seine Kollegen, worauf der nächste auf Wache ging, immer hübsch der Reihe nach. Nur wenn die Fernzüge ankamen, mußte manchmal der »Gaigel« unterbrochen werden.
Das Hotel Royal neben der Hauptpost, populärstes und größtes Gasthaus nächst dem Marquardt, wurde 1861 von Friedrich Banzhaf erbaut und dann 90 Jahre lang von ihm und seinen Nachfahren bewirtschaftet. Hier logierten die gut bürgerlichen Reisenden, denen es im Marquardt zu feudal zuging. In den Restaurationsräumen, wo Münchner Hofbräu und echtes Pilsner ausgeschenkt wurden, waren die meisten Stammtische von ganz Stuttgart etabliert, studentische Korporationen, Altherrenverbände, Künstler, Schauspieler, Professoren, Fabrikanten und Rentiers. Die Küche war berühmt. August Banzhaf, der Sohn des Gründers, machte es sich auch in hohen Jahren noch jeden Abend zur Pflicht, im schwarzen Cutaway durch die Räume zu gehen und die Gäste zu begrüßen; fast an jedem Tisch saß einer, dem er freundschaftlich die Hand drückte.

Neue Gotteshäuser

Allmählich war es auch Zeit geworden, daß die Stadt zu den alten Kirchen, der Stiftskirche, der Leonhardskirche, der Hospitalkirche und der Eberhardskirche weitere Gotteshäuser erhielt. Den Anfang machte 1855 die gotisierende neue Berger-Kirche von Gaab und Leins, 1876 die ebenfalls von Leins im französischen Kathedralstil entworfene Johanneskirche auf einer Halbinsel des Feuersees, die zwar eine malerische Lage hat, aber etwas putzig und verkünstelt wirkt, weil sich eben die Maßstäbe jener nur noch äußerlich nachempfundenen gotischen Formen nicht beliebig verniedlichen lassen. Im Gegensatz zu Leins und Gaab hatten sich die Baumeister Dollinger und Hoffmann auf den romanischen Stil kapriziert: die in Backstein ausgeführte Garnisonskirche in der Lindenstraße (1879), unbestritten das langweiligste und liebloseste aller früheren Stuttgarter Gotteshäuser, in der die soldatischen Zwangsbesucher allerdings trotzdem mit Genuß zu schlafen pflegten, die Heslacher Matthäuskirche (1881), die Friedenskirche oberhalb der Neckarstraße (1892) und die 1901 von Cades erbaute Elisabethenkirche am Bismarckplatz bewiesen nur, daß die Meister auch vom Geist der Romanik kaum einen Hauch verspürt hatten. Zur Abwechslung frühgotisch waren die 1879 von Egle erbaute, doppeltürmige Marienkirche, die zweite katholische Pfarrkirche, ferner die 1898 eingeweihte Pauluskirche zwischen Bismarck- und Seyfferstraße und die 1899 von Geheimrat Jobst zur Erinnerung an seine verstorbene Frau gestiftete Gedächtniskirche Ecke Hölderlin- und Lessingstraße. Als erstes Anzeichen dafür, daß die Krisis in der Baukunst überwunden sei, darf die 1908 von Theodor Fischer an den Hang des Kriegsbergs geschmiegte Erlöserkirche gelten, die mit ihrem gemütlich behaubten, behäbigen Turm zwischen den steilen Weingärten als einzige dieser neueren Kirchen bodenständig wirkt.

Die Landesbibliothek

Beim Profanbau war es nicht besser. Zwar sah die Landesbibliothek, die 1885 in der Neckarstraße anstelle des Invalidenhauses aus Mitteln der französischen Kriegsentschädigung erstellt wurde, höchst repräsentativ aus, aber der Architekt Landauer hat leider übersehen, daß ein noch so prunkvoller Palast mit riesigen rundbogigen Fenstern sich nicht gerade für Bibliothekszwecke eignet. Jene barocken Klosterbaumeister hatten noch ein feineres Gefühl für die Intimität der Räume, die den Büchern und dem Studium geweiht sind. Die Leseräume waren in jener pompösen Bibliothek nur Nebengelasse, die man dem Besucher am besten schamhaft verbarg, während die Magazine in riesigen Festhallen notdürftig installiert waren: Musterbeispiel einer zweckwidrigen Fassadenarchitektur.

Unser »prächtiges« Landesgewerbemuseum

Die Gipfelleistung einer entfesselten, gewalttätigen Baumeisterphantasie, die sich den Teufel um den Zweck des Bauwerks kümmerte, sondern nur auf protzige Kulisseneffekte ausging, war Neckelmanns 1896 erstelltes Landesgewerbemuseum, das in seine Umgebung, neben das bescheidene Schickhardthaus Ecke Hospital- und Kanzleistraße und das ebenso bescheidene einstige Hofpfarrhaus an der Ecke der Schloßstraße und die mehr als bescheidenen Häuschen in der Lindenstraße so gut paßte wie eine gepolsterte Boxerfaust in das Auge eines Säuglings. In dieser bös und finster dreinblickenden Trutzburg mit ihren bekuppelten Ecktürmen ist kein einziger Raum, der für irgendwelche bürgerlichen Zwecke im geringsten brauchbar wäre. Der Direktor Gustav Pazaurek residierte in einem dumpfen kalten Souterrainraum, die Ausstellungsobjekte verloren sich auf einer ungegliederten, windigen, schlecht belichteten Galerie; der ganze monströse Fassadenmantel aus Quadern und Säulen ist um eine kalte, marmorprotzende Halle mit zweirampiger Treppe herumgebaut, auf deren Wand der jeder Repräsentation abgeneigte König Karl mit seinem schönen Vollbart in prächtigem Krönungsornat lebensgroß dargestellt ist: letztes Aufflackern eines drolligen, völlig unschwäbischen Byzantinimus. Die von Pazaurek hier eingerichtete Sammlung von Geschmacksverirrungen konnte kein stilgemäßeres Domizil finden.

Der »wandelnde Popo«

Und wie die Architektur sich in einer geradezu perversen Freude an Unechtem, am Vortäuschen falscher Formen und Materialien auslebte, so auch die Kleidermode. Bald nach dem Krieg verschwindet die von Vischer ästhetisch hingerichtete Krinoline, die auch auf der Bühne für klassische Frauengestalten wie Iphigenie oder Medea obligatorisch geworden war, wobei der Tragödin Christiane Enghaus, der Gattin Hebbels, das Pech passierte, daß sie als sterbende Krimhild mit den Beinen gegen das Publikum zu Boden sank und unter dem hochgestellten Rundbogen ihrer germanischen Krinoline die Spitzenhöschen zur Schau stellte. An die Stelle der Krinoline trat das »Cul de Paris«, das die Frauen dadurch reizvoller erscheinen lassen wollte, daß dem Hinterteil eine abnorm ausschweifende Bedeutung beigemessen wurde; Vischer erfand dafür das treffende Bild: »wandelnder Popo«. Schwere, breit ausladende Rembrandthüte über den Ponylöckchen und Puffärmel, die sich bald zu monumentalen Schinken ausweiteten, kreierten ein neues Schönheitsideal, das den Männern offenbar imponierte.

Kokette Männer

Die Männer ihrerseits spielten ebenfalls Theater. Nicht nur Richard Wagner, sondern auch völlig banausische Spießbürger trugen zu Hause samtene Künstlerbarette und mit Seidenbändern eingefaßte Samtjacken und stellten in ihren Salons Staffeleien mit drapierten Bildern auf, die sie nicht selbst gemalt hatten. Die Hosen, die beim Namen zu nennen plötzlich streng verpönt wurden – man titulierte sie jetzt Beinkleider –, wurden zur Abwechslung um die Oberschenkel eng und vom Knie an trichterförmig sich erweiternd getragen. Da diese unten baumelnden Glocken den Gang gar zu plump machten, ging man nach zehn Jahren dazu über, auch die Wadenpartie möglichst eng zu schneidern und unter den Stiefeln, deren Absätze immer höher wurden, durch Stege festzuhalten. Da die wenigsten Herren auch damals wohlgeformte Waden hatten, wurden Polster eingebaut. Solche Wattepolster mußten auch die Schultern und die Brüste heroisch dehnen, während Korsetts die Männertaillen weibisch verengten.
Vom »Jägerhemd« wurde schon gesprochen. Es blieb noch sehr lange in Mode, wurde aber bald schon hinter einer gesteiften »Vorbrust«, einem daran befestigten, ebenfalls steifen Kragen und durch ebenfalls steife »Röllchen« über den Handgelenken versteckt. Statt gebundener Krawatten wurden genähte um den Kragen geschnallt oder einfach an einem Kragenknopf eingehängt. Wessen Haar sich auch nur ein wenig lichtete, ließ sich ein »Toupet« verfertigen und den Bart danach färben. Als schön und elegant empfunden wurde nur das, was nicht echt war. Auf den Zugstiefeletten wurden Zierknöpfe angebracht, für die es keine Knopflöcher gab. Sport gab es nicht, wenn man von den Pferderennen absah. Als dann das Schlittschuhlaufen und das Bergsteigen Mode wurden, begab man sich im Gesellschaftsanzug aufs Matterhorn und aufs Eis.

Triumph der Prüderie

Unecht und verlogen war auch die Prüderie im Verkehr der Geschlechter und in der Verhüllung aller natürlichen Formen. Daß Frauen Beine hatten und an diesen Beinen auch Waden, auf solche verwegene Gedanken sollte kein Mann kommen; schon den Knöchel bei Regenwetter oder in sitzender Haltung zu zeigen, war für eine Dame äußerst shocking. Wie der Busen durch die erstmals hoch bis ans Kinn geschlossenen Kleider den Blicken entzogen und durch die Korsetts in ihrer Plastik genormt waren, so wurden auch die Frauenarme unter den Keulenärmeln keusch bis zum Handgelenk verborgen – ein Moralkodex, der auch in den Seebädern streng eingehalten wurde. Kein Sonnenstrahl hat in jenen Jahrzehnten mehr als die Nasenspitze treffen dürfen, und auch dagegen hatte die Dame das Parasol, das Sonnenschirmchen als wirksame Waffe. Und gewohnt und geliebt haben diese so drollig vor sich selbst und vor einander schauspielernden Menschen hinter den schwülstigen Fassaden in stilvollen Zimmern voller Plüsch und Nippes und ausgestopfter Tiere und toter Makartbukette. Als mondän galt, was imitiert war.

Die selige Gründerzeit

Imitiert und eine arge Selbsttäuschung war in den allermeisten Fällen auch der Reichtum, der hier vorgegaukelt wurde. Dessen wurden sich auch die ehedem so soliden Stuttgarter an jenem »schwarzen Freitag«, dem 9. Mai 1873, schmerzhaft bewußt, als es zuerst an der Wiener Börse, im September dann in New York und im Oktober schließlich in Berlin bedenklich zu krachen begann: Gründerjahre! Auch in Stuttgart war, unter Wirkung der französischen Milliarden, ein wildes Spekulationsfieber ausgebrochen, und so mancher solide Kleinbürger hatte seine Spargroschen in eines der vielen neuen Aktienunternehmen gesteckt in der Hoffnung, nunmehr ohne Arbeit rasch reich zu werden. Da platzte auch hier der Schwindel: im September 1874 mußte die von einer preußischen Gesellschaft gegründete »Württembergische Kommissionsbank«, bald danach auch die »Stuttgarter Bank« und schließlich die »Württembergische Depositenbank« liquidieren. Dabei ging so manches schöne Privatvermögen verloren. Das Mißtrauen in die Papierwerte, das durch diese empfindliche Lektion geweckt wurde, hat noch lange nachgewirkt. Den Höhepunkt erreichte die Krise in Stuttgart erst vier Jahre später: 1878 ist als das matteste Geschäftsjahr mit einer

Rekordzahl von »Ganten« (Konkursen) in unserer Wirtschaftsgeschichte verzeichnet. Der wackere Philipp Ulrich Schartenmayer griff wieder einmal kräftig in die Saiten:

Mammonschwindel

Schartenmayers Seele trauert,
Daß er fast sich selber dauert,
Weil soviel Verdorbenheit
Um sich greifet weit und breit.

Wie vermehrt sich das Gesindel,
Das da lebt vom Mammonschwindel,
Aktien- und Gründerpack
Mit dem Gaunergeldschnappsack!

Seid verwünscht, fünf Milliarden,
Die ihr uns in unsren Garten
Dieses Tollkraut eingesetzt,
Das zur Geldwut reizt und hetzt!

Wucher hat es stets gegeben,
Schelmen werden immer leben,
Aber sonst hieß Lug doch Lug
Und das Wort für Trug war Trug.

Kein honetter Mensch verkehrte
Sonst mit dieser krätz'gen Herde,
Jetzo aber heißts: Herr von ...
Ehrenplatz dem Geldbaron!

Alle, die verächtlich sinnen,
Ohne Arbeit zu gewinnen,
Die mit Künsten eines Wichts
Summen baun aus Luft und Nichts:

Stell' den ganzen Menschenkutter
Vornhin als Kanonenfutter,
Wenn der Kriegstrompete Stoß
Wieder schmettert: es geht los!

Die Prosperität in der Statistik

Aus allerlei statistischen Angaben ergibt sich aber auch ein positives Bild der Gründerzeit in Stuttgart: im Dezember 1872 waren im Vergleich mit dem Jahr 1842 die Löhne der Handwerker und Fabrikarbeiter um 119 Prozent, die Preise der Brotfrüchte um 65, der Preis für Fleisch um 167, für Bier um 94, für Brennholz um 50 Prozent gestiegen. Aus dem gleichen Jahr werden auch die ersten Streiks gemeldet; den Anfang machten die Buchdrucker und zwar 300 Setzer, die nach zwölf Wochen eine Aufbesserung von 16²/₃ Prozent sich erkämpften. Es folgten die Schuhmacher, die 15 Prozent durchsetzten. Am höchsten standen die Löhne der Bauhandwerker: ein Steinhauer verdiente täglich fünf Gulden, also in die spätere Währung umgerechnet 8,50 Mark. Gebaut wurde wie noch nie; in den drei Jahren 1870 bis 1872 wurden dreieinhalb mal so viel Häuser erstellt wie im ganzen Jahrzehnt zuvor. Die Wertsteigerungen des Haus- und Grundbesitzes erreichten bei Häusern bis gegen 300 Prozent, bei Feldgütern bis 200 und bei Bauplätzen zwischen 2000 und 8000 Prozent. Hatte die Umsatzsumme in Liegenschaften in den sechziger Jahren durchschnittlich sechs Millionen Gulden betragen, so stieg sie 1873 auf 30 Millionen. Bezeichnend ist, daß 1872 das »Stuttgarter Immobilien- und Baugeschäft«, das mit der »Allgemeinen Baugesellschaft« sich in den Baumarkt teilte, in der neu angelegten Goethestraße zwischen Kriegsberg- und Jägerstraße nach den Entwürfen von Gnauth 14 Prachtvillen im Renaissancestil erbaute, die nur für Millionäre in Betracht kamen und auch alsbald Liebhaber fanden. Die bisher tonangebenden Gesellschaftskreise des Hofs, der hohen Beamtenschaft, des Militärs konnten mit den Geschäftsleuten nicht mehr konkurrieren.

Viele neue Wirtshäuser

Erstaunlich ist auch die Zunahme der Zahl der Gaststätten, und zwar in dem einen Jahr 1872 um nicht weniger als 117, so daß auf 139 Einwohner eine Schankwirtschaft kam. Schartenmayer war darüber gar nicht begeistert: er warf den Handwerksmeistern vor, daß sie schon in der »Frühmeß« das Geld verlumpten, das sie aus der Kundschaft durch viel zu hohe Forderungen und schundige Ware herauspumpten. Der Fleischverzehr, der in den sechziger Jahren noch bescheiden war, stieg 1873 auf 144 Pfund pro Kopf im Jahr, senkte sich aber nach den Krächen wieder beträchtlich.

Schon im August 1872 stellte es sich als notwendig heraus, die erste Pfandleihanstalt zu gründen, selbstverständlich als Aktiengesellschaft. Die Städtische Sparkasse wurde erst zwölf Jahre später, im August 1884 ins Leben gerufen; wie sehr sie einem Bedürfnis entgegenkam, ersieht man daraus, daß gleich im ersten Jahr 35 247 Einlagen mit über 900 000 Mark gemacht wurden, davon zwei Drittel mit sogenannten Pfennig-Sparmarken. Stuttgart hatte wieder zu sparen gelernt.

Handwerk und Industrie

Im Vergleich mit anderen deutschen Städten hat Stuttgart die Krisen der Gründerzeit rascher und gesünder überwunden; das Spekulieren auf Profit und das Faulenzen auf fragwürdigen Aktienpaketen liegt den Schwaben nicht im Blut. Die Industriefirmen, die jetzt mehr und mehr das wirtschaftliche Leben bestimmen, sind denn auch nicht mit oder ohne Aktien »gegründet« worden, sondern zumeist aus kleinen handwerklichen Betrieben herausgewachsen. Der Zollverein von 1833 hatte sozusagen den Startschuß gegeben, die Verkehrserleichterungen durch die Eisenbahn – am 26. September 1846 war der erste Zug, von Cannstatt kommend, in den Stuttgarter Kopfbahnhof eingefahren – hatten die Stadt aus ihrer Sackgasse herausgeführt. Im zweiten Drittel des 19. Jahrhunderts geschah langsam und stetig die Wandlung. In den Jahrzehnten zwischen 1833 und 1861 verdoppelte sich die Einwohnerzahl, die Zahl der Fabriken aber verzehnfachte sich im gleichen Zeitraum von 17 auf 173, die Zahl der in den Fabriken Beschäftigten versiebenfachte sich (von 600 auf 4000). Aber noch dominierten die Handwerksbetriebe: 1861 zählte man 1939 Meister, die 5810 Gehilfen Brot gaben.

Das blieb im großen ganzen so bis 1895, dem Jahr der überhaupt ersten detaillierten Berufszählung. Stuttgart hatte damals bei einer Einwohnerzahl von 158 321 nicht weniger als 12 613 Gewerbebetriebe, die 54 916 Personen beschäftigten; also rund ein Drittel der Bevölkerung waren Handwerker, Fabrikanten, Arbeiter. Stark zurückgedrängt waren der einst mächtige Weingärtnerstand und die Bauern, zugenommen aber hatten die Gemüse- und Obstgärtner – wohlverstanden noch vor den Eingemeindungen der benachbarten Dörfer und Weiler.

Die Hälfte aller Gewerbebetriebe waren damals noch Alleinbetriebe, 4160 rangierten als Kleinbetriebe (bis zu fünf Arbeitern), 1342 als Mittelbetriebe (zwischen 6 und 20 Arbeitern). Insgesamt beschäftigten diese vorwiegend familiären Betriebe 32 252 Leute, während die 366 größeren Betriebe, die als eigentliche Fabriken anzusprechen sind (durchschnittlich 60 Arbeiter) 22664 Arbeitskräfte aufwiesen. Auf dem gewerblichen Mittelstand, also vorwiegend auf dem Handwerk, basierte die Wirtschaftskraft der Stadt. Das Handwerk war und blieb bis zum heutigen Tag das Reservoir für die Industrie und zwar nicht nur, was die Facharbeiter, sondern auch was den Nachwuchs an Unternehmerpersönlichkeiten betrifft.

Ferdinand Steinbeis

Hier ist des Mannes zu gedenken, den man nicht mit Unrecht den »Schöpfer der württembergischen Industrie« genannt hat: Ferdinand Steinbeis. Dieser Pfarrersohn aus Ölbronn, Neffe Justinus Kerners, war von Beruf Bergfachmann und 1848 an die kurz zuvor gegründete »Zentralstelle für Gewerbe und Handel« in Stuttgart als technischer Berater berufen worden. Während ehedem alle staatlich dirigierten Versuche, das gewerbliche Leben zu fördern, an dem tief eingewurzelten Mißtrauen gegen bürokratische Bevormundung und Besserwisserei scheiterten, packte Steinbeis seine Aufgabe von der praktischen Seite her an. Er kannte seine Schwaben, schätzte ihren zähen Fleiß, ihre Sparsamkeit und ihre erfinderische Bastelfreude – Eigenschaften, die aus der Not des im freien Erbgang völlig zersplitterten Kleinbauerntums und des fast um Gotteslohn arbeitenden nebenberuflichen Hausgewerbes sich herausgebildet hatten. Aber er wußte auch, wie gering die Chancen dieser fleißigen und bescheidenen Menschen waren im Vergleich mit anderen, rohstoffgesegneten und verkehrsgünstigeren Ländern, in die sie oft genug verzweifelt ausgewandert waren. Statt, wie bisher Menschen, künftig Waren auszuführen, war die von Steinbeis klar erkannte Aufgabe.

Der Export wird organisiert

Daß auch die Tüchtigsten das aus eigener Kraft nicht schaffen konnten, war ihm klar. Da mußte der Staat helfen. Aber nicht bloß mit Geld und Kredit, sondern mit großzügigen erzieherischen Maßnahmen. Es galt festzustellen, warum Waren, etwa Textilien, die in Württemberg hergestellt wurden, auf dem Weltmarkt nicht konkurrenzfähig waren. Also Reisen in jene günstigeren Produktionsgebiete, Ankauf einzelner dort verwendeter Maschinen oder auch Anwerbung von Fachkräften, die dann die schwäbischen Arbeiter anleiten konnten. Stipendien wurden ausgesetzt, damit die kleinen Fabrikanten die damals so beliebten Ausstellungen in aller Welt besuchen und genau studieren konnten, die neuesten Maschinen wurden angekauft und den Interessenten leihweise oder auf Abzahlung zur Verfügung gestellt; von Industriespionage wußte man damals noch nichts. Um den württembergischen Waren dann den Zugang zu den Weltmärkten zu eröffnen, wurden von den sechziger Jahren an planmäßig alle Ausstellungen beschickt, wobei Steinbeis Wert darauf legte, daß die württembergische Industrie, die er 1853 in der »Handelsgesellschaft« organisatorisch zusammengefaßt hatte, stets als geschlossene Einheit nach außen auftrat. Durch diese mit Geschmack und psychologischem Takt arrangierten repräsentativen Schauen wurde der Ruf des bisher nur als kleiner Agrarstaat bekannten oder vielmehr unbekannten Württemberg als das Industrieland qualitativ hochwertiger Spezialitäten mit den mannigfaltigsten Branchen in Wahrheit erst entdeckt.

Die gewerbliche Fortbildung

Unterbaut wurde die industrielle Leistung seit den fünfziger Jahren durch eine systematische Schulung des Nachwuchses, wie sie damals in Deutschland einzigartig war. Als Schöpfer des gewerblichen Fortbildungswesens in freiwilligen Abendkursen, wofür aufs großzügigste Unterrichtsmaterial, Modelle, Maschinen, Zeichenvorlagen angeschafft wurden, hat Steinbeis mit schöpferischer pädagogischer Leidenschaft den Typ des fast konkurrenzlos dastehenden schwäbischen Facharbeiters geprägt. Den Begabtesten wurden durch ihn Lehrstellen in den führenden Fabriken des Auslands, besonders Englands, vermittelt, wo sie jahrelang mit Unterstützung der Zentralstelle sich weiterbilden konnten.

Leider ist dieser Mann, vergrämt über die angebliche Undankbarkeit seiner Landsleute, im selbstgewählten Exil gestorben: als er 1878 nach heftigen Angriffen des Landtags wegen seines eigensinnigen Widerstands gegen die Bismarck'sche Schutzzollpolitik von seinem Amt zurücktrat – er war immerhin schon 73 –, zog er aus seinem geliebten und zuletzt gehaßten Stuttgart, dessen Industrie ihm so viel verdankte, möglichst weit weg nach Leipzig, wo er noch 13 Jahre kreuzunglücklich im Schmollwinkel verbrachte. Er ruht in einem Ehrengrab, das ihm die Stadt Ulm in Anerkennung für eine hier von ihm einst arrangierte Industrieausstellung geschenkt hatte.

Gottlieb Daimler

Zu den begabten Nachwuchskräften, die Steinbeis mit sicherem Blick für die Weiterbildung im Ausland ausgewählt hatte, gehörte auch der gelernte Büchsenmacher Gottlieb Daimler, Sohn eines Bäckermeisters und Weinwirts im idyllischen Remstalstädtchen Schorndorf. Ihm hatte Steinbeis, da es in Württemberg für einen angehenden Maschinenbauer nicht viel zu lernen gab, einen Arbeitsplatz in der damals berühmten Fabrik in Grafenstaden im Elsaß verschafft und später auch die Mittel vorgeschossen, daß er sich am Stuttgarter Polytechnikum die wissenschaftliche Grundlage zu seinen praktischen Erfahrungen als Ingenieur erwerben konnte. Aus Dankbarkeit für die Förderung der Heimat hat sich Daimler, nachdem er sich auf den verschiedensten maschinenbautechnischen Gebieten, zuletzt als Direktor der Deutzer Gasmotorenfabrik, höchst erfolgreich und stets mit eigenen Ideen betätigt hatte, 1882 in Cannstatt selbständig gemacht, freilich nicht als Unternehmer, sondern sozusagen als Experimentator: er wollte in der Stille das ihn schon lange bewegende Problem zu lösen versuchen, wie die von ihm in Deutz hergestellten, durch die Gasleitung ortsgebundenen Motoren unter Nutzung eines anderen Betriebsstoffs beweglich zu machen wären. Als seinen vertrauten Mitarbeiter hatte er Wilhelm Maybach mitgebracht, mit dem er seit seiner Tätigkeit in der Papiermaschinenfabrik des Bruderhauses in Reutlingen freundschaftlich und beruflich eng verbunden war; Maybach war als Waisenknabe im Bruderhaus des Vaters Werner erzogen worden.

Am Sulzerrain in Stuttgart

Daimler war schon ein Endvierziger, als er am Sulzerrain in Cannstatt in unmittelbarer Nähe des Kursaals ein Landhaus mit großem Garten erwarb und in diesem Garten wohl verborgen ein kleines Werkstattgebäude mit zwei Räumen erbaute. Hier soll es auch passiert sein, daß die Polizei, der das geheimnisvolle nächtliche Treiben in dem verwunschenen Häuschen verdächtig vorgekommen war, eine Haussuchung wegen – Falschmünzerei vornahm, ein Vorfall, der sich fast gleichzeitig bei dem mit dem gleichen Problem beschäftigten Carl Benz in Mannheim wiederholte. Das schlichte, architektonisch nicht eben reizvolle Backsteinhäuschen ist die Geburtsstätte des leichten, schnellaufenden Motors mit Glührohrzündung für Benzinbetrieb, und damit des ersten Automobilmotors der Welt überhaupt.

Das schreibt sich leicht hin, in Wahrheit aber stecken hinter dieser Tatsache eine ganze Reihe genialer technischer Gedanken und auch nicht wenige bittere Enttäuschungen. Das schwierigste Problem war damals die Zündung. Beim Gasmotor hatte eine offene Flamme genügt, die hier natürlich nicht in Betracht kam. Lange experimentierte Daimler mit den Möglichkeiten der Selbstentzündung des vergasten Benzins, die später ja die Grundlage des Dieselmotors bildete. Aber Benzin taugte dafür nicht. So kam Daimler schließlich nach monatelangen ergebnislosen Versuchen zur Zündung mittels des Glührohrs, das eine kleine Ausbuchtung am Zylinderkopf bildete und mittels Bunsenbrenners glühend gemacht wurde. So primitiv uns diese »nicht gesteuerte Zündung« heute auch erscheinen mag: sie ermöglichte immerhin den ersten leichtgebauten Motor mit der damals geradezu phantastisch anmutenden Umlaufzahl von 600 und bald sogar 900 in der Minute. Bis gegen Ende der neunziger Jahre waren die Daimler-Motoren mit dieser Glührohrzündung ausgestattet. Dann wurde sie aus Sicherheitsgründen polizeilich verboten und durch die inzwischen, besonders auch von Robert Bosch entwickelte elektrische Magnetzündung ersetzt.

Das erste Motorzweirad

Das Patent auf diesen Daimler'schen Benzinmotor mit Glührohrzündung wurde unterm 16. Dezember 1883 erteilt. Nicht ganz zwei Jahre später, am 29. August 1885, ließ sich Gottlieb Daimler das erste Fahrzeug patentieren, das durch einen derartigen Motor angetrieben war. Es war ein nach seinen Angaben gebautes hölzernes Zweirad, zwischen dessen Rädern der schnellaufende Motor angebracht war; mittels Riemen wurde die Kraft auf das Hinterrad übertragen. Und schon finden sich an diesem ehrwürdigen Knochenschüttler, der überhaupt keine Federung aufwies, zwei verschiedene Geschwindigkeiten, eine Bremse, ein Ventilator und ein Auspufftopf, also technische Einzelheiten, die auch heute noch ihre Bedeutung haben. Die ersten Fahrversuche mit diesem motorisierten Zweirad, das, nebenbei bemerkt, das erste »Niederrad« überhaupt war, wurden im Spätherbst 1885 im Daimler'schen Garten zum bassen Erstaunen der Anwohner ausgeführt. Bald danach tauchte das seltsame Vehikel auch auf den Cannstatter Straßen auf. Die Leute schüttelten den Kopf und lachten oder fluchten je nach Temperament.

Mißglücktes Experiment mit dem lenkbaren Luftballon

Es ist für Gottlieb Daimler und das Ziel, das er im Auge hatte, außerordentlich bezeichnend, daß er bereits in seiner Denkschrift von 1885 von der Verwendungsfähigkeit seines Motors »für Fahrräder, Kutschen, Schlitten, Boote und Luftfahrzeuge aller Art« sprach. Tatsächlich machte er noch im gleichen Jahr Versuchsfahrten auf dem Neckar mit einem Boot, in das sein Motor eingebaut war: die Geburt des Motorboots. Noch verblüffender ist eigentlich die Tatsache, daß Daimler auch Zeppelins Gedanken des motorisch angetriebenen lenkbaren Luftschiffs vorgeahnt und zu verwirklichen versucht hat: Im Jahr 1888 stieg ein mit Daimler-Motor ausgestatteter Luftballon auf dem Seelberg in Cannstatt auf. Das Experiment mißlang allerdings: schon hinter dem Burgholzhof fand dieser erste und letzte Flug mit einem Motorballon sein vorzeitiges Ende.

Der erste motorische Vierradwagen

Näher lag der Versuch, das Kutschenpferd durch den Motor zu ersetzen. Das war denn auch der nächste Schritt nach dem Zweirad und dem Motorboot. Von einer landläufigen Kutsche wurde die Deichsel entfernt. Der Motor wurde möglichst unauffällig unter den Sitzen montiert und mittels Reibungskupplung über ein Zahnradgetriebe mit den Hinterrädern verbunden. Da die zuerst vorgesehene Luftkühlung nicht genügte, wurde Wasserkühlung gewählt, und zwar unter Zuhilfenahme von Lamellen, wie wir sie heute noch kennen. Diese Motorkutsche erreichte mit ihren eineinhalb PS immerhin eine Höchstgeschwindigkeit von 18 Kilometern in der Stunde – ein Galopptempo, daß den Leuten, denen die Kutsche begegnete, Hören und Sehen verging. Man bedenke die holprigen Straßen und die eisenbeschlagenen Räder! An einem Novembertag des Jahres 1886 fand die erste Ausfahrt mit dieser Motorkutsche statt, die als das erste Automobil angesprochen werden muß. Die Weingärtner der Remstaldörfer wurden so manches Mal nächtlicherweile durch die nicht geringen Krach verursachende Teufelskutsche aus dem Schlaf geschreckt.

Wilhelm Maybachs wichtige Einsicht

Gottlieb Daimler war damals noch der Ansicht, daß es möglich sein müsse, seinen Motor ohne weiteres in jedes Fahrzeug einzubauen, das bisher durch Pferde oder eine sonstige Kraft fortbewegt wurde. Sein Plan war daher, lediglich Motore und Antriebsvorrichtungen zu bauen; die Sorge um die Fahrgestelle glaubte er den bisher damit beschäftigten Gewerben überlassen zu können. Im Gegensatz zu ihm erkannte sein Mitarbeiter Maybach, daß der motorische Antrieb auch eigens dafür konstruierte Fahrgestelle erfordere. Man hat allen Grund, diese für die Entwicklung des Automobils nicht zu unterschätzende Einsicht in ihrer vollen Tragweite anzuerkennen. Maybach war nicht nur ein tüchtiger Helfershelfer, er ergänzte als ebenfalls schöpferischer Ingenieur seinen Freund Daimler. Jedenfalls ist Maybachs Anteil an so manchen bis zum heutigen Tag kaum übertroffenen technischen Einzelheiten, als da sind: Getriebe mit mehreren Geschwindigkeiten, Kardangelenk, Differenzialgetriebe, Andrehvorrichtungen, Kulissenschaltung, Benzindruckleitung, Bienenkorbkühler, Spritzdüsenvergaser, hoch zu bewerten. Die beiden waren schon kongeniale Freunde.

Man würde diese drei Jahrzehnte lang bewährte Freundschaft und Arbeitskameradschaft falsch einschätzen, wenn man glauben wollte, die beiden seien ein Herz und eine Seele gewesen. Nichts kennzeichnet diesen Bund besser als die Tatsache, daß Daimler gerade in der wichtigen Frage der einheitlich durchkonstruierten Fahrmaschine nach heftigen Debatten dem Freunde schließlich nachgab. So konnte Maybach im Jahre 1889 bereits einen Ganz-Stahlwagen mit Drahtspeichenrädern bauen, dessen Motor unter der für zwei Personen berechneten Sitzbank angebracht war. Interessant an diesem wirklich ersten Automobil (im Gegensatz zur Motorkutsche) war die Tatsache, daß das Kühlwasser zwecks Rückkühlung durch die Stahlrohre geleitet wurde, die den Rahmen des Fahrgestells bildeten. Dieses Ganzstahlautomobil war der Clou der Pariser Weltausstellung von 1889.

Immer neue Motorisierungspläne

Was wir heute unter einem Automobil verstehen, war für Daimler nur ein einzelnes Glied in einer langen Kette. Er hatte Phantasie genug, um sich noch andere Verwendungsgebiete als den Personentransport für die Motorisierung auszudenken. Fast zur gleichen Zeit (1887) lief auch schon in Cannstatt zwischen Kursaal und Wilhelmsplatz die erste motorisierte Schienenbahn und auf der Strecke Unterboihingen-Kirchheim der erste Benzintriebwagen der Königlich württembergischen Eisenbahn und auf dem Deutschen Feuerwehrtag in Hannover 1888 führte Gottlieb Daimler persönlich den erstaunten Fachleuten, die davon allerdings noch herzlich wenig verstanden, schon die erste Motorfeuerspritze vor. Auch für militärische Zwecke gedachte Daimler seine Motoren nutzbar zu machen, fand aber zunächst für seine weitschauenden Pläne nicht viel Verständnis.

Die Daimler-Motorengesellschaft in Cannstatt

Am 28. November 1890 konnte in Cannstatt dann endlich die »Daimler-Motorengesellschaft« mit einem Kapital von 600000 Mark gegründet werden. Zu den Gründern gehörten Max Duttenhofer (Rottweil), Baurat Gross von der Maschinenfabrik Eßlingen und Dr. Kilian Steiner, der Direktor der Württembergischen Vereinsbank in Stuttgart. Auf dem Seelberg (Ludwigstraße 67) stand das noch bescheidene Fabrikgebäude, das Daimler sich bereits einige Jahre vorher erbaut hatte. 25 Arbeiter und neun Angestellte bildeten die Belegschaft.
Aber schon wenige Monate nach der Gründung trennten sich Gottlieb Daimler und Wilhelm Maybach von der Gesellschaft; ihnen lag weniger am Fabrizieren als am Experimentieren. Tatsächlich war ja auch technisch alles im Fluß. Im ehemaligen Hotel Hermann in der Badstraße richteten die beiden sich wieder ein Konstruktionsbüro mit Werkstatt ein und arbeiteten weiter an der Vervollkommnung der Motorwagen. Wohl die wichtigste Erfindung, die in diesem Jahre fällig war, ist der Spritzvergaser mit Schwimmerregelung, der im Prinzip auch heute noch kaum übertroffen ist. Selbstverständlich konnte dieses Nebeneinanderbestehen der Daimler-Werkstätte und der Motorengesellschaft auf die Dauer keinen der beiden Teile befriedigen. So kam es dann 1895 zu einer Verständigung über die Zusammenlegung der beiden Betriebe: Daimler wurde Aufsichtsratsmitglied und Maybach technischer Direktor der Motorengesellschaft.

Das erste Automobilrennen der Welt

Aber erst der Sport rückte die Daimlerwagen in den Brennpunkt des öffentlichen Interesses: am 1. Juli 1894 fand auf Anregung einer Tageszeitung das überhaupt erste internationale Automobilrennen der Welt auf der Straße Paris-Rouen-Paris über 126 Kilometer statt. Es war ein richtiges Volksfest. Über hundert Automobile und Fahrzeuge aller Art, die meisten noch mit Dampfbetrieb, brausten los. Nur 15 kamen ans Ziel. Und als erster mit großem Vorsprung der Daimler-Wagen. Er hatte die Rekordzeit von fünf Stunden und 50 Minuten benötigt, was einer Stundengeschwindigkeit von über 20 Kilometern entsprach. Seit diesem Sieg war »Papa Daimler« in Frankreich ein populärer Mann. Ein Jahr später, im zweiten Rennen, das nun schon Paris-Bordeaux-Paris über 1175 Kilometer ging, holte sich Daimler mit einer Durchschnittsgeschwindigkeit von bereits 24,5 Kilometer sämtliche ersten Preise im Gesamtbetrag von 80 000 Franken.

»Mercedes«

In den Jahren vor der Jahrhundertwende wurde noch manche Neuerung und Verbesserung eingeführt, die für das Gesicht des modernen Autos charakteristisch wurde. Der Motor wurde nach vorn unter eine Haube verlegt, die Luftbereifung kam auf (1898), die elektrische Zündung wurde verwandt und die Motoren wurden immer stärker dimensioniert, die Zylinderzahl auf vier erhöht.

Von nicht zu unterschätzendem Einfluß war bei dieser Entwicklung der österreichische Generalkonsul Jellinek in Nizza, der Jahre hindurch sich als der begeistertste Propagandist der Daimler-Wagen betätigte. Als Mann, der in der großen Welt zu Hause war und über reiche Mittel verfügte, war er ein glänzender Verkäufer, der allerdings auch die höchsten Anforderungen stellte. Er gab den Daimler-Wagen auch ihren längst schon in aller Welt geläufigen Markennamen »Mercedes«: so hieß nämlich Jellineks Tochter. Als der erste Mercedes-Wagen, ein offener weißlackierter Viersitzer mit verhältnismäßig tiefer Schwerpunktlage 1901 die Cannstatter Fabrik verließ, war freilich Gottlieb Daimler nicht mehr unter den Lebenden. Er starb am 6. März 1900, 66jährig, nach langem Leiden. Sein Freund Maybach überlebte ihn um 29 Jahre, von denen der größte Teil dem Werk des Grafen Zeppelin gewidmet war.

Robert Bosch

Im gleichen Jahr, ja fast im gleichen Monat, in dem Daimlers erste Motorkutsche in Cannstatt ihre Probefahrten machte, eröffnete der von der rauhen Alb bei Ulm gebürtige Mechanikermeister Robert Bosch mit einem Gehilfen und einem Lehrbuben in gemieteten Hinterhausräumen in der Rotebühlstraße 75 eine Werkstatt. Er besaß ein Anfangskapital von 10 000 Mark und allerlei feinmechanische Erfahrungen, die er sich lernend und wandernd in Amerika, England und in deutschen Fabriken erworben hatte. Er machte alles, was damals die Kundschaft sich wünschte: Telefon- und Klingelanlagen, Haustelegrafen, Blitzableiter, Wasserstandfernmelder. Auf einem Fahrrad, das zu jener Zeit eine Neuheit und ein verwegener Luxus war, konnte man den jungen Meister, vollbärtig, mit breitrandigem Schlapphut, durch die Straßen und weit über Land fahren sehen, um Aufträge hereinzuholen oder auszuführen.
Ein früher Auftrag schon betraf die Magnetzündeinrichtung für einen der jetzt eben aufkommenden Gasmotoren. Ein kleiner schwäbischer Fabrikant war daran interessiert und er wußte auch, daß es in Schorndorf einen solchen Zünder zu sehen gebe. Bosch fuhr hin, betrachtete sich das Ding und fertigte es. Langsam wuchs dann auch die Zahl der von Bosch gefertigten Magnetzünder, wenn auch der Absatz im ganzen genommen nicht groß war. Aber drüben im nahen Mannheim und im noch näheren Cannstatt wurde eifrig und streng geheim an Fahrzeugen experimentiert, die mit motorischer Kraft sich bewegen sollten: dort Benz, hier Daimler. Dabei stellte sich bald heraus, daß die Zündung der schnellaufenden Motoren »das Problem der Probleme« war. 1895 wurde der erste Bosch-Magnetzünder in ein Fahrzeug eingebaut. Ein Vierteljahrhundert später errechnete man statistisch, daß von hundert Motoren in aller Welt nicht weniger als 90 die zündenden Funken Bosch-Magneten verdankten. Erfunden und geschaffen wurde das alles in der deutschen Südwestecke, und besonders in Stuttgart.

Die automobilistische Konjunktur

Welche Rolle spielte Robert Bosch dabei? Hatte er einfach Glück gehabt? Doch wohl nicht mehr als seine vielen tausend Kollegen auch, die jene automobilistische Konjunktur miterlebten, sie aber nicht gleich ihm zu nützen verstanden. Die Konkurrenz war für alle gleich mächtig, ja für ihn noch gefährlicher als für manche andere, denn er war ein kapitalschwacher Unternehmer, hatte, um die nötigen Maschinen zu kaufen, immer wieder von Verwandten sich Geld leihen, sich auch Bankkredite verschaffen müssen und an manchem Zahltag jener Anfangszeit bis zur letzten Stunde nicht gewußt, wie er die Lohngelder zusammenkratzen sollte. Es ist ihm nichts geschenkt worden. Auf sein Glück hat er sich nie verlassen.

Wohl aber auf die Qualität dessen, was unter seinem Namen die Werkstatt verließ. »Es war mir immer ein unerträglicher Gedanke, es könne jemand bei Prüfung eines meiner Erzeugnisse nachweisen, daß ich irgendwie Minderwertiges leiste. Deshalb habe ich stets versucht, nur Arbeit hinauszugeben, die jeder sachlichen Prüfung standhielt, also sozusagen vom Besten das Beste war.« Und noch ein anderes Wort charakterisiert diesen Schwaben und sein Werk: »Immer habe ich nach dem Grundsatz gehandelt, lieber Geld verlieren als Vertrauen. Die Unantastbarkeit meiner Versprechungen, der Glaube an den Wert meiner Ware und an mein Wort standen mir stets höher als ein vorübergehender Gewinn.« Einfacher läßt es sich nicht sagen, was den gut schwäbischen Namen Bosch in der Weltwirtschaft zu einem so festen Begriff gemacht hat.

Der Bosch-Arbeiter

Aber so tüchtige Grundsätze haben auch schon andere gehabt. Daß sie für Bosch nicht nur schöne Phrasen blieben, daß sie zuerst für zehn oder hundert und schließlich für Zehntausende arbeitender Menschen zur Richtschnur ihres Lebens und Werkens wurden, das ist das Große und Rätselhafte. Die Lösung liegt – fast geniert man sich als Schwabe, es so offen herauszusagen – im Stammescharakter. Was Bosch mit unerbittlicher Strenge von sich und allen seinen Mitarbeitern verlangte, war für diese, bewußt oder unbewußt, nichts anderes als die Bestätigung ihrer eigenen menschlichen und schaffenden Würde. Der Schwabe kennt sehr genau seinen Wert und ist nicht zufrieden, wenn das, worauf er seine Zeit, seine Geschicklichkeit, seinen Ehrgeiz, seinen Verstand verwendet, nicht auch etwas Gediegenes und Notwendiges ist. Pfuscherhaftes, billigen Tand, der morgen nichts mehr gilt, verachtet er. Dafür ist er nicht auf der Welt. Sämtlichen Bosch-Erzeugnissen aber eignet das Besondere, daß sie nicht nur etwas vorzustellen haben. Sie müssen es »in sich haben«, sie müssen funktionieren und zwar unter dauernd härtesten Bedingungen; sie blamieren den Her-

steller und den Namen, der darauf steht, unfehlbar in kürzester Frist, wenn der geringste Schaden ihnen anhaftet, denn dann bleibt der Motor, das Fahrzeug, die Maschine einfach stehen. Andererseits rühmt jedes Stück, das sich bewährt, jeden am Werk Beteiligten bis zum letzten Hilfsarbeiter hinab. Diese Mitveranwortung aller an jedem einzelnen Stück schafft Korpsgeist, bildet einen Werkstolz, der kennzeichnend für den Stamm der Boscharbeiter ist.
Der Menschenschlag aber mit diesem ursprünglichen Gefühl für Wert und Würde seiner Arbeit ist geformt durch das Land. Dieses Land ist karg. Es ernährt nur notvoll seine Bauern und gibt nichts her an den Grundstoffen, mit denen anderwärts Wucher zu treiben ist. Eisen, Kohle, Öl und so profitable Dinge müssen wir von weither kommen lassen, und wenn wir daran verdienen wollen, müssen wir sie in einem Grad veredeln, der ihren Rohwert vervielfacht. Das ergibt sich zwangsläufig aus unserer Armut. Frühere Generationen sind ausgewandert nach fernen Landstrichen, wo sie bessere, auch leichtere Arbeit zu finden hofften und oft auch fanden. Männer wie Bosch haben gezeigt; es geht auch daheim, in der armen, engen schwäbischen Heimat, allerdings nur, wenn wir uns zutrauen, etwas Besonderes zu leisten, beste Qualität zu liefern.

Achtung vor der Menschenwürde

Die Basis von alledem ist Achtung vor der Menschenwürde. Man mag das auch Demokratie nennen. Es ist eine urschwäbische Angelegenheit. Robert Boschs Vater saß ein paar Wochen als Gefangener auf der Festung Hohen-Asperg, weil er in seinem Dorf Albeck handgreiflich dafür gesorgt hatte, daß der lebenslänglich gewählte Bürgermeister nicht den »Großkopfeten« durch die Finger sah und an einem armen, wehrlosen Teufel seine autokratische Wut ausließ. So hat auch der Sohn in seinem Betrieb sich nie durch das imponieren lassen, was man so gemeinhin Privilegien des Standes oder der Bildung nennt. Ob Akademiker, ob Reserveoffizier, ob kaisertreu oder parteipolitisch rot – das imponierte ihm nicht. Ihm galt der Mensch und was er leistete. Und wenn er etwas leistete, dann sollte es ihm gut gehen über tarifliche Grenzen hinaus, dann sollte er spüren, daß es sich lohnt, für das Werk sich einzusetzen, und zwar ganz konkret: in der Lohntüte und in der Rücksicht auf das Privat-Menschliche, nämlich die Freizeit. So hat Bosch 1894 die neunstündige Arbeitszeit eingeführt und 1906 den Acht-Stunden-Tag, und so hat er vier Jahre später, als eine halbe Million

Magnetzünder die Fabrik verlassen hatte, seinen Arbeitern den Samstagnachmittag freigegeben und von Anfang an Löhne gezahlt, die wahrhaft revolutionierend wirkten.
Dabei war er nie Marxist. Ideologien erschienen diesem völlig nüchternen Rationalisten und Praktiker lebentötende Hirngespinste. Er zahlte, nach einem eigenen Ausspruch, hohe Löhne nicht, weil er reich geworden war, er war vielmehr reich geworden, weil er hohe Löhne gezahlt hatte. Es war ein Sozialismus, diktiert von der Achtung vor der Menschenwürde, vor der Würde des schaffenden, auf seine Arbeit stolzen, selbstbewußten Menschen. Ein sehr schwäbischer, kameradschaftlicher oder auch patriarchalischer Sozialismus. »Vater Bosch« – das war der Ehrentitel, den ihm seine Belegschaft, auch als sie schon in die Zehntausende gestiegen war, nicht nur um seines schönen Vollbarts willen gab. Obwohl bei Bosch stets der Respekt vor der persönlichen Freiheit hoch im Kurse stand, bildete sich doch ein Werkstolz, ja das Bewußtsein, zu einer Werksfamilie zu gehören. Die Zuverlässigkeit und Rechtschaffenheit von Robert Bosch strahlte auf sein Unternehmen aus und half so Krisen besser zu überwinden.

Wiederaufbau im alten Geist

Die Krisen blieben nicht aus: zwei verlorene Weltkriege, deren Sinnlosigkeit Bosch von der ersten Stunde an durchschaut hatte, dilettantische Revolutionen, die fiebrig und gewalttätig um soziale Ziele rangen, die er bei sich zum größten Teil verwirklicht hatte: Bosch überstand sie, wie man als gesunder Mensch auch schwere Infektionskrankheiten übersteht. Die Zerstörung bedeutender Teile seines Werks in Stuttgarts Weichbild und im Vorort Feuerbach, dem fabrikatorischen Brennpunkt, hat »Vater Bosch« nicht mehr erleben müssen: Er starb, 80jährig, im Frühjahr 1942, ahnend, was noch kommen würde.
Der Körper zergeht, der Geist besteht. Die »lieben Kameraden, alt und jung« an die der Achtziger abschiednehmend und um die Zukunft bangend sich gewandt hatte, sind nach dem Zusammenbruch in seinem Geist wieder angetreten und haben das Zerstörte, ohne große Worte zu machen, in alter Gediegenheit wieder errichtet. Stuttgart und Bosch – die beiden sind schicksalverbunden. Das neuerstandene, merkwürdig jung anmutende Stuttgart hat eine glitzerndere Fassade als die Stadt der Väter. Das liegt so im Zug der Zeit. Noch einmal davongekommen sein und von vorn beginnen

müssen (oder dürfen?), hat etwas Berauschendes. Die Ernüchterung trat in Stuttgart rascher ein als anderswo. Denn hinter dieser Fassade steht »Bosch«. Und »Bosch« bedeutet: Fleiß, Werktreue, Präzision bis auf tausendstel Millimeter, Genialität der Idee, weltweite Planung. Eine Stadt, die nicht ganz sicher ist, ab sie sich eine Großstadt nennen soll: als die Heimatstadt von »Bosch« ist sie eine Weltstadt. Das wird nicht plakatiert. Das ist Stuttgart, echt schwäbisch, hinter der Fassade.

Das werdende Groß-Stuttgart

Als Residenz hatte Stuttgart keinen Drang, sich aus der Enge des Talkessels zu befreien; aber die Industriestadt entwickelte sich unter einem anderen Gesetz: sie konnte gar nicht anders, als über ihre alten Markungsgrenzen hinaus zu fluten. Wie in Stuttgart selbst, so hatte sich auch in den Dörfern vor den Toren frühe schon Industrie angesiedelt, so vor allem in Cannstatt und im Neckartal und hinter dem Berg im Feuerbacher Tal. Ja, da und dort war die Industrialisierung mächtiger vorangetrieben worden als in der Hauptstadt selbst. Einige Zahlen sollen veranschaulichen, wie aus den idyllischen Örtchen, in die unsere biedermeierlichen Großväter noch ihre Landpartien gemacht hatten, sich mehr und mehr industrielle Nebenzentren entwickelt hatten. So vor allem in dem verkehrstechnisch begünstigten Cannstatt, das wenige Jahrzehnte zuvor noch eine idyllische, mondäne Bäderstadt gewesen war, 1895 aber bei einer Bevölkerung von 22 590 Einwohnern 1487 Gewerbebetriebe aufwies, darunter 49 größere Fabriken mit einer Belegschaft von 8700 Leuten; 40 Prozent der Bevölkerung waren also gewerblich tätig. In dem alten Weingärtnerdorf Untertürkheim, das nach jahrhundertelanger Stagnation auf 4190 Einwohner angewachsen war, gab es ebenfalls neben 390 kleineren Betrieben sieben Fabriken mit 832 Arbeitern, und Obertürkheim war von 754 Einwohnern im Jahr 1850 auf 1269 im Jahr 1864 und auf 4700 anno 1910 gestiegen.

Die phantastischste Entwicklung nahmen Feuerbach und Zuffenhausen. Feuerbach, das 1864 nicht ganz 3000 Einwohner zählte, hatte sich bis 1895 verdoppelt und beherbergte bereits 30 größere Fabriken. Im Jahr 1905 überschritt es die Zehntausendergrenze und wurde 1907 zur Stadt erhoben; 1925 hatte es bei 26 500 Einwohnern neben 910 Klein- und Mittelbetrieben mit 3000 Beschäftigten nicht weniger als 72 Großbetriebe mit 16 609 Arbeitern. Auch Zuffenhausen, das 1864 noch 2000 Einwohner zählte, hatte gleichzeitig den Charakter als Stadt erlangt und war 1925 auf 15 476 Einwohner angewachsen, die in der Mehrzahl in der Möbelindustrie beschäftigt waren.

Eingemeindungen

Die Eingemeindungen, die dann seit 1901 in drei Etappen geschahen, waren keine »Annexionen« des sich reckenden und streckenden Stuttgart, sondern durch die so rapid geschehende Industrialisierung zwangsläufig bedingt. Die Industrie benötigt ja nicht nur Gelände und Arbeitskräfte, sie verlangt auch Gas, elektrische Kraft, Wasser und günstige Verkehrsverbindungen. Das kann eine kleine Stadt, sei sie auch noch so rührig, allein nicht schaffen. Dazu bedarf es eines leistungsfähigen, einheitlich verwalteten Wirtschaftskörpers. Zuerst, und zwar 1905, kamen Cannstatt, Untertürkheim und Wangen an die Reihe, 1908 Degerloch, 1922 Botnang, Kaltental, Hedelfingen und Obertürkheim, 1929 Hofen, 1931 Zuffenhausen, Rotenberg und Münster und zuletzt, nach langem heftigen Widerstreben unter seinem gescheiten und hartnäckigen Oberbürgermeister Geiger, Feuerbach, das sich vier Jahre zuvor Weil im Dorf eingemeindet hatte, ferner Mühlhausen und Zazenhausen. Daß durch einen Machtspruch der Hitler-Zeit auch die seit je zu Gerlingen gehörende Solitude von Stuttgart so nebenbei geschluckt wurde, war nicht gerade nobel.
So wuchs planvoll unter mancherlei oft schmerzlich empfundenen Opfern an kommunaler Selbstherrlichkeit und Selbstverantwortung, und trotzdem sozusagen organisch der Wirtschaftskörper »Groß-Stuttgart« heran, der nur noch mit seinem alten Kern im Talkessel steckt. In Wahrheit hat keine der Städte und keines der Dörfer, die seither Stadtteile oder Vororte sind, die Preisgabe der Selbständigkeit zu bereuen gehabt. Mit Stuttgart florierten auch sie und ihr Eigenes zu kultivieren, ist ihnen unbenommen geblieben.

Das alte Rathaus

Schon in den achtziger Jahren war sich die Stadtverwaltung darüber klar geworden, daß das alte noch aus dem 15. Jahrhundert stammende Rathaus viel zu klein und zu armselig für die Bewältigung der neuen Aufgaben sei. Es sah zwar ganz gemütlich aus mit seinem hohen, in sanften Kurven schwingenden Giebelumriß und der großen Uhr, deren Pendel mit einer

Engelsfigur im Fenster darunter hin- und herschwang. Darüber ragte das putzige Glockentürmchen mit seinen vier dünnen Pfeilern und seinem spitzigen Zeltdächlein. Über dem Mittelportal war ein schmaler Balkon, der auf zwei Säulen ruhte. Rechter Hand, wenn man davorstand, waren bis zur Hirschgasse zwei behäbige, ungleich hohe Bürgerhäuser mit Giebeldächern angebaut, die 1849 und 1866 von der Stadt angekauft und für Bürozwecke eingerichtet worden waren. Linker Hand, um vier Fensterbreiten zurückgesetzt und an das Rathaus recht und schlecht angewinkelt, war ein kleineres, nur zweistockiges Bürgerhaus, das seinen Giebel gegen die Eichstraße wandte; im Erdgeschoß hatte hier die Bürgerwache ihr Lokal. In dem Winkel stand der Marktbrunnen, der, einst ein Teil des »Großen Lust- und Springbrunnens« auf dem Schillerplatz, von Herzog Karl der Stadt geschenkt worden war. Sein künstlerischer Wert bestand in 16, in Königsbronn gegossenen Eisenplatten des Trogs, welche allerlei Wappen und allegorische Figuren in munterstem Barock zeigten. Thouret hat dazu eine Brunnensäule in akademisch korrekter Klassik mit Palmetten und einer Vase obendrauf geschaffen. An diesem Brunnentrog platzte einst einer Magd der Rock, als sie ihren gefüllten Eimer mit beiden Armen auf das Kopfpolster hob, so daß sie in Hosen dastand; ein Ratsherr, der von seinem Fenster aus zuschaute, bekam dabei einen Lachkrampf, der mit einem »Schlägle« endete – erzählt die Legende.

Sinnbild der Untertänigkeit

Seien wir ehrlich: diese Schauseite des alten Marktplatzes mit dem schmucklosen Rathaus zwischen schmucklosen Bürgerhäusern war zwar sehr nett und ein Beweis für die Sparsamkeit und Bescheidenheit unserer Vorväter, aber sie war zugleich auch ein Sinnbild ihrer Untertänigkeit. Wie großartig und stolz standen im Vergleich damit die Rathäuser in Eßlingen, Ulm oder Heilbronn da, wo freilich Männer zu Rat saßen, die selbstverantwortlich Politik zu machen und gegen Kaiser und Könige ihre Freiheit zu verteidigen befugt waren. Das Stuttgarter Rathaus war dagegen Jahrhunderte hindurch nur der Ort, wo bürgerliche Streitigkeiten ausgetragen wurden; man nannte es denn auch das Bürgerhaus, während das der Herrschaft gehörige, danebenstehende Herrenhaus, wo regiert wurde, das eigentliche Rathaus war.

So war es denn höchste Zeit, daß die von Fürstengunst nicht mehr abhängige Stadt sich für ihre Verwaltung ein Gebäude erstellte, das ihrer

Macht und Würde entsprach. Wohin sollte das neue Rathaus zu stehen kommen? Eineinhalb Jahrzehnte stritt man sich darüber aufs erbittertste in Versammlungen, Flugschriften, Zeitungspolemiken und Komitees. Aus den vielerlei Vorschlägen kristallisierten sich schließlich drei mögliche Lösungen heraus: Legionskaserne (an der Stelle des späteren Wilhelmsbaus), Waisenhaus oder am alten Platz mit Einbezug des ganzen Altstadtviertels zwischen Hirsch-, Küfer- und Eichstraße. Daß es sich nicht lohnte, das alte Rathaus, wie etwa in Eßlingen oder München, zu erhalten, darüber waren sich alle einig; wer für den Legionskasernenplatz war, schlug anstelle des Rathauses eine Markthalle vor. Im Winter 1893/94 einigten sich schließlich die bürgerlichen Kollegien für das sogenannte »kleine Marktplatzprojekt«, das eine Bebauung bis zur Metzgerstraße vorsah. Das Preisausschreiben, das ausdrücklich auch österreichische Architekten einlud, war ein großer Erfolg: 202 Entwürfe wurden eingereicht, von denen aber keiner des ersten Preises von zehntausend Mark für würdig befunden wurde. Man verteilte die Summe auf zwei weitere zweite Preise. Kein Stuttgarter Architekt war unter den Preisträgern.

»Brabanter Gotik«

Aber es dauerte noch drei Jahre und bedurfte einer neuen Gemeinderatswahl, bis man endlich den Mut fand, das »große Projekt« bis zur Küferstraße trotz dem notwendig werdenden kostspieligen Erwerb der dazwischenliegenden Altstadthäuser (1,9 Millionen Mark) ausführen zu lassen und zwar durch die mit einem zweiten Preis ausgezeichnete Berliner Architektenfirma Vollmer und Jassoy, die eine Turmfassade in sogenannter Brabanter Gotik, einer seltsamen Mischung gotischer und renaissancistischer Stilelemente, vorsah, worauf Heinrich Jassoy als Professor für Architektur an die Technische Hochschule berufen wurde. Der Bau mit seinem 68 Meter hohen Turm – der Stiftskirchenturm mißt nur 62 Meter – sah gewiß repräsentativ aus, paßte aber mit seinen imitatorischen Stilkünsteleien leider gar nicht in unsere Landschaft und erst recht nicht an diesen giebelreichen, ehedem sehr schön geschlossenen und intimen Platz; das Rathaus war und blieb ein Fremdkörper in unserem Stadtbild, obgleich zwei unserer Könige (in Uniform!) und vier unserer Geistesgrößen, nämlich Kepler, Schiller, Uhland und Hegel auf Podesten da und dort placiert waren. Nicht einmal im Ratskeller bei charaktervollen württembergischen Weinen wurde es einem gemütlich.

Als der neue Bau 1905 eingeweiht wurde, wobei gleichzeitig die Eingemeindung Cannstatts und der Neckarvororte gebührend gefeiert wurde, wirkte seit vier Jahren schon als Kollege Jassoys und als Nachfolger des Landesgewerbemuseums-Künstlers Neckelmann Theodor Fischer als Lehrer für Architektur an der Technischen Hochschule. Er hat durch sein Beispiel und durch seine Schüler Bonatz und Schmitthenner dann dafür gesorgt, daß eine ehrlichere, landschaftsverbundene Baugesinnung, die sich zu gut ist, historische Formen steril zu kopieren, auch in Stuttgart das epigonale Virtuosentum ablöste.

Das alte Hoftheater brennt

Von viel größerer Bedeutung, wenigstens für das kulturelle Leben Stuttgarts, war ein anderer Neubau, der allerdings nicht aus freien Stücken errichtet wurde. In der Nacht vom 19./20. Januar 1902 brannte das Königliche Hoftheater am Schloßplatz, ein liebloser Kasten, hinter dessen Mauern das alte, wunderschöne Lusthaus versteckt war, bis auf die Grundmauern nieder. Kurz vor Mitternacht, zwei Stunden, nachdem sich der Vorhang über der Festwiese der »Meistersinger« gesenkt hatte, schlug über dem Nordgiebel die Lohe durch das Dach. Die Brandursache ist nie geklärt worden. Wenige Minuten später war die gesamte Berufsfeuerwehr mit dem populären »Brand-Jakob« zur Stelle; die Glockensignale der Spritzwagen und die scharfen Hufschläge der galoppierenden Rösser hatten viele Stuttgarter aus ihrem ersten Schlaf geschreckt. Aber alles Spritzen half nichts. Nach einer Viertelstunde war der ganze Bühnenraum ein Flammenmeer. Militär rückte aus, zuerst das Feuerpiket, bald schon beide Infanterieregimenter, um zu retten, was noch zu retten war. Die drei Magazine der Musikalienverwaltung konnten herausgeschafft werden, die gesamte Damengarderobe verbrannte, die Herrengarderobe und die Waffenrüstungen wurden jedoch gerettet.
Bald nach zwei Uhr erschien der König mit dem Hofdienst und ließ sich unter Fackelbeleuchtung trotz dem in Strömen herabrauschenden Löschwasser in den ersten Rang führen, um einen letzten Blick in den Zuschauerraum zu werfen; aber herabgestürzte glimmende Balken versperrten schon den Ausblick; unter Tränen erklärte der König seinem Intendanten Baron zu Putlitz, daß alle Verträge in Kraft bleiben sollten. Um drei Uhr stürzte der Mittelgiebel des Zuschauerraums ein, gleich danach die Seitenwand gegen den Privatgarten, um vier Uhr war das

Maschinenhaus erfaßt, gegen fünf Uhr auch das Foyer. Stuttgart hatte kein Theater mehr.

Wilhelm II. und sein Putlitz

Hinterher darf man wohl sagen, diese Katastrophe, die kein Menschenleben forderte, nur einige leichte Verletzungen der Feuerwehrmänner bewirkte, ereignete sich im rechten Augenblick, unter dem rechten König und dem rechten Intendanten. Im Oktober 1891 hatte Wilhelm II. den Thron bestiegen, eine seiner ersten Regierungshandlungen war, den interimistisch angestellten Intendanten Kiedaisch, der ein subalterner Verwaltungsbeamter und Kunstbanause war, zu pensionieren und nach altem Brauch einen Kavalier zu engagieren, nämlich den 31jährigen Premierleutnant im ersten badischen Grenadierregiment Joachim zu Putlitz, Sohn des Karlsruher Hoftheaterintendanten und Schwankdichters Gustav zu Putlitz, vorerst probeweise auf ein Jahr. Der junge Mann schlug ein und wurde schon ein Jahr darauf in seinem Amt bestätigt, und zwar mit Vollmachten, die ihn von den fiskalischen Bevormundungen durch die Hofdomänenkammer befreiten und einzig und allein dem König verantwortlich machten.
Damit bewies der König nicht nur, daß er vom Theater, das nun einmal nicht bürokratisch, sondern nur autokratisch mit Erfolg zu leiten ist, merkwürdig viel verstand, sondern daß er auch genau wußte, auf welchem Feld er als Monarch noch eine Rolle zu spielen berufen war, nämlich als Mäzen der Künste. Die Zeiten waren vorbei, da Ferdinand Steinbeis den König Karl noch untertänigst bitten mußte, eine Industrieschau durch seinen hohen Besuch zu beehren, da die Herren Fabrikanten durch solche Huld der Majestät sich aufs schönste angespornt fühlten; die Fabrikanten taten ihre Pflicht längst schon auch ohne diese Huld. Und politisch, dynastisch? Wilhelm hatte keinen falschen Ehrgeiz. Militärisch? Der Frack oder der Cut standen ihm viel besser als die Uniform mit den goldbefransten Epauletten und den Sporen an den Lackstiefeln. Er war ein Bürger, ein Großbürger, ein Demokrat mit den verbindlichen Allüren eines Aristokraten und das exakte Gegenstück zu einem preußischen Junker. Er aß mit Vorliebe Schützenwurst mit Kartoffelsalat und ließ das auch seinen Freunden an den »Herrenabenden« im Schloß servieren. Er spielte in den Sommermonaten in Friedrichshafen gern »Schafskopf« mit seinem Kammerdiener Gussmann in einer Kneipe bei Kreßbronn; da er aber sehr

wohl wußte, was sich schickt, ließ er den Kammerdiener durch Friedrichshafens Straßen vorausspazieren und in seinen Kraftwagen erst außerhalb Etters zusteigen; spät nachts bei der Heimfahrt bedurfte es dieser Vorsicht nicht mehr.

Das Interimstheater

Was nach jener Brandnacht geschah, ehrt den König und seinen Intendanten. Zunächst spielte man im Wilhelma-Theater, wo man sogar große Opern zu inszenieren wagte, und als man dann vertragsgemäß einer Operettengesellschaft das Feld überlassen mußte, ging man auf Tournee bis nach Berlin: es wurde ein Siegeszug. Und dann improvisierte man im Hofküchengarten, wo das königliche Hofwaschhaus gestanden hatte, zwischen Reithaus und Akademie ein Interimstheater, das der Baumeister Hangleiter nach den Entwürfen des Oberbaurats Weigle in der Rekordzeit von sechs Monaten erstellte; es hatte zwei Ränge mit 1140 Sitzplätzen und war mit allem maschinellen Drum und Dran auf 700 000 Mark gekommen. Mit dem »Tannhäuser« wurde es am 12. Oktober 1902 eröffnet und hat dann zehn Jahre lang Oper und Schauspiel eine auch akustisch durchaus befriedigende Unterkunft gewährt.

Die Tragödie der Anna Sutter

In die Interimstheaterzeit fällt eine Künstlertragödie, die ganz Stuttgart gewaltig erregte: Anna Sutter, die Soubrette der Hofoper, seit anderthalb Jahrzehnten der unbestrittene Liebling des Publikums, war erschossen worden. Der Täter, Dr. Aloys Obrist, ebenfalls seit anderthalb Jahrzehnten Hofkapellmeister, ein schöner, ernster Mann mit gravitätischem, schwarzem Vollbart, hatte sich hinterher selbst entleibt. So geschehen am 29. Juni 1910, vormittags 10 Uhr. Schauplatz: die Wohnung der Sutter in der Schubartstraße 8.

Über kein anderes Ereignis ist in der Stadt soviel geklatscht und getratscht worden, denn die Sutter kannte und liebte ein jeder. Sie spielte und sang die Rollen, durch die eine Künstlerin populär wird: die lustige Witwe, Mamsell Nitouche, Marie die Regimentstochter. Aber auch die Carmen. Die Stuttgarter Opernfreunde von damals waren überzeugt, daß es nie zuvor eine rassigere, glutvollere Zigeunerin gegeben habe noch je wieder geben werde. Und nun dieses Carmen-Schicksal der armen Sutter! Es war ja so schauderhaft romantisch.

Daß Obrist aus Eifersucht getötet hatte, bezweifelte niemand. Daß er Grund dazu hatte – aber selbstverständlich! Sie war doch die Sutter, sie war eine Carmen (wenn auch gebürtig aus Freiburg in der Schweiz). Man wußte, daß die beiden jahrelang sehr befreundet gewesen waren, daß es aber dann Krach gegeben hatte. Angeblich hatte er sie heiraten wollen, sie aber ihn nicht. Es kam zum völligen Bruch, sie verbat sich seine Besuche und ließ ihn sogar wissen, daß es ihr peinlich sei, wenn er im Parkett sitze und mit dem Glas nach ihr starre. Obrist schien sich schließlich damit abgefunden zu haben, gab seine Stellung als Kapellmeister auf und verzog nach Weimar. Dort hielt er es nicht lange aus, tauchte plötzlich in Stuttgart wieder auf und bewarb sich, da Putlitz ihn mit Rücksicht auf die Sutter nicht mehr zu engagieren gedachte, um den Posten eines Musikkritikers.

Was den Mann an jenem Juni-Morgen überkam, war nicht schwer zu erraten: die Verzweiflung des José. Er trank sich zunächst in einem Hotel ein bißchen Mut an und kaufte einen großen Blumenstrauß. Vor dem Haus der Sutter traf er deren siebenjähriges Töchterlein Thilde, das er nach der Mutter fragte (er war nicht der Vater). Er stieg die Treppe hinauf. Das Dienstmädchen an der Glastüre wies ihn ab: ihre Herrin schlafe noch. Ob er nicht wenigstens die Blumen überreichen dürfe? Nein! Da erzwang er sich mit Gewalt den Eintritt ins Schlafzimmer, dessen Tür leider nicht verschlossen war. Kurzer Wortwechsel. Dann vier wohlgezielte, tödliche Schüsse gegen die im Bett liegende Frau und, aus einem zweiten Revolver, drei ebenfalls tödliche Schüsse in die eigene Brust.

Am Abend blieb das Theater geschlossen. Auf dem Programm stand Léhars »Zigeunerliebe«, damals eine Novität, mit der Sutter in der Rolle der liebestollen Baronin.

Wahrhaft königliche Theater

Nebenher aber wurden gewaltige Pläne für definitive Neubauten gewälzt. Putlitz, ein Grandseigneur des Theaters und von schwäbischer Sparsamkeit nicht im geringsten angekränkelt, war von allem Anfang an für zwei Häuser, ein großes Opernhaus, in dem auch Schauspiele mit Massenszenen vorgeführt werden konnten, und ein Kammertheater für Ibsen, Shaw und – Mozart. Aber wer sollte das bezahlen? Die Versicherung ersetzte eineinviertel Millionen. Verfassungsgemäß war der Staat verpflichtet, Teile des Kronguts, die durch höhere Gewalt zu Grunde gingen,

voll zu ersetzen: das tat der Staat auch und bewilligte vier Millionen, die ausgereicht hätten, um ein dem verbrannten gleichwertiges Haus zu erstellen. Auch die Stadt Stuttgart ließ sich nicht lumpen: sie bewilligte für das Kleine Haus 1,2 Millionen und versprach einen jährlichen Zuschuß von 60 000 Mark für verbilligte Volksvorstellungen.
Aber das alles reichte noch nicht für den von Putlitz ausgeheckten Plan des Doppelbaus mit dazwischenliegendem Verwaltungsgebäude und den erforderlichen Magazinen. Noch fehlten annähernd zwei Millionen. Trotzdem wurde ein Preisausschreiben erlassen, das sich an die in Württemberg geborenen oder hier tätigen Architekten wandte. Es war Putlitzens diplomatischem Geschick zu verdanken, daß Max Littmann, der leider nicht aus einem unserer Oberämter, sondern aus Chemnitz stammte, den ersten Preis erhielt; denn dieser Sachse hatte in München mit dem Schauspielhaus, dem Prinzregententheater, dem Künstlertheater, in Berlin mit dem Schillertheater, in Weimar mit dem Nationaltheater und schon früher mit dem Münchner Hofbräuhaus bewiesen, daß er sich auf theatralisch-repräsentative Architektur und auch auf die erforderliche Maschinerie vortrefflich verstand.

Der Segen der Orden und Titel

Für die Beischaffung der noch fehlenden zwei Millionen aber hatten sich der König und Putlitz ein feines Plänchen ausgedacht. Mit der Eitelkeit der Menschen kann man Geschäfte machen. Der württembergische König hatte immerhin das souveräne Recht, Orden und Titel zu verleihen; einer dieser hübschen Orden verlieh dem Inhaber sogar den persönlichen Adel.

Warum sollte man diese so heiß begehrte Nobilitierung nur Ministern zugute kommen lassen, die als bewährte Demokraten angeblich gar keinen so großen Wert darauf legten? Warum nicht auch bayrischen Bierbrauereibesitzern oder sonstigen kapitalkräftigen Kunstfreunden? Ein halbes Jahr reiste der vom König mit allen Vollmachten ausgestattete Ganz Edle Herr zu Putlitz durch die deutschen Industriezentren, dann hatte er seine Millionen beisammen und der Bau konnte beginnen.
Wie gründlich und fachmännisch man die Pläne vorbereitete, ersieht man beispielsweise aus der Tatsache, daß zu allererst der Orchesterraum des Großen Hauses in allen Einzelheiten festgelegt wurde. Putlitz lud die vorzüglichsten Sachverständigen zu einer Konferenz nach München ein: außer dem Architekten und dem Intendanten nahmen daran Richard Strauß, der Münchner Hofoperndirektor Felix Mottl, der Stuttgarter Generalmusikdirektor Max von Schillings, der Regisseur Gerhäuser und als Sachverständiger für Akustik Professor Unger aus Hannover teil. Als der Plan in allen Einzelheiten festgelegt war, wurde der gesamte Orchesterraum in der Stuttgarter Gewerbehalle maßgerecht aufgebaut und Sitzproben mit normalem und verstärktem Orchester abgehalten. Erst als auf diese experimentelle Weise alle Betriebsfragen befriedigend gelöst waren, wurden die Zuschauerräume hinzugefügt und die Fassaden entworfen. Man baute für die Kunst und die Künstler von der innersten Zelle aus; das Architektonische verstand sich dann von selbst. Daran mag gedacht worden sein, als das im Krieg zerstörte Kleine Haus wieder aufgebaut wurde.

Weihe der neuen Häuser

Es war seit Herzog Karls Tagen die schönste und großzügigste baukünstlerische Leistung, die der Residenz zugute kam. Einen würdigeren Platz hat kein Theater in aller Welt: am spiegelnden See in der Nachbarschaft eines heiteren Schlosses zwischen alten Bäumen, die noch König Friedrich in aller Eile hatte pflanzen lassen. Die Weihe der Häuser am 14. und 15. September 1912 war das letzte glückliche Stuttgarter Ereignis der Vorkriegszeit. Alles was in der deutschen Theaterwelt Namen und Rang hatte, war geladen, alle beneideten Stuttgart um diese beiden modernsten Häuser mit den feierlichen Säulenfronten und priesen den urbanen König samt seinem chevaleresken Intendanten. Wie wichtig dem König sein Theater war, bewies er bei der Weihefeier durch eine immerhin erstaunliche Geste: er hatte für seinen schon zuvor mit allen Orden und Titeln ausgezeichneten Generalintendanten sich eine Standeserhöhung ausgedacht, die ihn in der offiziellen Rangliste noch über den Ministerpräsidenten Freiherrn von Weizäcker stellte. Baron zu Putlitz war nun der erste Paladin neben dem Thron. Die Kultur hatte die Politik und die Wirtschaft glanzvoll überspielt.

Das Schauspielhaus

Schon drei Jahre vor der Einweihung der neuen Hoftheater, nämlich am 9. November 1909, hatte das in der Kleinen Königstraße von den Architekten Eitel und Steigleder erbaute »Schauspielhaus« seine Pforten geöffnet. Es war eine rein private Gründung wohlhabender Stuttgarter Bürger, die schon im Schillerjahr 1905 geplant hatten, an der Stelle der alten Legionskaserne, wo Schiller als Regimentsmedikus Dienst getan hatte, ein Theater zu erstellen, das seinen Namen tragen sollte; ein Stück Mauerwerk der Kaserne mußte denn auch ins Fundament unverändert übernommen werden. Daß man schließlich auf Schiller als den Namenspatron verzichtete, war höchst weise, der Name war für ein Privattheater zu anspruchsvoll.

Das intime und doch festliche Theaterchen, das sogleich ein gesellschaftlicher Treffpunkt wurde, hatte zunächst einige fette Jahre, denn das Interimstheater war für Kammerspiele wenig geeignet. Auch das Königspaar, dem während der Pausen im Foyer Tee aus vergoldeten Tassen gereicht wurde, war hier oft zu Gast. Der Spielplan war bunt und keck, denn Stuttgart war damals im Reich die einzige Stadt ohne Theaterzensur. Als die königliche Konkurrenz ihre neuen Häuser bezog, hatte das nicht subventionierte Schauspielhaus es schwer. Es kam unter rasch wechselnden Direktionen zu den üblichen Pleiten, bis endlich mit Claudius Kraushaar, der schon bei der Eröffnungsvorstellung die Mitterwurzer-Rolle des Kammerdieners in »Kabale und Liebe« gespielt hatte, der rechte Mann an die Spitze trat. Ihm, der bald auch schon Eigentümer des Hauses wurde, hatte es Stuttgart zu verdanken, daß in den nächsten anderthalb Jahrzehnten nicht nur die gesamte Avantgarde der Dramatiker sogleich zu Wort kam, daß vielmehr auch die schauspielerische Prominenz von Bassermann bis Pallenberg, von der Dorsch bis zur Bergner, vom Burgtheater- bis zum Reinhardt-Ensemble hier regelmäßig gastierten.

Frisches Leben auch in der Akademie

Wie im Theater, so ist Wilhelms II. Regierungszeit auch auf dem Gebiet der bildenden Kunst voll schöpferischer Impulse gewesen. Was schon fast ein Jahrhundert zuvor unser literarisches Leben so ungemein befruchtet hatte, daß nämlich durch die großen Verleger angelockt Männer von Geist hierher kamen und oft genug auch seßhaft wurden, das wurde seit den neunziger Jahren auf Wunsch des Königs durch das Kultministerium auch für die Akademie und die neugegründete Kunstgewerbeschule systematisch betrieben: Berufung auswärtiger Künstler von Rang, die Leben in die vordem etwas schläfrigen Buden brachten. Das machte zwar manchmal böses Blut, wenn die Zugezogenen, im Atelier-Jargon »Schlawiner« genannt, die herkömmliche Vetterles-Wirtschaft störten oder wenn schwer ringende, gesellschaftlich gehemmte und boykottierte Talente, die Landeskinder waren, zusehen mußten, wie Außenseiter, die weniger konnten, verhätschelt und offiziell protegiert wurden. Das war beispielsweise das Schicksal des zweifellos genialen Malers Hermann Pleuer, des Entdeckers der Eisenbahn-Romantik, der in seinen schaffensfreudigsten Jahren oft nichts zu nagen und zu beißen hatte und des Landschafters Otto Reiniger, der ebenfalls hätte verhungern müssen, wenn er nicht eine vermögliche Frau gehabt hätte, die ihm einen Landsitz beim Tachensee (in der Nähe Korntals) gekauft hatte.

Gewiß, die autochthonen Schwaben, die damals als Professoren an der Akademie wirkten, Albert Kappis (seit 1880), Friedrich Keller (seit 1883), Robert Haug (seit 1894) und Christian Landenberger (seit 1905) waren Meister ihres Fachs und zumeist auch tüchtige Pädagogen, aber sie waren doch, als typische Schwaben, zu konservativ, um eine neue Jugend, die über das akademisch Professorale hinausstrebte, zu begeistern. Den Anschluß an das frisch pulsierende Leben der deutschen Kunst gewann Stuttgart erstmals so recht, als Leopold Graf von Kalckreuth und mit ihm noch zwei weitere Prominente der Karlsruher Kunstschule, nämlich Carlos Grethe, der Maler der Fischer und Matrosen, und Robert Pötzelberger, der lyrische Romantiker, einem Ruf nach Stuttgart folgten.

Adolf Hölzel und seine Schule

Als der Hecht im Karpfenteich erwies sich aber seit 1906 der aus Olmütz stammende, vorher in Dachau ansässige Adolf Hölzel, ein geistreicher

Theoretiker der linearen und farbigen Kompositionslehre und faszinierender Lehrer, der bald schon Schüler von überall her wie ein Rattenfänger in sein Stuttgarter Atelier zog. Jetzt gab es in Stuttgart erstmals so etwas wie eine internationale Bohème, die Künstlerfeste veranstaltete, leidenschaftliche öffentliche Debatten hervorrief und die Spießer aller Schattierungen, auch der akademischen, großartig provozierte. Was für ein frischer Wind wehte doch damals durch die ehedem so muffige »Kunststadt« Stuttgart, als der gar nicht extravagante, an Marées gemahnende »Brunnenjüngling«, den der Schweizer Hölzel-Schüler Alfred H. Pellegrini in dem Brunnentempelchen an Fischers Kunstgebäude an die Wand gemalt hatte, eines Morgens durch einen dagegengeschleuderten Kolben Kopiertinte total ruiniert war, oder als desselben Künstlers Akte an der Decke des Künstlerbundzimmers ebenfalls im Kunstgebäude durch des allmächtigen und höchst gewalttätigen Akademiedirektors Robert von Haug Machtspruch abgekratzt werden mußte, was der »untröstliche Vater« anderntags seinen Freunden auf Postkarten mit Trauerrand bekanntgab.
In jenen so lustig bewegten und temperamentvollen Stuttgarter Vorkriegsjahren haben auch die radikalsten und begabtesten der Hölzel-Schüler, nämlich Oskar Schlemmer, Willi Baumeister und Hugo Stenner, sich zum ersten Mal an die Öffentlichkeit gewagt, nicht im konservativen Kunstverein selbstverständlich, dessen brav bürgerliche Mitglieder sich solche »Lausbubereien« ernstlich verbeten hätten, und auch nicht im Kunsthaus Schaller, wo der prachtvoll lebendige und wagemutige Dr. Hans Otto Schaller, ein Studienfreund von Theodor Heuss, ebenfalls Rücksichten zu nehmen hatte, sondern in einem »Neuer Kunstsalon« genannten Spezereilädchen am Neckartor, das einer gutmütigen Tante gehörte. Hermann Tafel, der Kritiker des »Stuttgarter Neuen Tagblatts«, der Hüne mit dem schönsten Vollbart der Stadt und der größten Schuhnummer, ein hochverdienter Kämpfer für seine verkannten Freunde Pleyer und Reiniger, hat anderntags dann in seiner Zeitung dafür gesorgt, daß die Stuttgarter etwas zu lachen hatten.

Kampf ums Kunstgebäude

Der prächtigste Zankapfel der verschiedenen Cliquen aber war doch jahrelang Theodor Fischers Kunstgebäude, das 1912 anstelle des abgebrannten Hoftheaters neben dem Schloß errichtet wurde. Die einen schimpften, weil es gar zu zierlich und niedlich zwischen die eben doch monumentale Masse

des Schlosses und die pompöse Front des Olgabaus gesetzt sei, der Architekt des Olgabaues, André Lambert wies sogar nach, daß die Säulenhalle in ihren Proportionen und Abmessungen eine genaue Kopie eines italienischen Renaissancebaus sei und die Dritten bemängelten die schlechte Raumgliederung, die so unklar war, daß bei Künstlerfesten in vorgerückter Stunde immer zwei Wandergruppen sich bildeten: die eine war auf der Suche nach der Garderobe und fand sie nicht, die andere kam von der Garderobe und fand ihren Tisch nicht mehr.
Aber darüber gab es keine Meinungsverschiedenheiten, daß der Kuppelsaal mit seiner hohen Laterne Stuttgarts festlichster und apartester Saal war, der nur leider für Ausstellungszwecke sich als nicht gerade ideal erwies; nur die überdimensionalen »Schinken« kamen gut zur Geltung. Allmählich glätteten sich die stürmischen Wogen und da stellte sich schließlich doch heraus, daß das Kunstgebäude an dieser Stelle, in dieser Umgebung in seiner edlen Schlichtheit, seiner Unprotzigkeit, seinem bescheidenen Verzicht auf irgend ein gewalttätiges Experiment ganz einfach schön sei, vielleicht weil es so wenig zweckvoll ist. Paul Bonatz, der Schüler und Nachfolger im Lehramt Theodor Fischers, hat einen pietätvollen Wiederaufbau eingeleitet, der nach seinem Tode ausgeführt wurde. Dem Olgabau hat niemand nachgeweint; er war ein kalter, unpersönlicher Prunkbau wie solche zu Dutzenden in allen Weltstädten zu finden sind; ähnliches gilt ja auch vom Kronprinzenpalais. Tüchtige Lückenbüßer. Das Kunstgebäude aber ist mehr; es hat Charakter, es beweist den Mut, sich ganz und gar nicht so zu präsentieren, wie Spießbürger sich eine monumentale Schloßplatzarchitektur vorzustellen belieben: fett, schwer, arrogant und wuchtig.

Die Kunstgewerbeschule

Im Kunstgewerbe war die Invasion an »Reingeschmeckten« noch stärker. Wohl hatte es auch zuvor einen »Kunstgewerbeverein« und ein königliche Kunstgewerbeschule (seit 1869 im ehemaligen Offizierspavillon in der unteren Königstraße) gegeben, aber viel mehr als das zeichnerische Kopieren alter Stilformen war hier nicht gelehrt worden. Als nun die Professoren Kalckreuth und Grethe auf der Jahrhundertausstellung in Paris einen besonders schönen und höchst modernen, im Jugendstil gestalteten, aus Deutschland stammenden Innenraum entdeckten, fragten sie den entwerfenden Architekten, Bernhard Pankok von München, ob er nicht Lust habe, nach Stuttgart zu kommen, wo es zwar eine bedeutende Möbel-

Industrie gebe, aber an künstlerischen Impulsen fehle. Bei den Verhandlungen schlug Pankok vor, die von ihm in München gegründeten »Vereinigten Werkstätten für Kunst im Handwerk« in ihrer Gesamtheit nach Stuttgart zu verlegen, was schließlich vom Landtag genehmigt wurde. Den Begabtesten aus der Münchner Gruppe, Bruno Paul, hatte man freilich nicht zu berufen gewagt, da er als eifriger Mitarbeiter des »Simplizissimus« politisch verdächtig schien. Leider saß im Kultministerium, das die Entscheidung zu treffen hatte, kein Mann von der Vorurteilslosigkeit eines Putlitz, der in seinen Theatern, vom König gedeckt, den noch viel schwerer belasteten »Simplizissimus«-Redakteur Ludwig Thoma bevorzugt zu Wort kommen ließ. Es war ein Witz, daß wenige Jahre später derselbe Bruno Paul als Direktor an die Berliner Kunstgewerbeschule berufen wurde, mit Genehmigung des preußischen Königs, der großmütig erklärt hatte, daß er die Existenz des »Simplizissimus« zu ignorieren geruhe.
Da der alte Offizierspavillon abbruchreif war, wurde den nunmehr in Stuttgart unterzubringenden »Königlichen Versuchs- und Lehrwerkstätten« das ehemalige Zuchthaus in der Gegend der späteren Frauenklinik bei der Senefelderstraße zugewiesen, wo sich die neuen »Zuchthäusler« 1902 vortrefflich etablierten. Zum Lehrkörper gehörten die allesamt sogleich zu Professoren ernannten, zumeist noch jungen Kunstgewerbler Haustein, Cysarz, Rochga, von Heider, Lang-Kurz, Habich, später noch Lörcher, Schneck, Schneidler und von Eiff – lauter Persönlichkeiten von künstlerischem Rang, die Schule machten und deren Wirken nicht nur für die württembergische Industrie anregend und förderlich war.

Erster Weltkrieg

Nur ganz wenige Jahre durfte sich Stuttgart dieser glücklichen Prosperität erfreuen, dann kam der Krieg. Theodor Pistorius, der als Finanzminister regelmäßig Aussprachen mit dem König hatte, schrieb in seinen Erinnerungen, daß kein Deutscher den Krieg so wenig gewünscht habe wie Wilhelm II. von Württemberg. Die ausmarschierenden Soldaten, von denen er sich im Kasernenhof zu verabschieden pflegte, erinnern sich noch, wie er, dem die Uniform mit dem umgeschnallten riesigen Revolver so gar nicht zu Gesicht stand, bei seinen kurzen Ansprachen mit den Tränen zu kämpfen hatte. Er war ein Mann des Friedens. Mitten in den Krieg, als er noch nicht ganz verloren schien, (6. Oktober 1916) fiel sein 25 jähriges Regierungsjubiläum. Er verbat sich alle Feiern, nahm aber eine aus freiwilligen Beiträgen aller Volkskreise zusammengebrachte Spende von zweieinhalb Millionen dankbar entgegen und überwies sie der Kriegswohlfahrtspflege.

November 1918

Anfang November 1918, als die letzte Hoffnung auf ein gutes Ende geschwunden war, geschah dann die Revolution, die manche eine dilletantische Revolte nannten. Die Parteien im Landtag verlangten Ablösung der Beamtenminister (Weizsäcker, Schmidlin, Mandry, Fleischhauer, Marchtaler, Köhler, Pistorius) durch eine parlamentarische Regierung. Der König widersetzte sich nicht; die neuen Männer: Liesching, Kiene, Hieber, Lindemann und als Fachminister Pistorius und Köhler sollten am 9. November vormittags elf Uhr im Wilhelmspalais durch den König vereidigt werden. Am frühen Morgen desselben Tags hatten alle Stuttgarter in ihren Briefkasten einen Flugzettel vorgefunden, überschrieben: »Mitbürger!« und unterzeichnet: »namens der Gemeindekollegien Lautenschlager, Oberbürgermeister«. Darin war verkündet, daß an diesem Vormittag auf dem Schloßplatz und den benachbarten Plätzen Versammlungen der Arbeiterschaft stattfänden, die »der ruhigen und geordneten Überleitung in andere staatsrechtliche Verhältnisse« dienen sollten. Die gesamte Einwohnerschaft wurde gebeten, Ordnung und Ruhe zu halten: eine typisch schwäbische, polizeilich geschützte Revolution.
Geplant war ursprünglich offenbar eine sozialdemokratische Massendemonstration gegen das immer radikalere Auftreten der sogenannten »unabhängigen Sozialisten« und ihrer landfremden, spartakistisch ausgerichteten Hetzredner. Aber wie zumeist in solchen aufgeregten Zeiten: die Radikalen gewannen die Oberhand, zwar nicht überall, aber doch bei einzelnen Haufen, unter denen nach einem Bericht des demokratischen »Beobachters«, »junges, unreifes gaffendes Volk, Burschen und vor allem auch Mädchen von 15 und 16 Jahren und viele Soldaten mit zerbrochenen Gewehren sich befanden«.

Die rote Fahne auf dem Wilhelmspalais

Während sich die frisch vereidigten Minister mit dem König im Wilhelmspalais noch wegen eines »Aufrufs des Königs an sein Volk« berieten, worin ausdrücklich erklärt wurde, daß »die Person des Königs niemals ein Hin-

dernis einer von der Mehrheit des Volkes geforderten Entwicklung« sein werde, war einer jener fanatisierten Haufen über den Zaun auch in den Vorgarten des Wilhelmspalais eingedrungen und hatte die im Untergeschoß neben der Freitreppe untergebrachte Wache überwältigt. Wachhabender war ein junger Reserveleutnant namens Botsch, der sich weigerte, seinen Säbel abzuliefern. Dutzende von Kerlen entwaffneten ihn, schlugen ihn blutig und zerrten ihn auf die Rampe. Er selbst wie auch seine Mannschaft hatten auf Wunsch des Königs Schießverbot, denn Blut sollte seinetwegen auf keinen Fall vergossen werden.

Dann drang der Haufen in die Vorhalle ein, wo sich der Oberhofmarschall Graf Stauffenberg und der in ganz Stuttgart populäre Leibarzt Dr. Gussmann, der auch Theaterarzt war, befanden. Verlangt wurde, daß die Flagge über dem Haus – es war die gelbe Königsstandarte mit den schwarzen Hirschhörnern, die kein staatshoheitliches Abzeichen war – eingezogen und durch eine rote Fahne ersetzt werde. Stauffenberg trug die Forderung den noch immer ahnungslos im entlegenen Audienzzimmer versammelten Ministern vor, die vom König einzeln um ihre Meinung gefragt wurden. Sie schlugen einstimmig die Weigerung vor, am energischsten nach Pistorius' Bericht der Sozialdemokrat Lindemann. Aber Stauffenberg fand kein Gehör mehr; irgendeiner in der Menge hatte unter seinem Mantel ein rotes Fahnentuch hervorgeholt, ein Kammerdiener wurde unter Drohungen gezwungen, den Weg zum Dach zu weisen, und kurz danach wehte über dem Gebäude, das übrigens als Erbe der Prinzessin Marie, seiner

Tante, Privatbesitz des Königs war, die rote Fahne. Allerdings nur eine Woche lang. Dann erschien bei Stauffenberg eine Abordnung des Soldatenrats, die die Entfernung verlangte. Als Stauffenberg erklärte, er habe sie nicht gehißt und hole sie daher auch nicht ein, haben die Soldatenräte selbst sich darum bemüht. Den Grund hat man bald schon erfahren: es geschah aus Angst vor den demnächst heimkehrenden Feldtruppen, die den ihrem König angetanen Schimpf hätten rächen können.
Während die rote Fahne gehißt wurde, machte der immer größer werdende Haufen sich anderweitig im Palais zu schaffen. Plötzlich rief einer, im Oberstock seien Maschinengewehre in Stellung gebracht, die von schwer bewaffneten adligen Offizieren bedient würden. Ein anderer wußte, daß riesige Mengen Lebensmittel hier irgendwo aufgestapelt seien. Auf die mittlerweile in die Halle getretenen Minister, die zu beruhigen versuchten, hörte selbstverständlich niemand, aber der Hausverwalter Waldner und der Kammerdiener Gussmann drangen schließlich durch; eine Delegation solle das Recht haben, unter Führung Waldners das ganze Haus bis unters Dach zu durchstöbern; wenn auch nur ein einziges Gewehr oder ein einziger Mehlsack gefunden werden, solle man ihn als ersten erschießen. Es wurden keine Waffen und keine Lebensmittel gefunden; im Wilhelmspalais hatte man sich streng an die Hungerrationen gehalten.

Ein Arbeiter namens Esterle

Der Held des Tags im Wilhelmspalais soll schließlich ein Arbeiter geworden sein, und zwar ein Techniker namens Esterle. Er hatte sich, ohne Funktionär zu sein, eine rote Armbinde zugelegt und scheint demagogisches Talent und entsprechende Stimmkraft besessen zu haben. Durch flammende Reden an die »Kameraden, Kollegen, Genossen« und die Behauptung, der König habe soeben abgedankt oder werde am Nachmittag abdanken, bewog er schließlich den Haufen, das Palais zu verlassen; einigen aus der Menge, die ihn dabei unterstützten, gab er ebenfalls Armbinden, die er aus einem Stoffgeschäft hatte holen lassen. Es waren lauter Schwaben, die eine Wut hatten, daß so viel »preußisches Gesindel« sich hier mausig machte. Es wurden Wachen aufgestellt, die für die Ruhe im Haus und für die Sicherheit des Königs zu sorgen hatten. Einer dieser freiwilligen Wachmänner, der wegen seiner abgerissenen Kleidung und seines verwilderten Aussehens einen unheimlichen Eindruck machte, schickte Esterle weg. Er war eine Viertelstunde später schon wieder zur Stelle, im Sonntagsanzug, mit gewichsten Stiefeln, frisch gewaschen und sauber rasiert: das sei er seinem König trotz allem noch schuldig.

Abschied von der Residenz

Diesem Esterle war es jedenfalls mit zu verdanken, daß dem König an diesem letzten Stuttgarter Tag nicht die geringste Unbill widerfuhr; die sozialdemokratische Partei hat Esterle dafür später öffentlich Dank gesagt. Soweit die Geschichte vom Helden Esterle. Inzwischen ist es durch Nachforschungen und Sichtung aller erreichbaren Unterlagen gelungen, diese Geschichte als eine Fabel zu entlarven, die, von Esterle geschickt erfunden, ihm dazu diente, später mit unmäßigen Forderungen sowohl an das Königshaus als auch an die darauffolgenden Regierungen heranzutreten. So ist die Akte Esterle sehr umfangreich geworden, und es ist das Verdienst von Wilhelm Kohlhaas, Licht in diese doch sehr finstere Angelegenheit gebracht zu haben. Genaueres ist in der Zusammenfassung in der Zeitschrift für württembergische Landesgeschichte, Jahrgang XXXVI, S. 307 ff. zu finden.

Den aus der geräumten Halle gegen zwölf Uhr ins Audienzzimmer zurückgekehrten Ministern teilte der König seinen Entschluß mit, noch diesen Abend nach Bebenhausen zu fahren; die provisorische Regierung sorgte für sicheres Geleit, was kaum notwendig war, denn dem König war niemand im ganzen Lande gram. Bevor der König in den Wagen stieg, gab er in alter Leutseligkeit dem dabeistehenden Wachmann mit der roten Armbinde zum Abschied dankend die Hand. Der Mann stammelte: »Es wird zeitlebens die schönste Erinnerung meines Lebens bleiben, Eure Majestät haben beschützen zu dürfen.« Der König, der das später erzählte, setzte hinzu: »Auch wenn er nicht norddeutschen Dialekt gesprochen hätte, hätte ich doch gewußt, daß das kein Württemberger ist, denn ein Schwabe wäre viel zu verlegen gewesen, um sofort eine solche Antwort bereit zu haben.« Der Mann war Chauffeur, gebürtig aus Oppeln in Oberschlesien.

Thronverzicht

Der König hat Stuttgart dann nicht mehr betreten. Eine Woche später ließ er durch seinen Kabinettschef dem Vorsitzenden der provisorischen Regierung, dem 70jährigen Wilhelm Blos aus freien Stücken die Erklärung zugehen, daß er, um der Regierung die Weiterführung der Geschäfte

zu erleichtern, alle diejenigen, die ihm in ihrem Diensteid Treue und Gehorsam geschworen hatten, von den seiner Person gegenüber eingegangenen Verpflichtungen entbinde. Und am 30. November legte er in einer Erklärung »An das württembergische Volk«, endgültig seine Krone nieder und nannte sich von da an: »Wilhelm, Herzog zu Württemberg«.
In den Kommentaren der Regierung und der Presse zum Thronverzicht kam die Liebe und Verehrung aller Volkskreise ohne jeden Mißton zum Ausdruck. Die sozialdemokratische »Tagwacht«, die schon beim Jubiläum versichert hatte, daß ein republikanisches Württemberg zweifellos Wilhelm zum Präsidenten wählen würde, stellte abschließend in schöner Sachlichkeit fest: »Die revolutionäre Bewegung richtete sich nicht im geringsten gegen die Person des Königs, sondern gegen das monarchische System, das unter Wilhelm II. von Hohenzollern bankrott gemacht hat. Dem bisherigen Reichsoberhaupt haben es die Fürsten der Bundesstaaten zu danken, daß sie mit in den Sturz hineingerissen wurden. Die persönliche Achtung, die der Person des Königs bisher im Volke entgegengebracht wurde, wird durch den Thronverzicht nicht gemindert. Man kann einem ehrenhaften alten Herrn die Wertschätzung, die man jedem andern rechtlich denkenden Bürger zuteil werden läßt, nicht darum versagen, weil er ohne sein Verschulden ein König gewesen ist.«
Stuttgart hat an jenem Tag aufgehört, Residenz zu sein.

Das Ende in Bebenhausen

Am 2.Oktober 1921 ist Herzog Wilhelm, Württembergs letzter und geliebtester König, in Bebenhausen gestorben. Zehntausende haben damals im Sommerrefektorium des alten Klosters, wo er aufgebahrt lag, von dem gütigen alten Herrn Abschied genommen. Er hatte unter seinen zweieinhalb Millionen Württembergern keinen einzigen Feind. Beigesetzt wurde er an der Seite seiner ersten Frau, der 40 Jahre zuvor verstorbenen Prinzessin Marie zu Waldeck und Pyrmont in Ludwigsburg. Der Leichenkondukt mußte auf des Herzogs Wunsch die einstige Residenz in weitem Bogen umfahren.

DIE WICHTIGSTEN NAMEN

Schwäbische Taschenbücher im J. F. Steinkopf Verlag Stuttgart

In gleicher Ausstattung liegen vor:

Heinz Otto Burger: Die Gedankenwelt der großen Schwaben

Von der Klosterkultur am Bodensee bis Hegel
216 Seiten, kartoniert

Das Streben nach Ganzheit durchzieht das Denken großer Schwaben von der frühmittelalterlichen Klosterkultur am Bodensee über Albertus Magnus, Hartmann von Aue, Suso, Paracelsus und Kepler, Bengel, Oetinger, Hahn, Wieland und Schiller bis hin zu Hölderlin, Schelling und Hegel. Klar und lebendig schildert Heinz Otto Burger, wie die schwäbischen Denker, die das entschiedene Entweder-Oder nicht nachvollziehen können, in das nachdenkliche Sowohl-Als-Auch oder das grüblerische Weder-Noch finden, um dahinter das Verbindende zu suchen.

August Lämmle: Menschen … nur Menschen

Geschichten, Ausgabe letzter Hand
Gesamtausgabe Teil 1 + Teil 2, 288 Seiten, kartoniert

In dieser Ausgabe letzter Hand hat August Lämmle im Jahr 1959 diejenigen Geschichten, die er selbst als seine besten bezeichnete, gesammelt, überarbeitet und in einer letztgültigen Form herausgegeben. So ist dieses Werk, drei Jahre vor seinem Tode entstanden, zu einem Vermächtnis des Dichters geworden. August Lämmle, der Erz- und Urschwabe, könnte als Optiker bezeichnet werden, der mit einem wunderbaren Objektiv den Leuten ins Herz schaut, nicht um sie auszuspähen, sondern um ihnen gut sein zu können. So sind hier die besten Schwänke und Kurzgeschichten gesammelt, aber auch viele nachdenkliche, besinnliche und hintergründige Geschichten, Verse und Reflexionen, die den Grübler Lämmle mit seinem herzerfrischenden Humor zeigen.

Hutzelbrot

Ein schwäbisches Lesebuch, herausgegeben von Fritz Rahn
184 Seiten, kartoniert

Das „Hutzelbrot“ enthält die schönsten schwäbischen Texte, die seit dem 18. Jahrhundert entstanden sind, Gereimtes und Ungereimtes, Lyrisches, Episches und Dramatisches in bunter Folge. Zu Wort kommen nicht nur die Altmeister der schwäbischen Sprachkunst wie Michel Buck, Hermann Kurz, Friedrich Theodor Vischer oder Hyazinth Wäckerle, um nur einige zu nennen, sondern auch so bekannte Dichter und Schriftsteller wie Sebastian Blau, Theodor Haering, Theodor Heuss, August Lämmle, Wendelin Überzwerch, Friedrich E. Vogt und Paul Wanner.

Auguste Supper: Schwarzwaldgeschichten

128 Seiten, kartoniert

Auguste Supper ist unvergessen, denn es ist erstaunlich, wie gegenwartsnah und lebendig ihre Geschichten wirken. Sie erzählt in knapper, sachlicher Schreibart von der Welt ihrer Heimat, von den knitzen und kauzigen Schwarzwäldern, ihrem Glück und Leid und nicht zuletzt von ihrer rührend selbstverständlichen Gottverbundenheit. Jede Erzählung umfaßt ein volles und ganzes Menschenschicksal und läßt einen tiefen Blick hinter die Oberfläche der Dinge gewinnen.

Max Kibler: Ist das richtig, Herr Doktor?
Eine heitere Erzählung
128 Seiten, kartoniert

Die fröhliche Geschichte führt in die Welt eines Diakonissenhauses, und wenn sich auch nicht alle Begebenheiten so zugetragen haben, wie sie hier geschildert sind, könnte es doch so gewesen sein. Frohsinn und Munterkeit, Zuversicht und Standhaftigkeit zeichnen die Personen aus, auch wenn es um ernsthafte und fast unlösbare Fragen geht und wenn gegensätzliche Meinungen schroff aufeinanderprallen.

Weitere Bände in Vorbereitung

Eduard Mörike: Das Stuttgarter Hutzelmännlein
Mit 37 farbigen Zeichnungen von Karl Stirner
88 Seiten, Großformat, gebunden

„S' leit a Klötzle Blei glei bei Blaubeura" – wer kennt diesen Zungenbrecher nicht? Schließlich ist er so etwas wie ein Klassiker unter den Zungenbrechern. Ein Klassiker der schwäbischen Literatur ist Mörikes „Hutzelmännlein", ein Werk, um das kein Schwabe oder an Schwäbischem Interessierter herumkommt. In diesem schönen Buch kann man übrigens auch nachlesen, ob nun wirklich ein Klötzle Blei glei bei Blaubeura liegt …

J. F. Steinkopf Verlag Stuttgart